Alpine Guide

ヤマケイ アルペンガイド

中国・四国の山

大山・蒜山・氷ノ山・比婆山連峰・三瓶山
石鎚山・剣山・赤石山・竜王山・三本杭

Alpine Guide
ヤマケイ アルペンガイド

中国・四国の山

Contents

中国山地の山

四国の山

コラム

インフォメーション

取り外せる！ 持ち歩ける！
アルペンガイド
登山地図帳

本書の利用法

本書は、中国・四国の山の一般的な登山コースを対象とした登山ガイドブックです。収録したコースの解説はすべてエリアに精通した著者による綿密な実踏取材にもとづいています。本書のコースガイドページは、左記のように構成しています。

コースガイド

四国有数の美渓とシャクナゲを満喫

目指す
三本杭

コースグレード **中級**

三本杭・滑床渓谷・黒ノ頭・雪輪ノ滝・コル・三本杭
御祝山・万年橋 計9時間50分

❸
❶
南
南予

❷

❻
❶

❸コースガイド本文

コースの特徴をはじめ、出発地から到着地まで、コースの経路を説明しています。主な経由地は、強調文字で表しています。本文中の山名・地名とその読みは、国土地理院発行の地形図に準拠しています。ただし一部の山名・地名は、登山での名称・呼称を用いています。

❹コース断面図・日程グラフ

縦軸を標高、横軸を地図上の水平距離としたコース断面図です。断面図の傾斜角度は、実際の登山道の勾配とは異なります。日程グラフは、ガイド本文で紹介している標準日程と、コースによって下段に宿泊地の異なる応用日程を示し、日程ごとの休憩を含まないコースタイムの合計を併記しています。

❺コースタイム

無雪期に、30〜50歳の登山者が日帰りまたは山小屋1泊2日程度の装備を携行して歩く場合を想定した標準的な所要時間です。休憩や食事に要する時間は含みません。なおコースタイムはもとより個人差があり、登山道の状況や天候などに左右されます。本書に記載のコースタイムはあくまで目安とし、各自の経験や体力に応じた余裕のある計画と行動を心がけてください。

❶山名・行程

コースは目的地となる山名・自然地名を標題とし、行程と1日ごとの合計コースタイムを併記しています。日程（泊数）はコース中の山小屋を宿泊地とした標準的なプランです。

❷コース概念図

行程と主な経由地、目的地を表したコース概念図です。丸囲みの数字とアルファベットは、別冊登山地図帳の地図面とグリッド（升目）を示しています。

❸
サブコース

❶
大山道

❼

❻

コースグレード **初級**

❹

❻コースグレード

中国・四国の山の無雪期におけるコースの難易度を初級・中級・上級に区分し、さらに技術度、体力度をそれぞれ5段階で表示しています。

初級 登山をはじめたばかりの人に適したコース。難所のない日帰り登山・ハイキングを主に楽しんでいる初心者を対象としています。

中級 歩行距離や標高差が大きく、急登の続くコースや小規模な岩場の通過、宿泊を伴うなど、登山の経験がある人に向きます。

上級 急峻な岩場や残雪、迷いやすい地形に対処でき、的確な判断が求められるコースです。本書では転落や滑落の危険性が高い、大山・大休峠〜象ヶ鼻縦走（P32）や船上山〜矢筈ヶ山縦走（P38）、長大な石鎚山〜瓶ヶ森〜笹ヶ峰縦走（P136）などが該当します。

技術度

1＝よく整備された散策路・遊歩道
2＝とくに難所がなく道標が整っている
3＝ガレ場や雪渓、小規模な岩場がある
4＝注意を要する岩場、迷いやすい箇所がある
5＝きわめて注意を要する険路

これらを基準に、天候急変時などに退避路となるエスケープルートや、コース中の山小屋・避難小屋の有無などを加味して判定しています。

体力度

1＝休憩を含まない1日のコースタイムが2時間未満
2＝同4時間程度　3＝同6時間程度
4＝同8時間未満　5＝同8時間以上

これらを基準に、コースの起伏や標高差、日程などを加味して判定しています。なおコースグレードは、登山時期と天候、および荒天後の登山道の状況によって大きく変わる場合があり、あくまで目安となるものです。

別冊登山地図帳

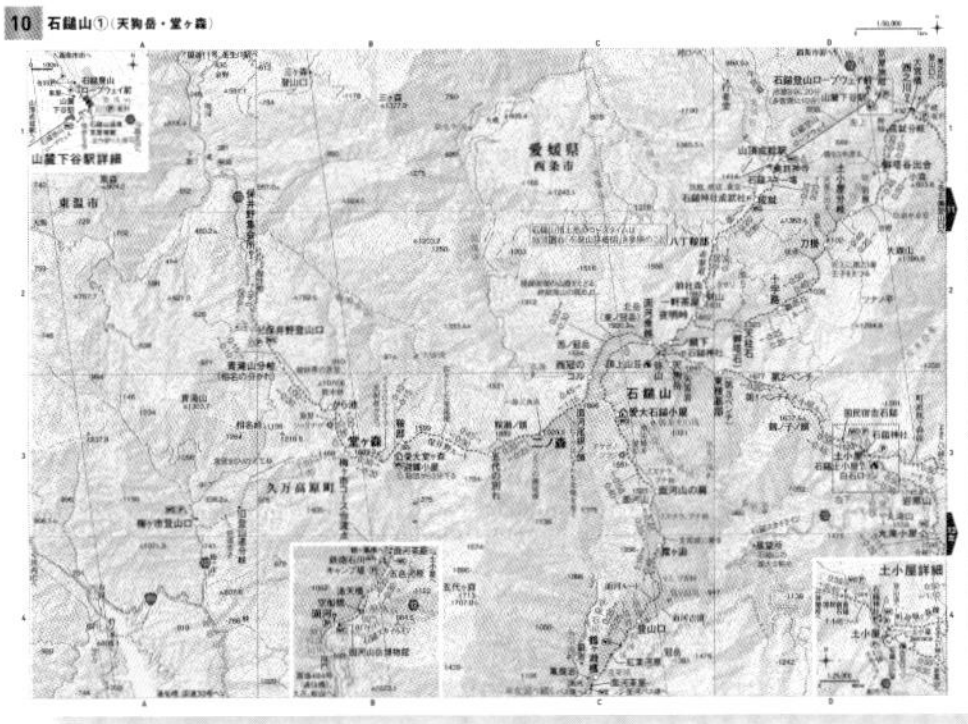

❼コースマップ

別冊登山地図帳に収録しています。コースマップの仕様や記号については、登山地図帳に記載しています。

三瓶山環状縦走路から望む中国山地の山々。いくつもの尾根を重ねた向こうに大山が見える（写真／岡本良治）

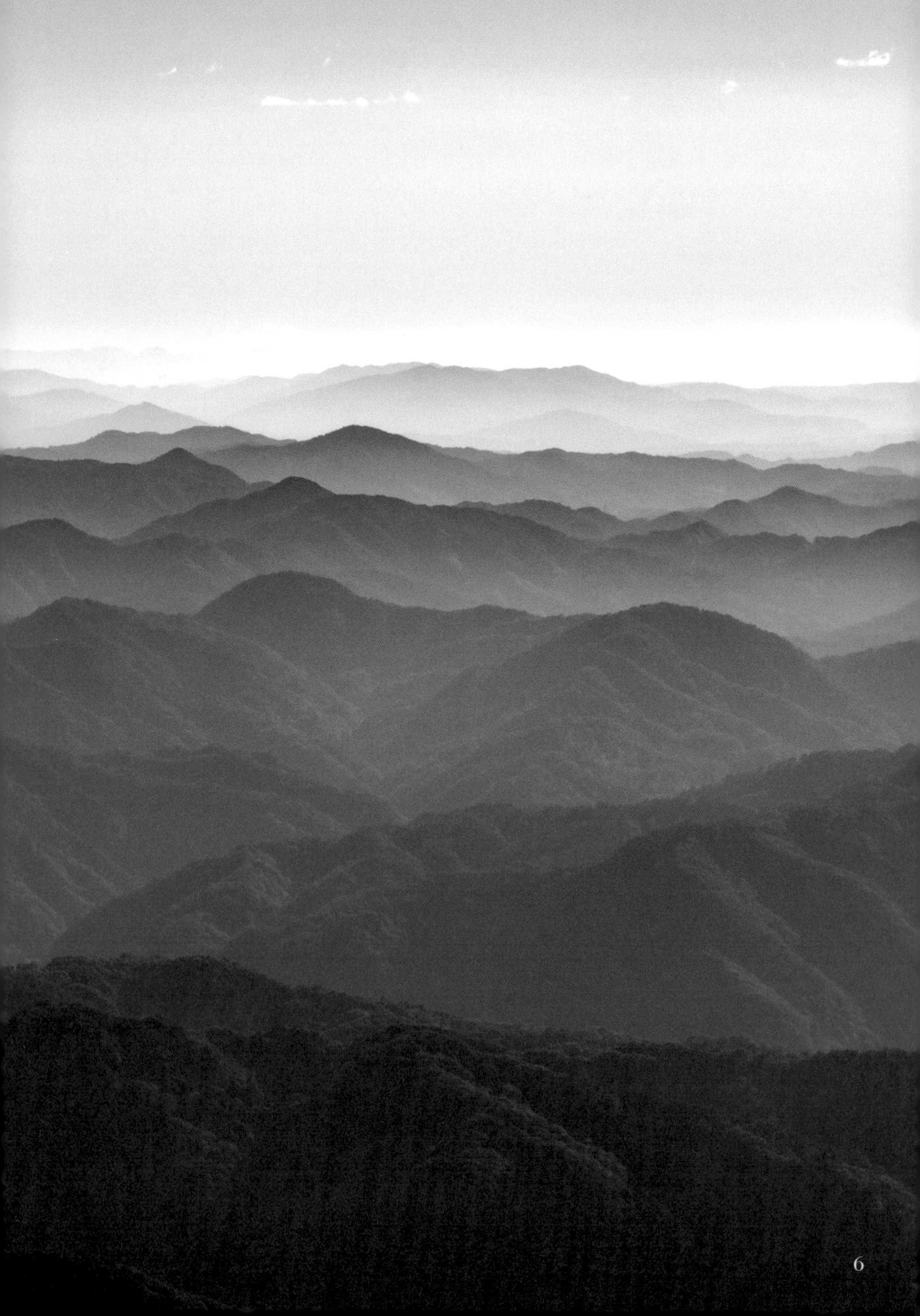

中国山地の山

最高峰の大山を筆頭に
中国地方の東西360㎞に
およぶ長大な脊梁

中国山地の山に登る

■**地形**

中国山地は山口県から兵庫県中央部まで総延長360kmにおよび、中国地方の日本海側に寄りに脊梁を形成している。最近は国定公園の西中国山地に対して、氷ノ山《ひょうせん》や三室山《みむろやま》を中心とした山域を東中国山地、比《ひ》婆山《ばやま》や道後山《どうごやま》を中心とした山域を中央中国山地とよばれることも多くなり、俯瞰した地理の把握がわかりやすくなった。国土地理院では中国山地からやや北にはずれている大山《だいせん》や蒜山《ひるぜん》、三瓶山《さんべさん》なども中国山地中部の位置づけとしている。

ゆるやかに裾野を広げる
伯耆大山（母塚山から）

【大山とその周辺】 中国地方最高峰の大山（1729m）は約1万年以上前に活動を終えた火山で、おだやかな山容の多い中国地方の中では唯一山岳的景観を誇り、日本百名山に選ばれている。その大山主塊から北東に矢筈ヶ山《やはずがせん》、そして北に方向を変えて甲ヶ山《かぶとがせん》から船上山《せんじょうさん》へと続く。また、東南東方向に烏ヶ山《からすがせん》、皆ヶ山《みながせん》、蒜山三座と連なり、鏡ヶ成《かがみがなる》の擬宝珠山《ぎぼしやま》から南方向に内海乢《うつみたわ》を経て三平山《みひらやま》、毛無山《けなしがせん》へと続いている。

大山・ユートピアのお花畑に侵入した足跡。写真撮影のために立ち入ったと思われる

写真・文／岡本良治

足もとの鉄滓は近くにタタラ場があったことの証（泉山）

【中国山地東部】　中国地方第2の高峰・氷ノ山（1510m）を主峰とする山域で、兵庫・鳥取の県境に沿って峰を連ね、扇ノ山《おうぎ せん》、氷ノ山、三室山、沖ノ山《おき せん》と連なる山域は中国地方では唯一林野庁により「東中国山地緑の回廊」に設定され、生態系のモニタリング調査などが行なわれている。後山《うしろやま》は急峻な山肌と駒《こま》の尾山《おやま》に続くおだやかな尾根が特徴。那岐山《なぎさん》は後山から西に約20㎞の位置にあり、広戸仙《ひろとせん》へと比較的なだらかな尾根が西へと続く。南麓には広大な日本原《にほんばら》高原が広がり、山を越えて吹き降ろす広戸風は日本三大局地風として有名だ。

道後山をはじめファミリーハイクが楽しめる山も多い

【中国山地中部・三瓶山】　道後山や比婆山、船通山《せんつうざん》、大万木山《おおよろぎやま》、琴引山《ことびきやま》など標高1000～1300m以下の山々で構成され、東中国山地同様なだらかな頂上部の多い隆起準平原の地形となっている。三瓶山は中国地方では最も新しい活火山で、約4千年前の噴火による堆積物で埋もれた小豆原《あずきはら》埋没林は国の天然記念物に指定されている。

【中国山地西部】　西中国山地国定公園を中心とした山域で、西中国山地最高峰の恐《おそ》羅漢山《らかんざん》（1346m）を筆頭に、十方山《じっぽうざん》、臥龍山《がりゅうざん》、深入山《しんにゅうざん》、安芸冠山《あきかんむりやま》、寂地山《じゃくちさん》、小《こ》五郎山《ごろうやま》など登山欲をそそる山々も多くあり、南西から北東方向にのびる幾本もの断層に沿って形成された山稜が見られる。

豊かなブナ林が雪におおわれる比婆山連峰・御陵

■**自然・植生**

中国山地の山々はブナやミズナラなどの夏緑林が主だが、大山は日本海に接していることから気象条件が厳しく、標高1300m付近から上部はブナ林に変わりヤマヤナギやカエデ類などの落葉低木が優占し、頂上台地に広がる日本最大規模のダイセンキャラボク群落は国の特別天然記念物に指定されている。また、大山をはじめ、氷ノ山や扇ノ山、後山、比婆山などでは林床にチシマザサや常緑低木の生育する日本海側ブナ林と、クロモジなどの落葉低木が生育する太平洋側ブナ林のそれぞれの特徴を備える。蒜山や道後山、吾妻山《あづまやま》、深入山などに見られる牧歌的な草原は、採草地や和牛の山地放牧など継続的な山地利用の名残で、深入山では景観維持のために山焼きが続けられている。草原にはキキョウやリンドウ、ウメバチソウ、センブリなどの花々が咲くが、人の手が入らなくなった草原は灌木帯へ、そして樹林帯へと遷移の途上にある。中国山地一帯はツキノワグマの生息域で、人里近くでの目撃例も多い。さらにシカやイノシシの個体数も増え、とくにシカによる林床植物の食害や樹皮剥ぎは深刻で、那岐山などでは立ち枯れや林床の裸地化も目立っている。

■**歴史**

中国山地では5世紀ごろからタタラによる製鉄がはじまり、幕末~明治初期ごろには全国の90%以上を産出していたといわれる。山々を歩いているとタタラにまつわる遺構を目にすることも多いが、気にかけて観察しなければ見落としてしまうだろう。たとえば道後山や船通山、大万木山などは山砂鉄を採取するカンナ流しの水路跡が残

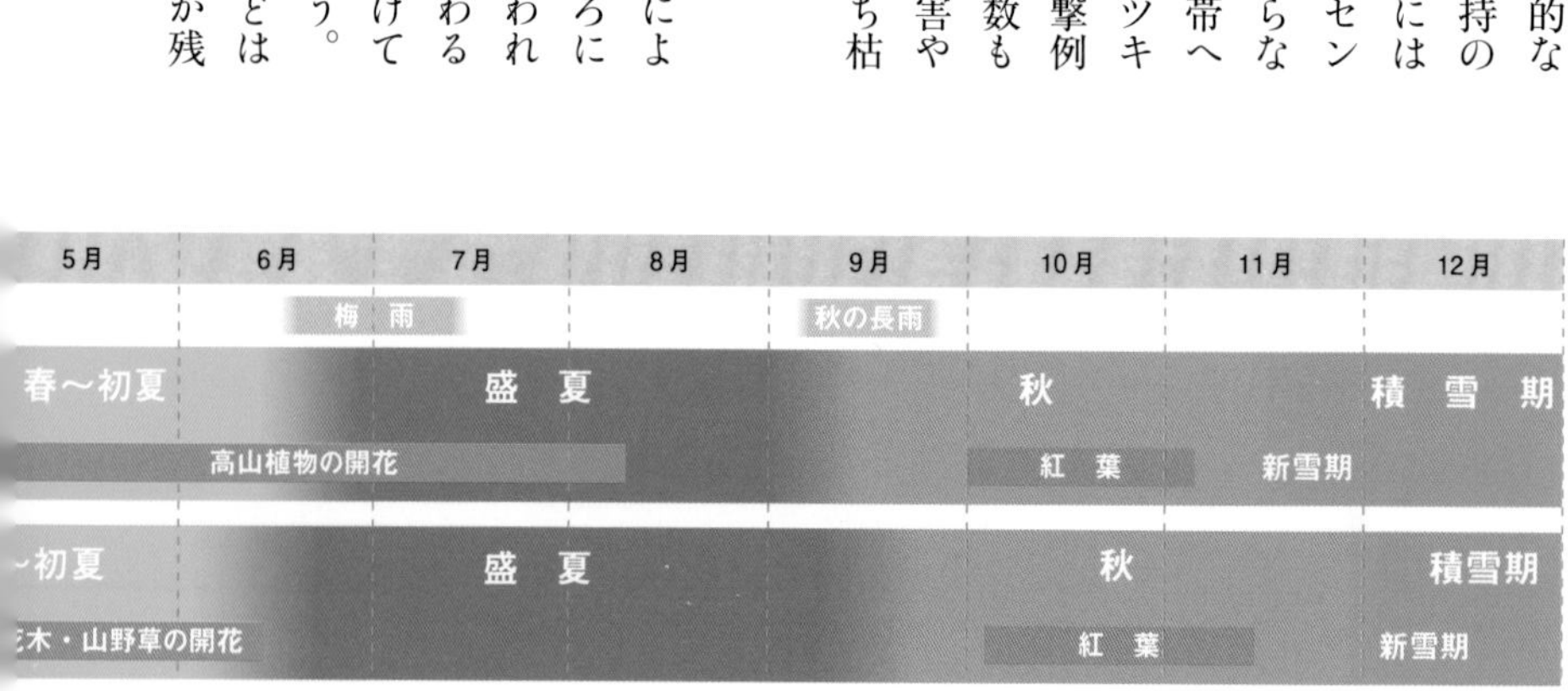

り、一部は登山道となっている。さらにゆるやかな山稜を利用し牛馬の山地放牧も中国山地の広い範囲で行なわれ、牧柵の石塁や土塁からその面影を探ることもできる。

２００９（平成21）年に日の目を見ることとなった小五郎山の鉱山遺跡については文献に乏しく、坑道や製錬所跡、オンドル跡など多くの謎に包まれている。

■登山シーズン

冬期には多量の積雪がある中国山地の山々はおおむね雪のとける4月中ごろから11月下旬ごろが適期となるが、大山や豪雪地帯の氷ノ山、扇ノ山では5月に入ってからが安全だ。カタクリの花を求めるなら4月下旬から5月連休ごろ。新緑のころと10月中旬から11月初めにかけての紅葉に彩られるころが最適期といえるだろう。

標高の低い中国山地では、夏期の日差しと暑さ対策が必要となる。また、中国地方の山々は全域にマムシが生息しているので、夏から秋にかけてはとくに注意が必要だ。

■コースとグレード

紹介コースのなかでは小矢筈《こやはず》や甲ヶ山の通過、親指《おやゆび》ピーク、烏ヶ山などに危険箇所があり、初歩的な登攀技術が必要となる。記載のコースタイムは、ストップウォッチを用いた実歩行時間を計測した値を基に記している。自然観察や写真撮影など各々の登山の目的によって所要時間は異なるので、コースタイム＋αの時間設定が必須で、余裕をもった計画を心がけること。

■山小屋

日帰り登山が基本のエリアだけに営業小屋はなくすべてが避難小屋か休憩施設で、宿泊施設のない山が大半。避難小屋を利用する場合は食料、寝袋などキャンプ用品一式、場所によっては水も持参する必要がある。また、大山ユートピア避難小屋など人気エリアの避難小屋はシーズンの休日には満員になることもあるので、入れなかった場合を想定してツェルトも必携だ。事前に混雑状況を知るすべはないので要注意。

避難小屋は天候急変時などに心強い（氷ノ山越避難小屋）

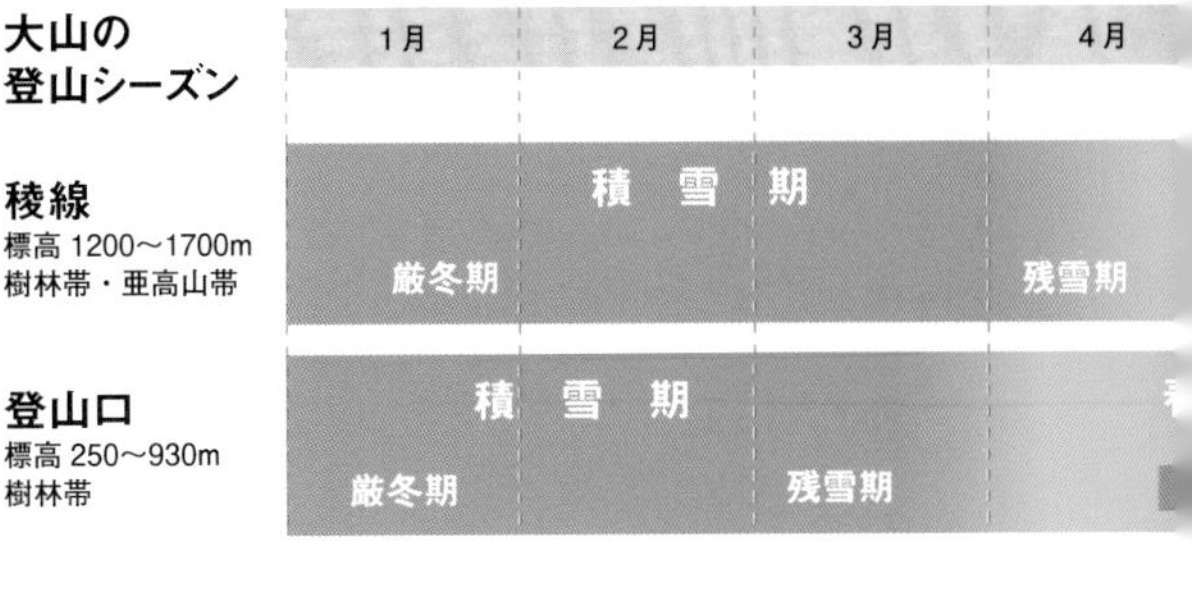

豪円山・のろし台から眺める大山の北面。右上にのびる尾根が夏山登山道

ブナの森から孤高の頂へ立つ大山登山定番コース

日帰り 大山寺バス停→夏山登山口→行者谷分かれ→弥山（往復）　計4時間16分

コースグレード｜**中級**

技術度｜★★★☆☆　3

体力度｜★★★☆☆　3

写真・文／岡本良治

伯《ほう》耆《き》大山《だいせん》は中国地方の最高峰で、標高１７２９ｍの剣ヶ峰《けんがみね》を頂点に、弥山《みせん》（１７０９ｍ）、天狗ヶ峰《てんぐがみね》、槍ヶ峰《やりがみね》、三鈷峰《さんこほう》（１５１６ｍ）などのピークからなる。約１万年以上前に火山活動を終えて現在は解体期にあることから、南壁《みなみかべ》や北《きた》壁、東《ひがし》壁を中心に頻繁に崩落を繰り返している。登山中に北壁から崩落の音が聞こえてくることも珍しくなく、山体のもろさが実感できるだろう。かつて当たり前に行なわれていた弥山、剣ヶ峰、天狗ヶ峰への頂稜縦走も崩落による危険性と植生保護のため立ち入りが禁止されて久しく、大山の頂上・弥山に登るには実質的に紹介する夏山《なつやま》登山道のみ。登山者の多くがこのコースを往復するが、登路か下山路を行者《ぎょうじゃ》コース（Ｐ16サブコース）としてもよい。

日帰り

夏山登山道で弥山頂上へ

大山寺《だいせんじ》バス停から大山自然歴史館の横を通り、参道を上がっていく。まもなく郵便

土留めの木段が続く夏山登山道下部

夏山登山口（古くからの登山口は車道の先）

局や立ち寄り入浴施設の豪円湯院《ごうえんゆいん》を過ぎ、大山参道市場の前を右に歩いていくと大山寺橋に出る。左手に北壁を仰ぎながら佐陀川を渡り、南光河原《なんこうがわら》駐車場を左に過ぎると、すぐに夏山登山道の標柱がある。古くからの**登山口**は車道のカーブを左に曲がったところにあるが、どちらを利用しても志賀直哉が『暗夜行路』の件を記した蓮浄院《れんじょういん》跡のところで合流できる。

登山口から、僧坊跡にはさまれた広くゆるやかな石段を上がっていく。苔むした石垣の向こうには、夏草や樹木におおわれたいくつもの平地が見られる。少し上がると左に登山届の提出ポストがあり、やがて右手の奥に杉木立の中の阿弥陀堂《あみだどう》が見えてくる。道は土留めの施された登山道に変わり、ミズナラを主とした森の中で傾斜を徐々に増しながら一合目、二合目と標柱を過ぎる。

比較的大きなブナが林立するようになれば三合目で、ブナの森を観察しながら胸を突くような木段を登っていくと、樹間から

頂上台地のダイセンキャラボク群落と木道。奥に弓ヶ浜方面の展望が広がる

夏山登山道八合目付近から三鈷峰や甲ヶ山を見る

遠望がきくようになり、やがて広場のある五合目に着く。そのすぐ上の**行者谷《ぎょうじゃだに》分《わ》かれ**で行者コース（P16）が左から合流し、樹林帯を抜けると避難小屋（携帯トイレブースあり）のある**六合目**だ。

六合目は眼下に元谷《もとだに》をはさみ、東に宝珠《ほうじゅ》尾根、北にはゆるやかな裾野の先に日本海が望める絶好の休憩ポイント。ここからはステップの高い蛇籠の敷かれた急登となるので、充分に足を休めたい。

蛇籠を踏み段に効率よく高度をかせいでいけば展望は徐々によくなり、振り向くと登山口のある大山寺集落や、ゆるやかに見える裾野の先に日本海が広がっている。沿道にはダイセンキャラボクも見られるようになり、左に北壁や三鈷峰、右に島根《しまね》半島などを眺めながら登っていく。草鳴社《そうめいしゃ》碑柱とその先で八合目の標柱を過ぎると、木段の上で頂上台地に出る。平坦になった道から右下に大山放牧場を見下ろしながら進み、ダイセンキャラボクの間を抜ければ、頂上に続く木道の端に着く。

群生するダイセンキャラボクや植生を見下ろしながら、あるいは林冠部を間近に観察しながら歩ける木道は、高い箇所では地面まで２ｍ近くもある。すれ違い時など、木道を踏みはずさないように注意しながら

六合目避難小屋（3人収容）とテラス

紅葉の夏山登山道七合目付近を登る

弥山頂上。展望は360度

進むと、石室からの道が右から合流し、頂上避難小屋を囲むようにつけられた木道を歩いて**弥山**の頂上に着く。

頂上は年々南壁側の崩落が進み、かつてあった頂上碑も崩れ落ちる危険があることから、少し北側の安全な場所に2020（令和2）年に移された。そのため南側や剣ヶ峰、烏ヶ山《からすがせん》方面の展望が少し悪くなったのは仕方のないことだろう。大気の澄んでいる日には日本海に浮かぶ隠岐《おき》の島や三瓶山《さんべさん》、南の遠方には四国の山並みも確認できる。

下山は木道を少し引き返し、登ってきた木道を右に分けてまっすぐ下る。大《おお》ノ沢《さわ》源頭部の端に続く道から島根半島方面を眺めながら下っていくと、まもなくダイセンキャラボクにおおわれた木道の上を歩くようになり、石室の前に着く。その先で、霊峰大山に伝わる古くからの神事「もひとり神事」が行なわれる神聖な梵字ヶ池《ぼんじが》を左に見て右に上るようになれば、頂上に続く木道の端に着く。ここからは左に往路をたどるが、浮石に注意しながら慎重に下っていこう。

サブコース

●行者コース往復

Map 1-1C

大山寺バス停

大山観光の中核となる大神《おおがみ》山《やま》神社奥宮《おくみや》とそれに続く自然石の参道を歩き、北壁の迫力を楽しみながら弥山頂上をめざすこのコースは、大山に流れる歴史と自然にふれることができ、変化に富んでいる。

大山寺バス停から参道を上がり、豪円湯院、大山参道市場を過ぎて、大山寺山門の手前から左に鳥居をくぐる。日本一長い自然石の敷きつめら

弥山頂上からの大山
最高点・剣ヶ峰（右）

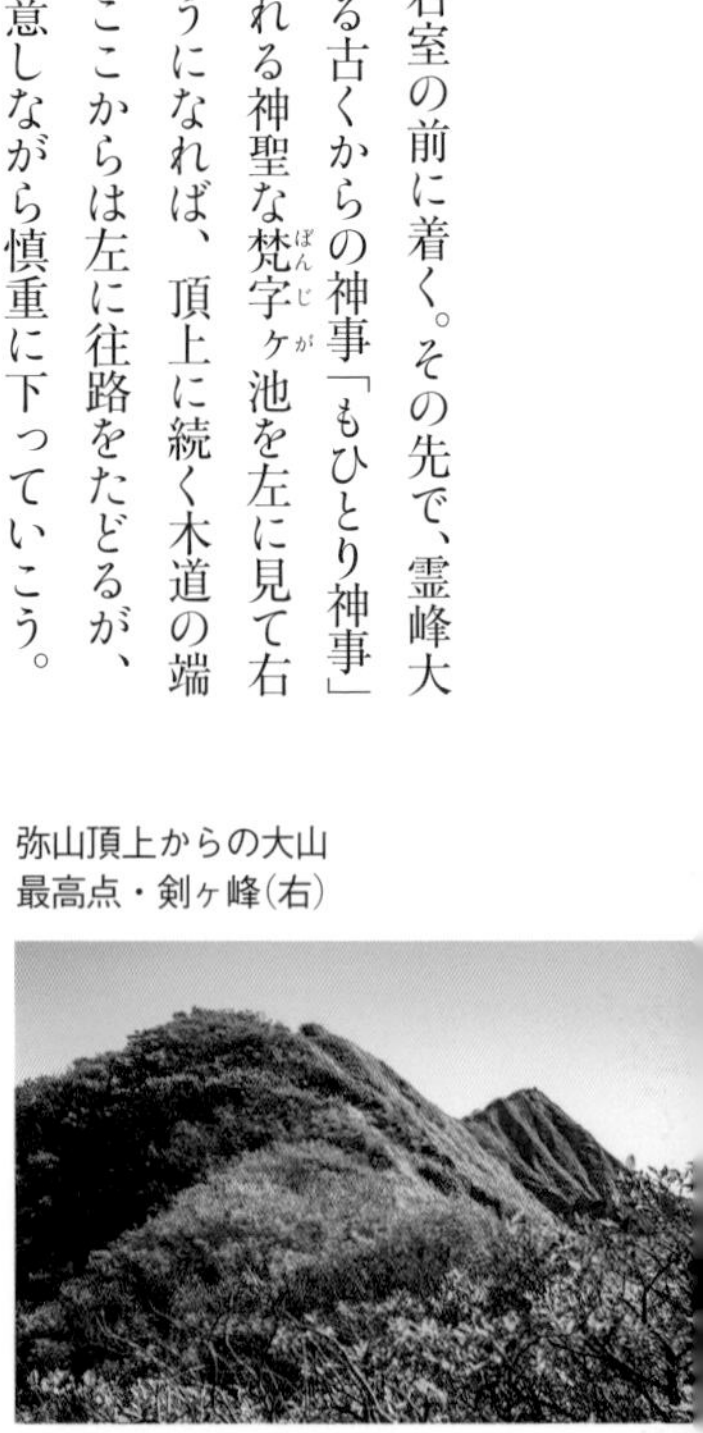

元谷からの宝珠尾根と北壁（サブコース）

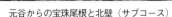

れた石畳を歩いていくと、あたりには神域の雰囲気が漂い、苔むした石畳とスギの大木、沿道の石地蔵が歴史を感じさせてくれる。やがて違い門の先で広い石段を上ると**大神山神社奥宮**がある。

　登山道は社殿を右に回りこんだところから続いている。行者《ぎょうじゃ》登山口に入り、スギの大木を仰ぎながら歩いていくと分岐があるので、右の元谷《もとだに》方面へと進む。森の中をゆるやかに歩き、木段を一度降りて登っていけば、やがて**元谷の入口**に着く。広い河原の向こうに屏風のような北壁が眺められる。

　左に北壁《きたかべ》を仰ぎながら、岩や砂礫の多い元谷の河原を対岸へ進む。北壁の右寄りにそそり立つ別山《べっさん》を眺め、木立ちの中に元谷避難小屋を見て、河原から道標にしたがい森の中に入る。少しのあいだゆるやかな道が続き、まもなく急な登りになると、周囲は林床にクロモジの目立つブナ林となる。つづら折りを繰り返して登っていけばやがて林の中の尾根に上がり、樹間から三鈷峰や北壁を眺める。尾根上の木道と土留めの階段を登ると**行者谷分かれ**で、夏山登山道と合流する。あとは左手に登って、**六合目**を経て頂上の**弥山**にいたる。（コースタイム＝**4時間36分**／コースグレード＝**中級**）

ブナの黄葉に包まれる行者コース登山道

プランニング&アドバイス

大山は日本海に近い独立峰のためか午後になると頂上部にガスがかかることが多いので、頂上からの展望を楽しむには、午前中早い時間からの登山が展望を楽しめる確率が高い。登山口のある大山寺地区には宿泊施設のほか、キャンプ場もあり、前日の大山寺入りがおすすめ。登山前に大山ナショナルパークセンター（8時開館）で登山情報を入手したい。参道沿いにある日帰り温泉施設「豪円湯院」（TEL 0859-48-6801）は登山後の汗を流すには最適だ。

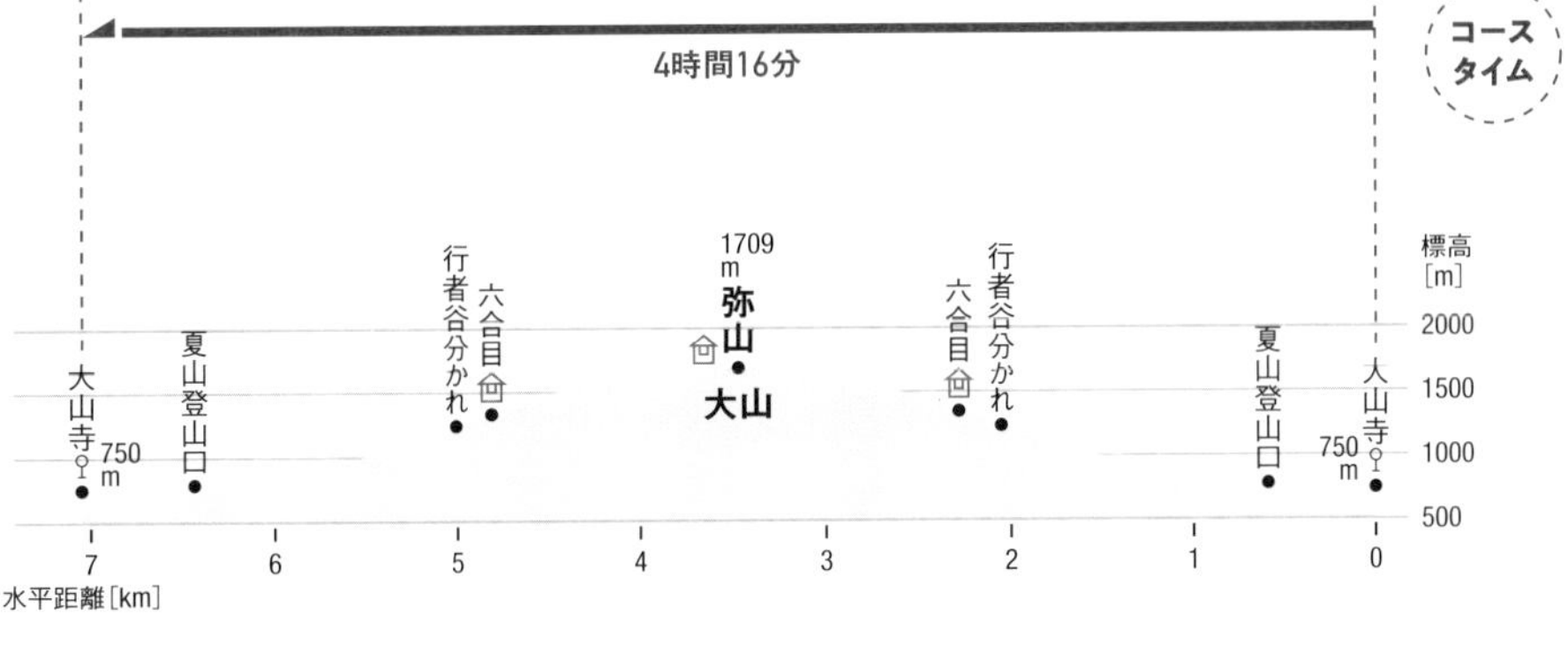

日帰り

大山 三鈷峰 ユートピア 象ヶ鼻

シモツケソウ咲くユートピアから大山最高点・剣ヶ峰を見る

北壁の雄大な展望と花咲く山稜の別天地へ

コースグレード	中級
技術度	★★★☆☆ 3
体力度	★★★☆☆ 3

日帰り 大山寺バス停→大神山神社奥宮→下宝珠越→三鈷峰・ユートピア・象ヶ鼻（往復）　計4時間24分

写真・文／岡本良治

三《さん》鈷峰《こほう》（1516m）は大山《だいせん》主塊の北東に位置し、夏山《なつやま》登山道（P12コース1）から眺めると尾根の末端に盛り上がったコブのように見えるが、登路の宝珠《ほうじゅ》尾根からは3本の急峻なルンゼ（岩溝）をもつ西壁《にしかべ》と、均整のとれた山容が魅力的だ。ユートピア避難小屋を中心とした尾根にはクガイソウやシモツケソウ、コオニユリなどの花々が咲き乱れる大山一のお花畑として人気があり、花の季節には多くの登山者でにぎわう。その上部にある象《ぞう》ヶ《が》鼻《はな》（1550m）は大山主塊や三鈷峰、地獄谷《じごくだに》、振《ふり》子沢《こざわ》、ピラミダルな烏《からす》ヶ《が》山《せん》などが眺められるビューポイントだ。

日帰り　下宝珠越から三鈷峰、ユートピア、象ヶ鼻へ

大山寺《だいせんじ》バス停から参道を上がっていく。正面上部にめざす三鈷峰を仰ぎながら大山寺山門の手前まで坂道を進むと、左手に古い大きな石鳥居がある。鳥居をくぐり、杉

行者登山口。案内にしたがい下宝珠越方面へ

大神山神社奥宮拝殿

並木や石地蔵に歴史を感じながら、自然石の敷きつめられた石畳を上がると、やがて**大神山**《おおがみやま》**神社奥宮**《おくみや》に着く。

社殿を右に回りこみ、森に続く行者《ぎょうじゃ》登山口に入る。森には幾本かのスギの大木があり、なかでもひときわ大きな古木を右に見るとすぐに分岐がある。まっすぐ進むと元《もと》谷《だに》へ向かうが（P16サブコース）、ここでは左の道をとる。ブナとスギの混在する自然林を眺めながら、治山道路を横切って谷の中に続く登山道を登っていくと、しだいに急登になって**下宝珠越**《しもほうじゅごえ》に着く。

治山道路から下宝珠越に続く谷を登る

ブナに囲まれ遠望のきかない宝珠尾根を南に登っていくが、紅葉のころなら頭上を彩るブナの彩りに加え、林床に広がるクロモジの黄葉がみごと。ブナ林の植生を観察しながらしばらく登れば、左に三鈷峰西壁が望めるようになる。江戸期に描かれた大山寺領絵地図には、三鈷峰の中腹に馬頭《ばとう》の岩屋《いわや》や阿弥陀《あみだ》岩などの記載がある。それがどこなのか、ここから眺めている景色の中にそれらが見られているのかはわからないが、右上にわずかな広場があるので、想像をめぐらせながら休むのもよいだろう。

ここから急坂を下ると**中宝珠越**《なかほうじゅごえ》に着く。ここには元谷に通じる登山道があったが、崩落で危険なために通行止めのロープが張ってある。尾根に続く道は迷うようなところはないが、崩落地や小規模な岩場を通過する場所があるので、慎重に歩きたい。やがて溝状の道から左上すると灌木越しにわずかに北壁が見える場所があり、谷筋にまだ雪の残るころなら、時おり崩落の音も聞こえてくるだろう。

登山道に横たわるダイセンキャラボクの大木

中宝珠越～上宝珠越間の崩落部を行く

ゆるやかになった尾根から左右の展望を楽しみながら歩いていくと、土壌の安定しない急傾斜地がある。固定ロープが張ってあるが、補助程度に利用して通過するとまもなく**上宝珠越**《かみほうじゅごえ》だ。ここから尾根を左にはずれ、山肌を巻くように進む。いくつかの

お花畑の広がるユートピア避難小屋

ガレ沢や右上に勝間《かつま》ケルンを過ぎると、やがて登山道に横たわる大きなダイセンキャラボクの幹をまたいで、三鈷峰に続く主稜線上の**分岐**に出る。正面には矢筈ヶ山《やはずがせん》や甲ヶ《かぶとが》山《せん》方面の展望が広がっている。

三鈷峰へは左にとる。登山道はよく踏まれているが、ダイセンキャラボクや灌木におおわれ足もとが見えないので慎重に歩きたい。小ピークを過ぎ、西壁側が切れ落ちたガレ場沿いに登ると、好展望の**三鈷峰**に着く。ケルンのある頂上は北壁《きたかべ》の絶好の展望地で、北東には野田ヶ山《のだがせん》の向こうに矢

象ヶ鼻からは大山主峰と左に烏ヶ山、蒜山などのパノラマが展開する

三鈷峰頂上からの大山主峰（中央が剣ヶ峰）

筈ヶ山から甲ヶ山、勝田ヶ山《かつたがせん》に続く山並み、北には大山の裾野の先に日本海が広がる。

展望を満喫したら稜線上に見えるユートピア避難小屋へと向かおう。**分岐**まで引き返し、7月下旬から8月上旬ならクガイソウやシモツケソウのお花畑に囲まれた道を登るとユートピア避難小屋がある。居心地のいい小屋内、あるいは展望を楽しみながら小屋の周辺で過ごすのもよい。

さらにお花畑に囲まれた溝状の道を登り、簡単な岩場を上がれば360度の展望が広がる**象ヶ鼻**に着く。その先に続く尾根道は、古くは主稜線の縦走路へ、近年ではクガイソウの群落が広がっていた振子沢源頭部まで行けたが、目に見えて崩落が続いていることから、大山遭難防止協会などの関係機関により、この先約150mの地点に立入禁止の立て看板が設置されている。

時間の許す限り展望を楽しんだら、来た道を**大山寺バス停**へと下っていく。

プランニング&アドバイス

宝珠尾根コースは夏山登山道（P12）についで人気があるが、中宝珠越～上宝珠越間に若干危険箇所があるので注意。最適期はユートピアがお花畑に包まれる7月下旬～8月上旬で、この時期は天気がよければ平日でも多くの登山者が訪れる。ただし花の時期になるとお花畑に入りこんだ踏み跡が幾本も見られ（P8の写真）、また、登山道脇に咲いている花なども踏みにじられていることが多いので、登山道からはずれないようマナーを守って登山を楽しみたい。

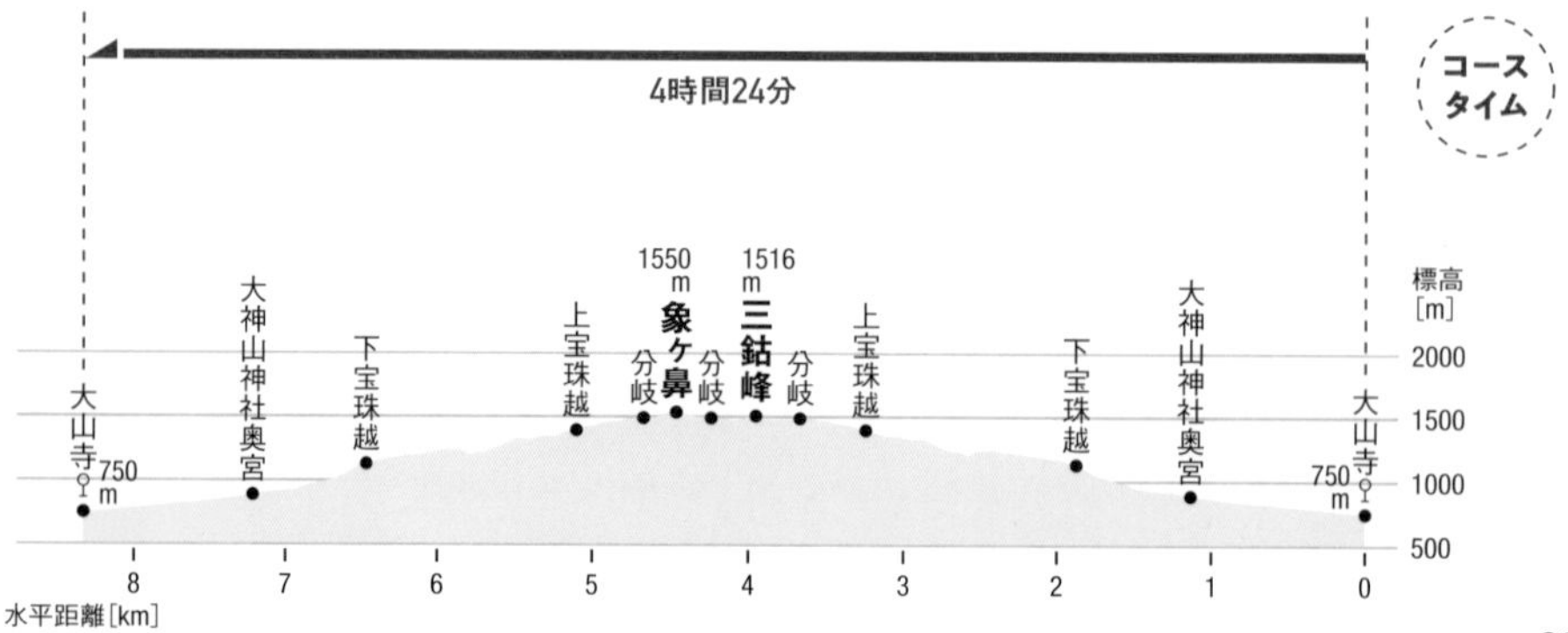

サブコース

中の原から下宝珠越へ

大山寺バス停↓宝珠山↓下宝珠越　計1時間

Map 1-1C　大山寺バス停

Map 1-2C　下宝珠越

コースグレード	初級
技術度	★★☆☆☆ 2
体力度	★☆☆☆☆ 1

幽玄なたたずまいの中を登るメインコース（P18）の大神山《おおがみやま》神社奥宮《おくみや》からのコースと比べると、明るく開放的な気分で登れるのが、宝珠《ほうじゅ》尾根末端にあるだいせんホワイトリゾート・中《なか》の原《はら》ゲレンデから登るコースだ。

大山寺《だいせんじ》バス停から大山ナショナルパークセンターを左に、派出所を右に見て車道を道なりに歩く。みやげ物屋や民宿、貸スキー店を過ぎると家並みが途切れ、リフト乗り場の横を登っていく。

登りきったところに豪円山《ごうえんざん》スキーエリアやキャンプ場があり、車道を右に進むと中の原ゲレンデが広がる。マイカーの場合なら豪円山キャンプ場の駐車場を利用するとよい（キャンプ場は2023年3月まで再整備工事のため閉鎖）。

リフトを右に見ながらゲレンデの最上部まで登っていく。標高はすでに1000mを超え、リフト終点からは海岸線に風力発電の風車や、見晴らしのよい日には日本海に浮かぶ隠岐《おき》の島も見える。まさにオーシャンビューのスキー場だ。ここからは展望のない樹林帯に入るので、存分に景色を眺めておこう。

登山道は、リフト降り場から山側を見て右手にある。入口がササにおおわれている場合もあるが、樹林帯に入るとすぐに歩きやすくなる。ブナ林に囲まれながら登っていくと、やがて樹林に囲まれた宝珠山《ほうじゅやま》の頂上に着く。そのまま頂上を越えて下っていけばメインコース（P18）で紹介した**下宝《しもほう》珠越《じゅごえ》**である。

豪円山などを背に中の原ゲレンデを登る

ブナ林に包まれた宝珠山の登山道

写真・文／岡本良治

日帰り

大山 烏越峠・振子沢 ユートピア

大《だい》山南壁《せんみなみかべ》を望む奥大山の景勝地、鍵掛《かぎかけ》峠に程近い健康の森遊歩道の木谷《きだに》登山口からユートピアへ向かう本項は、ブナの自然林から地獄谷《じごくだに》の上流部、そして振子《ふりこ》沢《ざわ》のV字谷をつめて展望の稜線にいたる、大山を南から北へ縦断するコースとなる。

日帰り

木谷登山口から振子沢をつめ展望のユートピアへ

広い駐車スペースのある**健康の森遊歩道の入口**（木谷登山口）から、ゆるやかに森の中へ入っていく。あたりは比較的若いブナ林が続き、大山ではあまり見ることのないトチの大木もある。しばらくブナの森を観察しながら登っていくと、文殊堂《もんじゅどう》からの道が合流する**分岐**に出る。

文殊堂からの道を歩く場合は文殊堂から鍵掛峠方面に約３００ｍのところに**文殊谷の入口**があり、谷に入ってしばらく行くと左にミズナラの大木がある。これを過ぎると文鳥《ぶんちょう》水に着く。雨に洗われて滑りやすい

かつて健康の森遊歩道として整備された道を行く

大山と烏ヶ山の鞍部・烏越峠。小広場がある

振子沢の沢芯から右の尾根に上がるとギボウシのお花畑と東壁が望める

南から北へと 沢と尾根をつなぐ 大山縦断コース

コースグレード | 中級

技術度 | ★★★★☆ 4

体力度 | ★★★☆☆ 3

日帰り 健康の森遊歩道入口→ 鳥越峠→ 振子沢→ ユートピア→ 三鈷峰→ 上宝珠越→ 下宝珠越→ 大神山神社奥宮→ 大山寺バス停　計5時間19分

夏草におおわれた振子沢の沢芯をしばらく登る

谷筋から、石を敷きつめたような浅い溝状の道に変わり、やがて文珠越《もんじゅごえ》に着く。ここから急坂を下るとすぐに**分岐**がある。

　鳥越峠《とりごえ》へは分岐を右に折れ、いくつかの起伏を数えながらトラバース（斜面を横方向に移動すること）ぎみに進むが、キノコ採りの踏み跡などが森へと続いており、主道をはずれないよう注意する。周囲にはブナの古木も多く、倒木や立ち枯れにさまざまなキノコを見ることができる。ゆるやかな道から急登に変わると、まもなく**鳥越峠**に着く。右手に尾根をたどると烏ヶ山《からすがせん》だが、危険箇所が多くすすめられない。

　峠を越えると、登山道は急な下りから左にゆるやかに歩くようになる。再び急坂から雨に洗われた沢状の道を下ると、駒鳥《こまどり》避難小屋の横に出る。大山山塊の中では最も古い避難小屋で、石づくりの壁は半世紀以上前に築かれたもの。その壁を残してリフォームされた山小屋は、心地よい雰囲気だ。

　小屋の前を過ぎ、木の根やハシゴを利用して清水の滴る急坂を下りると**地獄谷の河原**に降り立つ。夏草が茂ると踏み跡がわかりづらくなるが、上流に歩いていくとすぐに大岩の重なる見通しのよい河原に出る。両側を谷肌にはさまれているが、広々とした河原からは地獄谷上流の先に東壁《ひがしかべ》と天狗《てんぐ》ケ峰《がみね》に続く稜線がそびえる。沢音に包まれながら、しばらく足を休めるのもよい。

　ここからは１００ｍほど上流に歩き右の振子沢に入るが、出合は草木が茂っており、入口を見落とさないよう要注意。沢を渡り、小さな遭難碑のそばを通って振子沢の流れを右手に見ながら進む。あたりは草木が茂り、登山道沿いにはミヤマイラクサも多く、肌にふれると痛がゆいので慎重に歩こう。

2020年に改修された駒鳥避難小屋（収容10人）

地獄谷上流部からの東壁。振子沢へはこの先で右へ

展望のよい象ヶ鼻。左は三鈷峰。三鈷峰の直下にユートピア避難小屋が立つ

途中わずかな岩場を越え、踏み跡をたどっていくと涸れた沢の中を歩くようになる。側壁の迫る深いV字谷の底で、先の見えない蛇行を何度も繰り返しながら、雨水に洗われた岩づたいに高度をかせいでいく。

やがて前方が開けるようになり、登山道は沢芯をはずれて右の斜面を登る。急登からダイセンキャラボクにおおわれた溝状の道を経て草原の中を登っていくと、しだいに展望が開けてくる。振子山《ふりこせん》への分岐を過ぎるとまもなく象ヶ鼻《ぞうがはな》の基部で、左手のわずかな岩場を登ればすぐに好展望の**象ヶ鼻**だ。今まで森や谷の中を歩いて来たためか、さえぎる物のない展望は感動的。

下山は、象ヶ鼻基部から灌木におおわれた道を下るとすぐにユートピア避難小屋があり、そのまま尾根を下ると**分岐**に出る。まっすぐ進めば**三鈷峰**《さんこほう》へ往復20分程度なので、足をのばすのもよい。分岐を左に下っていけば**上宝珠越**《かみほうじゅごえ》、そして尾根通しに**下宝珠越**《しもほうじゅごえ》まで下り、左に下ると**大神山**《おおかみやま》**神社奥宮**《おくみや》に着く。あとは参道を**大山寺**《だいせんじ》**バス停**へ（下山はP18コース2の逆コース参照）。

プランニング&アドバイス

健康の森遊歩道入口（木谷登山口）への公共交通機関はなく、マイカー利用となる。車が1台で回送車がない場合は、下山後タクシーで健康の森遊歩道入口へ戻る。徒歩の場合は起点を文珠堂にすると健康の森遊歩道入口より約3kmの短縮となるが、大山寺橋から横手道・大山環状道路経由で文珠堂まで約10km・2時間強のアルバイトとなる。往路の振子沢は沢芯を歩くコースだけに雨が降ると登山道が川になるため、まとまった降雨が予想される場合の登山は危険である。

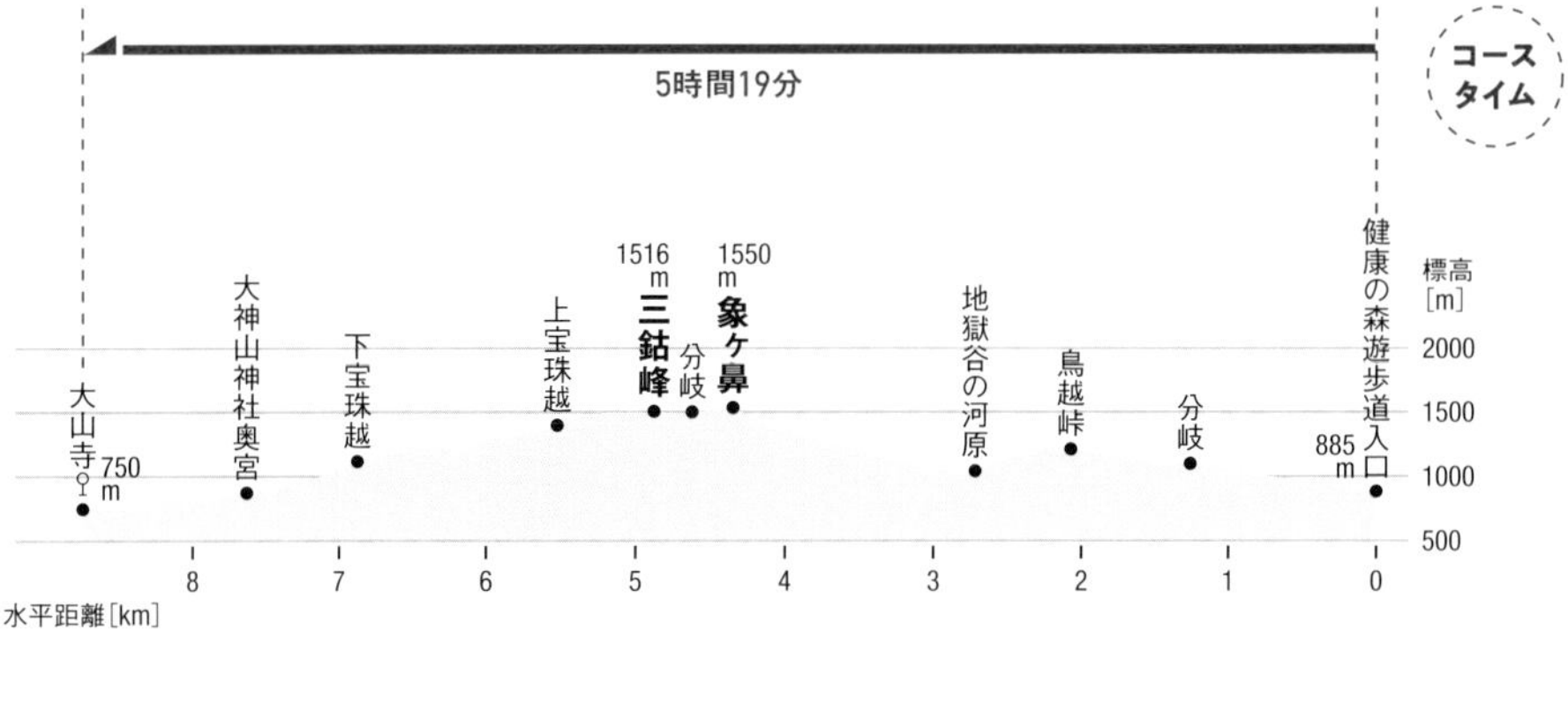

鏡ヶ成園地と烏ヶ山（右）。鏡ヶ成には休暇村があり前泊に最適

大山本峰の南東に鋭い頂を誇示する「山陰のマッターホルン」

日帰り 駐車場→新小屋峠→尾根→烏ヶ山→鏡ヶ成キャンプ場→駐車場　計2時間38分

コースグレード｜**中級**

技術度｜★★★☆☆　3

体力度｜★★☆☆☆　2

写真・文／岡本良治

大《だい》山《せん》本峰の南東に位置する烏《からす》ヶ《が》山《せん》（１４４８ｍ）はそのピラミダルな山容から「山陰《さんいん》のマッターホルン」とも称される名峰で、多くの登山者に親しまれてきた。しかし、２０００（平成12）年10月6日、鳥取県西部を震源とする最大震度6強の地震により、急峻な岩稜状の登山道が崩落し、今後いつ崩れてもおかしくないような不安定な状態となってしまった。そのため地震後に登山禁止となり、そして国土地理院の地形図からも登山道が削除され廃道とされた。それから16年後の２０１６年夏に登山禁止は解除となり、公に登山が楽しめるようになっている。ただし登山道が完全に安定しているわけではないので、慎重な登山を心がけたい。

日帰り 新小屋峠を起点に烏ヶ山を周回

鏡《かがみ》ヶ《が》成《なる》の**駐車場**から県道45号を上がり**新《しん》小屋《こや》峠**へ。注意喚起の看板が設置されている登山口から雑木林に囲まれたゆるやかな

岩稜分岐の直下にある崩落地縁の通過

尾根上からは烏ヶ山北壁の垂壁と大山を見て進む

登山道をしばらく歩く。林床にチシマザサが茂り、時おり烏ヶ山南峰《なんぽう》の頂上部を望む林間を登っていく。やがて急な登りに変わり、ロープの設置してある露岩の急登を越えれば道標の立つ**尾根**に上がる。樹間からは大山の東壁《ひがしかべ》が望めるわずかな広場となっているので、ひと休みしていこう。

烏ヶ山南峰から紅葉に包まれる烏ヶ山本峰と大山（中央奥）を見る

　道標にしたがって尾根道を左にたどるが、北面の烏谷《からすだに》側は急峻に切れ落ちているので足もとには充分気をつけたい。前方に烏ヶ山の北《きた》壁、後方に矢筈ヶ山《やはずがせん》や日本海、左手には鏡ヶ成の園地や蒜山《ひるぜん》の山々などの展望を楽しみながら登っていく。樹林帯から灌木帯に変わると展望がさらによくなり、前方右手に見える烏ヶ山北壁の垂壁と、その遠望にそびえる大山の眺めが印象的だ。

　ロープの設置してある溝状の急登を経て道標の立つ**岩稜上の分岐**に出ると、左から下山で使うキャンプ場からのコースが合流する。南側の展望が開けるこのあたりが地震で崩落した場所で、コース中の核心部となっている。不安定な岩もあるので、足もとに気を払いながら展望を楽しみたい。

　右に階段状の岩場を登るとすぐ南峰の頂上で、細長い頂上部の西端には本峰と大山

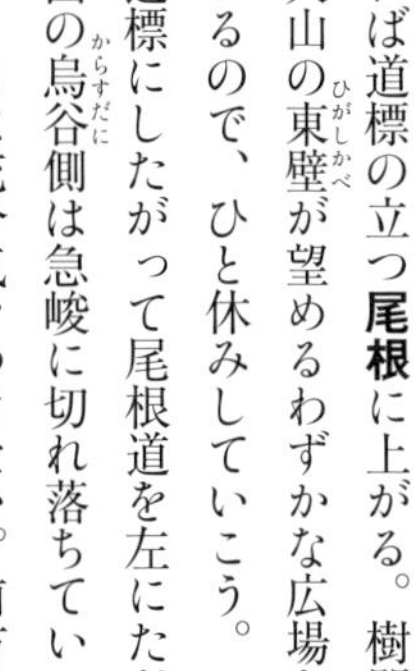
頂上部の崩落地に生えるヤマハハコ

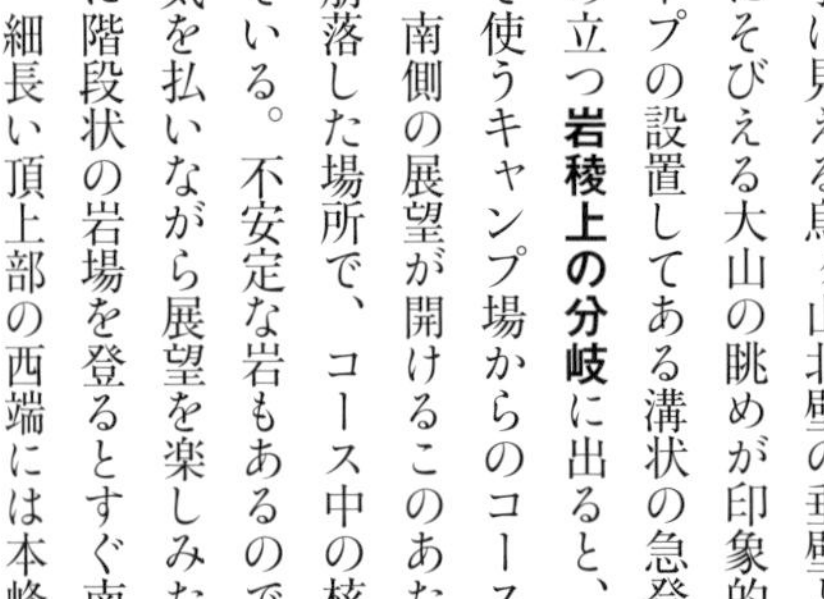

烏帽子岩が鎮座する烏ヶ山の頂上

紅葉のブナ林（キャンプ場コース・標高1200m付近）

の眺めがよいビューポイントがある。ここからいったん鞍部に下り、キャラボクに囲まれたトンネルのような道から、頂上直下のバンド（岩棚）状の岩場を登れば**烏ヶ山**の頂上に着く。かつては頂上直下の岩場がこのコースの核心部で、クラック（狭い岩の裂け目）のあるほぼ垂直の岩場だったが、地震による崩落の影響でバンド状の足場ができ、簡単に通過できるようになっている。

頂上には烏帽子《えぼし》岩とよばれる岩があり、その周りには適度に岩棚やテラスもあるので、思い思いに展望を楽しみながら山を満喫するのに適している。

下山は南峰直下にある**岩稜上の分岐**まで引き返し、そのまままっすぐ下っていく。分岐の道標の下には右側が崩落している場所があり、足もとには充分注意したい。さらにロープの設置してある急坂を慎重に通過してブナ林に入り、樹相を楽しみながら下ると、やがてゆるやかに歩くようになる。

カーラ谷とよばれる涸れた沢を渡ればほどなく**鏡ヶ成キャンプ場**前の車道に出て、起点の**駐車場**へは左に歩けばすぐだ。

プランニング&アドバイス

逆コースも考えられるが、烏ヶ山北壁と大山を眺めるには振り向きつつの下山となるので、前方に眺めながら登れる紹介コースの方が適しているだろう。烏ヶ山に登るには紹介コースのほかに鳥越峠（P24コース3）からの道があったが、こちらは崩落のあるやせ尾根が続き、ひじょうに危険な状態となっているため、2022年7月現在登山禁止とされている。駐車は鏡ヶ成園地の駐車場を利用する。鏡ヶ成キャンプ場の駐車場はキャンプ利用者専用なので、登山利用の駐車はしないこと。

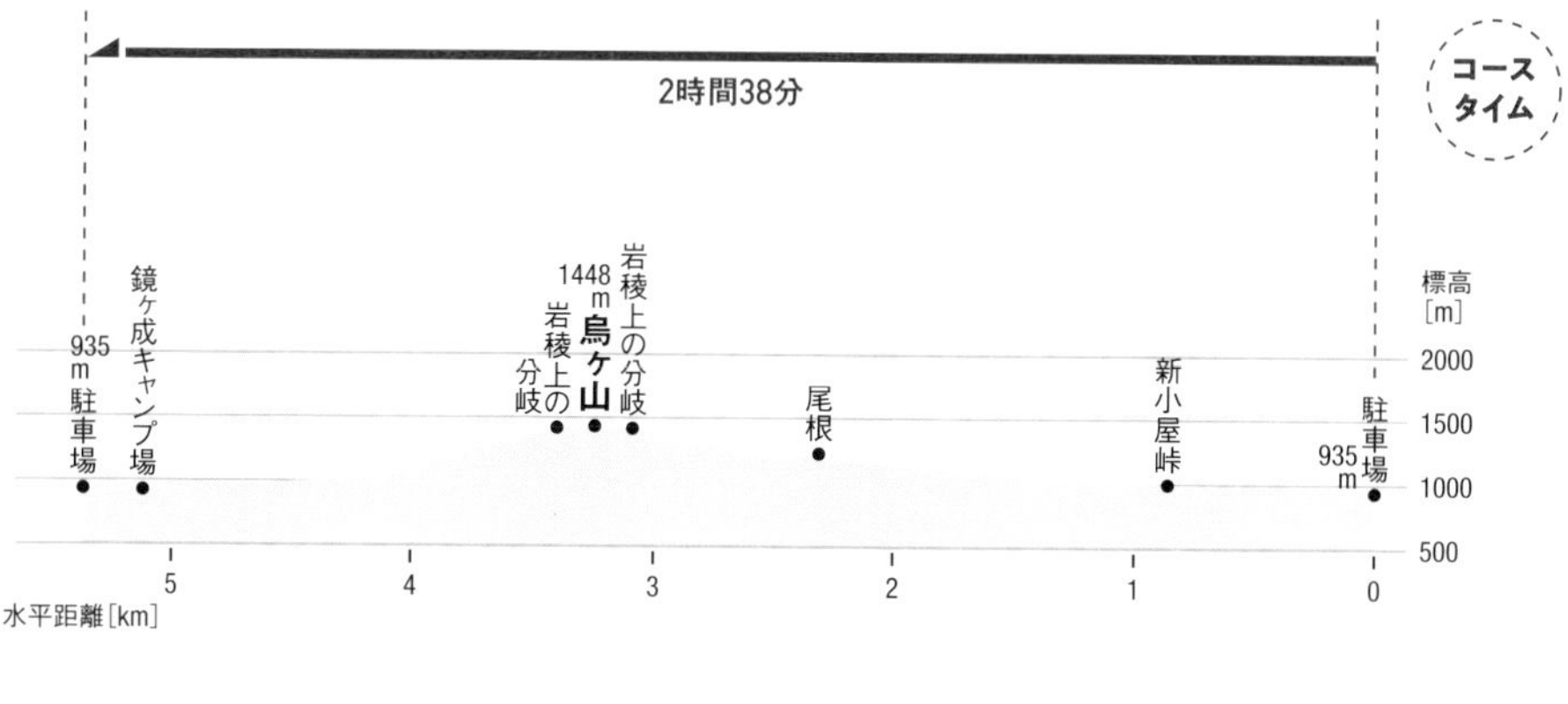

象ヶ鼻から歩いてきた振子山（中景右）、野田ヶ山（中景左）を見る。背後は矢筈ヶ山と甲ヶ山

いのしえの大山道から難所のピークを越えて展望と花のユートピアへ

日帰り 大山寺バス停→川床→大休峠→野田ヶ山→象ヶ鼻→ユートピア→宝珠山→大山寺バス停　計6時間2分

コースグレード	上級
技術度	★★★★☆ 4
体力度	★★★★☆ 4

写真・文／岡本良治

大《だい》山《せん》をめぐる登山道のなかでお花畑が広がるユートピアへはいくつかのルートがあるが、川床《かわどこ》からかつての大山道で大休《おおやすみ》峠へ、さらに野田ヶ山《のだがせん》（1344m）、ユートピア、宝珠《ほうじゅ》尾根と歩くコースは周回登山ができる。歴史の街道から緊張感のある親指《おやゆび》ピークの通過、そして振子山《ふりこせん》（1452m）からの展望など充実した登山が楽しめるが、親指ピーク付近には危険箇所があるうえエスケープルートもないので、天候の安定した日に登りたい。

日帰り

川床から大山道で大休峠へ 親指ピークを越えてユートピアへ

大山寺《だいせんじ》バス停を起点に、大山ナショナルパークセンター前の車道を左に道なりに歩む。やがて家並みが途切れると正面にリフトが見え、その右側の道を登るとだいせんホワイトリゾートスキー場のゲレンデの端に出る。右にゲレンデを見ながらしばらく車道を歩き、烏栖左摩明王《うすさまみょうおう》を右に見ると、正面のゲレンデの中に中国自然歩道が続く。

川床への道すがらに立つ烏栖左摩明王

大休峠避難小屋（収容10人）。トイレもある

そのままゲレンデを横切り、石段から下のゲレンデを右斜め上気味に横断すると自然歩道が**川床**へと導いてくれる。

かつて木地師《きじし》の集落があった川床には数台の駐車スペースがあり、中国自然歩道の案内板が立っている。案内板の横から自然歩道に入ると、左の林の中に古い墓石が見られ、すぐに阿弥陀《あみだ》川に架かる橋を渡る。その先の分岐で阿弥陀川と分かれて左のつづら折りを登っていくと道は山肌を左上するようになり、左下から川音と時おり通る車の音が聞こえてくる。

やがてゆるやかな尾根を越えて右に回りこむと、林床をチシマザサにおおわれたミズナラの多い森を歩くようになる。大山詣でがさかんだった往時の面影が感じられる石段を登り、古い土塁の間を抜ければ岩伏《いわぶせ》分《わか》れに着く。広いスペースがあるので、森を観察しながら足を休めるのもよい。

さらにゆるやかな登りが続き、ブナをはじめムシカリやカエデ、リョウブ、クロモジなどの木々、秋ならば倒木や立ち枯れに生えるキノコも観察できる。

まもなく**香取分《かとりわか》れ**の分岐を過ぎ、古い石畳道に歴史を感じつつ甲ヶ山《かぶとがせん》の特徴ある山容を左手の樹間から眺めながら進むと、やがて避難小屋のある**大休峠**に着く。ここまでの道、そしてここから峠を越えて一向平《いっこんがなる》まで（P36サブコース参照）は中国自然歩道に指定され草刈りなどの整備が行なわれるが、めざす野田ヶ山方面へは灌木や夏草が茂り、入口がわかりにくい場合もある。

避難小屋前から道標の示す方向に踏み跡をたどって灌木帯に入ると少々やぶがかぶってはいるが明瞭な道になり、**野田ヶ山**の頂上へと導いてくれる。頂上手前のピークにはクロソヨゴの大群落があり、群落を切り開くように道がつけられている。

野田ヶ山から灌木におおわれぎみの急坂を木の枝や根を手がかりに慎

野田ヶ山ピーク手前のクロソヨゴ群落

コース最大の難所・親指ピーク（左）

親指ピークを通過する登山者（中景右の岩頭）

重に下ってやせ尾根を行くと、露岩のある小ピークに立つ。このあたりからが本コースの核心部で、東谷側《ひがしだに》はスッパリ切れ落ち、灌木の間からは谷底が見える。親指ピーク手前の岩頭は、その手前の東谷側にルートがある。また、岩頭までそのまま進み、２m程度のクライムダウン（手がかりを使っての下降）で越えてもよい。

灌木のやせ尾根を再びたどり、親指ピークに取り付く。スラブ状（表面に凹凸が少ない一枚岩）の露岩と草付き（沢の源頭などの丈の短い草地）の間を登り、東谷側が崩れている急斜面を慎重に下って親指ピークを越えるが、もろく浮石も多いので要注意。

親指ピークを過ぎると、尾根上を少し東にはずれて道が続いている。灌木の枝を手がかりに急斜面を登っていけば露岩のある**振子山**頂上で、振子沢や大山東壁《ひがしかべ》が目の前に広がっている。

背の低い灌木の尾根を進んで左に下るが、道が見えないほど足もとの灌木が茂っている場合もあり、慎重に進む。溝状に掘れこんだ道を抜けると振子沢からの道と合流し、右に登れば象《ぞう》ヶ《が》鼻《はな》の基部に着く。

象ヶ鼻からの展望を満喫したら、ユートピア避難小屋、宝珠尾根を経て**大山寺バス停**へ下る（復路はP18コース2とP23コース2サブコースの逆コース参照）。

プランニング&アドバイス

マイカー利用の場合は、豪円山キャンプセンターの駐車場、または川床の駐車スペースを利用して、下宝珠越から宝珠山を経てゲレンデを下るコースを利用すると歩行距離が少し短くなる。烏栖左摩明王からゲレンデ内に続く中国自然歩道は、草が茂っている場合もあるので、道がわからないような状態なら、少し遠回りになるが車道を歩いて川床へ向かうほうが無難。エスケープルートはないので天候悪化や予想外に時間がかかってしまった場合は、親指ピーク手前にある露岩か、野田ヶ山あたりで引き返す判断をしたい。

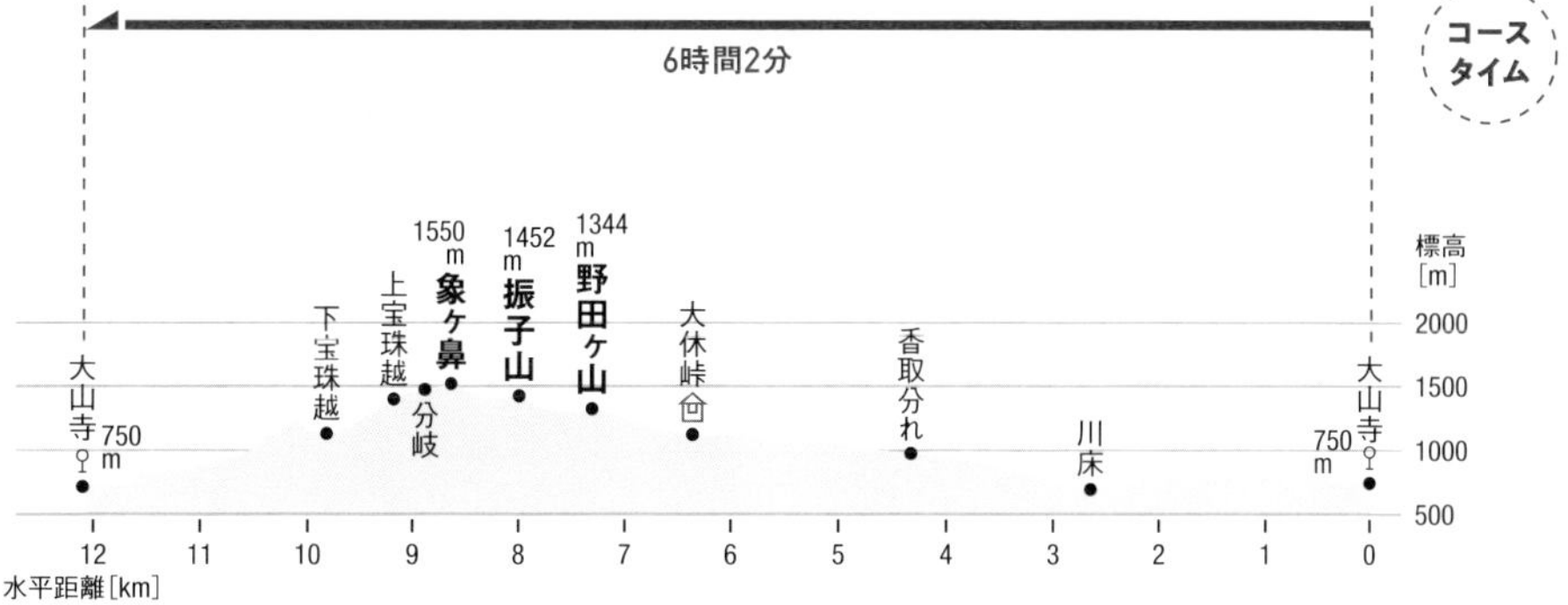

サブコース

大山道

一向平↓大休峠↓川床↓大山寺バス停　4時間15分

東大山《ひがしだいせん》・一向平《いっこうがなる》から大休峠《おおやすみ》を経て川床《かわどこ》に通じる道は、古くは大山詣でや牛馬市に向かう人々の往来道で、沿道には石畳道をはじめ古い地蔵や住居跡など、自然林や人工林の中にひっそりと埋もれた往時の面影を探りながら歩くことができる歴史の道だ。

一向平から中国自然歩道の道標にしたって大山滝への道を歩いていく。キャンプ場を過ぎ、車道の幅ほどある道から、幅の狭い急な階段を下りると、大山滝つり橋に着く。吊橋を渡って、わずかなつづら折りを上がると、このあたりから古道の面影が感じられるようになる。タタラを生業にしていた人々の住居跡には、足もとに多くの鉄滓が転がっている。木地《きじ》屋敷跡では、苔むした石垣が幾段か散見できる。その先には大山七十丁と刻まれた石地蔵があり、いにしえの営みを感じながらゆるやかに登っていくと、**大山滝の展望所**に着く。

大山の東壁《ひがしかべ》を源とする地獄谷《じごくだに》は急峻な側壁にはさまれた谷で、集中豪雨などの崩落により谷の様子が一変することがある。現在の大山滝は、2011（平成23）年の台風災害で下流の側壁が崩落し、落差15mあった下段の滝は土砂で埋まってわずか3m程度になってしまった。また、過去には3段の滝だったが、1934（昭和9）年の室戸《むろと》台風で2011年以前に見られていた2段の滝に変わったという。

大山滝を過ぎ、10分ほど歩いた曲がり角の先には大きな石碑がある。寛延《かんえん》3（1750）年に沿道に12体の石地蔵を立てたと

Map 1-4B　一向平

Map 1-1C　大山寺バス停

コースグレード	初級
技術度 ★★☆☆☆	2
体力度 ★★☆☆☆	2

下段が埋まった現在の大山滝

旦那小屋跡付近に転がる鉄滓

写真・文／岡本良治

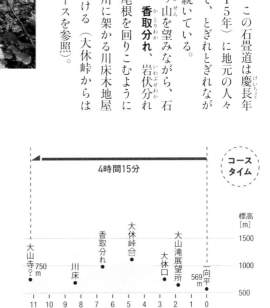

趣のある石畳道だがスリップに注意

記されているそうだ。

ほどなく心地よいヒノキ林の道が続くようになり、地獄谷への分岐・**大休口**《おおやすみぐち》に着く。

ゆるやかな道だった大山道はつづら折りの急登に変わり、登りきると左手に烏ヶ山《からすがせん》や大山の東壁が樹間越しに見えてくる。まもなくブナの傍らに風化して表情の読みとれない石地蔵を過ぎると、歩かれなくなって久しい三本杉《さんぼんすぎ》からの道が合流する三本杉分《わか》れがある。比較的ゆるやかになった道は山肌をトラバースぎみに続き、尾根を回りこむとさらにゆるやかになる。樹間からは烏ヶ山や大山が望める。水量の乏しい水場の先で、避難小屋の建つ**大休峠**に着く。大山詣でや牛馬市がにぎわっていたころには、博労宿を兼ねた茶屋があったという。

峠を過ぎると、すぐに苔むした古い石畳道を歩くようになる。この石畳道は慶長《けいちょう》年間（1596〜1615年）に地元の人々が敷いたものだそうで、とぎれとぎれながらもかなりの長さで続いている。

右手の林間から甲ヶ山《かぶとがせん》を望みながら、石畳道をたどっていく。**香取分《かとりわか》れ**、岩伏分《いわぶせわか》れの分岐を過ぎ、左に尾根を回りこむように下っていき、阿弥陀《あみだ》川に架かる川床木地屋橋を渡って**川床**に抜ける（大休峠からはP32コース5の逆コースを参照）。

歴史を物語る風化した石地蔵

プランニング&アドバイス

一向平、および川床への公共交通機関はなくマイカー利用が基本となる。回送車がない場合は川床から大山寺バス停まで約3km歩き、バス、JR山陰本線と乗り継いでJR浦安駅からタクシー（ことうら交通☎0858-27-1636）で一向平へ。ただし乗り継げる便数は少ないので事前に確認が必要。大山滝は滝つぼ近くまで下りられるが、足もとが悪く急なので要注意。

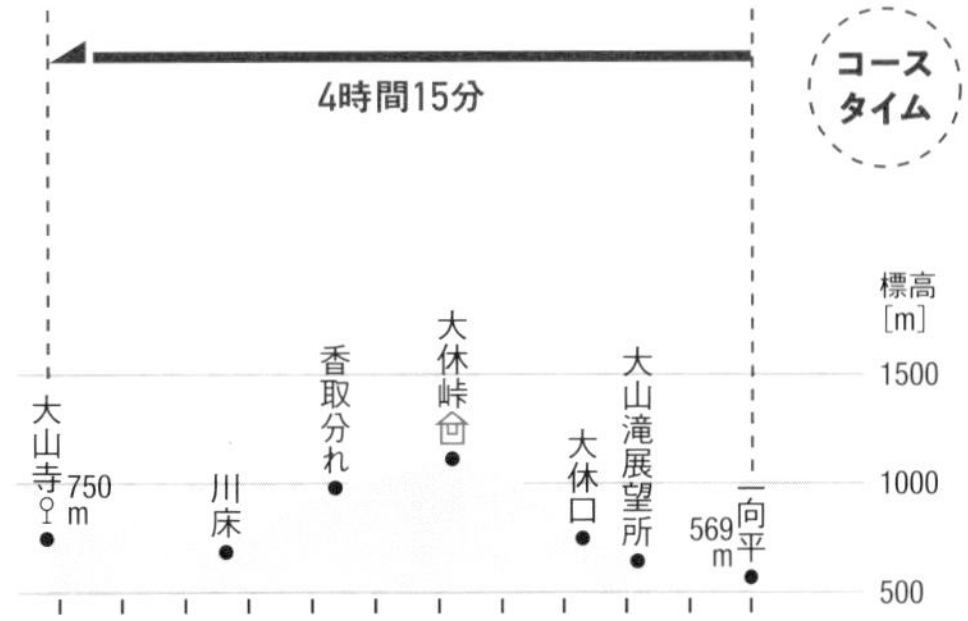

日帰り 大山 船上山 甲ヶ山 矢筈ヶ山

コースグレード	上級
技術度	★★★★☆ 4
体力度	★★★★☆ 4

日帰り 船上山少年自然の家→船上山→勝田ヶ山→甲ヶ山→矢筈ヶ山→大休峠→川床→大山寺バス停（または一向平） 計7時間10分（6時間25分）

写真・文／岡本良治

大山山塊最長の縦走コースを行く

古期大山《だいせん》火山のメサ状溶岩台地で、かつて修験の山だった船上山《せんじょうさん》（615m）にはいくつもの寺坊跡や五輪塔があり、後醍醐《ごだいご》天皇ゆかりの地でもあることから、歴史探訪を目的とした登山者やハイカー、あるいは屏風岩でクライミングを楽しむクライマーなどが訪れる人気の山だ。

その船上山から勝田ヶ山《かったがせん》、甲ヶ山《かぶとがせん》、矢筈《やはず》ヶ山《がせん》を経て大休峠《おおやすみ》へいたる縦走は大山山塊では最も長い尾根歩きのコースで、下山は大休峠からさらに1時間30分ほど歩いた川床《かわどこ》か一向平《いっこうがなる》となる。そのため、早めの出発が原則だ。また、危険箇所が縦走後半の甲ヶ山と小矢筈《こやはず》に集中しているので、途中までに時間がかかった場合や、天候の悪化が考えられる場合などは、引き返すことも考慮する必要がある。

日帰り 船上山から矢筈ヶ山縦走

船上山少年自然の家の先にある駐車場から鳥居をくぐり、ダムの手前から右に茶園《ちゃえん》

コース中盤のハイライト・小矢筈（右）と甲ヶ山

船上山の東坂登山口。そばに駐車場がある

シンボルの屏風岩を眺めながら船上山へ登る

ロープが設置された小矢筈の岩場

原《ばら》を上がると車道に出る。ここには登山口展望駐車場があるので、車の場合はここを起点としてもよい。車道を渡り**東坂《ひがしざか》登山口**から山道に入って横手《よこて》道を左に見送り、何度かのつづら折りを登っていくと、**薄《すすき》ヶ《が》原《はら》**とよばれる船上山の頂上に着く。

ミズナラに囲まれた幅の広い道に入り、すぐに一《いち》ノ木《き》戸《ど》を過ぎて土塁に囲まれた寺坊跡をたどると船上神社がある。社殿の左から縦走路に入り、ゆるやかな林間をしばらく歩くと徐々に急な登りとなって、顕著な尾根道に変わる。この縦走路は古くから歩かれていたようで「船上山案内記」には大正５、６年ごろに改修されたとある。

天王《てんのう》屋敷《やしき》分岐を過ぎ、しばらくゆるやかな尾根道を進む。やがて傾斜は徐々に急になり、張り出した根を足がかりに急登をあえぐと、まもなく１１４９ｍの勝田ヶ山三角点に着く。平坦な三角点を過ぎ、もうひと頑張り急登を登りきると、展望のいい**勝田ヶ山**頂上稜線である。縦走路正面に大山、その左に甲ヶ山、さらに蒜山《ひるぜん》三座が望めるが、細長い頂上は東側が急峻に切れ落ちており、足もとには充分注意しよう。

大山を眺めながら稜線をたどると灌木帯に入り、古い道標を過ぎれば、最近「ゴジラの背」ともよばれるようになった東西の切り立ったアルペン的な岩稜帯に差しかかる。高度感抜群の岩稜を慎重に通過して**甲ヶ山**の頂に立つ。標高１３３８ｍの頂上は視界をさえぎるものは何もない。

ここからは頂上の少し手前を東側

船上神社。縦走路入口は社殿の左側にある

甲ヶ山の岩稜帯。まさに「ゴジラの背」のようだ

に下り、高度感のある岩壁を慎重にクライムダウンしていく。かなり下ったところで右に外傾したテラス状のバンドをトラバースして灌木帯に入り、やぶ漕ぎぎみに甲ヶ山と小矢筈の鞍部《あんぶ》に立つ。小矢筈の登りは、高度をかせぐにしたがい振り向くとピラミダルな甲ヶ山の全貌が望めるようになり、やせ尾根を過ぎると小矢筈のピークだ。

矢筈ヶ山からの大山と烏ヶ山（左）の眺め

細長いピークの南端から急斜面を慎重に下り、**矢筈ヶ山**（1358m）へ登る。この山の頂上からの展望も抜群で、近くなった大山東面の山容や烏《からす》ヶ《が》山《せん》などが望める。

狭い生垣の間を通るような、南西の尾根沿いにつけられた道をたどり、1300mピークから右側斜面のブナ林を下る。転石の多い道を下っていくと、やがて樹間から避難小屋の屋根が見えて**大休峠**に着く。

峠からは小屋の横にある道標にしたがって**川床**（約1時間20分）か、**一向平**（約1時間30分）のどちらかに下ることになる（P36コース5サブコース参照）。

プランニング&アドバイス

公共交通機関を利用する場合、日帰り登山は難しいので船上山少年自然の家（℡0858-55-7111、月曜・祝日・年末年始休館）に前泊するとよいが、5名以上の利用が条件となる。また帰路のバス便は大山寺バス停のほかはなく、川床から大山寺まで約1時間の徒歩となる。甲ヶ山の岩場の下りと小矢筈のピーク付近および下りの岩場が危険箇所となるので、通過時は充分注意したい。引き返す判断の最終ポイントは甲ヶ山頂上となる。

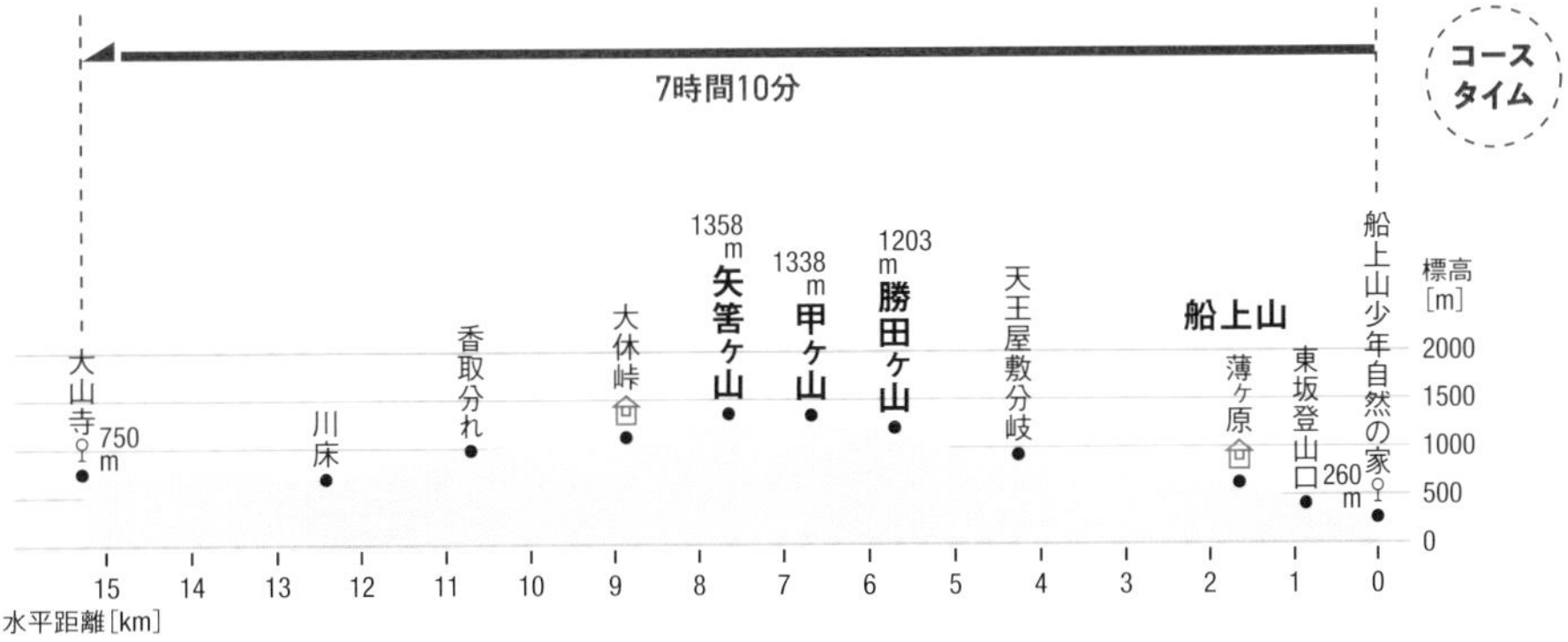

岡山と鳥取県の県境を分ける蒜山《ひるぜん》（上《かみ》蒜山《ひるぜん》１２０２ｍ）は、山に対する地域文化の違いからか、県境稜線の左右では、その景観が随分と異なっている。古くから採草地として利用されてきた岡山県の蒜山高原側は往時の名残が感じられるササやススキの原が広がっているが、鳥取県側はブナなどの自然林におおわれている。それらの違いと日本海や大山《だいせん》、中国山地の山々を遠望しながら、下蒜山《しもひるぜん》と中蒜山《なかひるぜん》、上蒜山の三座の縦走を楽しみたい。

日帰り

犬挟峠から三座を縦走して上蒜山登山口駐車場へ

下蒜山登山口は犬挟峠《いぬばさり》の岡山側にあり、休憩舎の横から湿地帯を過ぎて雑木林のなだらかな道を進む。わずかな登りを越えると、道標のある主稜線だ。左手に進路をとって擬木の階段を登っていくが、濡れているときなどはよく滑るので充分注意したい。

三合目を過ぎると小石まじりの道となり、クサリの設置された急登をこなすとやがて

マツムシソウに彩られる下蒜山の登山道

起点となる犬挟峠の下蒜山登山口

コスモス咲く蒜山ハービルからの蒜山三座（左から上蒜山、中蒜山、下蒜山）

犬挟峠を起点に蒜山の三座を踏破する

日帰り 下蒜山登山口→ 下蒜山→ 中蒜山→ 上蒜山→ 百合原牧場→ 上蒜山登山口駐車場　計4時間25分

コースグレード	中級
技術度	★★★☆☆ 3
体力度	★★★☆☆ 3

視界が開け、五合目に着く。前方には前衛ピークが望め、振り向けば中国山地の山並みが眺められる。

この先は登るにつれて展望はよくなり、風に揺れるササとススキの草原に続く道からは日本海が望める。季節を追って咲く花々と展望を楽しみながら歩いていくと、**雲居平**《くもいだいら》とよばれる丘に着く。笹原を刈りこまれた広場があり、四方に広がる展望を楽しみながら疲れを癒すのに適当な場所だ。

雲居平から気持ちのよい草原の道を進み、七合目の標柱を過ぎると道は徐々に傾斜を増す。小刻みなつづら折りから露岩のある急斜面を登りきると九合目。前方に下蒜山の頂上部が望め、右に矮小したブナやミズナラ、カエデ、ナナカマドなどの林、左には蒜山高原のパノラマと青く霞む中国山地の山々が眺められる。ゆるやかな道から急登に変わり、前方に中蒜山と上蒜山、そして大山が見られるようになれば、**下蒜山**（1100m）の頂上に着く。

中蒜山へは道標にしたがい、通称「長ざく尾根」とよばれる長い尾根をたどる。笹原に点在するカラマツやブナの尾根道を快適に下り、何度か小さな起伏を数え、かたわらに立つ古い境界石を過ぎれば**フングリ乢**《たわ》だ。ユニークな名称は、その昔八《や》束《つか》村上長《かみなが》田《た》の大人《おとな》ガ平《なる》というところに住んでいた大男が、この乢（中国地方で峠のこと）をまたいだところ、股間を擦りつけてしまったので、この名がついたといわれる。

ここから中蒜山への登りがはじまり、右の桧林沿いに登る。振り向けば下蒜山から歩いてきた尾

下蒜山頂上部から中蒜山・上蒜山と大山方面のパノラマ

下蒜山九合目付近から見下ろす雲居平

根が見える。やがて桧林と別れ、展望と木陰を繰り返しながら標高を上げていく。塩《しお》釜《がま》からの登山道が左から合流し（P47サブコース参照）、ゆるやかに登ると避難小屋があり、その先が**中蒜山**の頂上だ。標高1123m、東西に細長い頂上は笹原に囲まれた平坦地で、蒜山三座のなかでは登山者の最も多いところである。展望は、眼下の蒜山高原はもちろん、上蒜山とその右肩はるかに矢筈ヶ山《やはずがせん》から甲ヶ山《かぶとがせん》、船上山《せんじょうさん》に続く青く霞む山稜が望める。

3座目の上蒜山へは、避難小屋横の道標に導かれてカラマツ林を抜け、笹原を下る。まもなく展望のよい小さなコブがあり、蒜山高原から谷間を吹き抜けてくる風が心地よく笹原を揺らしている。ここから日本海を正面に、左手には上蒜山と甲ヶ山を遠くに眺めながら下っていく。

ササのじゅうたんを敷きつめたようなユートピアを過ぎ、ブナの林に変わると上蒜山への登りとなる。ゆるやかな登りからしだいに道は急になり、露岩のある急登や、滑りやすい道を登っていく。振り向けば笹原の山肌と中蒜山、その奥に下蒜山が

縦走路に残る明治期の入会境界柱

中蒜山頂上と上蒜山

上蒜山八合目付近は心地よい尾根道歩き

眺められ、左に蒜山高原を望みながら行けば蒜山最高点となる**上蒜山**の頂上に着く。

頂をあとに南西にのびた尾根を下る。槍《やり》ケ《が》峰《みね》とよばれる八合目までゆるやかに下る直線的な尾根は、下るにしたがい展望がよくなっていく。その末端にある**槍ケ峰**は西方には大山が望め、振り向けば歩いて来た蒜山三座。ゴールの上蒜山登山口まで1時間あまりなので、時間に余裕があれば三座を眺めながら余韻に浸るのもよいだろう。

1030・8m三角点を過ぎると、眼下に放牧場が見えてくる。高度をぐんぐん下げて五合目、三合目と下っていくと、やがて植林の木陰に入り、放牧場の間を抜けると上蒜山登山口に出る。

百合原《ゆりはら》牧場の牛舎の前からは未舗装の車道をまっすぐ道なりに下り、右に曲がれば**上蒜山登山口駐車場**はまもなくである。

プランニング&アドバイス

蒜山の南麓・蒜山高原は休暇村（TEL 0867-66-2501）をはじめオートキャンプ場や温泉などもあるので、前日の蒜山高原入りがおすすめ。公共交通を利用する場合、JR姫新線中国勝山駅から蒜山高原行のバス便があるが、入山に適した便はないので前日入りが必須となり、翌日登山口の犬挟峠までタクシーで移動する。マイカーの場合も回送車がない場合、下山後犬挟峠までタクシーで戻る。上蒜山登山口駐車場からバス停のある蒜山高原へは徒歩約40分。登る際、縦走路には水場はなく、日差しをさえぎる場所も少ないので、夏は暑さ対策を充分考える必要がある。

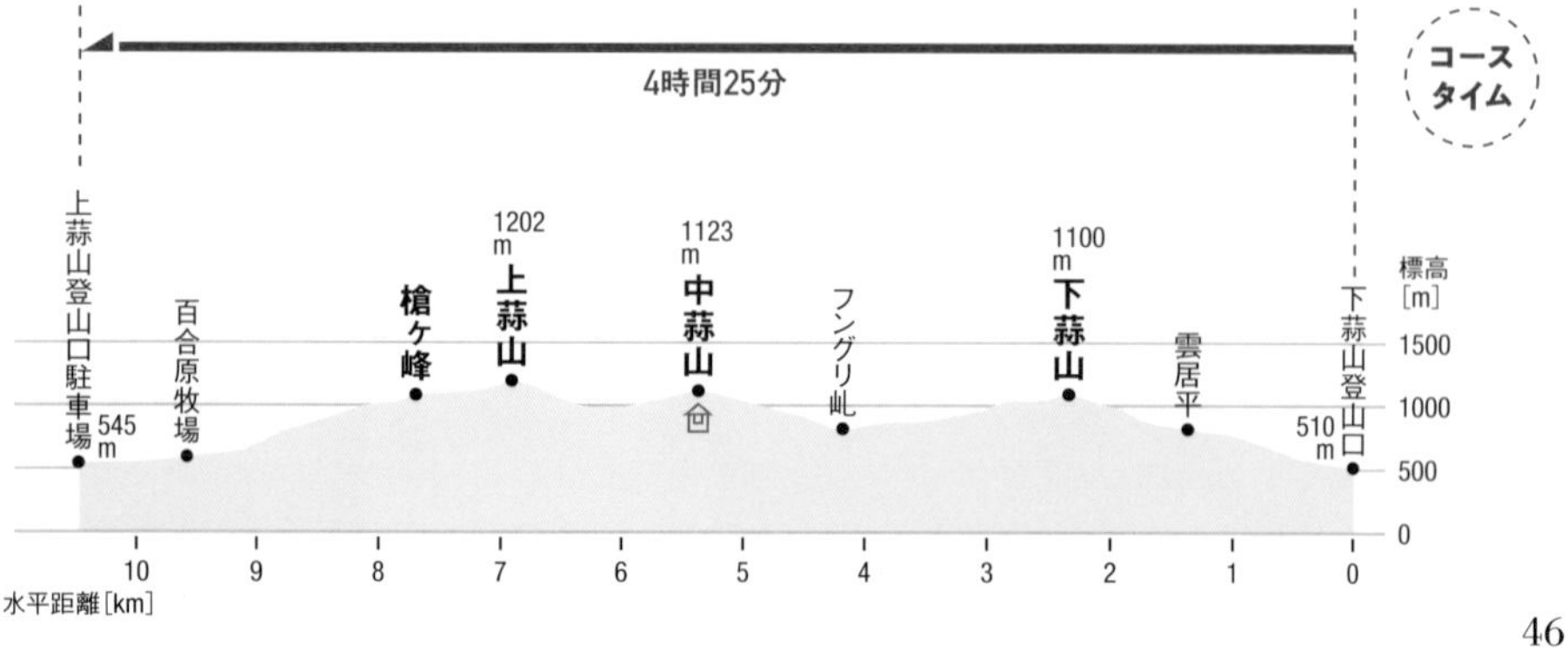

サブコース

塩釜から中蒜山へ

塩釜↓五合目↓中蒜山（往復）　2時間15分

冷泉水汲み場のそばに**中蒜山《なかひるぜん》登山口**の道標がある。クリやタニウツギなどの木々を観察しながらコナラの林を進むと、塩釜《しおがま》冷泉が左下の樹林越しに見える。やがて林を抜け、草原から右にわだちをたどると、左に中蒜山への道標と一合目の標柱がある。道標にしたがい左の登山道へ入ると、まもなく左右の林の中に古い土塁が確認できる。

土塁を過ぎると右の谷へとゆるやかに下りはじめ、水量の乏しい沢を右へ渡り、沢沿いに歩き左へ右へと渡ると二合目の標柱がある。小尾根を越えて涸れ沢を渡ると、左に尾根を登るようになる。木々の根が張り出した道を登り、三合目の標柱を過ぎる。

滑りやすい粘土質の急坂を、偽木の土留めとヒノキの根を足がかりに登る。林床にササの茂るコナラやミズナラなどの二次林を登るようになり、やがてヤマボウシの側に日留《ひるが》神社のまつられた**五合目**に着く。

五合目からは少しのあいだゆるやかな道が続き、ミズナラやウリハダカエデ、シデ、アカマツなどの尾根を進む。傾斜が徐々に急になると、ブナが1本、登山道の右に立っている。やがて六合目の標柱を過ぎ、右の樹間から下蒜山《しもひるぜん》を見ながら登ると滑りやすい急登に変わる。偽木と根を頼りに登り、クサリのある露岩を越える。

再び急登から左にカラマツが見られるようになると木々の背が低くなり、登るにつれて遠望がきくようになる。まもなく中蒜山と下蒜山を結ぶ主尾根に上がり、尾根を左にたどると**中蒜山**の頂上に着く。

Map 3-3A　中蒜山登山口
Map 3-3B　中蒜山

コースグレード	中級
技術度 ★★★☆☆	3
体力度 ★★★☆☆	3

明治2年8月の造営の五合目・日留神社

中蒜山登山口付近からめざす中蒜山を望む

写真・文／岡本良治

東中国山地の主峰・氷《ひょう》ノ山《せん》（須賀《すが》ノ山《せん》・1510m）は中国地方を代表する山であるとともに、兵庫県の最高峰でもある。県境を分ける頂上には兵庫県養父《やぶ》市の管理する避難小屋と、自然エネルギーを利用した循環型トイレのある休憩所が鳥取県によって設置され、いずれの自治体にとっても重要な山であることがわかる。頂上部には高層湿原の古生《こせ》沼や古木の千年キャラボクがあり、登山道として利用されている氷《ひょう》ノ越《ごえ》の道はかつての伊勢《いせ》詣《もう》での街道で、峠にまつられている地蔵や沿道に残る石畳から往時の面影を探ることができる。

日帰り ふれあいの里を起点に頂上周回

ふれあいの里バス停から響《ひびき》の森《もり》へと向かう。国道をまたぐ橋を渡り、石づくりの建物を右に見て過ぎ、広い国道を歩くと、まもなく古道元《もと》伊勢《いせ》参道の道標が右手にある。ここから山道に入ると、すぐに**氷ノ越登山口**の道標が立つ旧国道に出合う。登山道に

氷ノ越からはブナ原生林の中の尾根道を行く

避難小屋（収容10人）の建つ氷ノ山頂上

写真・文／岡本良治

氷ノ山　三ノ丸

日帰り

秋色の氷ノ山（赤倉山付近から）

歴史の街道から展望の頂と頂稜散歩

コースグレード	中級
技術度	★★★☆☆ 3
体力度	★★★☆☆ 3

日帰り　ふれあいの里バス停→氷ノ越→氷ノ山→三ノ丸→スキー場バス停　計3時間20分

入るとまもなく沢を左に越え、杉林の中を歩く。苔むしたさざれ石を左に見て再び沢を渡ると、氷ノ山キャンプ場からの道が合流する。マイカーで往復登山の場合、キャンプ場の駐車場を起点としてもよい。

　左手に進路をとり、幾度かのつづら折りを繰り返しながら、よく踏まれた道を登る。左の沢には古い石積みがある。やがてスギ美林の上端に存在感のあるトチの大木が見られると、比較的若いスギの植林地に変わる。あまり歩かれていない自然探勝道を右に見送って沢音を聞きながら登ると、旧伊勢道の名残が感じられる短い石畳がある。

　沢を渡ってつづら折りを登り、前方に赤《あか》倉山《くらやま》の岩壁を眺めながら山肌を左上、再びつづら折りを登っていけば、まもなく**氷ノ越**に着く。ここには天保年間にまつられた大きな石仏と避難小屋がある。かつて伊勢詣での人々が越えた峠は、鳥取側では氷ノ越、兵庫側では氷ノ山越とよばれている。

　県境の兵庫側に建つ氷ノ山越避難小屋の横を登ると、すぐにブナの原生林を歩くようになる。原生林の林層を楽しみながら幾度かの起伏を数えていくと、尾根沿いは背の低い灌木に変わり、避難小屋の三角屋根が印象的な氷ノ山の頂上部とコシキ岩が前方に、左手には鉢伏山《はちぶせやま》や兵庫側の登山口・福定《ふくさだ》の家並みが眺められる。やがて仙谷《せんだに》コース（P52参照）が合流する**仙谷口**に着く。

　ほどなく前方にそびえるコシキ岩の基部を左に巻き、荒い石畳や土留めの木段からつづら折りを登っていくと、中国地方第2の高峰・**氷ノ山**だ。好展望の頂上には一等三角点のそばに避難小屋、その東側には須賀ノ山神宮の小祠がまつられる。南側にはソーラー発電を利用した循環型の水洗トイレが設置された頂上休憩所がある。小屋の2階からは、次に向かう三《さん》ノ丸《まる》や下山路の氷ノ山スキー場のゲレンデが一望の

氷ノ越コースにそびえるコシキ岩

頂上部にある古木「千年キャラボク」

三ノ丸頂上から氷ノ山方面を見る

下に眺められる。また、東《ひがし》尾根を少し下ると高層湿原の古生沼が、三ノ丸方面に１００ｍほど歩いた右側の笹原の中には千年キャラボクとよばれるキャラボクの古木もある。

　お気に入りの場所で時を過ごしたら、三ノ丸へ向かう。頂上休憩所を右に見て、背よりも高いチシマザサの中に切り開かれた草原の道をたどる。頂稜に続くゆるやかな道から、前方に三ノ丸を眺めながら進むと、林床をミズゴケでおおわれた神秘的な天然杉の林がある。湿地に架けられた木道を歩き、笹原を登ると**三ノ丸**の頂に着く。古びた櫓があり、その上からは歩いてきた頂稜はもちろん、３６０度の展望が楽しめる。

　櫓の前から広い道を少し歩いた三ノ丸避難小屋の左手を抜け、その先の坂《さか》ノ谷別《たにわか》れの分岐を右に進むと、トイレのある三ノ丸休憩所が立つ。灌木越しに氷ノ山の頂上部を時おり右に見て、ゆるやかな下りから狭い尾根の急坂を下っていくとまもなく木段が現われ、**スキーリフトの最上部**に出る。リフト降り場右側の急な木段を慎重に下ると、リフトの中間降り場の右に出る。

　下山はそのままゲレンデの中に続く道をたどり、車道を渡ってリフトに沿いに下っていくと**スキー場バス停**に帰着できる。

プランニング&アドバイス

マイカーの場合、「氷ノ山自然ふれあい館響の森」の無料駐車場を利用できる。若桜町営バスは若桜鉄道若桜駅の始発便以外は登山に適さず、氷ノ山の麓・わかさ氷ノ山スキー場のある春米（つくよね）での前泊がおすすめ。氷ノ山へは本コース以外に仙谷コース(P52)、兵庫県側からは福定親水公園や東尾根、大段ヶ平、殿下コースなど多くの登山道がある。兵庫側での公共交通利用の場合、頂上から東尾根、あるいは氷ノ山越から伊勢道を福定親水公園へ下って鉢伏口バス停からJR山陰本線八鹿駅へ全但バスを利用することもできるが、下山後のバス便が少ない。

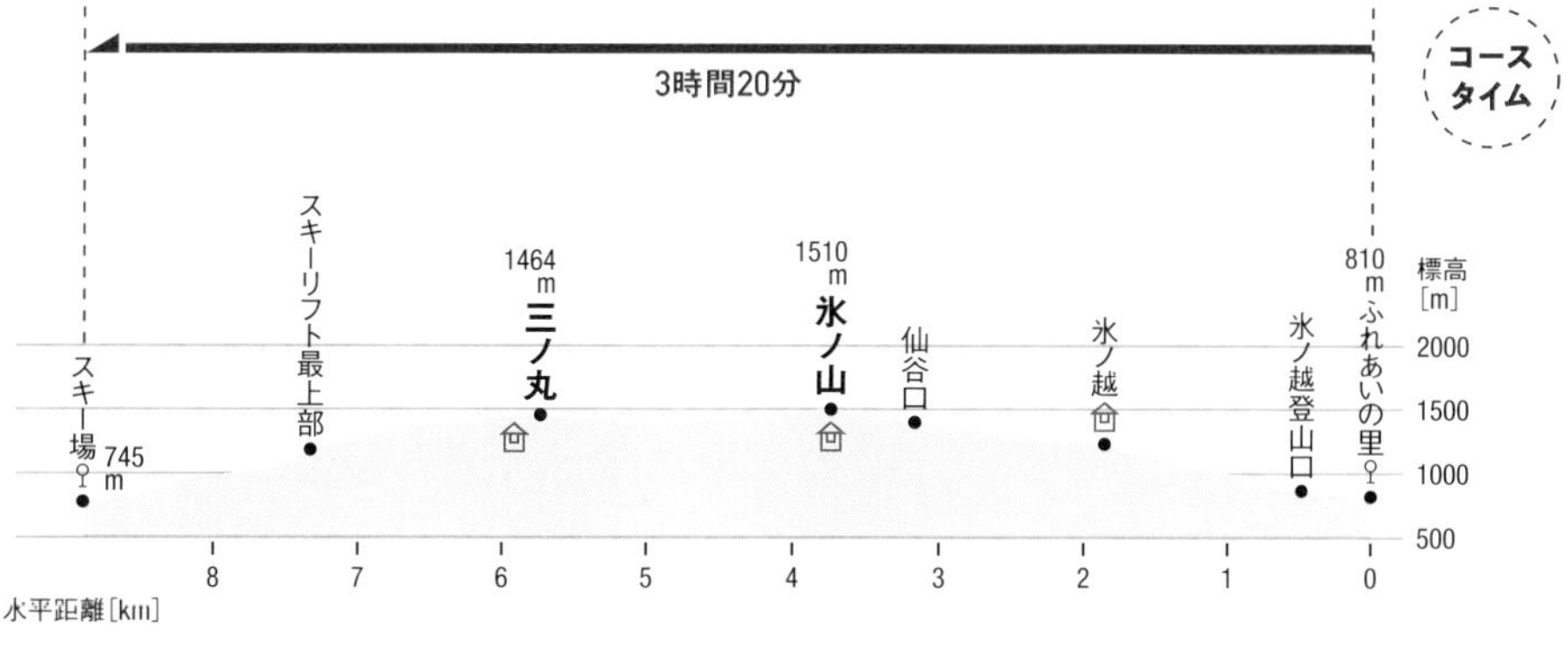

サブコース

仙谷コース

スキー場バス停↓自然探勝路入口↓仙谷口↓氷ノ山　1時間25分

仙谷《せんだに》コースは急峻な氷《ひょう》ノ山《せん》の西面に突き上げる谷に築かれたコースで、途中クサリ場があり、初心者は下りより登りのコースとして利用したほうが安全だ。また、谷の中を登るコースなので、天候の安定しない日や、長雨のあとなどは土砂崩れの危険もあるので、利用は控えたほうが賢明だ。

スキー場バス停から民宿や民家が並ぶ旧国道482号を上がると仙谷登山口の道標があり、前方にアルパインヒュッテと氷ノ山の頂稜が望める。旧国道をさらに進んだ谷沿いにも仙谷登山口があるが、いずれの道を入ってもゲレンデの端で合流する。

登山届ポストからゲレンデを右に見ながら杉林に入る。まもなく**自然探勝路**が右に分かれ、道なりに進むと谷沿いを登るようになる。沢を左岸（下流から見て右側の岸）へ、右岸へと渡り、急な沢に沿って登っていく。

クサリのある岩場を通過するとまもなく道は谷をはずれ、尾根に上がる。樹間からゲレンデや西方の展望が望め、樹林を登っていけば**仙谷口**で主尾根の登山道に合流し、右に登れば**氷ノ山**の頂上にいたる。

仙谷コースの登山道入口にある登山届ポスト

Map 3-1D スキー場バス停

Map 3-3D 氷ノ山

コースグレード	中級
技術度 ★★★☆☆	3
体力度 ★★★☆☆	3

●仙谷コースは2021年の豪雨による登山道の浸食により2022年7月現在通行止め。詳細は若桜町ホームページへ。

氷ノ山・頂上休憩所からの三ノ丸（中央左の平頂）

仙谷コースの終点・仙谷口

写真・文／岡本良治

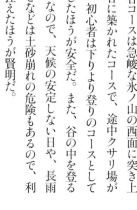

日帰り

扇ノ山
河合谷コース

ブナの回廊をたどる
森林ハイク

Map 4-1B 河合谷登山口

Map 4-3B 扇ノ山 1310m

コースグレード｜初級

技術度｜★★☆☆☆

体力度｜★★☆☆☆

日帰り　河合谷登山口→大石コース分岐→扇ノ山（往復）　計1時間50分

ブナの美林に続くほぼ平坦な登山道　写真・文／岡本良治

扇《おうぎ》ノ山《せん》（１３１０ｍ）は林野庁の「東中国山地緑の回廊」北端の山で、氷《ひょう》ノ山《せん》（P48）、三室山《みむろやま》、沖《おき》ノ山《せん》へと鳥取、兵庫、岡山の県境にわたって設定されている。頂上から北に続くゆるやかな長い尾根が特徴で、登山道は途中で合流するものも含めて7本ある。いずれも登山口への林道はカーブの多い狭い道でアプローチは容易とは言い難いが、人気の高い山だ。なかでもほぼ平坦なブナ林に続く河合谷《かわいだに》コースは扇ノ山登山の代表コースで、多くの登山者に親しまれている。また、登山道から少しはずれたブナ林内には、十数万年前に噴火したと考えられる扇ノ山火山の噴火口がある。

日帰り

河合谷登山口から ブナ林の回廊を頂上へ

このコースは歩行距離のわりには標高差が少ないため初心者にも無理なく歩け、途中に見どころとなるブナ林の回廊があるので、山歩きの楽しさを実感できる。

起点の河合谷登山口は河合谷高原の放牧場を過ぎた、標高１０５０ｍ付近の「水とのふれあい広場」で、ここまではマイカー利用が現実的。鳥取駅前を起点とすると、県道43号～２９１号を経て県道31号を国府《こくふ》町方面へ。そのまま31号（通称雨滝《あめだき》街道）を道なりに走り、雨滝への道を右に見送って少し進むと、右に河合谷高原の案内板がある。それにしたがい右の林道河合谷線を高度をぐんぐん上げながら走っていき、放牧場を左にやり過ごすと水とのふれあい広場に着く。広場には10台程度の駐車スペースがある。

広場から林道を南に進めば、すぐに中国自然歩道案内板の立つ**河合谷登山口**が左にある。土留めの階段を上がると左側に緩勾配の迂回路もあるが、好みの道を選べばよいだろう。まもな

大石コース分岐付近の存在感のあるスギの古木

登山口を入るとすぐに緩勾配の迂回路がある

大石コースのはずれにある扇ノ山火山の噴火口

扇ノ山頂上の避難小屋。トイレはない

くスギの植林が左側に続くゆるやかな道を歩くようになる。

やがて右手の視界がわずかに開け、笹原の中に小さな池を見て再び樹林の中へと入っていく。ゆるやかに標高を上げていくにつれて道幅は広くなり、上山《うえやま》高原から登ってくる道が左から合流、広く平坦な尾根を右へ左へと蛇行しながら道は続く。周辺の木々の根元はみな同じ方向に曲がっているが、これは雪圧によるもので、冬には多量の積雪があることがわかる。

前方の樹間からスギの大木が見られるようになると、扇ノ山西面、標高７００～１０００ｍ付近の山腹を巻くように走る林道河合谷線から登る**大《おお》石《いし》コース分岐**に着く。分岐近くのスギの古木はブナを主とした森の中で充分な存在感をもち、積雪期には広い尾根の中でよい目印となってくれる。また、大石コースに入り、水路から登り返した左側のブナ林を約80m進むと、扇ノ山火山の噴火口がある。ただし道標もなくわずかな踏み跡があるだけで、平坦なブナ林の中に急峻な側壁をもって陥没したように空いた噴火口なので、見物に行く際は慎重に。

大石コース分岐からしばらくは、ほぼ平坦な気持ちのいい道が続く。ブナ林の中に

頂上手前の展望台。鳥取市方面が望める

上地コース分岐。頂上へは残り0.7km

扇ノ山頂上の避難小屋2階から氷ノ山を見る

まっすぐのびる道は扇ノ山登山でも最も魅力的なところで、新緑や紅葉に彩られるころ、それも晴天ではなく、雨上がりや霧が漂う光景はとても風情があり、神秘的だ。

ブナの森を眺めながら歩くとやがて平坦だった道は少しずつ登りとなり、林床には灌木が目立つようになる。まもなく大《おお》ズッコとよばれる1273mのピークを越え、少し下ると右から**上地《わじ》コース**が**合流**する。

ブナ林の樹間越しに扇ノ山頂上部のシルエットを前方に眺めながら鞍部へと下って登り返せば、左から畑《はた》ケ《が》平《なる》高原からの道が出合う。その先に鳥取市街地や日本一大きな池の湖山《こやま》池、視界のいい日には遠く大山《だいせん》が望める展望台があり、ほどなく2階建ての避難小屋が建つ**扇ノ山**頂上に着く。

プランニング&アドバイス

マイカーの場合、往復登山が基本となるが、数台の車を利用したグループ登山の場合には下山予定の姫路コースや、ふるさとの森登山口などへ回送するとよい（ともにP57参照）。その場合、水とのふれあい広場から河合谷登山口を過ぎ、そのまま林道河合谷線を走ればそれぞれの登山口に着ける。県道31号の林道河合谷線起点から水とのふれあい広場まで13km。河合谷登山口から姫路コース登山口までは14km、ふるさとの森登山口までは19kmの林道走行となる。本コースのブナの新緑は5月中旬～6月上旬、黄葉は10月中旬～下旬が見ごろ。

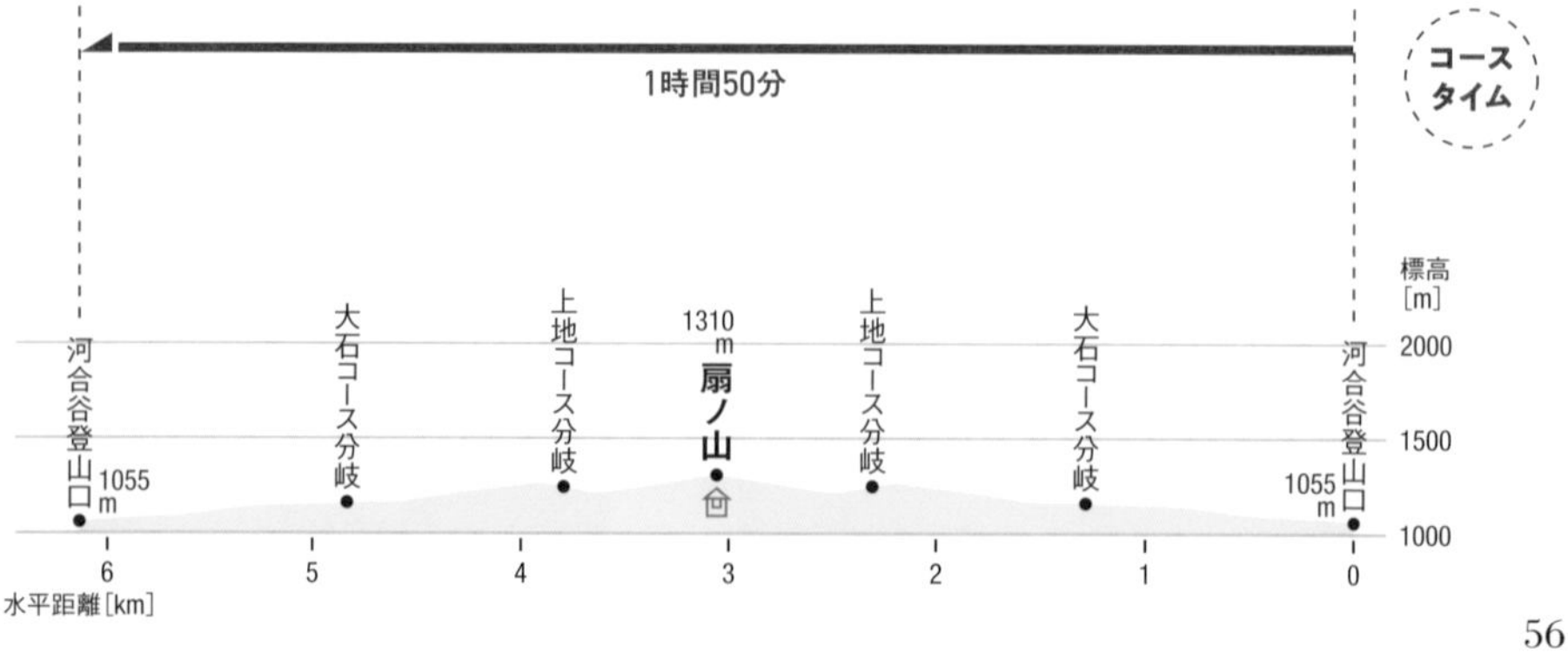

サブコース

姫路公園コースとふるさとの森コース

❶姫路公園コース

このコースは、登山口へのアプローチがほかのコースと比べると比較的容易。八頭《やず》町の国道29号から県道39・282・37号を経て安徳《あんとく》の里・姫路《ひめじ》公園へ。そして八頭町姫路の集落を過ぎて私都《きさいち》川沿いの林道を4・5km上がっていくと林道河合谷《かわいだに》線に合流し、右に2kmほど走れば駐車場がある。その先100mのところが**登山口**だ。

登山道に入り、沢を幾度も渡っていく。苔むした岩から流れ出る清水や存在感のあるトチの古木を過ぎ、さらに沢を何度か渡って両側を沢にはさまれた尾根を登っていく。やがて道がゆるやかになり、あたりにはブナの木々が目立つようになってくると、尾根の右約20m先に**檜蔵**《ひのきぐら》とよばれる岩塔が見えてくる。檜蔵を過ぎるとまもなく視界が開ける。展望を楽しみながら登っていくとブナの林に入り、まもなく**扇《おおぎ》ノ山《せん》**の頂上に到着する。（**コースタイム＝往復1時間30分／コースグレード＝初級**）

❷ふるさとの森コース

姫路公園コース登山口からさらに林道を5km走ると**ふる里の森登山口**がある（数台の駐車スペースあり）。また、南にある八《はっ》東《とう》ふる里の森を起点にもできるが、この場合、ふる里の森の駐車場から扇ノ山林道を約50分歩くと登山口に着く。谷筋から植林の中を登ると尾根に出て、ブナ林と展望を楽しみながら登ると**扇ノ山**頂上だ。（**コースタイム＝往復1時間35分／コースグレード＝初級**）

Map 4-3A 姫路公園コース登山口

Map 4-3B ふるさとの森登山口

Map 4-3B 扇ノ山

姫路公園コース・檜蔵からの氷ノ山（奥）

ふる里の森登山口。頂上まで2kmの道のり

写真・文／岡本良治

日帰り

後山 駒の尾山

駒の尾山から後山へ向けて笹原の道がのびる

修験の峰からチシマザサの回廊を抜ける山稜ハイク

コースグレード	中級
技術度	★★★☆☆ 3
体力度	★★★☆☆ 3

日帰り 後山キャンプ場→船木山→後山往復→船木山→駒の尾山→駒の尾山登山口　計3時間

写真・文／岡本良治

標高1344mの後山《うしろやま》は岡山県の最高峰。修験の山としても知られ、南側の行者谷《ぎょうじゃだに》には道仙寺《どうせんじ》奥《おく》の院《いん》があり、1300年もの昔から女人禁制を守られているという。また、尾根をはさんだ東の兵庫県側には、西大峰《にしおおみね》教霊山修験行場の険しいコースがある。山名も、板馬見山《いたばみやま》、行者山《ぎょうじゃやま》、教霊山《きょうれいざん》ともよばれる神秘性に富んだ山だ。しかし頂上から船木山《ふなきやま》、鍋ヶ谷山《なべがたにやま》、駒《こま》の尾《お》山《やま》（1281m）へと続く尾根道は霊場の趣とは異なり、よく整備された明るい雰囲気の山稜は「美作《みまさか》アルプス」とも称される。

日帰り 後山キャンプ場から船木山へ登り後山往復を経て駒の尾山へ

後山キャンプ場の駐車場から車道を少し引き返すと、右に登山口がある。左に沢音を聞きながら木の階段を登るが、露岩の多い山肌にはサワグルミやシデ、ケヤキ、サンショウ、ミズキなどの木々が見られる。沢に沿ってガレ場のような道を登り、数

祠が鎮座する岡山県一の高峰、後山頂上

後山の尾根道沿いにはリョウブの大木が多い

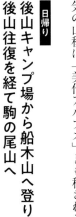

回沢を渡って炭焼き窯跡を過ぎれば、登山道は谷筋を離れて山肌に続く。岩の多かった道も土の感触が靴底から感じられるようになり、沿道にはブナも見られるようになる。

やがてヒノキの植林に入り、急な斜面をつづら折りで登っていくと尾根に上がり、周囲は自然林へと変わる。ゆるやかになった広い尾根道から徐々に傾斜を増すと、中国自然歩道案内図のある船木山分岐に出る。

ブナ林に続く登山道（駒の尾山～駒の尾山登山口）

稜線を右にとるとすぐに**船木山**の頂上で、正面に後山の頂上部、その右には日名倉山《ひなくら》など、本コース最初の展望が広がる。
船木山をあとに、展望と樹相を楽しみながら尾根道をたどる。樹齢を重ねたリョウブが幾本か登山道沿いに見られると、まもなくドウダンツツジのかたわらに祠のまつられた**後山**の頂上に到着する。
駒の尾山へは**船木山**まで引き返し、後山キャンプ場から登ってきた道を左に分けて尾根道を西進する。ドウダンツツジやリョウブ、ナナカマド、ブナなどのトンネルを下りながら抜けると前方の視界が少し開け、チシマザサに囲まれた道を歩くようになる。わずかなヒノキの植林地を下り、コケを多くまとったブナを沿道に見ると、背よりも高いササに囲まれた道に入る。
1235・1m三角点を過ぎると笹原の上から

尾根の登山道から広がるパノラマ。左のピークが駒の尾山

ストーンサークルのごとく石が配置された駒の尾山頂上

北東方向に三室山《みむろやま》や氷ノ山《ひょうせん》が望め、やがて鍋ヶ谷山の頂上に着く。以前は頂上を示すプレートがあるだけの展望のないピークだったが南西側が刈り払われ、このコースのビューポイントのひとつとなった。

鞍部へと下って笹原と樹林の道を登り返すと、避難小屋の煙突が見えてくる。ダルガ峰《みね》への道を右に見送れば、広々とした**駒の尾山**の頂上だ。

頂上から南に少し歩くと、すぐに分岐がある。まっすぐ南に下ると林道竹の頭線に下山できるが、ここでは西に歩いて林道ダルガ峰線へと下ろう。

分岐を右にとって土留めの木段をしばらく下っていくとコンクリートの基礎があるが、ここには展望台が建っていた。展望台跡を過ぎるとブナ林の中に小さな湿地を左に見て、やがて休憩舎に出る。風の吹き抜ける窓からこのコース最後の展望を楽しみ、広い登山道を下っていけば林道ダルガ峰線上の**駒の尾山登山口**へと下山できる。

プランニング&アドバイス

各登山口へは、マイカーか智頭急行大原駅またはあわくら温泉駅からタクシーを利用する。マイカーの場合は駒の尾山から南に下り、林道竹の頭線を歩いて後山キャンプ場に帰着するコースもおすすめ（駒の尾山から約1時間半）。2021年から秋の土・日曜・祝日を中心に駒の尾山登山口～後山登山口間の無料シャトルバス（美作市観光政策課 TEL 0868-72-6693）が運行されるようになり、周回コースがとりやすくなった。また、公共交通機関利用者向けに、智頭急行線大原駅～駒の尾山登山口間の便も運行されている（いずれも22年以降の運行未定）。

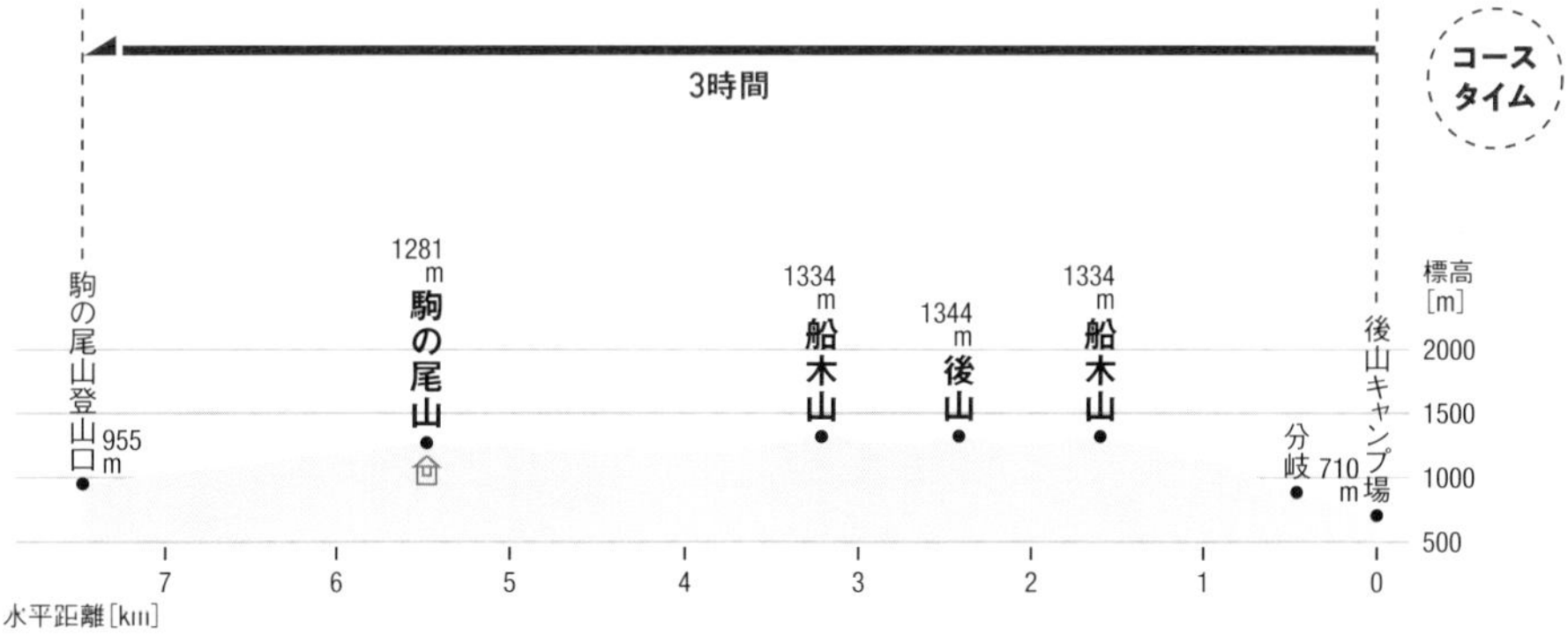

岡山・鳥取県境に位置する那岐山《なぎさん》（1255m）はその頂上から眺められる展望はもちろんだが、南の岡山県側から登るコースと北面の鳥取県側から登るコースでは甲乙つけがたい異なった魅力がある。また、西にのびる滝山《たきやま》（1197m）、広《ひろ》戸仙《どせん》（1115m）、声ヶ乢《こえがたわ》に続く縦走路は、中国地方のなかでも長い尾根歩きが楽しめるコースで、広戸仙の登山口・声ヶ乢から那岐山Aコース登山口まで全長約12kmにおよぶ。

コース①　西仙コースと東仙コース

起点の**大畑橋**《おおはた》へはマイカー利用が現実的。大畑橋から西仙《せいぜん》川沿いの道に入り、分岐を西仙コースへ。左にのびる道を見送ると、**ゴーロ橋**の手前に登山道の道標がある。ここから左の植林へ入ると、ほどなく渓流コースと尾根コースの分岐がある。どちらを登っても上部の馬の背《うませ》小屋で合流する。渓流コースは岩の多い道で、カツラの大木や沢沿いのたたずまいが見どころだ。尾根コ

360度の大パノラマが展開する那岐山頂上

西仙コースに建つ馬の背小屋。トイレはない

南麓の塩手池から眺める広戸仙、滝山、那岐山（左から）

信仰と花の那岐山連峰をめぐる 3つのコースを行く

日帰り

コース①／西仙コース→那岐山→東仙コース　計2時間35分

コース②／Cコース→那岐山→Bコース　計3時間

コース③／声ヶ乢→那岐連山→Aコース　計5時間27分

●各コースのコースグレードならびに技術度・体力度は、各コースのガイド文の末尾に記載。

ースは狭く急で、張り出した根っこやクサリを頼りに登っていく。4月ならイワウチワが咲き、シャクナゲやヒノキなど奇妙に幹や枝を曲げた樹が多く見られ、神秘的なたたずまいに包まれる。シャクナゲの峰を過ぎると、まもなく左から渓流コースが合流して**馬の背小屋**に着く。

小屋を過ぎ、スギの植林とブナやナツツバキなどの自然林を登っていくと標高１０００ｍの標柱がある。5月下旬ならこのあたりからベニドウダン、サラサドウダンが見られるようになる。そして周囲にブナなどの高木が見られなくなり、ドウダンツツジの群生地を登っていく。やがて樹林帯を抜けて**三角点ピーク**に着くと、南側に日本《にほん》原《ばら》高原の広々とした展望が広がる。頂上へは尾根を左に向かい、避難小屋を過ぎて登り返せば**那岐山**頂上だ。

下山は東にゆるやかな尾根を行く。**Bコースの分岐**を過ぎると、すぐに東仙《とうぜん》コースと菩提寺《ぼだいじ》に下るAコース（P66コース③）の分岐がある。道標に導かれて東仙コースに入り、サラサドウダンやナナカマドの林から、ミズナラを主とした樹林帯を歩くようになる。右に植林、左にブナやシデなどの自然林を眺めながら下る。標高１０００ｍ付近のゆるやかな道から再び土留めの急な階段を下っていくと存在感のあるブナがあり、これを過ぎると**林道**に出る。林道を右に10ｍほどのところで道標にしたがい再び登山道へ入る。

少し下って奥本《おくもと》コースを右に見送り、尾根道を左に折れて歩いていく。小さな沢を渡って少し登り返し、イワウチワの見られる真砂土《まさど(つち)》（花崗岩が風化してできた砂状の土壌）の尾根道をたどり、急な木段から**林道**に出て、道なりに右に下れば**大畑橋**に帰着する。（**コースグレード＝中級**／**技術度＝★★★☆☆**／**体力度＝★★★☆☆**）

紹介3コースが合流する三角点ピーク（背後は那岐山）

防獣ネットの中で咲くイワウチワ（西仙コース）

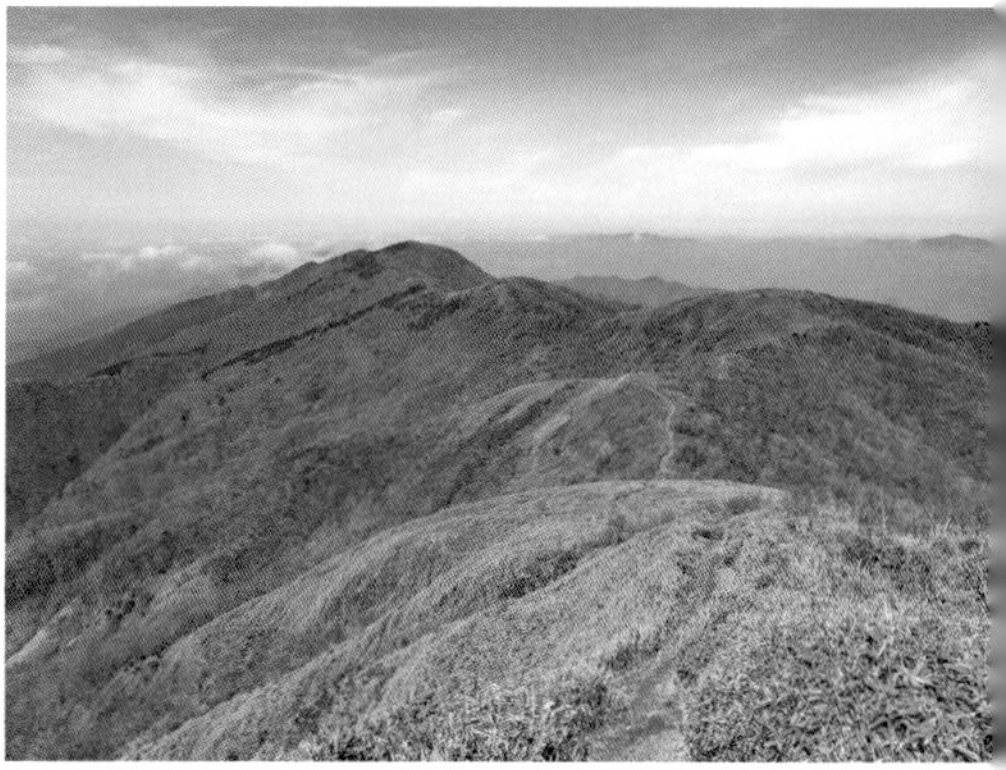

那岐山から滝山へ向けてのびやかに続く縦走路

コース②

CコースからBコース

第一駐車場から車道を上がり、第三駐車場を過ぎてB・Cコース登山道に入る。石畳の痕跡の残る道を登り、**分岐**を左のCコースへ。やがて林道を横切り、桧皮を採取するヒノキ植林地から水場を過ぎて、つづら折りで高度を上げていく。植林と自然林を繰り返しながら登ると、左手に**大神岩**《おおかみ》がある。岩上からは日本原高原が眼下に望め、はるか遠方には四国の山並みも。岩の基部には不動明王《ふどうみょうおう》、その奥には大日如来《だいにちにょらい》と彫られた刻字があり、修験の面影も感じられる。

いったん傾斜がゆるみ、再び登りになると二次林に囲まれた道となる。八合目の標柱の先で須佐之男命《すさのおのみこと》と刻まれた岩を見て、灌木を抜けると背後に展望が開ける。ドウダンツツジやホツツジ、ナナカマトなどの茂る笹原を登ると**三角点ピーク**に着く。道標に導かれて右に進み、奈義神《なぎ》などの刻字がある大きな露岩を右に過ぎて、避難小屋から登りになると**那岐山**頂上に着く。

下山は頂上から尾根を東に10分ほど下ると**Bコース分岐**がある。まっすぐ進めば東仙コースとAコースとなるが、ここでは右のBコースへ入る。灌木越しに展望を楽しみながら下っていくと、やがて小さな沢を渡って八合目の標柱を過ぎる。林道を横切ると**黒《くろ》滝への分岐**があるが、往復10分弱なので、黒滝まで行ってみるのもよい。

広戸仙への登山道からの人形仙

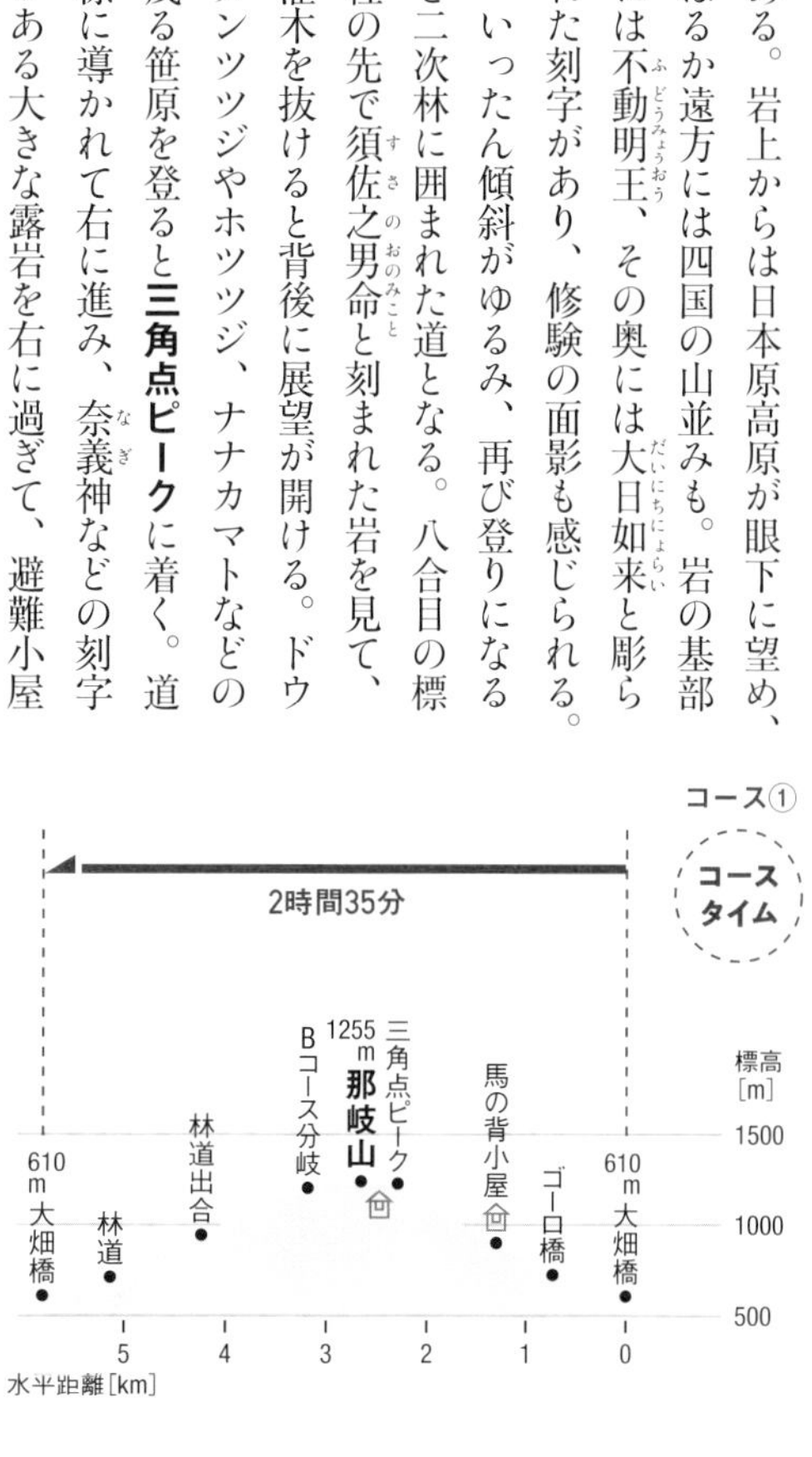

Bコースの大神岩から日本原高原を見下ろす

分岐を左に折れて植林地を過ぎ、少し沢沿いに下ればAコースの分岐。ここから右手に沢音を聞きながら、スギの植林の中を下る。幾度か小さな枝沢を渡りながら進み、まもなく木橋を右に渡ってゆるやかな道を行けば**B・Cコースの分岐**に出て、**第一駐車場**に帰着する。（コースグレード＝**中級**／技術度＝★★★☆☆／体力度＝★★★☆☆）

コース③ 声ヶ乢から那岐連山縦走

数台の駐車場と登山案内図がある**声ヶ乢**から登山道に入り、つづら折りを繰り返してゆるやかに登る。南に日本原高原を眺めながら第一展望台を過ぎると樹林帯に入る。

水場の下り口を過ぎ、左に第二展望台のあずまやが見える**分岐**を右に進む。わずかなクサリ場を登ると展望が開けてくる。御影石のベンチを過ぎ、しばらく登ると展望所の分岐がある。左に行けば、頂上部と北西方面の眺めがよい展望所はすぐだ。

分岐から右に急坂を下って登り返すと、広大な日本原高原が見渡せる**第三展望所**のある爪《つめ》ヶ《が》城《しろ》跡に着く。山城の遺構と思われる堀切を渡り、ゆるやかになった尾根道をたどっていけば**広戸仙**の頂上だ。

滝山へは北東に向かう尾根を歩く。まもなく小さなピークを越えて下っていくと、**ふるさとコースの分岐**がある鞍部に着く。ここから急坂を10分ほど登ると左手の樹間から滝山の頂上部が望め、尾根が左に折れると右手に那岐山が見えてくる。さらに幾度かの急登を数えれば、展望台の建つ**滝山**に着く。滝山は広戸仙と那岐山のほぼ中間に位置し、頂上からは眼下に日本原演習場が望め、時には演習の音が聞こえてくる。

滝山の尾根道で倒れたまま成長を続けるスギ

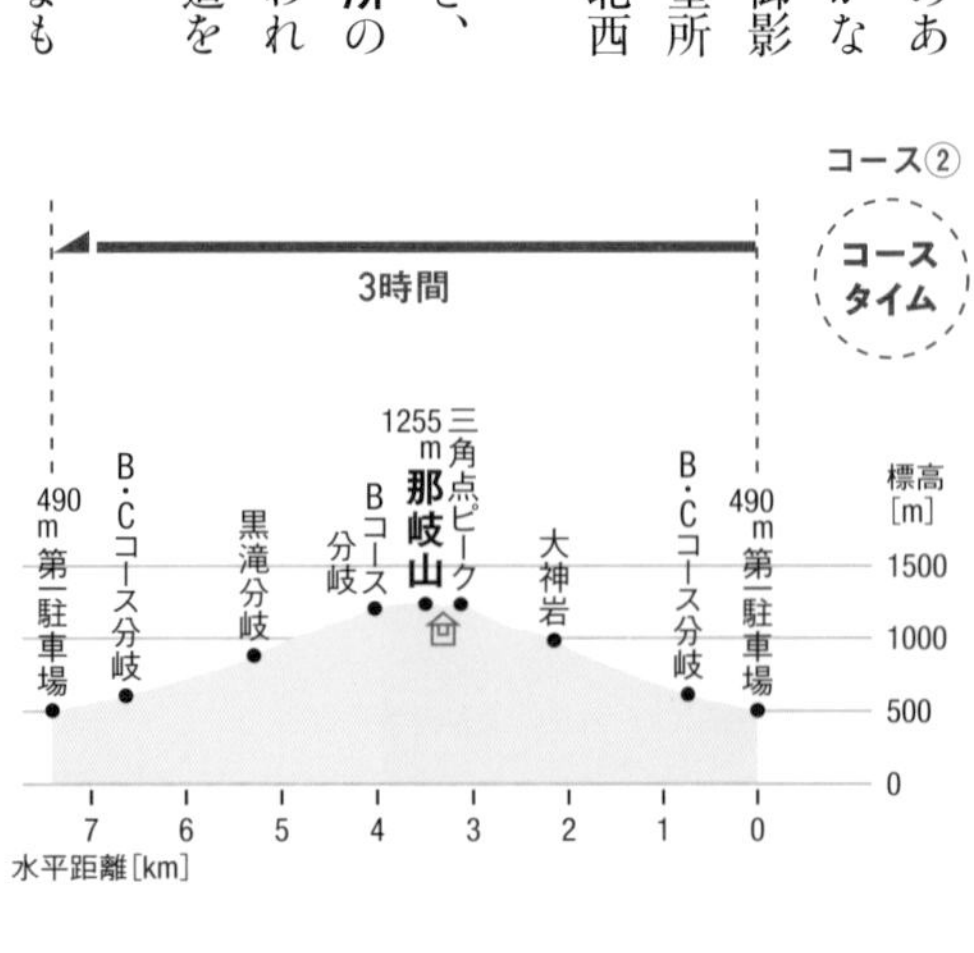

那岐山へは今までの道とは異なり、笹原に続く比較的ゆるやかな尾根道をたどっていく。すぐに滝神社への分岐を右に過ぎ、展望を楽しみながら進む。あずまやのある**休憩所**を過ぎると、やがて那岐山の**三角点ピーク**、そして**那岐山**頂上に到着する。

下山はそのまま尾根を進み、**Bコース分岐**を過ぎて、Aコースと東仙コースの分岐をAコースに入る。灌木林から植林地を抜けると**林道**に下り立つ。**慈母峰**《じぼほう》までこのコース最後の登りをがんばって名残の展望を楽しんだら、尾根沿いに下っていけば菩提寺のある**Aコース登山口**へ下山できる。

さらに車道を2・5km下れば那岐山麓山の家があるので、ここでタクシーを待つのもよいだろう。（コースグレード＝中級／技術度＝★★★☆☆／体力度＝★★★★☆）

那岐山の頂稜から雲海に浮かぶ山々を見る

プランニング&アドバイス

コース①　イワウチワの咲く4月中旬〜下旬ごろ、ドウダンツツジの咲く6月上〜中旬ごろがとくにおすすめ。尾根コースのイワウチワは近年シカの食害により、防獣ネットで保護されている場所以外ではほとんど見られない。逆コースを歩く場合は馬の背小屋からの尾根コースが急な下りだけに、渓流コースを利用したい。

コース②　登山者の多くはマイカー利用だが、本コースはバス利用も可能。この場合、JR津山駅前の津山広域バスセンターから行方行きの中鉄北部バスに乗り、高円バス停下車。第一駐車場まで約3kmの車道歩きとなる。

コース③　登山口へはマイカーかタクシーが現実的。マイカー1台の場合は下山後タクシーで登山口へ。コースに迷いやすい箇所はないが、途中エスケープできるルートはない。滝山神社のコースは神社までは下れるが、麓の自衛隊日本原演習場が施錠され通行禁止。また、ふるさとコースは道が荒れていて一般的ではない。

那岐山や広戸仙にはドウダンツツジが多い

コース③

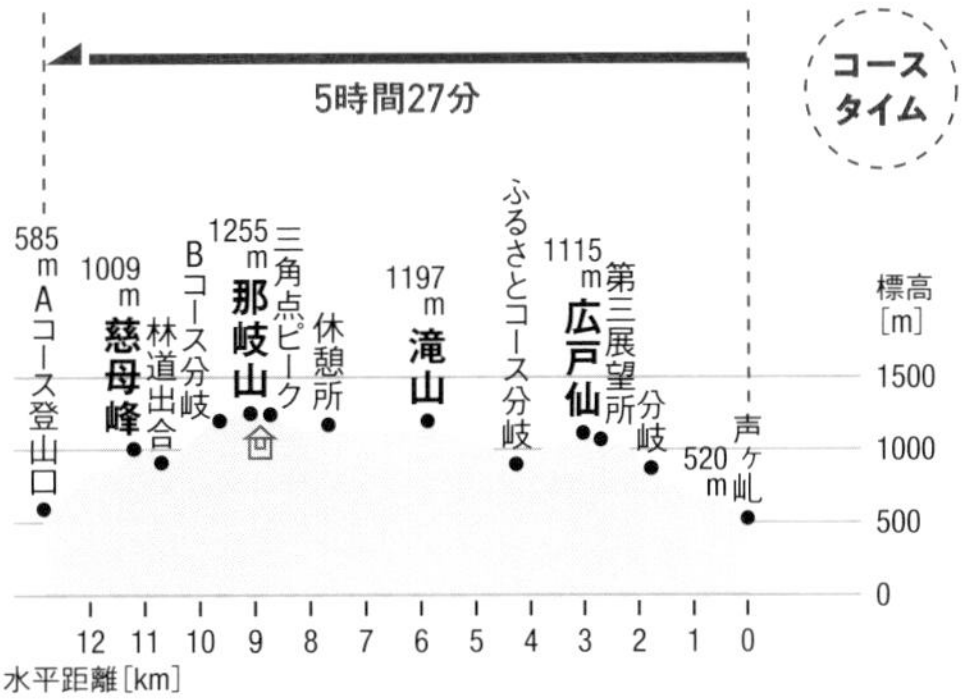

笹原に描かれた泉山の刈り文字

日帰り

泉山

タタラの痕跡と展望の3ピークをめぐる

日帰り 泉嵓神社駐車場→福ヶ乢→井水山→中央峰→泉山→笠菅峠　計3時間5分

コースグレード	中級
技術度	★★★☆☆ 3
体力度	★★★☆☆ 3

写真・文／岡本良治

岡山県の三大河川のひとつ吉井《よしい》川の景勝地・奥津《おくつ》渓谷の東にそびえる峰で、津山《つやま》市院庄《いんのしょう》あたりから北方に堂々とした山容が眺められる。主峰の泉山《いずみがせん》（１２０９ｍ）から南西に中央峰《ちゅうおうほう》（１１９８ｍ）、井水山《いみずやま》（１１５０ｍ）と連なり、いずれのピークからの展望もよい。地元では「いずみやま」とよばれるが、登山ガイド本には「いずみがせん」と紹介されている場合が多い。

日帰り

展望の3ピークを縦走し笠菅峠へ

泉嵓《いずみいわ》神社駐車場から、神社の参道沿いの林道を進む。社殿を過ぎると左から林道が合流し、前方上部に断崖のある井水山が望める。そのまま林道を歩き、谷を渡りながら大きく右カーブして、左上するコンクリートの林道分岐を左に上がっていくと**Ａコース登山道入口**がある。道標にしたがい右の杉林に続く登山道に入ると足もとに鉄滓が確認でき、炉床か炉壁だったと思われる焼け跡のある土が登山道に顔を出している。特徴のない杉林の斜面だが、このあたりに野タタラがあったことがうかがえる。

やがて広い尾根に出て、ゆるやかに登っていく。植林に囲まれた道をたどり、深くえぐれた水路状の道を進む。尾根を右にはずれ、炭焼き窯跡を経て水場となる沢を渡る。イラクサやツクバネソウ、ヤマアジサイの茂る植林を歩き、湿った道から左下に沢を見ながら気持ちのよい自然林を歩いていけば、笹原に抜けて**福ヶ乢《ふくがたわ》**に着く。

乢で道は直角に左に曲がり、ヒノキの植林を右に、左側は笹原の中にウリハダカエデやリョウブ、ベニドウダンが点在する尾根を登る。足もとにはフタリシズカやエンレイソウなどが見られ、振り向けば南東を中心に１８０度の展望が開け、星山《ほしやま》や津黒《つぐろ》山《せん》など多くの山々が眺められる。

やがてヒノキの植林と自然林の中の展望のない尾根道を登るようになり、傾斜がゆるむと前方の樹間越しに那岐山《なぎさん》の大きな山

大山を遠くに望む泉山の頂上

足のすくむような展望が広がるのぞき岩

塊が望める。幾度かの起伏を数え、桧林を抜けると**井水山**に着く。芝の広がる頂上からは、前方にこれから向かう中央峰と泉山が望める。西に数分のところにはのぞき岩

北西麓からの泉山。のぞき岩のある井水山を中心に左へ中央峰、泉山と連なる

があり、断崖の上からスリルある展望が楽しめるが、足もとには充分注意が必要だ。

中央峰を前方に見ながら下ると**分岐**があり、泉山ヒュッテへの道を右に分ける。頂稜部に広がる笹原のベルトにはリョウブやアセビなどの小木が点在し、西側にカラマツ、東側にヒノキが続く。大神宮原《だいじんぐうばら》からのCコースが**中央峰**で出合い、いくつかの起伏を越えると芝の広がる**泉山**の頂上だ。

下山はクロボクの滑りやすい急坂を下り、わずかな登りを越えて露岩の多い道を歩く。滑りやすい急坂にさしかかると前方の笹原に泉山の刈り文字が見え、これを過ぎると大きな**マイクロウェーブの反射板**がある。少しのあいだ展望のきかない植林と自然林の間をたどり、登りきったところで北東から東、南東にかけて展望が開ける。植林帯の中に続く道に変わり、道標から右に折れて植林の中を下ると、泉山登山口と書かれた大きな道標のところで林道に下り立つ。この林道を左に下っていけば**笠菅峠**《かさすげ》だ。

プランニング&アドバイス

JR津山駅発の中鉄北部バスを利用した登山も可能だが、休日は往路の午前便、帰路の午後便が運休となる。のんびり歩きたい場合は下山後に美作三湯のひとつ奥津温泉泊も一考。車が1台の場合は笠菅峠に自転車をデポして、下山後に自転車で登山口まで帰る方法もあるが、大正橋まで15kmのサイクリングとなる。奥津温泉までの道は急坂もあるので慎重に。

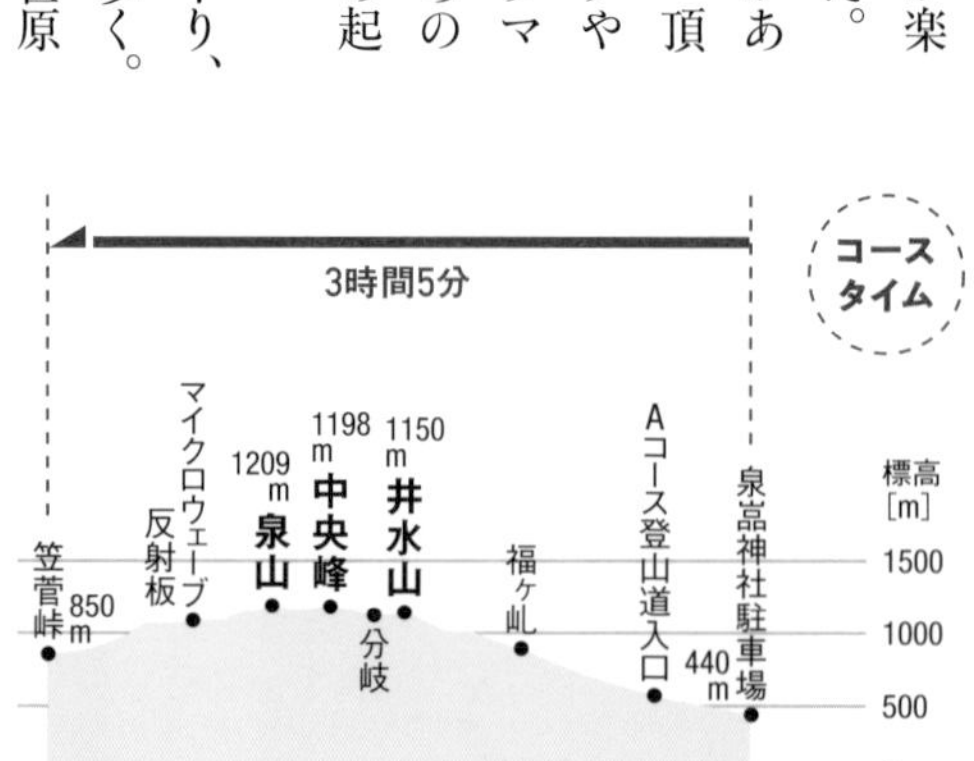

秋色の岩樋山から道後山へと向かう　写真・文／岡本良治

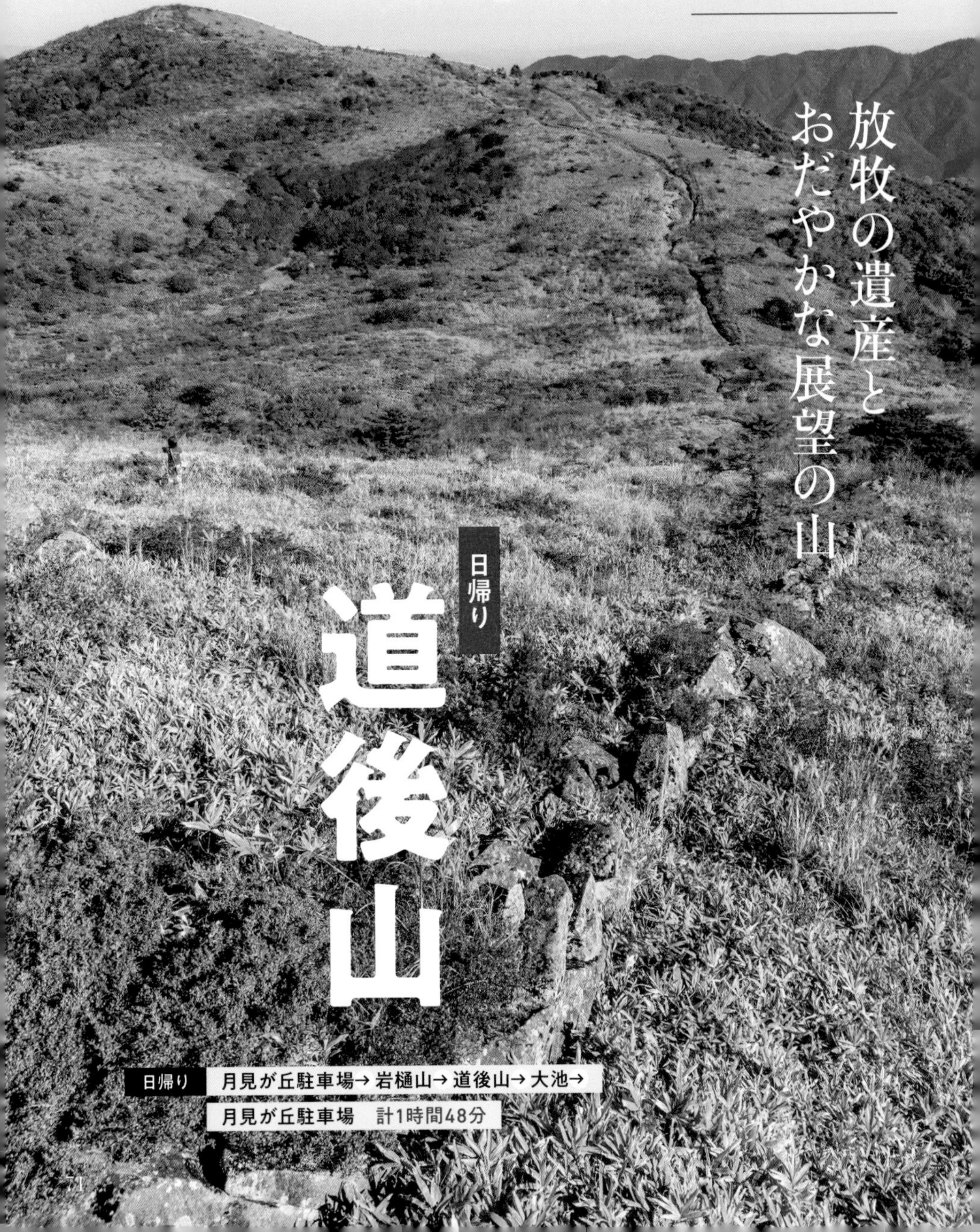

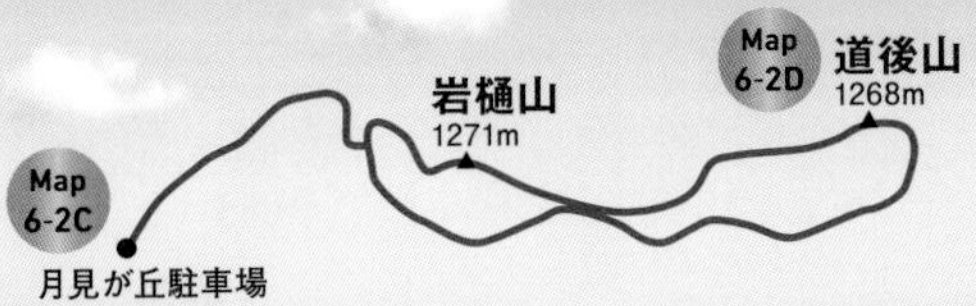

コースグレード｜**初級**

技術度｜★★☆☆☆　2

体力度｜★★☆☆☆　2

放牧の遺産とおだやかな展望の山

日帰り

道後山

日帰り　月見が丘駐車場→岩樋山→道後山→大池→月見が丘駐車場　計1時間48分

比《ひ》婆《ば》道《どう》後《ご》帝《たい》釈《しゃく》国定公園に属する道後山《どうごやま》（1271m）は、歩行距離が短く、登山だけでは物足りない感はあるが、中国山地の山々が生産や生活に密接だったころの遺構が残り、歴史と展望を楽しみながらの山歩きが楽しめる。とくに両国《りょうごく》牧場とよばれる牧場跡に続く石塁はほかの山では見られない規模で、往時の生活のなかで重要な山だったことがうかがえて興味深い。

日帰り

月見が丘から岩樋山、道後山へ

月見《つきみ》が丘《おか》駐車場から幅の広い道を歩いていくと、やがて登山道に変わる。沿道にはヤマアジサイやオオイタヤメイゲツ、キブシなどが見られ、かつて牧柵として築かれた石塁が左手の林の中に埋もれている。

ほどなくゆるやかな道になり、左に存在感のあるブナを過ぎたら休憩所に着く。その先の**分岐**は右に歩くと両国牧場跡へ、左に登ると岩樋山《いわひやま》に向かう。まず岩樋山からの展望を楽しみたいので、左に登ろう。

分岐からすぐに道が直上するが、ここにはカンナ場へ水を送っていた水路の跡が見られる。夏草が茂っている時期はわかりづらいが、左右の林床を注意深く観察すると、水平に道のような痕跡が続いているのがわかるだろう。左の約50m先には水路跡の上を石塁が横断して築かれ、タタラの山から牧畜の山へと時代の流れが感じられる。右は途中で古い石段によって不明瞭となっているが、両国牧場へ向かう登山道の一部を通り、東へと続いているようだ。

水路跡を過ぎるとイチイやカラマツが目立つようになり、石塁に突き当たる。道が右上をはじめると、やがて樹林帯を抜けて展望が開け、猫山《ねこやま》や比婆山《ひばやま》を眺めながら広い石段を登る。石塁を越えると**岩樋山**頂上で、北東には大山《だいせん》が、東には両国牧場の向こうに道後山のなだらかな山容が望める。

岩樋山へは広い石段を登っていく

道後山頂上からの錦秋の大池や猫山などの山並み

広々として展望のいい道後山頂上

岩樋山からは、明治の末ごろに県境に築かれた石塁に沿って東に下っていく。昭和30年代まで放牧が行なわれていた両国牧場だが、今では灌木が茂り、往時の面影はずいぶんと薄れてきている。

鞍部へ下ると**両国牧場跡の分岐**があり、岩樋山の山肌を巻く道が右から合流する。灌木におおわれつつある石塁沿いにゆるやかに登り、大《おお》池への分岐を過ぎると右に踏み跡がある。その先にはおだやかな表情の石仏がまつられ、山の歴史が感じられる。

不明瞭となる石塁を見ながら登るとゆるやかな道になり、道後山最高点となる1271mピークに出る。笹原の尾根を歩けば一等三角点のある**道後山**の頂上は近い。

下山は頂上から東に道をたどり、道標のある分岐を大池方面に歩いていく。展望を楽しみながらゆるやかに下り、桧林を過ぎるとカンナ流しの水源としてつくられた大池に着く。ただしこのあたりも灌木が成長し、ずいぶん見えづらくなっている。

大池からさらに進むと両国牧場跡だ。ここから左に下り、**両国牧場跡分岐**を左に石塁を越えて道なりに歩いていけば往路で通った岩樋山との**分岐**に出る。ここから左に下っていくと**月見が丘駐車場**に戻る。

両国牧場跡に残る石塁

プランニング&アドバイス

コース中の石塁にはツタウルシが多く、ふれるとかぶれることも。マムシも多いので要注意。道後山山の家があるゆりが丘から月見が丘までの車道は、狭く急で離合が難しいので運転は慎重に。北面の持丸登山口から道後山へのコースもしっかりしているので、起点を月見が丘、終点を持丸登山口。またはその逆の計画も考えられるが、持丸登山口までのアプローチは未舗装の林道を約7kmの走行となる。林道が荒れている場合もあり、最低地上高の低い車は要注意。

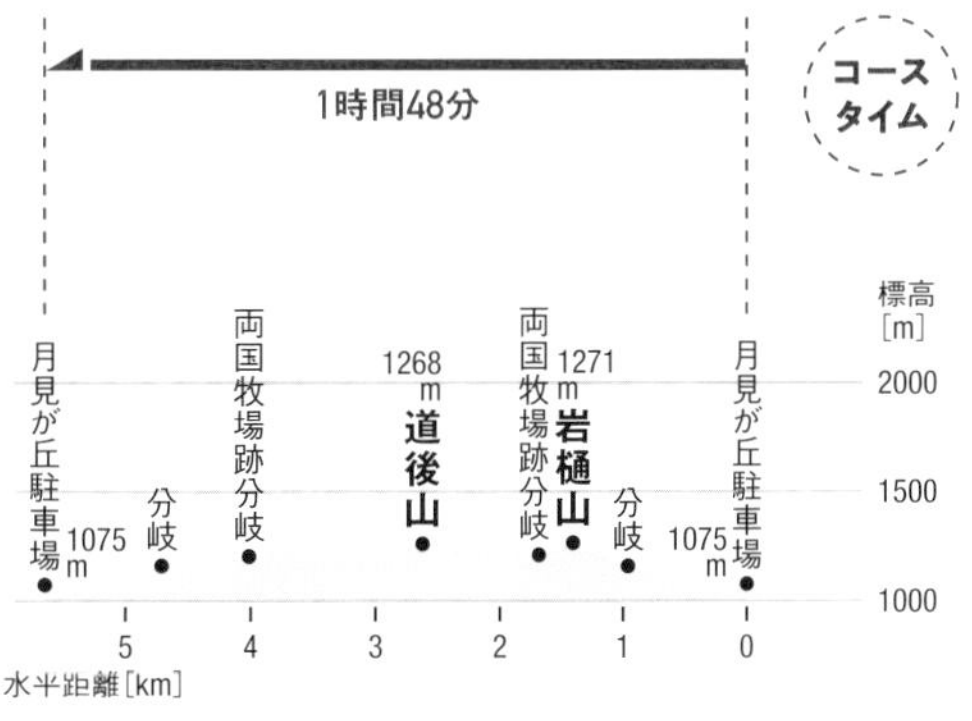

放牧の記憶と神話の峰の全山縦走

中央中国山地の中核となる比婆山《ひばやま》連峰（立烏帽子山《たてえぼしやま》１２９９ｍ）は、広島県立県民の森として六《ろく》の原《はら》を中心に整備されている。当地方を代表する人気のある山で、六の原を囲むように連なる峰々はそれぞれピーク近くへと登山道がのびており、体力や技量に応じてさまざまなコース設定が考えられる。また総延長18km以上におよぶ全山縦走も各ピーク付近からエスケープできるので、縦走計画も立てやすいのも魅力だ。

日帰り

六の原を起点に牛曳山から立烏帽子山、竜王山まで全山縦走

県民の森公園センターの前から、車道を引き返すと10分ほどで左手の管理道脇に**牛《うし》曳山《びきやま》の道標**がある。道標にしたがい林道に入り、白樺林のところから右の歩道を上がる。植栽だがこの地方では珍しい白樺林の中でつづら折りを繰り返すと道はゆるやかになり、自然林に変わる。右下に沢音を聞き、ブナやミズナラ、シデなどの二次林を

歩きはじめは白樺林に続く登山道を行く

放牧の記憶をとどめる石塁（伊良谷山付近）

写真・文／岡本良治

日帰り

比婆山連峰
出雲烏帽子山
御陵
立烏帽子山

錦秋に染まる比婆山連峰最高峰・立烏帽子山

コースグレード	中級
技術度	★★★☆☆ 3
体力度	★★★★☆ 4

日帰り　六の原→ 伊良谷山→ 毛無山→ 出雲烏帽子山→ 御陵→ 池の段→ 立烏帽子山→ 竜王山→ 六の原　計5時間45分

伊良谷山から六の原と比婆山の山並み

進むと、やがて沢の中を歩くようになる。炭焼き窯跡がいくつか見られ、エンレイソウやチャルメルソウなどが彩りを添える。

Ｖ字谷の沢芯から急な尾根を登り、牛曳滝の上部を過ぎれば沢から離れる。やがてミヤマヨメナのじゅうたんに縁どられた道を歩くと、右手に展望が開ける**牛曳山**だ。頂上から道標に導かれて西に歩くとキャンプ場からの道が合流し、石塁に沿って進むと展望のよい**伊良谷山**《いらだにやま》の頂上に出る。

頂上を過ぎるとすぐに石塁を越えて、樹林帯に入る。途切れ途切れながらも、放牧の名残が感じられる石塁を探しながら登る。やがて芝生の広がる**毛無山**《けなしやま》の頂上に着くと、伊良谷山からの展望に加えて出雲烏帽子山《いずもえぼしやま》や日本海、島根《しまね》半島が見えるようになる。

しばらく展望を楽しんだら、道標にしたがい出雲《いずも》峠に向かう道に入り、牧柵の痕跡と一緒に下っていく。公園センターへの分岐を過ぎ、その少し先にある分岐はどちらを歩いてもすぐ合流するが、展望を求めるなら右のききょうヶ丘《がおか》経由がよい。植林沿いに下れば、草原の広がる**出雲峠**だ。

ここから植林の中を登る。ほどなく左の沢を渡って、ブナ林の尾根から灌木帯に変われば広い**出雲烏帽子山**だ。頂の南西側には人為的な加工があるといわれる条溝《じょうこう》岩があり、西側の烏帽子岩の上に立てば、大膳《だいぜん》原《ばら》の向こうに吾妻山《あづまやま》が望める。

御陵《ごりょう》へは頂上を南へたどり、分岐を左にとると**鞍部**に出る。左へ向かえば六の原へ、右は大膳原を経て吾妻山にいたる。直進してブナの中の道をゆるやかに登り、道が平坦になると**御陵**の頂上だ。イザナミノミコトの陵墓と伝えられている御陵石の近くには、手水鉢《ちょうずばち》や明治の年号が刻まれた石碑な

出雲烏帽子山にある条溝岩越しに御陵を望む

ブナに囲まれた神秘的な御陵石

どがあり、古くからの信仰がうかがえる。御陵から南に歩くとすぐ門栂《もんとが》とよばれるイチイの古木を過ぎ、左に六の原への分岐。さらに参道の面影が残る古い石段を下って**越原越**《おっぱらごえ》の鞍部に着く。左の道は六の原へ下るが、縦走路はそのまま登っていく。その先の分岐は、左に行くと立烏帽子山の裾を巻いて立烏帽子駐車場にいたる。ここでは右の道から池《いけ》の段《だん》へと登る。樹林帯を抜けると視界がきき、**池の段**からは360度の展望が広がる。

広々とした池の段からの御陵（右）、吾妻山（左奥）

　連峰最高峰の立烏帽子山へは鞍部に下り、駐車場へ向かう道を右に見送って尾根を登る。登るにつれてよくなる展望を楽しみながら進むと、立烏帽子山の狭い頂上だ。その先には東方が眺められる展望地があり、手前を左に下れば**立烏帽子駐車場**に着く。縦走最後のピーク、**竜王山**《りゅうおうやま》へは駐車場の端から参道跡の道を往復する。

　下山は管理車道のクサリをすり抜けて左に下る。ブナの森を楽しみながら下ると、やがて展望が開け、竜王山をおおう森が眺められる。さらに下ると、再び樹林帯を歩くようになる。**展望園地**で本コース最後の展望を楽しんだらつづら折りを下って六の原のキャンプ場に出て、右に向かうと**県民の森公園センター**に帰着する。

いささか地味な立烏帽子山の頂上

最後のピーク・竜王山からの立烏帽子山と池の段

御陵頂上部に咲くマイズルソウ

サブコース

●比婆山古道から御陵、吾妻山への周回

Map 6-1A
休暇村吾妻山ロッジ

吾妻山《あづまやま》（１２３８ｍ）は比婆山《ひばやま》連峰の西、約２㎞にある独立峰で、広島側の池《いけ》の原《はら》から30分程度で登れるファミリー登山に適した山だ。島根側の大《おお》峠や出雲烏帽子山《いずもえぼしやま》（メインコース参照）からの道もあるが、２０１１年に南面の三河内《みつがいち》から御陵《ごりょう》に登る道が60年ぶりに復元され、御陵から吾妻山への周回登山が楽しめるようになった。

休暇村吾妻山ロッジ（閉館中）の前から車道を三河内方面に下る。途中左に南《みなみ》の原《はら》への道を分け、約３・５㎞の車道を下ると右に**比婆山古道**の大きな道標がある。登山道に入るとすぐに古い炭焼き窯跡を見て、しばらく植林の中を登る。やがて左側にブナ林が見られるようになると周囲は自然林に変わり、浅い谷筋には苔むした岩が見られ、伏流水の音も聞こえてくる。右に飛越岩《とびこ》を過ぎると、命《みこと》神社の小さな祠の前に出て、右に向かえば**御陵**の頂上だ。

神秘的な御陵から、広い頂稜を北に歩き、ブナの森のたたずまいを楽しみながら進むとほどなく**鞍部**に着く。左の道は大膳原《だいぜんばら》への近道だが、まっすぐ登り出雲烏帽子山からの展望を楽しみたい。登りにかかるとすぐに分岐があるが、どちらも**出雲烏帽子山**の頂上に着く。広い頂上から展望を楽しんだら、登ってきた道を折り返すように右の道を行くと鞍部からの道と合流し、大膳原に向けて下っていく。

放牧の名残が感じられる**横田別《よこたわかれ》**で大峠からの道が右から出合う。ゆるやかに進むと広々とした大膳原で、昭和30年代には天然芝の販売もされていたという。今では登山

吾妻山からの比婆山と大膳原（サブコース）

比婆山古道の入口（サブコース）

者だけの別天地だが、古くは山間に暮らす人々の生活が強く感じられた場所だ。

草原の中の分岐は右に行くとキャンプ場と休憩所があるが、吾妻山へは直進する。道の右側には土塁が続くが、灌木が茂った今ではわかりづらくなっている。

道が左上するようになると樹林帯に入り、まもなく**分岐**がある。吾妻山へは分岐を右に上がっていく。登るにつれて展望が広がり、右手に御陵や出雲烏帽子山が望める。

風化の進んだ玄武《げんぶ》岩の多い道を登っていくと、やがて尾根上に出る。前方に猿政山《さるまさやま》の特徴的な山容が、そして目を下に落とせば池の原にある吾妻山ロッジの赤い屋根が印象的。右にとり、左右の展望を楽しみながら登れば、すぐに**吾妻山**の頂上だ。

下山は池の原のロッジをめざして下っていく。左に池の原の草原を見下ろして好展望の道を下るとやがて草原の端に出て、カンナ流しの水源として築かれた池のそばを通って**吾妻山ロッジ**に戻り着く。（**コースタイム＝3時間25分／コースグレード＝中級**）

タニウツギが咲く池の原・原池越しに吾妻山を望む（サブコース）

プランニング&アドバイス

全山縦走は早めの出発を心がけたいので、六の原にある公園センターに宿泊するか、ひろしま県民の森キャンプ場（ともに℡0824-84-2020）での前泊がおすすめ。県民の森として整備されている比婆山には多くの登山道があり、さまざまなコース設定が可能だが、分岐も多いので予定コースをはずれないようにしたい。エスケープのポイントとしては、立烏帽子駐車場から竜王山往復を中止するか、または池の段と立烏帽子山をあきらめて越原越で六の原へ下りるコースとなるだろう。

●休暇村吾妻山ロッジは2022年7月現在閉館中。再開の予定は立っていない。

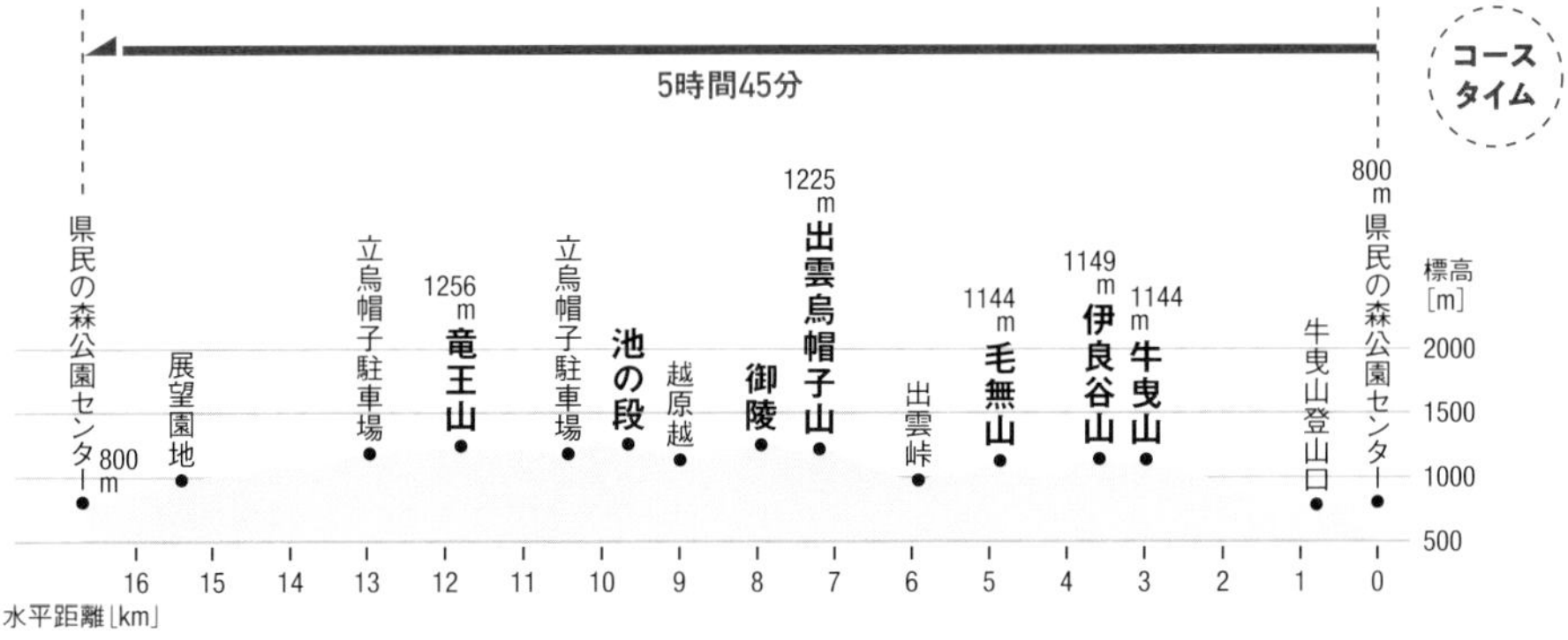

カタクリの大群落と八岐大蛇伝説の峰

日帰り

船通山

鳥上滝・亀石コース分岐に群生するカタクリ。見ごろは4月下旬ごろ

コースグレード	初級
技術度	★★★☆☆ 3
体力度	★★☆☆☆ 2

日帰り わくわくプール→ 亀石コース登山口→ 船通山→ 鳥上滝→ わくわくプール　計2時間45分

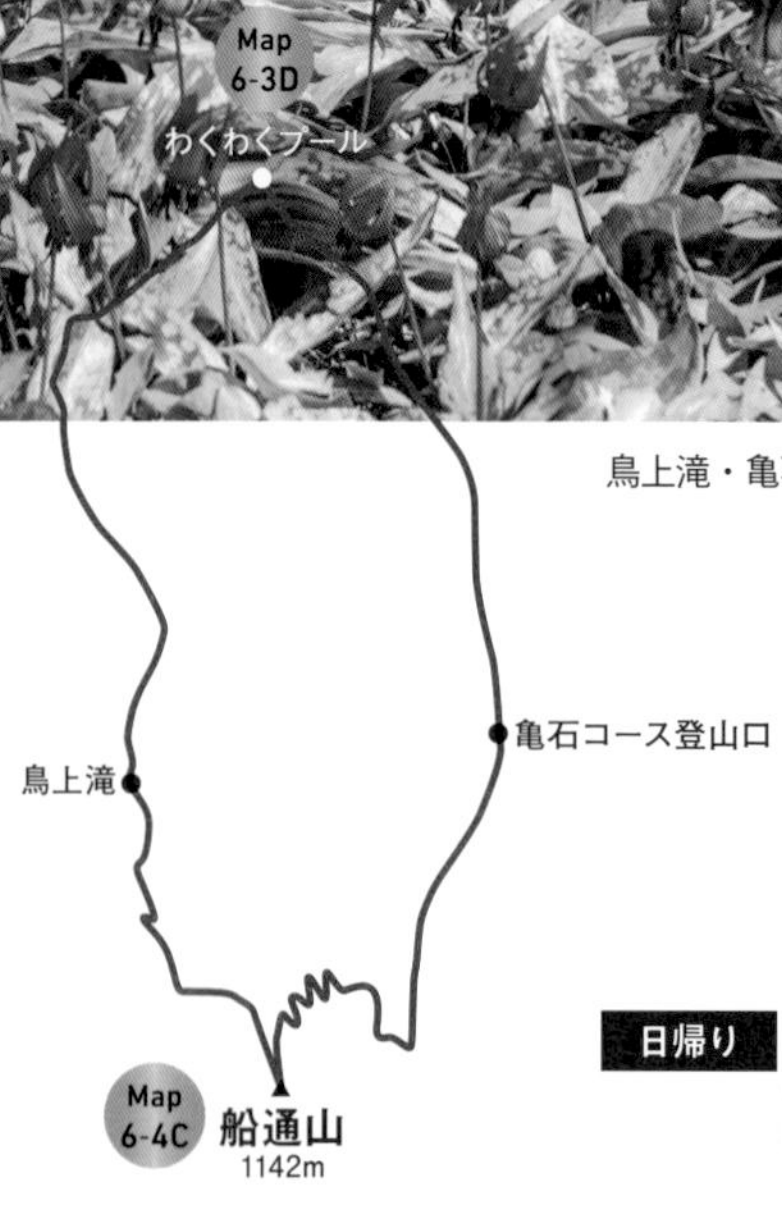

写真・文／岡本良治

鳥取・島根県境で比婆道後帝釈《ひばどうごたいしゃく》国定公園にある船通山《せんつうざん》（1142m）。八《や》岐大蛇《またのおろち》伝説の中心地で、頂上には大蛇の尻尾から出たといわれる天叢乃剣《あめのむらくものつるぎ》出顕之地の記念碑が建てられている。また、中国地方では数少ないカタクリの群生地としても知られ、花期には多くの登山者が訪れる。

日帰り　わくわくプールから頂上を周回

わくわくプールの先で斐伊《ひい》川の小さな橋を渡り、赤《あか》川沿いに船通山林道を進む。かつて人の営みがあった山里の景色から杉林に囲まれた車道を行くと、右に「亀石《かめいし》高殿鉄跡」とよばれるタタラ場の遺跡がある。

やがて駐車場とトイレを過ぎ、**亀石コースの登山口**へ。道標にしたがって進み、すぐに赤川の本流を右に渡る。保安林の大きな案内板の先から登山道に変わり、杉林を抜け

亀石コース登山道。この階段を上がると横手道に出る

船通山にはサンインシロカネソウも多い

新緑の横手道を行く。かつての水路跡の道だ

ればば自然林に囲まれた谷筋の道を歩くようになる。頂上がカタクリで彩られる季節なら、沢沿いにはハシリドコロの群生が見られ、サンインシロカネソウも咲く。

　沢を右へ左へと幾度も渡りながらゆるやかに高度を上げ、石垣の痕跡や点在する炭焼き窯跡にいにしえの人々のかかわりを感じながら登っていく。やがて傾斜が急になり、石段を登ると**ベンチ**がある。ここから本流と分かれて左にわずかなつづら折りを登り、雨が降れば水路に変わる石段を過ぎる。前方や左の樹間から空が低く透けて見えるようになると、まもなく横手《よこて》道だ。

かつてタタラ製鉄がさかんだったころ、この道は山を崩して砂鉄を採取するカンナ場へ水を送る水路として築かれ、その一部が登山道として利用されている。

　水路跡を左にたどり、小さな尾根をひとつ回りこんだところには、山肌を崩したような跡がある。頂上へは右に歩き、上部に古い石積みのある沢を渡って、水路跡から分かれて左に登るようになる。水路跡は登山道が左上するところで少し崩れてはいるが、その先へも続いているのが確認できる。

　愛宕《あたご》道とよばれるつづら折りを登っていき、営林署小屋のあった広場の先で下山路となる鳥上滝《とりかみたき》コースに合流する。道標にしたがい分岐を左に登ると、すぐにカタクリのじゅうたんが広がる**船通山**の頂上だ。

　下山は分岐まで戻り、そのまま道なりに歩くと広場がある。カタクリの時期の休日には頂上はかなり混み合うので、喧騒を避けてここで弁当を広げるのも一考だ。

　広場からゆるやかに下り、右下から斐伊川源流の沢音が聞こえはじめると、左手に水場がある。ほどなく谷筋を歩くようになり、右へ左へと沢を渡りながら標高を下げ、

カタクリ咲く船通山の頂上でくつろぐ登山者（背景は比婆山や猿政山方面）

八岐大蛇伝説が残る鳥上滝（高さ16ｍ）

鉄製の階段を下ると八岐大蛇がすんでいたという**鳥上滝**に着く。

斐伊川源流の流れに沿う道はやがて大きな石を敷きつめた石畳となって、まもなく**鳥上滝コースの登山口**に着く。山里の景色を楽しみながら車道を下ると、**わくわくプール**に帰着できる。

サブコース

●林間広場起点の周回

Map 6-3C 登山口駐車場

広域基幹林道船通山線の**登山口駐車場**からコンクリート舗装の道を15分ほど上がると、炊事棟とトイレのある**林間広場**に出る。広場の右から沢沿いに登ると、すぐに分岐がある。どちらを登ってもよいが、急な健脚コースを登り、一般コースを下る方がひざへの負担も少なく、途中の見どころも多いので、左の健脚コースを進む。

沢音を聞きながら歩くと、草木に埋もれた幾段かの石垣が右に見える。小さな沢を渡り、林床にハイイヌガヤの群生を見るとまもなく左に避難小屋がある。

小屋の下を通り過ぎて沢を渡り、クリやトチ、サワグルミなどの木陰で炭焼き窯跡や古い石積みを見ながら谷沿いの道を登ると、やがて前方上部に天狗《てんぐ》岩が見えてくる。急登をこなして右に少したどると天狗岩があり、岩上から道後山《どうごやま》や猫山《ねこやま》の展望がよいが、足もとには充分注意したい。

登山道に引き返し、金明《きんめい》水を右に見てつづら折りを登ると、ほどなく尾根に上がる。静かになった沢音を右下に聞きながら、ブナを主にリョウブやオオカメノキ、クロモ

健脚コース・天狗岩（サブコース）

天然記念物のイチイと猫山、比婆山の遠望（サブコース）

ジ、ハイイヌガヤなどが茂る林床で、コアジサイやイカリソウを見ながら登っていく。やがてイチイの木陰を過ぎると樹齢1000年といわれる国天然記念物のイチイの大木があり、さらに登れば展望のよい**船通山**頂上にいたる。

鳥取県側の林道船通山線から望む船通山（サブコース）

下山はイチイの木まで戻り、2本目の背の高いイチイの左側に続く道（一般コース）をたどる。気持ちのよい樹林帯に続く道をつづら折りで下ると、左に烏帽子《えぼし》岩が立つ。さらに下ってヒノキの植林を右に進み、尾根から右に下るようになると炭焼き窯跡がある。

小さな沢を2つ渡って少し登ると前方左側に林間広場の炊事棟が見え、ほどなく広場上の分岐に着く。左に下れば**林間広場**を経て出発点の**登山口駐車場**に戻る。（**コースタイム＝1時間35分／コースグレード＝初級**）

プランニング&アドバイス

往復登山なら亀石コースか鳥上滝コース登山口の駐車場を起点としてもよいが、カンナ流しの水路跡を利用した横手道と、八岐大蛇がすんでいたといわれる鳥上滝がコース中の見どころとなるので、周回登山がおすすめ。公共交通機関はJR木次線出雲横田駅～斐乃上荘間に奥出雲交通のバス（所要20～30分）が1日3便運行されているが、日帰り登山は時間的余裕が少ない。わくわくプール手前にある斐乃上荘（TEL0854-52-0234・22年7月現在宿泊休止中）かわくわくプールそばの民宿たなべ（TEL0854-52-0930）に前泊すると、余裕をもった登山が楽しめる。

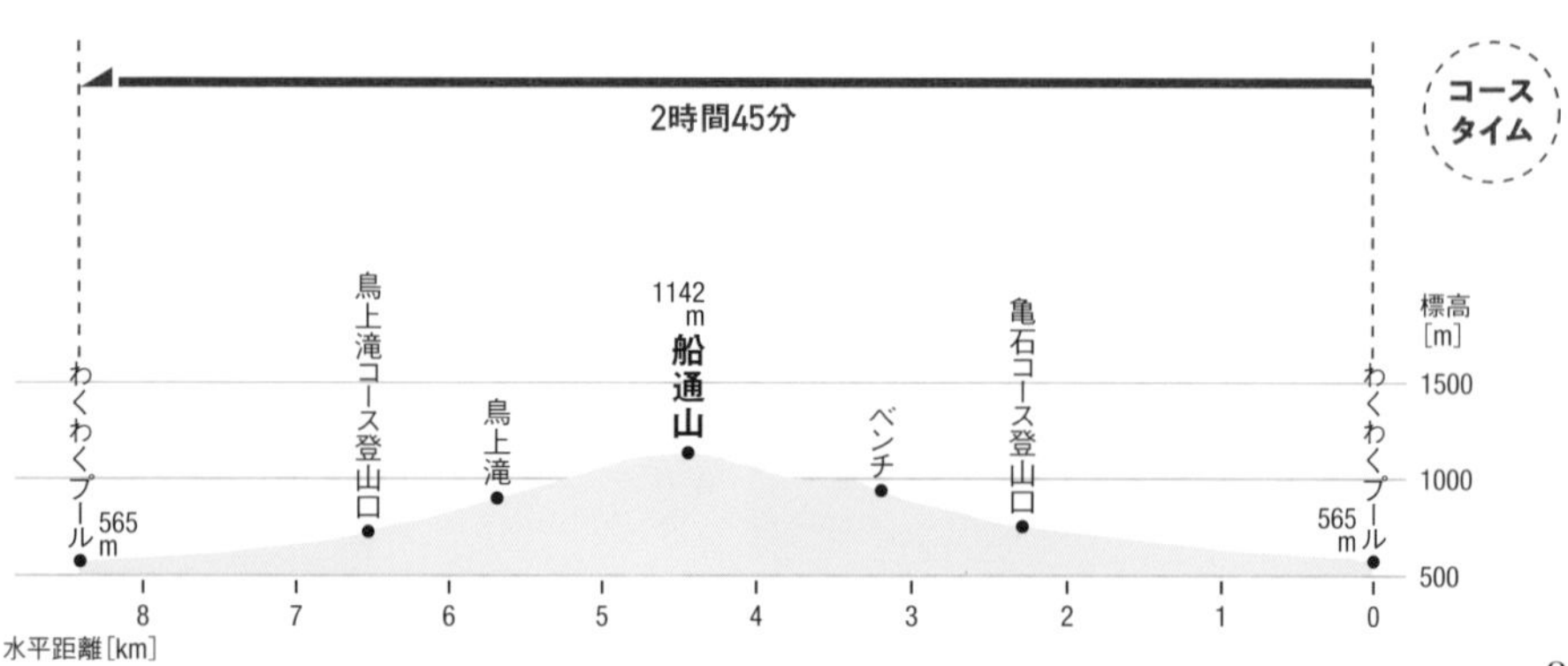

日帰り

大万木山

タタラの痕跡からブナの森を歩く

コースグレード | 初級

技術度 ★★★★★

体力度 ★★★★★

日帰り 門坂駐車場→門坂峠地蔵尊→大万木山→渓谷コース分岐→門坂駐車場　計2時間15分

霧に浮かぶ権現コースのタコブナ　写真・文／岡本良治

島根県飯南《いいなん》町と広島県庄原《しょうばら》市にまたがる大万木山《おおよろぎやま》（1218m）。島根県県民の森「自然観察ゾーン」として整備され、ブナ天然林やサンカヨウの群落など豊かな自然と、タタラ製鉄にまつわる遺構も見られるなど、自然と歴史文化の感じられる山としておすすめである。

日帰り 門坂駐車場からの頂上周回

滝見《たきみ》コースの起点・**門坂**《もんさか》**駐車場**から渓流沿いの道を登る。すぐ先の横手《よこて》コースの分岐を過ぎると道端に多くの鉄滓が見られ、平地もあることから、このあたりにタタラ場があったと思われる。権現《ごんげん》滝のかかる谷を左下に見ながら歩き、登山道に再び鉄滓が見られるようになると**避難小屋**に着く。

小屋を過ぎて沢を渡るとゆるやかな登りとなり、周囲に石垣や水路跡、炭焼き窯跡が見られる。やがて道は沢を離れ林道に出る。これは大万木山の中腹を横切って建設される予定だったが、自然保護などの観点から建設中止になった道だ。この道を少し歩き、道標にしたがい谷沿いの登山道に入る。空堀のような道を登ると分岐があり、左に行けば等検境《とうけんきょう》だが、ここは右上する道を登り門坂峠地蔵尊に向かう。周囲の林床にはカンナ流しの遺構と思われる水路跡があり、等検境ルートの途中には堀割や土塁、石垣など人工的な痕跡も見られ、古くには人々の営みがあったことがうかがえる。

ほどなく尾根上の登山道と交わり、右に登っていけば**門坂峠地蔵尊**に着く。地蔵堂の横から樹林帯へ入り、つづら折りの登りで尾根に上がると道は平坦となる。大木こそないが、スッとのびたブナの道は心地よく、しばらく美林を眺めながら歩く。

やがて林床が灌木におおわれるようになると水場があり、右側に避難小屋が見えて、展望のない**大万木山**の頂上に着く。

門坂峠地蔵尊。ここからは尾根をたどる

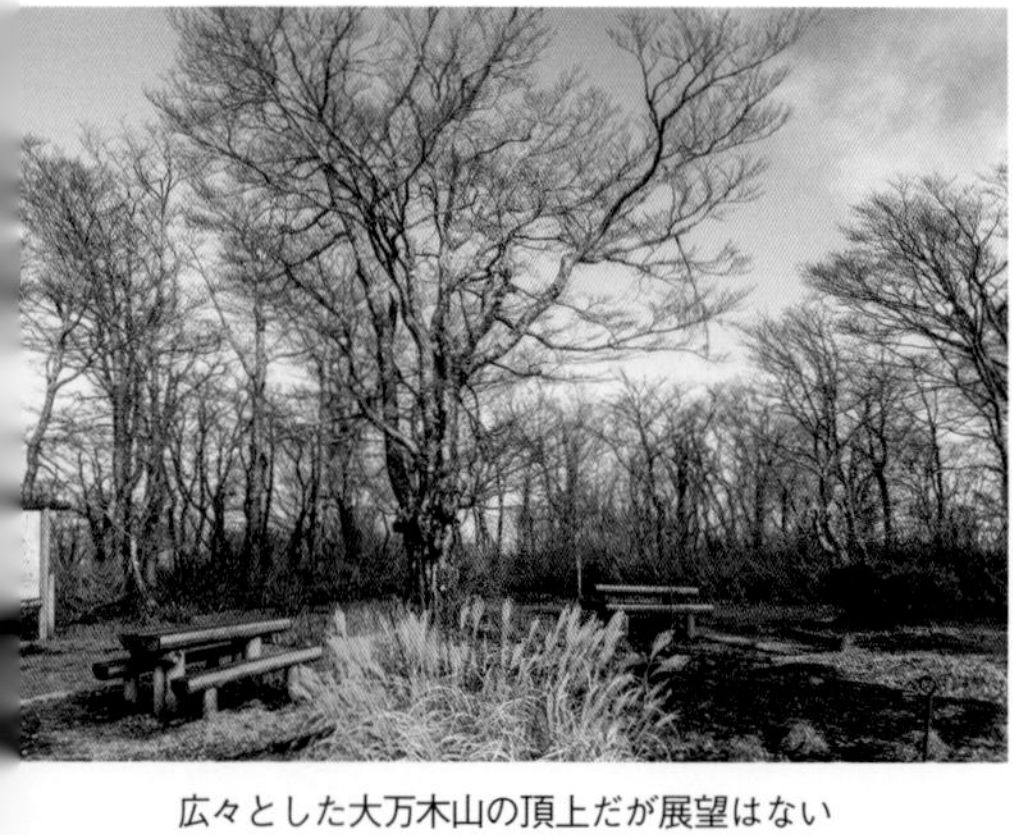

広々とした大万木山の頂上だが展望はない

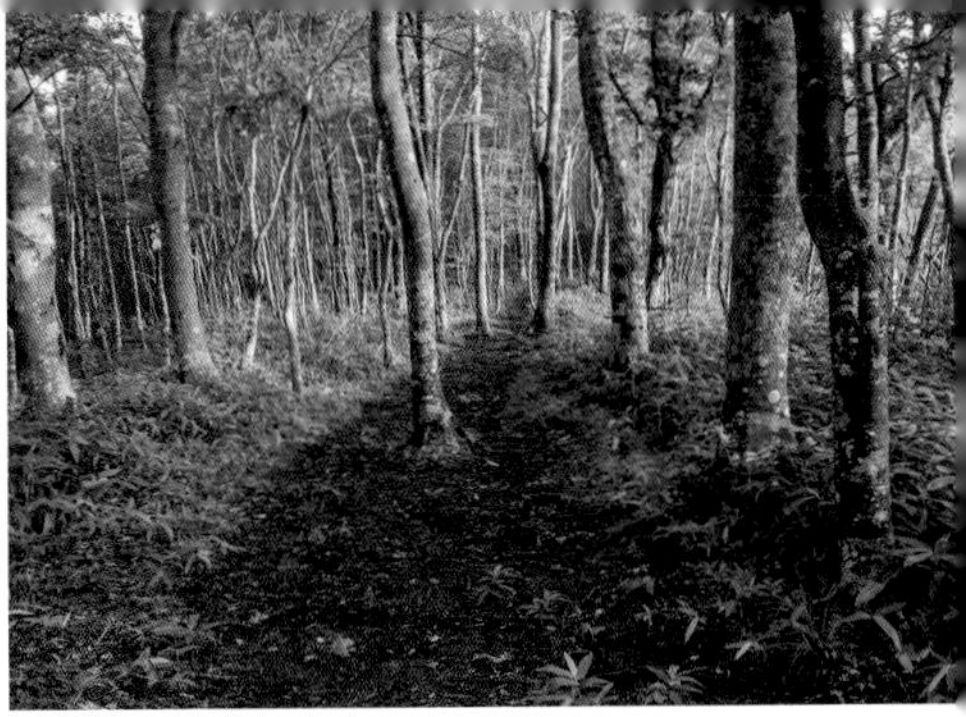
心地よいブナ林の尾根道

頂上の広場から西に向かう道に入ると、右側にマイクロウェーブ反射板がある。ブナの森から灌木に変わり、少し登り返すと**渓谷コースの分岐**だが、そのまま進めば三瓶山《さんべさん》や琴引山《ことびきやま》を望む大階段展望台があるので、足をのばしてみよう。

分岐を右に入り、つづら折りを繰り返しながら下っていく。急な山肌に林立するブナを眺めながら標高を下げると、木々はブナからイタヤカエデ、ハリギリ、ケヤキ、ホウなどの高木林に変わる。大きな露岩も見られ、林床にはシダ類やハイイヌガヤなどが茂る。ブナの森とは林層を異にするこのあたりは「静かの森」とよばれ、そのたたずまいからは悠久の時が感じられる。

沢沿いに歩くようになるとまもなく**避難小屋**に着くが、ここにも足もとには鉄滓が転がっている。小屋の下から沢を右に渡ると横手コースとの分岐があり、沢沿いに下れば数分で位出谷《いでだに》駐車場に出る。ここは右に入って横手コースをたどる。

権現コースの分岐を左に下り、次の分岐は右にとる。平坦な道から登りになると赤松の森があり、尾根を越えて前方から沢音が聞こえるようになるとまもなく往路の滝見コースに出て、左に下れば出発点の**門坂駐車場**に着く。

北西の沖の郷山から見る大万木山の山容

プランニング&アドバイス

起点の門坂駐車場および位出谷駐車場はシーズンの休日には満車になることも。その際は路肩駐車となるが、急な狭い林道なので要注意。頂上から権現コースに少し入るとタコブナとよばれる大ブナ、その先に山頂展望台がある。また、琴引山への縦走コースもよく利用される。さらに北東6.5kmの位置にある鯛ノ巣山から琴引山までの縦走も可能で、大万木山頂上の避難小屋で1泊するプランも考えられる。この地域としてはハードな山行だ。

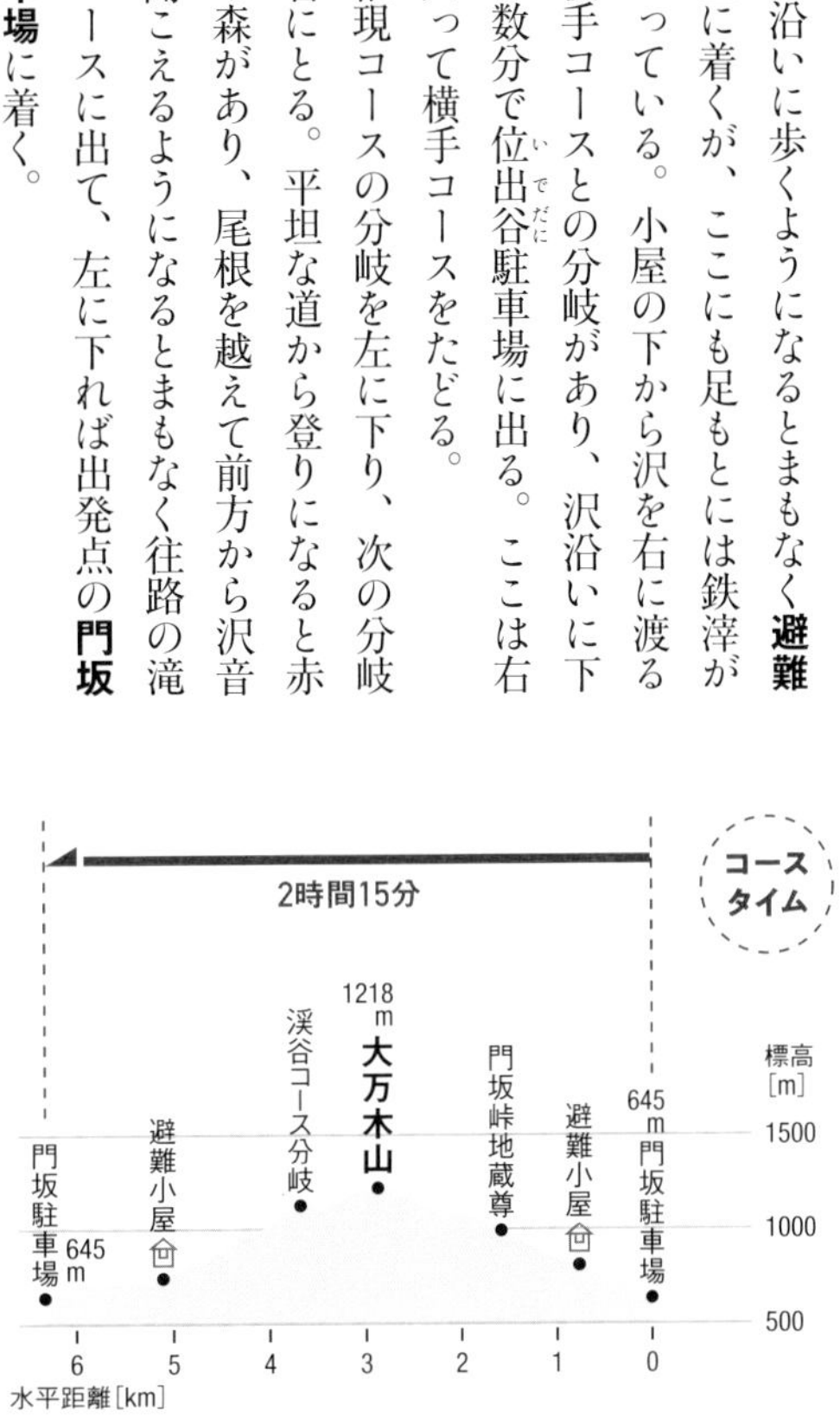

日帰り

深入山

採草と放牧の記憶を伝える山焼きの峰のショートハイク

南登山口↓深入山↓八畳岩↓南登山口　1時間32分

中国山地の山々が森林におおわれている中で、古くから採草や放牧地として利用されてきた深入山《しんにゅうざん》（広島県安芸太田《あきおおた》町、1153ｍ）は、草原の山として知名度が高く、比較的容易に登れることから、多くの人々に親しまれている人気の名山だ。

南登山口の標柱から、ゆるやかな谷に続く登山道（草尾根コース）に入る。4月上旬の山焼きが終わり、青々とした夏山やススキの穂が揺れる秋の山歩きのころでも、マツやコナラ、アベマキなどの幹には黒く焼け焦げた山焼きの名残が見られる。

草原を彩る花々や、毎年行なわれる山焼きにも耐えて育った木々を眺めながら登っていくと、道はやや急登となる。左に古く錆びた牧柵の鉄柱が登山道に沿う。やがて牧柵を越えて、振り向けば登山口の広い駐車場やグラウンド、南西には恐羅漢山《おそらかんざん》や十方山が望める。

左手に恐羅漢山を眺めながら急登を過ぎると、前方に頂上部、左手には林縁部に休憩小屋が見える。草原に点在する樹種にブナやミズナラも混じり、やがて東登山口からの道が合流する**分岐**に着く。分岐の手前を右にたどるとテーブル状の百畳岩《ひゃくじょう》があるので、展望を楽しみながら時をすごすのもよいだろう。

ここまで来れば、頂上まではあとわずか。石ころの多い道を登り、見晴《みはら》し岩を過ぎると**深入山**の広い頂に着く。

Map 7-4B　南登山口

コースグレード	初級
技術度 ★★☆☆☆	2
体力度 ★☆☆☆☆	1

深緑の草尾根コース。終始眺めのよい道だ

深入山頂上から北西の聖湖方面の展望

下山は道標にしたがい、正面に恐羅漢山を見ながら林間コースを下る。やがて道は右に曲がり、聖《ひじり》湖、臥龍山《がりゅうざん》とパノラマのように展開する景色を眺めながらゆるやかに下っていく。灌木におおわれた土塁が左に沿うようになり、左に直角に曲がる土塁に沿って道も曲がると、すぐに休憩小屋に着く。まっすぐ進めばつつじ群落探勝路だったが、今ではやぶ漕ぎ状態だ。

4月上旬の山焼き後の深入山（南登山口から）

登山道は小屋の前を右に曲がり、土塁の切開きを通ってゆるやかに続く。すぐに八《はち》畳《じょう》岩とよばれる岩に着くが、シーズンには多くの登山者が訪れる深入山では頂上は喧騒に包まれることもあるので、静かに山を楽しみたい場合は、あえてここを休憩地に選ぶのもおすすめだ。

臥龍山や聖湖の展望を楽しみながら歩き、恐羅漢山方面が眺められる外傾した展望岩を過ぎると松林の中を下るようになる。やがて周囲はシバグリやハリギリ、ミズナラなどの広葉樹に変わり、石ころの多い道をしばらく下っていくと樹林を抜けて西登山口との**分岐**に出る。左手にはススキの草原が広がり、スカイラインには頂上へ向かう登山者の姿も確認できるだろう。

ここから休憩小屋を右上に見て、草原の中から樹林帯に入る。林床がササにおおわれたコナラ林を眺めながら下り、分岐を左にたどるとアカマツの木々が見られるようになり、まもなく**南登山口**に帰着する。

プランニング&アドバイス

登山道はほかに西登山口と東登山口からのコースがあり、ともに道標もしっかりしており迷うことはないだろう。南登山口には「深入山グリーンシャワー」（TEL0826-29-0211）と称するオートキャンプ場などのレジャー施設がある。また、東登山口の宿泊施設「いこいの村ひろしま」（TEL0826-29-0011）では日帰り入浴ができるので、登山後の計画に組み入れてもよい。

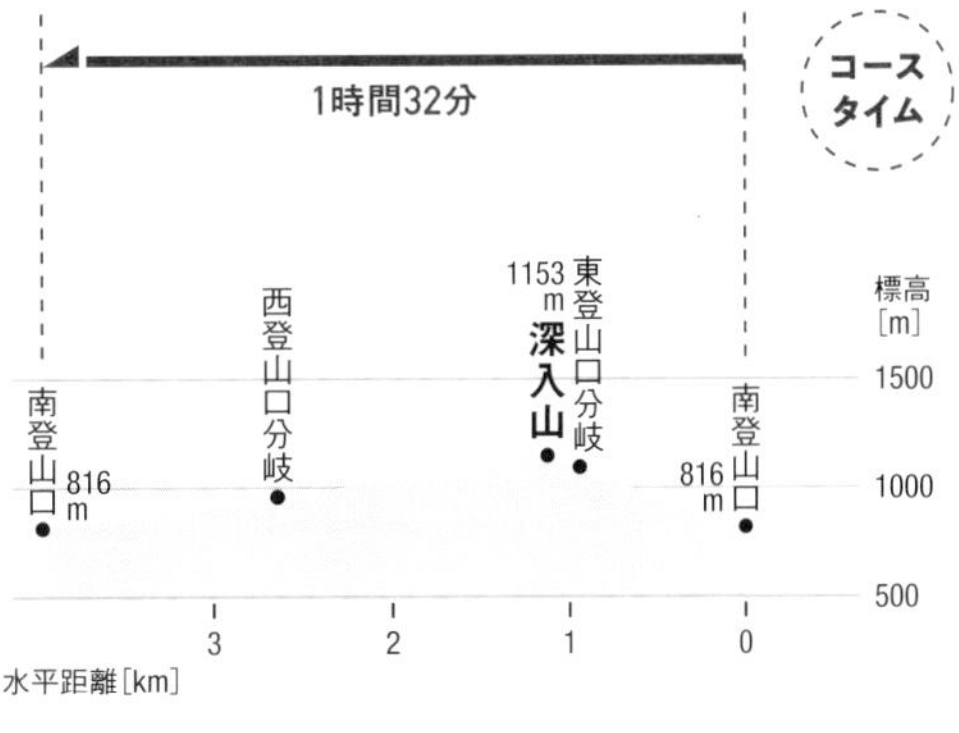

日帰り

臥龍山

掛頭山

悠久のブナの森から2つのピークをめざす

コースグレード｜中級

技術度 ★★★

体力度 ★★

日帰り　千町原→雪霊水→臥竜山→猿木峠→掛頭山→土草峠→千町原　計3時間33分

八畳岩のある臥龍山頂上　写真・文／岡本良治

ススキの原となった霧ケ谷湿原から臥龍山を見る

臥《が》龍山《りゅうざん》（広島県北広島《きたひろしま》町、1223m）はブナをはじめ豊かな自然林が残る山として知られ、頂上近くまで車で上がれる山ながらも、千町原《せんちょうばら》や聖《ひじり》湖キャンプ場からの道を利用する登山者が多い。それだけ臥龍山の森のたたずまいが魅力的といえるだろう。北東の尾根続きにある掛頭山《かけずやま》（1126m）も頂上部まで車道が上がり、この山だけをめざす人は少ないが、ブナの森と展望を楽しむ周回路も人気がある。

日帰り 千町原から臥龍山・掛頭山周回

ススキの草原が広がる千町原の**駐車場**に車を停めて車道を西に行くと数分で**臥龍山登山口**があり、左の広い道に入っていく。ゆるやかに進むとすぐに樹林帯を歩くようになり、小さな流れを渡る。二次林に囲まれた平坦な道から、右に沢音を聞きながらナラやアカマツに囲まれた道を進む。まもなく牧柵跡の鉄柱を過ぎ、飛び石づたいに沢を渡る。ここから傾斜を増して、左右を沢に挟まれた尾根を登るようになる。

ミズナラやホウ、ナツツバキ、シバグリ、カエデ、カラマツ。林床にはハイイヌガヤ、ユズリハ、クロモジなどを見ながら登ると、登山道の中にヒノキが立っている。このあ

稜線上の石積みの上に設けられた境界柱

臥龍山には風格のあるブナ林が広がっている

掛頭山への林道からの臥龍山（左奥は深入山）

たりから大きな木々が見られるようになり、森の奥にブナやハリギリも眺められる。やがて根元で2つに分かれて立つシバグリの古木を過ぎ、沿道に幾本ものブナを見るようになると、**菅原**《すがわら》**林道の終点**に着く。ここには雪《せっ》霊水《れいすい》とよばれる湧き水がある。

そのまままっすぐ進み、ブナの根が張り出した急登を越えて木段を登っていけば八《はち》畳《じょう》岩のある**臥龍山**の頂上だ。八畳岩の上からはかつては展望があったが、今では周辺の木々が成長して展望はなくなっている。

掛頭山へは頂上から北東に続く道を行く。自然林を眺めながら下ると、右のササやぶに積み石の上に境界柱が立てられている。どのように理由で積み石の上に立てたのか興味深い。さらに進むと、土塁を越えて**猿**《さる》**木**《き》**峠**に着く。樹林に囲まれているが、土塁が築かれた時代には、このあたりは放牧場の広々とした草原が広がっていた。

土塁に沿って進むと林道に抜け、その少し先で再び登山道に入る。なおも土塁に沿って登ると頂上近くの林道に上がり、右に行くと臥龍山や西中国山地の展望が広がる。右手の展望を楽しみながら進み、アスファルト道から砂利道に変わればスキー場のリフト降り場がある。**掛頭山**の頂上へは左側の道に入るとすぐだが、展望はない。

頂上からは北に続く登山道をたどり、電波塔を過ぎて樹林帯の中をしばらく下っていくと**土草峠**《つちくさ》だ。ここから車道を歩き、霧《きり》ヶ谷《がたに》湿原の遊歩道から千町原の**駐車場**をめざす。

プランニング&アドバイス

臥龍山から南西に進んだ展望岩は恐羅漢山方面の眺めがよかったが、周囲の樹木が茂って展望がきかなくなった。また、この岩には落雷によるものと思われる残留磁気を示す地点がある。その展望岩からそのまま西進し、菅原林道経由で下山するコースも自然観察に適する。猿木峠から左に土塁を越えて霧ヶ谷湿原上端に下るコースは、エスケープルートとしても利用可。

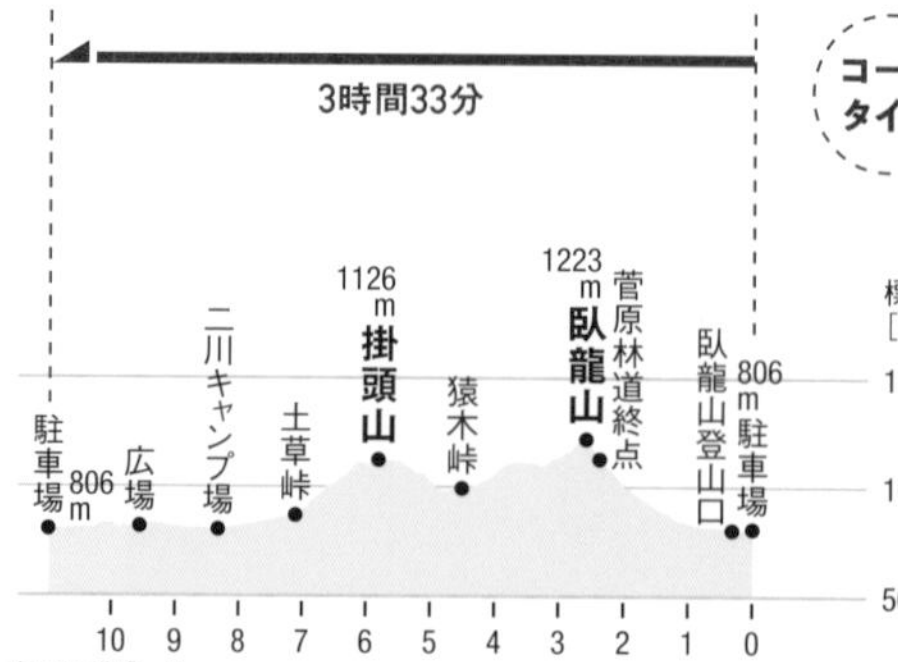

秋の恐羅漢山頂上。西中国山地の山々が見渡せる

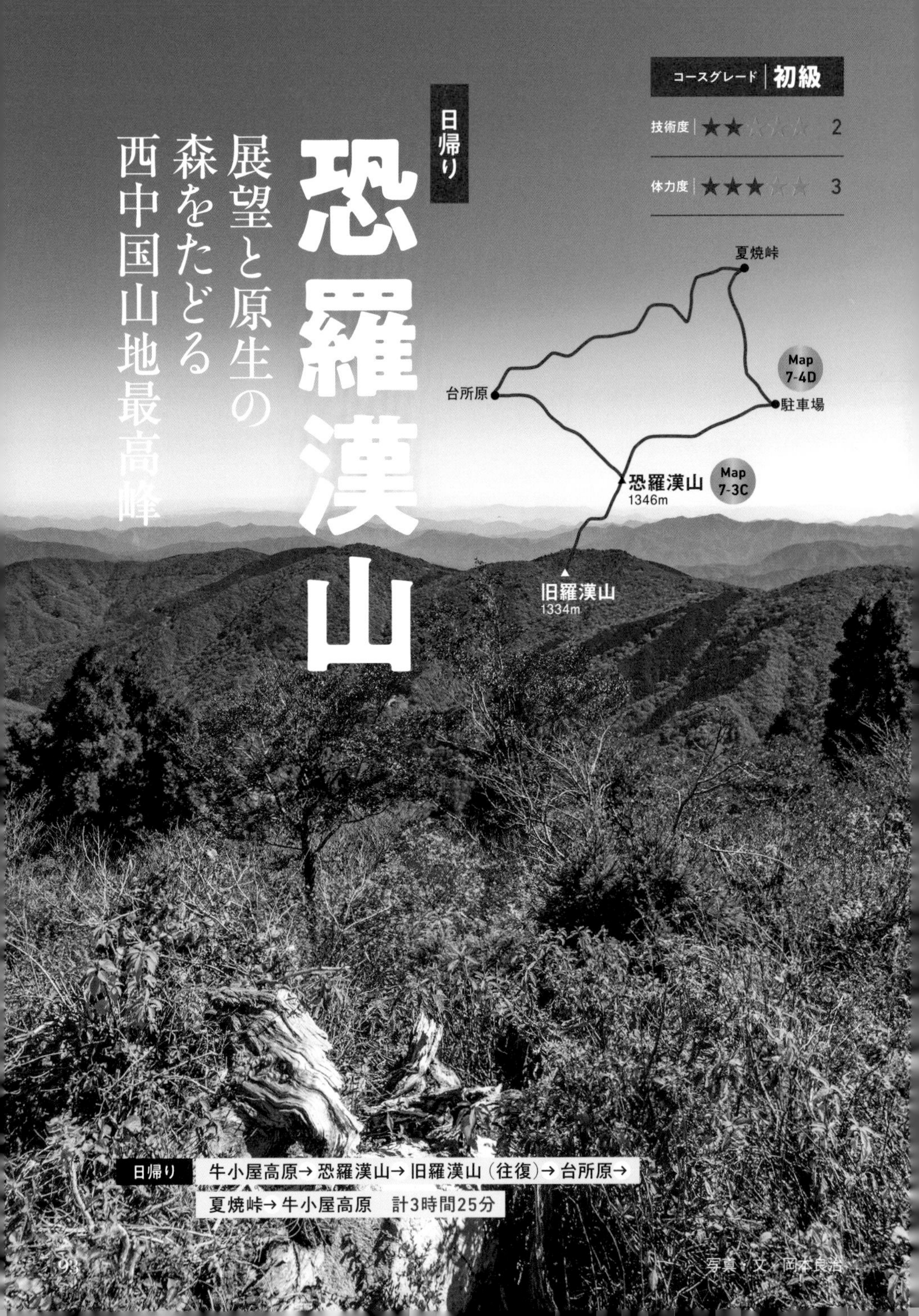

日帰り

恐羅漢山

展望と原生の森をたどる西中国山地最高峰

コースグレード | 初級

技術度 ★★☆☆☆ 2

体力度 ★★★☆☆ 3

日帰り　牛小屋高原→恐羅漢山→旧羅漢山（往復）→台所原→夏焼峠→牛小屋高原　計3時間25分

写真・文　岡本良治

広島県安芸太田町《あきおおた》と島根県益田市《ますだ》にまたがる恐羅漢山《おそらかんざん》（1346m）は西中国山地を代表する山で、広島側の登山口となる牛小屋《うしごや》高原にはキャンプ場や多目的広場などがあり、休日には多くの登山者でにぎわう。コースはいくつか設定できるが、なかでも牛小屋高原から恐羅漢山、旧羅漢《きゅうらかん》山《ざん》、台所原《だいどころはら》をめぐるコースは展望と原生林を満喫できる。ただし、一帯はツキノワグマの生息域なので注意が必要だ。

日帰り

牛小屋高原から恐羅漢山、旧羅漢山を往復し台所原周回

牛小屋高原の**駐車場**を起点に、広島山岳会牛小屋高原ヒュッテの前から立山《たてやま》コースに入る。広場を左下に見ながら登ると、リフトの終点に着く。ここから右の林縁部を登り、左に最上部のリフト終点を見て、つづら折りの急坂を行く。展望がよくなり、休日なら登山口に多くの車も見られる。

やがてゲレンデの延長として尾根部分だけ草原となっている上端に達し、若いブナ林に入る。ナナカマドやムシカリ、ホウ、ミズナラなどに囲まれた道をしばらく登っていくと国設スキー場分《わか》れがあり、すぐに主尾根の分岐に突き当たる。左に折れ、少し登れば背後に展望が広がる。台所原分れを過ぎると**恐羅漢山**の頂上で、臥龍山《がりゅうざん》や阿佐山《あさやま》、深入山《しんにゅうざん》、十方山《じっぽうざん》、遠方に瀬戸内海《せとないかい》、そして北西の樹間からは日本海も見える。

旧羅漢山へは、南に尾根をたどる。よく踏まれた道を進むと、登山道沿いに根返りしたスギの大木がある。1991（平成3）年の台風で倒れた木で、倒木時の枝は立派な幹に変わり、今なお成長を続けている。

根元を回りこみ、前方に旧羅漢山の頂上部を眺めながら下ると平太小屋原《ひらたごやはら》だ。アシウスギの幽玄な森からゆるやかに登れば**旧**

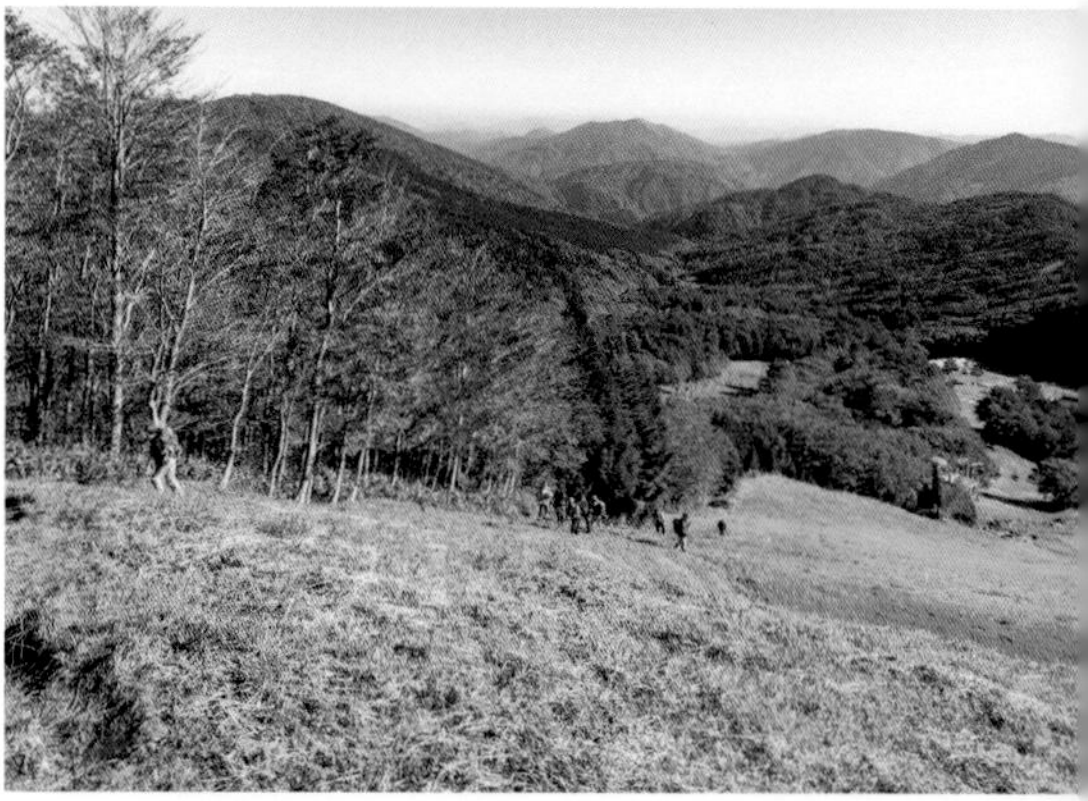
ゲレンデの林縁部をたどる登路の立山コース

恐羅漢山〜旧羅漢山間のドウダンツツジ

平太小屋原の幽玄なアシウスギの森

羅漢山の頂上に出る。岩の上からは展望が広がり、北側のテーブル状の岩は、のんびりと展望を楽しむには最適だ。

恐羅漢山まで引き返し、台所原分れから北西に下る。周辺は原生的な森が広がり、かつて全山が自然林におおわれていたころの面影が感じられる。ブナやトチ、アシウスギ、イタヤカエデなどの古木や大木を見ながら下り、林床をササが優占するとまもなく**台所原**に着く。分岐を右に歩いて中《なか》の甲《こう》林道に出ると右手に台所原平の**広場**があり、ここから草の茂った林道を上っていくと30分ほどで**林道の終点**に着く。

登山道は終点の手前から林の中に続き、ほどなく**早手《はやて》のキビレ**の分岐に出る。分岐から左へ尾根道を行くと**夏焼峠**《なつやきのきびれ》で、ここで時間があれば砥石郷山《といしごうやま》を往復するのもいいだろう。分岐を左に下って砥石郷山分れから往復1時間程度だ。

下山は夏焼峠から道標にしたがい、牛小屋高原に向かって下る。セラピーロードに指定された遊歩道状の広い道をゆるやかに歩き、いくつかの小さな沢を渡れば右手にゲレンデが見え、まもなく**駐車場**に戻る。

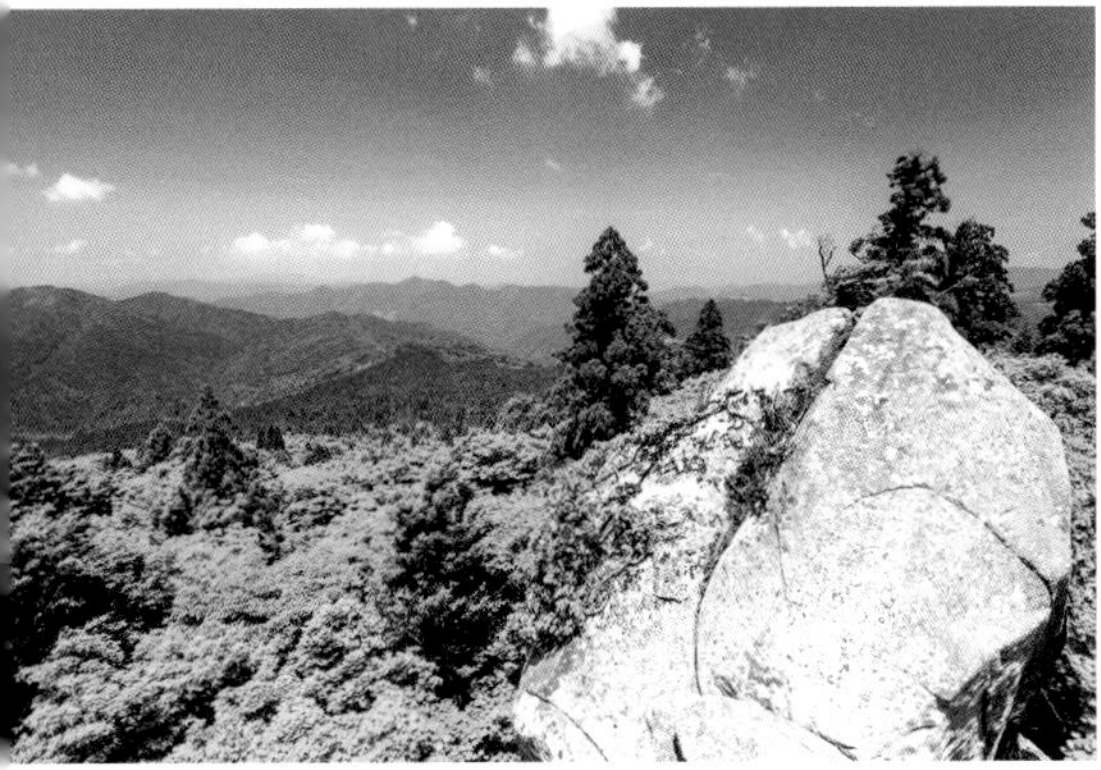

旧羅漢山頂上の北側にあるテーブル状の岩からの展望

プランニング&アドバイス

頂上から北東の尾根を歩いて夏焼峠に下るコースはよく歩かれているので、初心者にはこちらがおすすめ。また、旧羅漢山から水越登山口への登山道もしっかりしているので、車道歩きこそあるが、二軒小屋から牛小屋高原へと周回登山もできる（約2時間）。さらに健脚者は水越登山口から獅子ヶ谷を経て十方山往復（P98コース20プランニング参照）も考えられる。

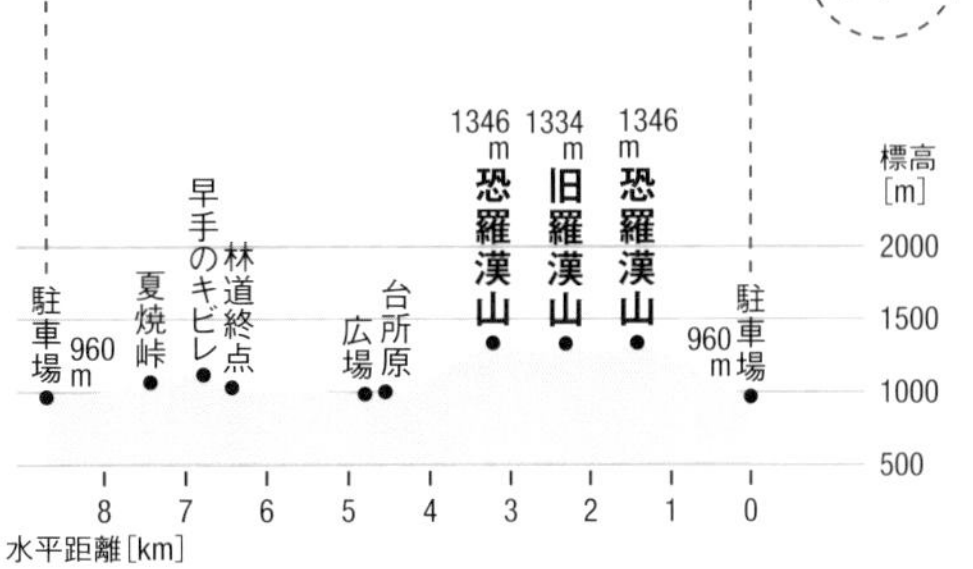

日帰り

十方山

広々とした十方山頂上

樹林内の
雄大な尾根を登り
笹原の頂へ

日帰り 登山口→ 五合目→ 十方山→ 五合目→ 瀬戸の滝→ 登山口　計3時間35分

コースグレード	中級
技術度	★★★☆☆ 3
体力度	★★★☆☆ 3

写真・文／岡本良治

頂上部に草原の広がる十方山《じっぽうざん》（広島県廿日市《はつかいち》市・安芸太田《あきおおた》町、1319m）は、この地方では登山口からの高度差がある山として知られ、樹林帯に包まれた長い尾根を登ったあとに見られる草原と展望は、「十方」の山名にふさわしい雄大さをもっている。

日帰り

十方山登山口から頂上へ

十方山への**登山口**となる竜神湖《りゅうじんこ》（立岩《たていわ》ダム）左岸の駐車スペースから、トイレの右にある登山道へと入る。道はすぐに登りとなり、5分ほどで古い石垣の残る道と出合う。道標に導かれて右の尾根を登るが、この地方では珍しくツガの林が続き、針葉樹の心地よい香りが漂っている。

やがてゆるやかな道に変わり、左に尾根をはずれて山肌を左上するように歩く。右手に炭焼き窯の跡を過ぎると、沢音が聞こえて、まもなく瀬戸《せと》の滝からの道が左から合流する**分岐**に出る。下山はここから瀬戸の滝方面に下る予定なので、この場所を覚えておこう。

その少し先で沢を左に渡り、トチやブナ、ミズナラ、シデ、カエデなどが茂る水量の乏しい沢沿いに登っていく。沢の水が涸れてしばらく行くと尾根を越えるように道は続き、樹間からは市間山《いちまやま》や立岩山《たていわやま》が垣間見える。

ゆるやかな道から尾根の左側を歩くようになり、再び尾根上を歩くようになればまもなく**五合目**に着く。ここには平地があり、樹間から少し展望が得られるので、十方山の頂上部やそれから派生する尾根、そして遠方に霞む山並みを眺めながら疲れを癒すのに適当である。また、三ツ倉のピークには1935（昭和10）年2月に遭難した学生の慰霊碑が立てられている。

五合目からは、三ツ倉《みくら》のピークを右に巻くように道は続く。右側が切り立った道から、下り尾根を行く。やがて登りとなり、

瀬戸谷の橋は濡れていると滑りやすい

水越峠をはさんで対峙する旧羅漢山からの十方山

上下2段の瀬戸の滝。上段落差19m、下段28m

右手に大きなナナカマドの木を過ぎ、樹林帯からわずかな笹原に出ると、背後に冠山《かんむりやま》や羅漢山《らかんざん》、大峰山《おおみねやま》などが望める。すぐにまたチマキザサが林床をおおう樹林を登るようになり、再び視界が開けると、そこは笹原の広がる十方山頂上部の草原入口である。

笹原の中に続く登山道からは、右手に展望が開け、足もとはカワラナデシコやツリガネニンジン、オオバギボウシ、ヒヨドリバナ、ヤマジノホトトギスなどが彩りを添えている。やがて左に1984（昭和59）年の遭難慰霊碑を見て、広い笹原の道をたどっていけば**十方山**の頂上である。

下山は瀬戸の滝の**分岐**まで引き返し、右手に下るが、悪路に不安を感じたら往路を下ること。沢を渡って右に尾根を回りこみ、急坂を慎重に下ると旧道に降り立ち、右に少し歩いてから左に下っていけば**瀬戸の滝展望所**に着く。迫力ある瀬戸の滝と、渓谷の景観を眺めながら標高を下げるとまもなく**登山口**に帰着するが、渓谷に架けられた橋は滑りやすいので慎重に行動したい。

笹原が広がる十方山頂上からの眺め

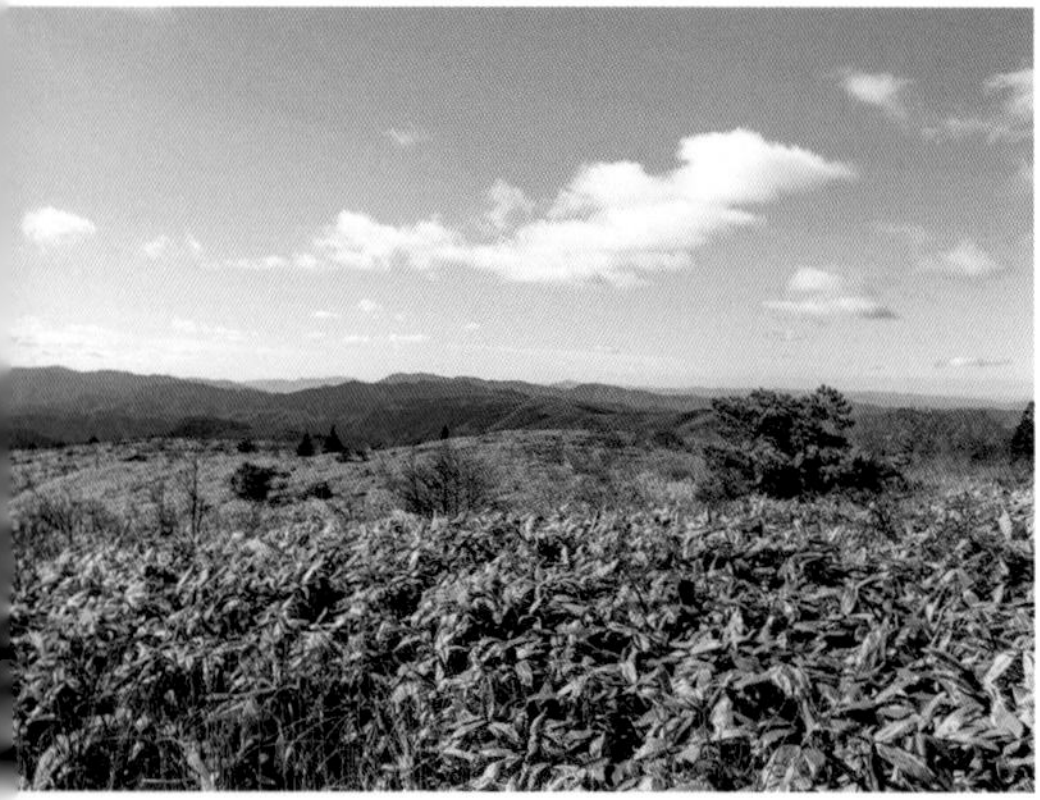

プランニング&アドバイス

ほかに内黒峠、藤本新道、那須集落、獅子ヶ谷からのルートがあるが、紹介コースがベスト。車両の回送ができれば、紹介コースを登って獅子ヶ谷へ下山し、水越登山口から旧羅漢山を経て恐羅漢山への縦走も考えられる。近年は二軒小屋を起点に藤本新道から頂上、獅子ヶ谷登山口と周回する人も多い。ただし獅子ヶ谷ルートは荒れ気味なので、尾根ルートを利用する。

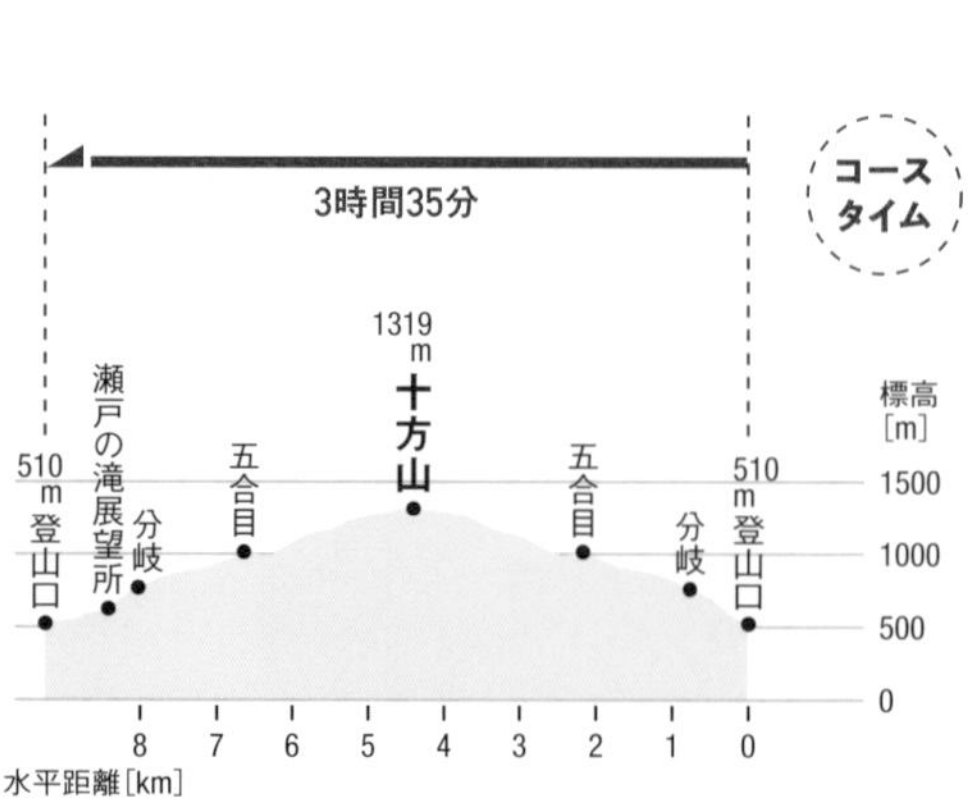

日帰り

安芸冠山

蝋燭岩からのクルソン仏岩（左）と安芸冠山

汐谷の清流から 悠久の自然林を歩く

日帰り 高架下→ クルソン仏岩→ 安芸冠山→ 松の木峠　計3時間25分

コースグレード | 中級

技術度 | ★★★☆☆ 3

体力度 | ★★★☆☆ 3

写真・文／岡本良治

吉《よし》和《わ》冠山《かんむりやま》ともよばれる安芸《あき》冠山（広島県廿日市市《はつかいち》、1339m）は、西中国山地の中では恐羅漢山《おそらかんざん》（P93コース19）に次いで高く、どっしりとした山容と頂上部の懸崖が特徴で、ブナの原生林や季節を彩る花々など豊かな自然に包まれている。

日帰り

潮原温泉からクルソン仏岩を経て頂上、そして松の木峠に下山

潮原《うしおばら》温泉のすぐ先にある中国自動車道の**高架下**を起点に、広い車道をしばらく歩いていく。工場の先を右に向かい、林道魚切《うおぎり》線を左手に見て汐《うしお》谷に続く林道を進む。やがて砂防堰堤の左側を過ぎると**林道終点**に着く。ここが登山口で、鉄製の橋を左岸に渡って汐谷の清流に沿って登る。

丸太橋をいくつか渡り、しばらく歩くと**大《おお》タキ**とよばれる岩が現われる。ここを過ぎると林道魚切線に出合い、若いウリハダカエデやサワグルミ、キブシなどの二次林に囲まれた道を登っていく。

やがて小さな沢を左に渡ると、まもなくクルソン仏《ほとけ》岩への**分岐**に出る。安芸冠山の頂上へはまっすぐのほうが近いが、クルソン仏岩は本コースのビューポイントだけに、分岐を左に向かう。急坂を登ると**クルソン仏岩**の基部に着く。仏岩の左には蝋燭《ろうそく》岩とよばれるテーブル状の岩があり、足もとに気をつけながら踏み跡をたどってみよう。

ここは安芸冠山とクルソン仏岩や周辺の山々を眺めるには絶好の展望台で、南の方向には山並みの間から瀬戸内海《せとないかい》も見える。

展望を楽しんだら仏岩の基部まで引き返し、尾根上に続く道をたどる。その先の**広い分岐**を左に登ると、リョウブやカエデ、ホウなどの二次林から高木の立ち並ぶ自然林へと入っていく。根を広く張り出したカエデやトチを眺め、地衣類をまとったブナの古木、立ち枯れや真新しい倒木、そして土にかえろうとする朽木。林床にはクロモジやハイイヌガヤなどの低木に混じってブ

安芸冠山頂上北側の展望地からのパノラマ。十方山や恐羅漢山などが見える

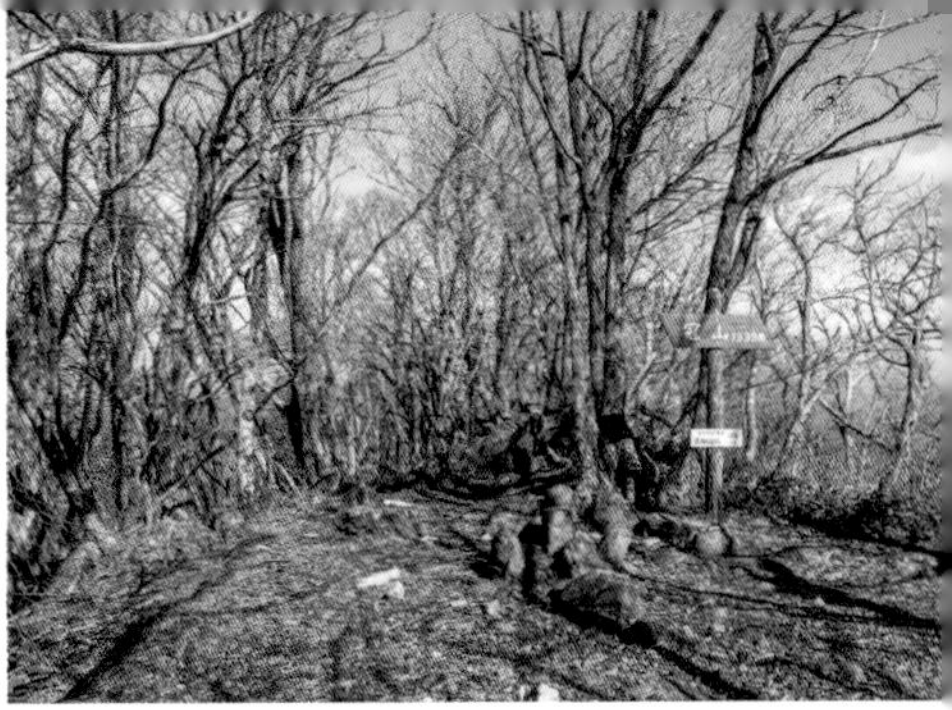

ナヤトチ、カエデの幼木も見られる。それらを眺めながら登るとやがて分岐があり、右に行くとすぐに**安芸冠山**の頂上だ。頂上の北側に進むと山名の由来ともなった懸崖の上に出る。十方山《じっぽうざん》、恐羅漢山、五里山《ごりさん》などのパノラマが広がるが、足もとに充分注意して展望を楽しもう。

樹林の中の安芸冠山頂上。一等三角点がある

下山は南西に尾根をたどる。ササにおおわれぎみだが、しっかりした道を下っていくと左に踏み跡があり、その先に自然林の中に不似合いな鉄骨づくりの「太田《おおた》川源流の碑」が立てられている。

主道をまっすぐ進み、わずかな急登を越えるとスギの高木が見られるようになって**分岐**に出る。右は寂地山《じゃくちさん》（P102コース22）へ、左に行けば松《まつ》の木《き》峠で、ここは左にとる。樹間越しに右谷山《みぎたにやま》から寂地山に続く稜線を見て、やがて若い二次林を下ると羅漢山《らかんざん》の望める小ピークに着く。ここには比較的強い磁性をもつ岩がある。

この先からいくつかの急坂をしばらく下っていき、このコース最後の急登、高度差40mを越えて、起伏をくり返しながら歩くと国道上の**松の木峠**に下山する。

自然林の中に立つ太田川源流の碑

プランニング&アドバイス

マイカーは中国道の高架下の左手に駐車スペースがあるが、右手の温泉側は潮原温泉専用の駐車場なので、登山の場合は間違って使用しないように注意。下山口の松の木峠にはスキー場の跡地に広い駐車スペースがある。回送車がない場合は往復登山かタクシー利用となるが、下山口に自転車をデポし、下山後自転車で潮原温泉に向かうことも考えられる。

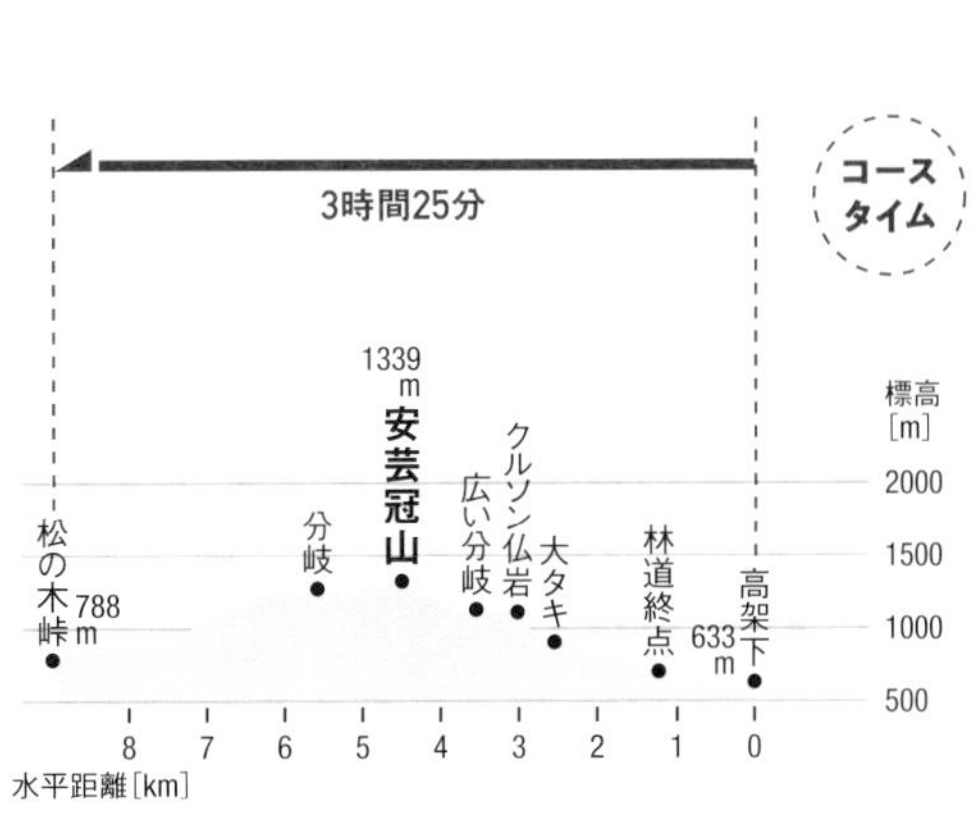

日帰り 寂地山

ブナに囲まれた寂地山頂上。展望は得られない

いにしえの暮らしが感じられる渓谷からカタクリ咲く山稜へ

日帰り 寂地峡案内所→みのこし峠→右谷山→寂地山→犬戻峡→寂地峡案内所　計5時間10分

コースグレード	中級
技術度	★★★☆☆ 3
体力度	★★★☆☆ 3

写真・文／岡本良治

安《あ》芸《き》冠山《かんむりやま》（P99コース21）とともに大きな山塊を成す寂地山《じゃくちさん》（1337m）は山口県の最高峰で、懐には寂地峡や犬戻峡《いぬもどし》の深い渓谷が刻まれている。登山路となるその渓谷には山の資源を活用していた生活の痕跡が随所で見られ、自然景観とともにこの山の魅力となっている。

日帰り 寂地峡から寂地山、犬戻峡を周回する

寂地峡案内所（冬期閉鎖）の前から右の舗装道路を歩いていき、左手のキャンプ場を抜けて寂地峡に入る。Bコースの急な遊歩道から滝を眺めながら登り、人ひとりがやっと通れる離合不可能で狭く急な階段を上がると木馬《きんま》トンネルの中間に出る。右に進み、材木搬出のためにつくられた手掘りのトンネルを抜けて平坦な谷川沿いに歩くと、まもなく橋を渡り**竜《りゅう》ヶ《が》岳《たけ》への分岐**がある。分岐から焼山谷《やけやまだに》川沿いに景観を楽しみながらしばらく歩くと、水車小屋跡の古い石垣が見られる。かつて水車を動力として製材して、木馬トンネルを抜けて材木をふもとまで運んでいたという。その上流には水路跡が続いていて、左側を注意深く見てみると、登山道に沿って石垣が築かれ、不明瞭なところもあるが本流から取水したと思われる石積みも確認できる。

谷沿いのゆるやかな道から、いくつもの大きな炭焼き窯の跡や野草などを楽しみながら歩く。しばらく行くと谷が二分し、左から流れるタイコ谷に架かる橋を渡るとベンチのある**広場**に着く。対岸には立派な石垣と幾段かの平地が草木に埋もれ、かつてこの谷には炭焼きの煙がたなびき、人々の暮らしがあったことがうかがえる。

ここからは左のタイコ谷沿いに登る。谷にはワサビ田跡の石垣が点在し、やがてつ

●犬戻峡遊歩道は犬戻の滝遊歩道入口〜休憩所間が22年7月現在通行止め。修復予定は未定のため、通行止めの場合、距離は長くなるが寂地林道をそのまま下る。

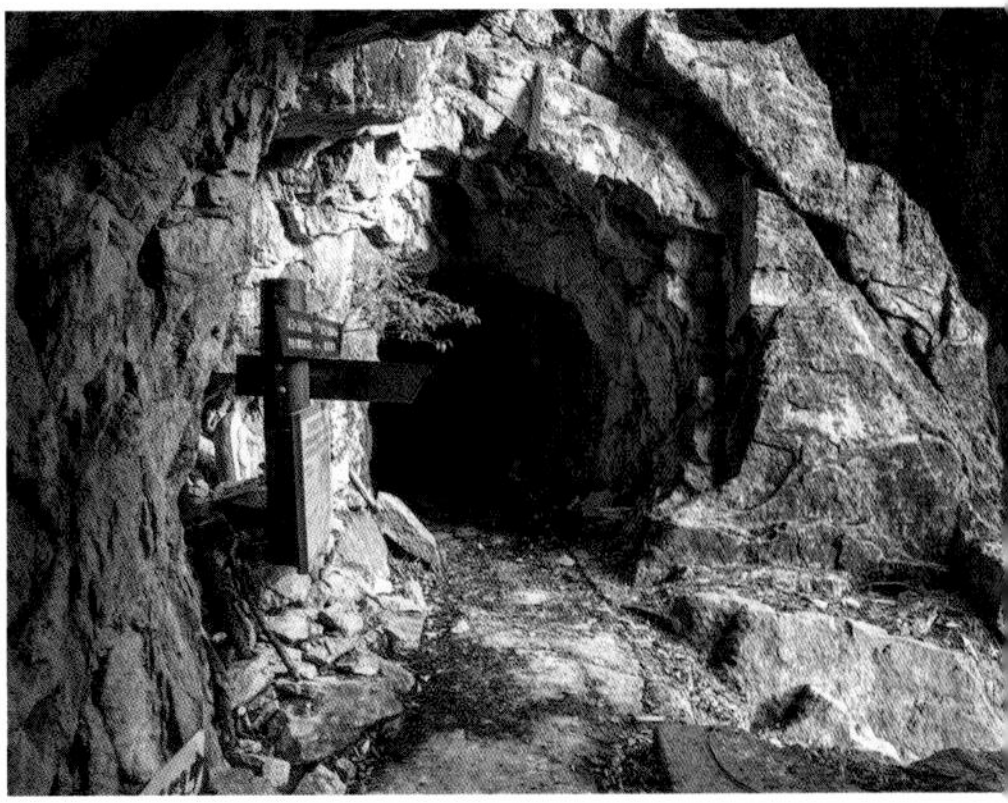

狭く急な階段を上がった先にある木馬トンネル

水車小屋跡。ここで製材されていたという

清らかに水を落とす犬戻の滝

づら折りを繰り返す**とみのこし峠**だ。

左の**右谷山**《みぎたにやま》を往復したら、尾根を東に寂地山へと向かう。カタクリの咲く広い尾根から樹間越しに山並みを望み、いくつかの小ピークを越えて、右に安芸冠山の特徴のあるピークを見ながら進む。ゆるやかな鞍部を過ぎると、下山でたどる寂地林道への分岐に着く。**寂地山**の頂上はもうすぐだ。

下山は分岐まで引き返し、道標の寂地林道を示す方向に下っていく。まもなく樹齢200年以上はあるだろうか、立派な杉林の中を下り、左手から沢音が聞こえてくると、道は左に折り返して沢に降りる。左下に沢を見ながらゆるやかに下ると、延命水《えんめいすい》が山肌から染みだしている。やがてつづら折りとなって、沢の出合を過ぎれば**寂地林道の終点**に出る。

右下から聞こえてくる犬戻峡の沢音と山肌の景観を楽しみながら林道を下ると、右に犬戻峡遊歩道の入口がある。道標にしたがって遊歩道に入り、T字路の突き当たりを左に向かえば犬戻の滝で、その先の**休憩所**で再び林道に出る。舗装された林道を下って、キャンプ場が見えたらまもなく**寂地峡案内所**前に帰着する。

主尾根の道沿いを彩るカタクリ。
花期は4月中旬〜5月上旬

プランニング&アドバイス

寂地山頂上から北に向かう道をたどると、松の木峠に下山できる。安芸冠山のプランニング（P101）で紹介したように、こちらも自転車で登山口の寂地峡へ帰ることができるが、急な下りが続くので要注意。回送車のある場合は、安芸冠山へ縦走して潮原温泉に下山する計画も考えられる。また小五郎山（P108）から寂地山、安芸冠山に連なる尾根は、一般車道をまたがない縦走コースとしては中国地方では最も長く、約18kmある。

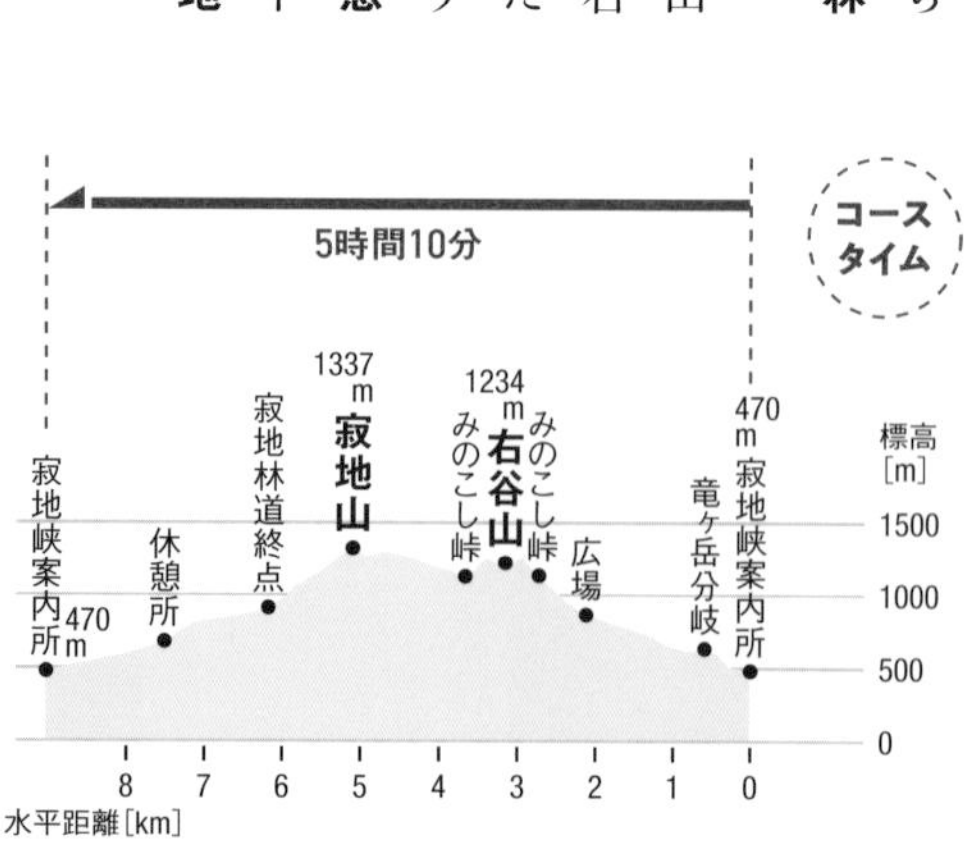

日帰り

安蔵寺山

ミズナラの林に包まれる安蔵寺山頂上部

森に包まれた北尾根から展望の頂をめざす

日帰り 奥谷駐車場→打原峠→安蔵寺山→展望所（往復） 計3時間55分

コースグレード	中級
技術度	★★★☆☆ 3
体力度	★★★☆☆ 3

写真・文／岡本良治

安蔵寺山《あぞうじやま》（島根県益田《ますだ》市・津和野《つわの》町・吉賀《よしか》町、1263m）は西中国山地西端部に位置する独立山塊で、頂上北側の寺屋敷跡には山名の由来となった安蔵寺があったと伝えられている。県境を接していない山としては島根県の最高峰で、紹介する北尾根は深山の趣を感じながら森歩きが楽しめる、安蔵寺山登山の代表コースだ。

日帰り

奥谷駐車場から北尾根を経て安蔵寺山へ

中国自然歩道に指定されている奥谷《おくたに》林道を上がった先にある広い**奥谷駐車場**が起点。トイレ横の階段を上がって車道を少し歩くと分岐があり、左に曲がればすぐに登山口だ。ケヤキやトチ、サワグルミの高木の中でワサビ田を見ながら登る。やがてつづら折りで沢筋から離れると、地蔵のまつられている**打原《うちはら》峠**に着く。

分岐を右にとり、尾根の右側を幾度かつづら折りで登る。やがて道はゆるやかになり、ミズナラやアシウスギ、ブナ、ホウ、イタヤカエデ、ヤマボウシなど森の姿を楽しみながら歩ける。高鉢山《たかはちやま》分《わか》れの道標を過ぎ、ほとんど展望のきかない森を進むと、立派なスギの林に入る。左前方に頂上へ向かう尾根がわずかに見え、右にスギの幹越しに日本海を望むようになると、安蔵寺トンネルからの登山道が右から**合流**する。

その先の鞍部にはナラ太郎ともよばれる、島根県下最大のミズナラの巨樹が立っていた。推定樹齢600年、幹周り4m88cm、樹高30mの堂々とした樹形で圧倒的な存在感をもっていたが、2019（令和1）年9月に強風により根返りしてしまった。

いずれ朽ちていくナラ太郎の姿と、立ち枯れて久しい木々、苔生して土にかえりつつある倒木など、自然の森に流れる時間を思いながら歩いていくと、前方に北峰《ほっぽう》と中《ちゅう》峰《ほう》の山肌、そしてその左に冠山《かんむりやま》や寂地山《じゃくちさん》などの峰々を樹間から遠望できる。北尾根を

根返りしてしまったナラ太郎

かつて安蔵寺があったとされる寺屋敷跡

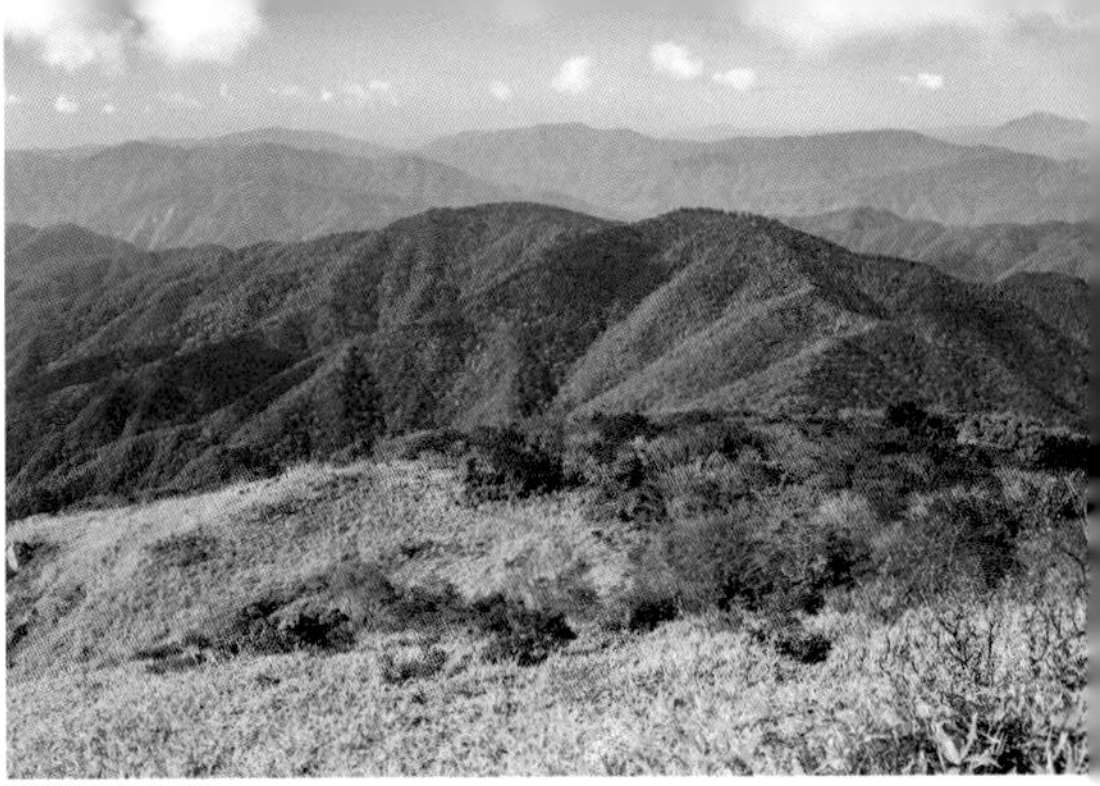

頂上直下の展望所から紅葉の向こうに香仙原を見る

たどる奥谷コースのなかでは比較的急な坂道を下っていくと、芦谷《あしたに》合流点の鞍部に出る。かつて芦谷川の上流部からこの鞍部に登る登山道が利用されていたが、急峻で足場も悪く、事故も多かったので、昭和60年代に奥谷からの登山道が旧日原《にちはら》町の企画課と教育委員会によって開かれたと聞く。

ここからわずかに急斜面を登り、北峰のなだらかなピークを右に曲がり中峰を越える。**三葛《みかずら》への分岐**を過ぎると、ミズナラが多く見られる平坦な寺屋敷跡の鞍部に着く。ここには山名の由来となった安蔵寺があったと伝えられているが、その存在は定かではないようだ。

鞍部からミズナラ林を登って香仙原《こうせんばら》への分岐を過ぎ、ほどなく左を見ればすぐにテーブル状の岩のある**安蔵寺山**の頂上だ。南東方向に展望が開け、岩の上からはミズナラヤアシウスギなどの天然林の向こうに小《こ》五郎山《ごろうやま》が正面に望める。また、頂上手前の分岐を右に5分ほど行くと**展望所**があり、香仙原を間近に、鈴《すず》ノ大谷山《おおたにやま》や弟《おとと》見山《みやま》、莇《あざみ》ヶ岳《がたけ》など西中国山地西端の山々が望める。

下山は往路を引き返す。

山名標柱と展望案内が設置された安蔵寺山頂上（背景は小五郎山）

プランニング&アドバイス

紹介コースのほか、ショートカットとして安蔵寺トンネルの南側から奥谷ルートに合流する道があるが、森歩きの楽しさは半減する。また、滑峠からの香仙原ルート、六日市側の高尻ルート、匹見側の伊源谷ルートなども歩かれている。車両の回送が可能なら、いずれかのコースを下山すればより充実した山行が楽しめるだろう（いずれもコースタイムは地図帳 9左「安蔵寺山」を参照のこと）。

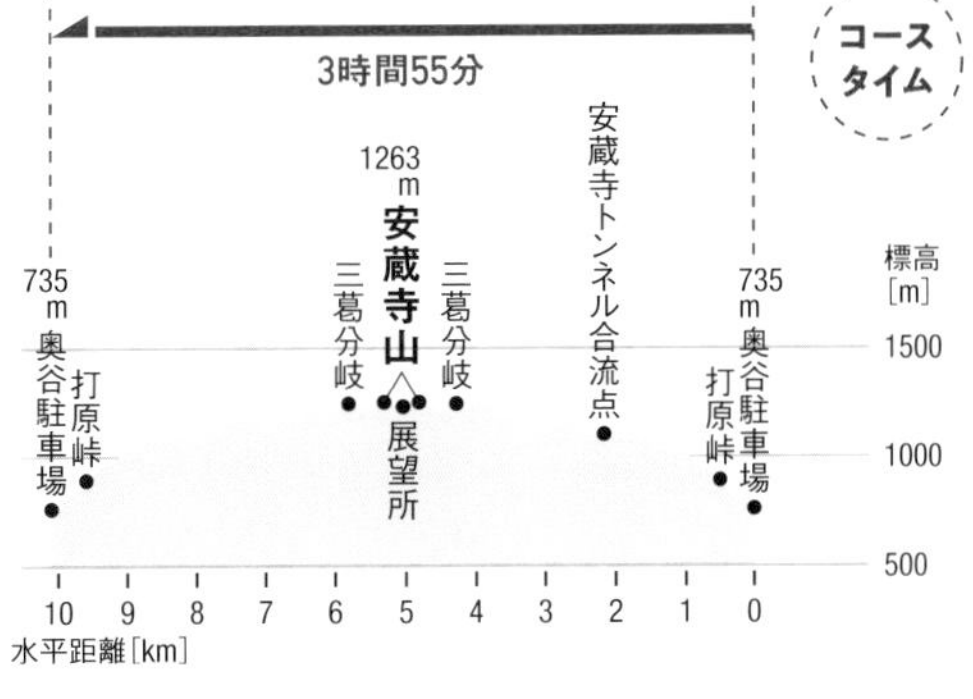

日帰り

小五郎山

標高970mの山中に残る製錬所跡の石垣

山肌に眠る鉱山跡と展望の頂を訪ねる

日帰り 金山谷鉱山登山口→ 小五郎山鉱山跡→ 小五郎山→ 向峠→ 金山谷鉱山登山口　計4時間

コースグレード	中級
技術度	★★★☆☆ 3
体力度	★★★☆☆ 3

写真・文／岡本良治

西中国山地の西端にある小五郎山《こごろうやま》（山口県岩国《いわくに》市、1162m）は南麓の向峠《むかたお》からの往復登山が一般的だったが、「山の中腹にある鉱山遺跡を多くの人に知ってほしい」と願う地主の想いを受けて、2009（平成21）年に広島を中心とした登山家有志が西麓の金山谷《かなやまだに》からの登山道を開いた。かつて鉱山に従事していた人々が歩いた道を復元する形でつけられた登山道には見どころも多く、山の歴史と自然を楽しめる名コースとなっている。

日帰り 金山谷鉱山登山口起点の周回

深谷《ふかたに》川に架かる甲羅《こうら》ヶ《が》谷《たに》橋を渡り、川沿いを上流に進むと民家の前を過ぎて右上する道がある。その先、左側に5台程度停められる駐車場があり、ここが**金山谷鉱山ルートの起点**となる。

砂防堰堤に向かってコンクリートの車道をつづら折りで上がり、最上部の堰堤の横から登山道に入る。急登を行くとまもなく分岐があり、直進するとオンドル跡地だ。

保存状態のよいオンドル内部

紅葉の展望岩からの西方の山並み

登山道は左だが、オンドル跡地はこのコースのポイントとなるので見ていきたい。分岐から谷沿いの道を登ると左側斜面にわずかな平地があり、植林に埋もれた石積みに焚口らしき口が2カ所ある。これがオンドル遺構で、奥行き2m、幅4・3mほどで、中央付近にスギが育っているが、床の陥没も見られず保存状態はひじょうによく、時代はあまり古くはないようにも思える。住居地として適しているとはとても思えない傾斜地で、いつごろ、どのような人々の暮らしがあったのかとても興味深い。

　登山道に引き返して、植林帯をつづら折りで登っていく。やがて古い石段の痕跡からミズナラやアセビ、ヒサカキなどの二次林を登るようになり、まもなくわずかな平坦地のある**休憩所**に着く。このあたりから林床にササが見られるようになり、落葉樹林の中を登っていく。やがて傾斜はゆるやかとなり、左に「寺床《てらどこ》」とよばれる平地がササに埋もれている。

　寺床前の石畳状の道から山肌を右上するように礫の多い道を登っていく。シバグリ、カエデ、ミズナラなどの自然林を登っていくと右に展望岩があり、西方の視界が開けている。ここから少しの間はゆるやかな登りだが、再び急登に変わり、小刻みなつづら折りから山肌を右へ右へと登っていく。

　やがて岩盤の露出した水量の乏しい沢を幾度か渡ると、**小五郎山鉱山跡**に着く。石垣の築かれた3段の平地があり、中段と下段には多くの鉱滓が散在している。標高970m、急峻な山肌にへばり付くように築かれた精錬所跡だ。この登山ルートが開かれるまで知られることのなかった遺構で、灌木や下草におおわれてはいるが、強い存在感をもっている。

　精錬所跡の遺構を右下に見ながら登っていくと、ガレ沢の右横に埋もれかけた立坑の口があり、左に登山道をたどると、保存状態のよい坑道への分岐がある。分岐には鉱石の集積所があったのか、わずかな石積

坑道近くには緑青を含む鉱石が多数見られる

展望のよい小五郎山頂上で休憩をとる登山者

みがあり緑青が確認できる。ここを左にとると、すぐに山肌に口を開けた坑道がある。坑道内は入口右側に深い立坑があるので、足もとには充分注意したい。

分岐から自然林の中を登っていくと、まもなく展望のいい**小五郎山**の頂上に着き、坑道や精錬所が高所に築かれていたことにあらためて気づかされる。その頂上からは、冠山《かんむりやま》から冠高原、大峰山《おおみねやま》、鬼ヶ城山《おにがじょうやま》、羅《ら》漢山《かんやま》や、深い谷間を走る中国自動車道。そして北方の樹間からは安蔵寺山《あぞうじやま》が望める。

下山は頂上から南にたどる。正面にはこれから下る長い南尾根をはさんで羅漢山や大将陣山《だいしょうじんやま》、馬糞ヶ岳《ばふんがたけ》、平家ヶ岳《へいけがたけ》などの山々が眺められる。小ピークを越え、寂地山《じゃくちさん》や鬼ヶ城山など、東側に広がる展望を楽しみながら気持ちのよい道を行く。

広葉樹や針葉樹の自然林を眺め、炭焼き窯跡の中を通るなど、ひたすら下ると**林道**に出て、やがてバス停のある**向峠**に下山する。起点の**金山谷の登山口**へは県道を西進し、向峠西集会所の先から右上する車道に入って、左下の深谷川の渓谷沿いに歩く。

南西の羅漢山中腹から眺める小五郎山

プランニング&アドバイス

金山谷鉱山ルートの登山口にある駐車場および登山道は私有地で、地主の方の好意によって登山者に開放されているものだ。したがってマナーを守り、地主や地域の方々の迷惑にならないように注意。下山口の向峠から登山口まではほぼ平坦な車道歩きなので、自転車利用もおすすめだ。山中の鉱山遺跡は山口出身の民俗学者・宮本常一が昭和14年に金山谷を歩いているが、鉱山のことについて触れた記載はなく、登山家の桑原良敏が著した『西中国山地』にも鉱山跡について書かれていない。

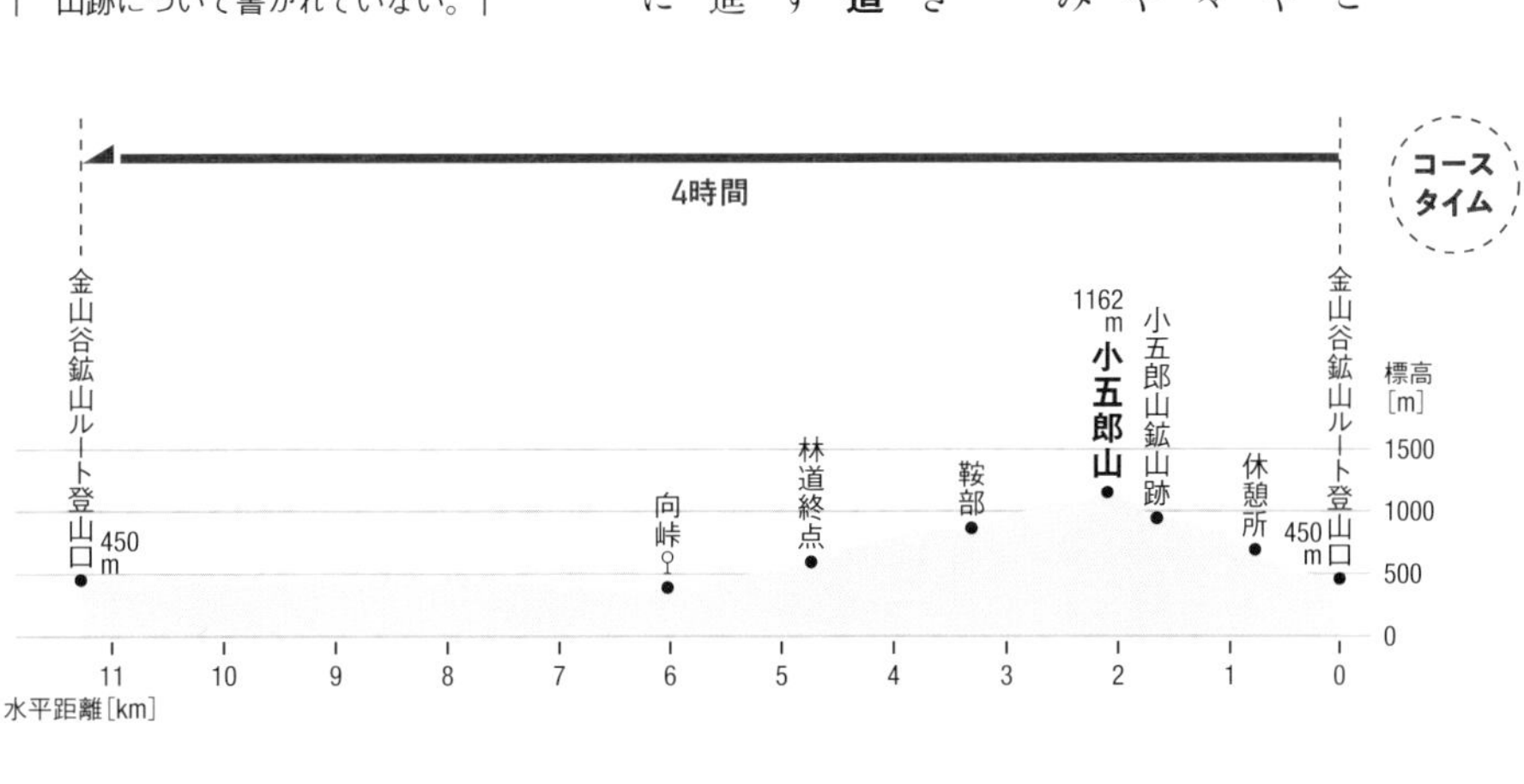

日帰り 三瓶山

西の原・浮布池と三瓶山（左＝男三瓶山、右＝子三瓶山）

火口原を取り囲む 峰々の環状縦走

コースグレード｜中級

技術度｜★★★☆☆　3

体力度｜★★★☆☆　3

日帰り　定めの松→扇沢分岐→子三瓶山→孫三瓶山→女三瓶山→男三瓶山→定めの松　計3時間55分

写真・文／岡本良治

三《さん》瓶山《べさん》（島根県大田市《おおだ》、男三瓶山《おさんべさん》1126m）は国引《くにび》き神話に登場する名峰として、中国地方では伯耆大山《ほうきだいせん》（P12コース1）に次いで知名度が高く、中国山地から離れた独立峰のために、頂上や稜線からは標高をしのぐ展望が得られる。山麓には北《きた》の原《はら》、西《にし》の原《はら》、三瓶温泉、東《ひがし》の原《はら》の観光スポットがあり、登山道もそれぞれからのびており、さまざまなコース設定が可能だ。ここでは西の原を起点に三瓶山の主要なピークを周回するコースを紹介する。

日帰り　西の原を起点に環状縦走

定《さだ》めの松《まつ》の右側から広々とした草原に続く登山道をたどる。山裾に着くと左に姫逃《ひめのが》池にいたる中国自然歩道の分岐があり、そのすぐ先の**分岐**を右に進む。砂防堰堤の左側を越えて谷筋の道をしばらく登り、幾度かのつづら折りをくり返して**扇沢《おうぎさわ》分岐**へ。まっすぐ越えれば火口原の室《むろ》ノ内《うち》へ（P115プランニング参照）、左に登れば男三瓶山へいたるが、ここでは右に歩いて子三《こさん》

男三瓶山頂上（右奥は大江高山火山群）

孫三瓶山直下のガレぎみの急坂からの風越と室ノ内

瓶山《べさん》をめざす。しっかりした道を歩きはじめると、左手に室ノ内池が樹林に囲まれて静かなたたずまいを見せ、その上にいくつもの無線中継塔が立つ女三《めさん》瓶山《べさん》を望む。

赤雁山《あかかりやま》の小ピークの左を巻くと前方に笹原が印象的な子三瓶山が目の前に見えてくる。その先のベンチからは西方に登ってきた扇沢と遠く日本海、その右には登行欲をそそられる男三瓶山がどっしりと構える。

男三瓶山を背に子三瓶山の登りにかかるが、道がえぐれて滑りやすい箇所があるので慎重に登る。平坦な頂上部を右に歩くとすぐに**子三瓶山**の頂上だ。さらに笹原の中に続く踏み跡を西にたどると、水を湛える浮布《うきぬのの》池や西の原の草原が眼下に望める。

孫三《まごさん》瓶山《べさん》をめざして頂上部を南東に歩くと、ガレぎみの急な下りになる。足もとにはこれから向かう風越《かざこし》の十字路と目線の先に孫三瓶山、室ノ内と大平山《たいへいざん》、その稜線の遠方には中国山地の峰々が広がる。

風越の十字路をまっすぐに進み、**孫三瓶山**の頂上から子三瓶、男三瓶の展望を楽しんだら、カシワなどの樹林におおわれた道を下っていく。急な下りからゆるやかな道を歩くようになると、やがて**奥**《おく》**ノ湯**《ゆ》**峠**に着く。左に下れば室ノ内だが、そのまま尾根をたどる。灌木に埋もれた放牧のフェンスに沿ってしばらく進めば、展望のよい大平山に着く。ここへは東の原から観光リフトで上がってくる行楽客も多い。

大平山の北端から東の原と室ノ内を結ぶ**鞍部**に下り、再び登っていけば**女三瓶山**の頂上部に着く。展望デッキからは室ノ内の火口原、そしてそれを

大平山からの女三瓶、男三瓶、子三瓶、孫三瓶山

取り囲む三瓶山の峰々が眺められる。

男三瓶山へは頂上手前から左に下る道に入り、左に室ノ内を眺めながら歩いていく。途中わずかな岩場のある兜山《かぶとやま》、そしてユートピアと過ぎる。2018（平成30）年の島根県西部地震で崩落した箇所を慎重に通過し、樹林帯を抜ければ男三瓶山の頂上部に出る。右に避難小屋を見て、草原の中をたどれば三瓶山最高点・**男三瓶山**の広い頂上だ。北側からは島根半島や園《その》の長浜《ながはま》、南側からは眼下に室ノ内とその向こうに中国山地の山々が眺められる。

下山は西側の草原に続く階段を下り、分岐を右にとると眼下に西の原を望むようになる。ガレぎみの急な下りから樹林帯に入り、つづら折りを数えるとやがて**分岐**に出る。右に進めばスタート地点の**定《さだ》めの松《まつ》**に帰着する。

眼下に西の原を眺めながら下る

プランニング&アドバイス

扇沢分岐から室ノ内に下って室ノ内展望台に抜けるコースもおすすめ。分岐から樹林の中をしばらく下っていく。この林のどこかには昔大乗寺というお寺があって、江戸末期か明治の初期ごろに南麓の志学に下されたという。昭和の初めころまでは基礎石が確認できたと聞くが、今では樹林におおわれて痕跡を探すのは難しい。大乗寺は今でも檀家の人によって手厚く守り継がれている。そんな歴史のある樹林帯を抜けると室ノ内池に着き、右に少し歩くと微量な炭酸ガスが出でいる鳥地獄がある。池を右に見ながら歩くとやがて登りとなり、炭焼き窯跡を過ぎて室ノ内展望所に着き、その先で尾根道に合流できる。また風越、奥ノ湯峠から室ノ内に下る道もしっかりしている。

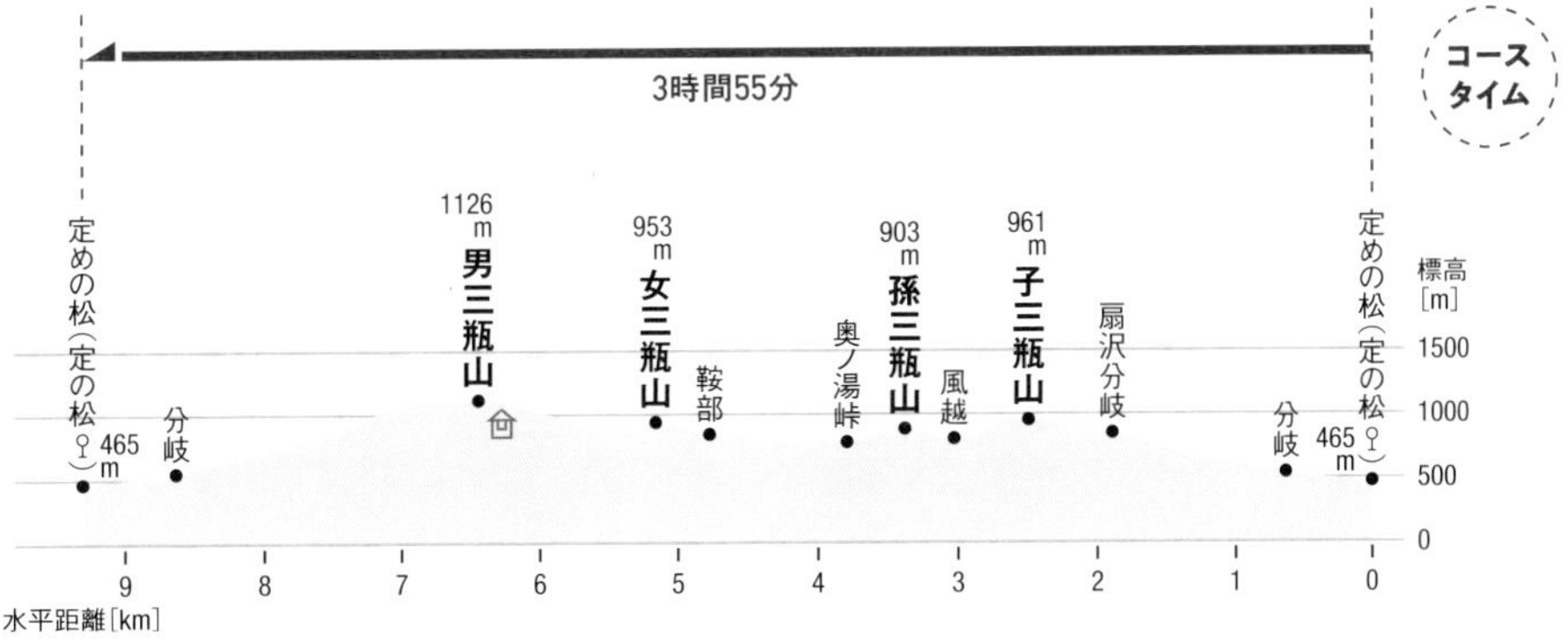

サブコース

北の原から男三瓶山周回

姫逃池登山口↓男三瓶山↓名号登山口↓姫逃池登山口　2時間7分

Map 9-2D　姫逃池登山口

コースグレード	中級
技術度	★★★☆☆ 3
体力度	★★★☆☆ 3

三瓶《さんべ》自然館の東にある車道を上がると右手に駐車場があり、その山側が**姫逃池《ひめのがいけ》コースの登山口**。すぐにヘルシートレーニングコースを横断してアカマツ林を行くと大きくつづら折りを登るようになり、カラマツ林の中にぽっかりと開いた園地に着く。

先の**分岐**で中国自然歩道を横切り、林に埋もれた炭焼き窯跡を過ぎ、つづら折りを繰り返し山肌を右上する。樹間からわずかな展望を得て、地衣類をまとったシデやミズナラ、カエデなどの林を眺めながら登る。

やがて標高950mの標柱を過ぎるあたりから急登に変わり、ブナも見られるようになる。小刻みに曲折して登れば、低い灌木帯となって、まもなく草原の広がる好展望の**男三瓶山《おさんべさん》**頂上に着く。

下山は頂上から東の避難小屋方面に進み、左の名号《みょうごう》コースを下る。道標にしたがい頂上の草原をあとにするとすぐにブナ林を歩くようになり、右手には数本の無線中継塔の立つ女三瓶山《めさんべさん》が樹間越しに眺められる。

地衣類を多くまとったブナの木々を観察しながら下り、広葉樹林の中で幾本かのアシウスギを見て、山肌を右へ左へと曲がりながら標高を下げていく。やがてブナに変わってミズナラやシデが多く見られるようになると、まもなく**分岐**に出合う。

心地よい自然林の中を左手に歩き、中国自然歩道の分岐を右にたどると**名号コース登山口**に出る。左に車道を行けば、起点の**姫逃池コースの登山口**がある。

カキツバタ咲く姫逃池と男三瓶山

カラマツ林に囲まれた園地

写真・文／岡本良治

コラム1

大山展望の山

おだやかな山容が多い中国地方の山々のなかで際立って高く、山岳的景観を誇る大《だい》山《せん》。周辺の山からはもちろん、遠方からでもすぐにわかる存在で、山座同定のよい指標となっている。ここではその大山展望に適した4山を紹介する。

三平山頂上から眺める大山（左、中央右は烏ヶ山）

■三平山【標高1010m】

岡山県真庭市／鳥取県江府町

三平山《みひらやま》は登山道や頂上からの展望がよく短時間で登れるため、ハイカーやファミリー登山者に人気の山。登山口へは中国道蒜《ひる》山《ぜん》ICから国道482号線を西進し内海乢《うつみたわ》で左折、その先で三平山登山口の道標にしたがい左折して、林道川上2号線を南に向かうと駐車場があり、その先が登山口。

明るいアカマツ林に続く整備された登山道を登る。幾度かのつづら折りを数えながらカラマツ林を過ぎるとしだいに展望が開け、蒜山や蒜山高原を眺めながら進めば正面に大山が見えてくる。まもなく道は南に向かい、1898（明治31）年に軍馬育成場の牧柵として築かれた土塁の上から大山を振り向きつつ登ると、石の祠がまつられている頂上に着く（往復1時間10分）。

往復登山で物足りない場合は、南に道をたどり穴ヶ乢《あながたわ》から林道に下るコースもある。

参考＝分県登山ガイド『岡山県の山』（弊社刊）

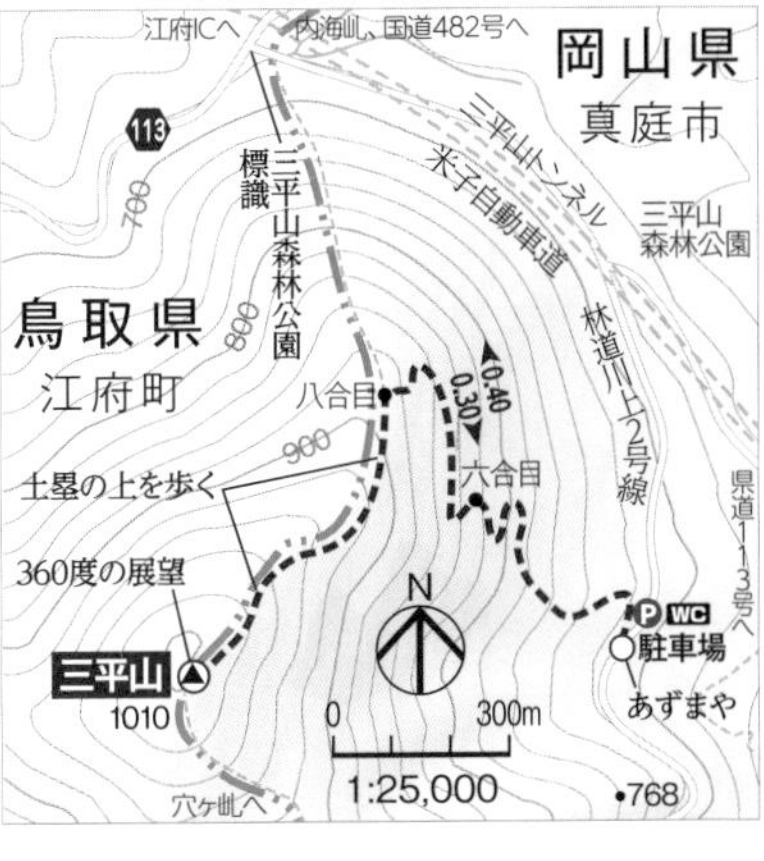

■毛無山【標高1219m】

岡山県新庄村／鳥取県江府町

県境上にある毛無山《けなしがせん》には、岡山県側と鳥取県側のそれぞれから登山道がのびている。森のたたずまいと頂上からの展望を楽しむなら、岡山県側の田浪《たなみ》キャンプ場からの登山道がおすすめだが、ここでは大山展望をメインと考えるので、鳥取県側の江府《こうふ》町のサージタンク広場からの往復コースを紹介しよう。

写真・文／岡本良治

展望デッキが設置された毛無山中腹からの大山

広場へは中国道江府ICから国道181号線、県道113号線を経て保野《また の》川ダムを過ぎ、毛無山登山道の道標から右に林道を道なりに約5km上がり、道標に導かれて左の林道を上がって行けばサージタンク広場に着く。

登山道はサージタンクの右側にあり、登りはじめるとすぐに分岐があるが、どちらを行ってもまもなく合流する。しばらく登れば背後に展望が開け、雄大な裾野を広げる大山が望める展望デッキがある。さらに尾根を行き、カタクリ広場（カタクリの花期は年にもよるが4月下旬～5月上旬ごろ）のピークから右に尾根をたどれば毛無山の頂上に着く（往復約1時間50分）。大山方面はもちろん、360度の大展望が広がっている。

参考＝分県登山ガイド『鳥取県の山』（弊社刊）

■若杉山【標高1021m】

鳥取県三朝町

若杉山《わかすぎやま》は、分水嶺の走る岡山県と鳥取県の県境から北に2kmほどはずれてそびえる山。登山口へは曲がりくねった狭い道が続くため、アプローチが容易とは言い難いが、頂上からの絶景はみごとだ。古くは採草の山として、昭和初期からは山地放牧の山として利用されてきた歴史があり、その名残の草原が標高850mあたりから上部に広がっている。360度のパノラマが広がる頂上からは、東から南にかけて岡山県境の峰が間近に望める。

頂上の北側50mほど先にある斑レイ岩の露岩に立つと、目線の高さには中国地方の最高峰・大山を頂点に、左に蒜山三座や広々とした蒜山高原と三平山から中国山地へと続く山並み、右には矢筈ヶ山《やはずがせん》、甲ヶ山《かぶとがせん》、勝田ヶ山《かつたがせん》、船上山《せんじょうさん》のピークと日本海が遠望できる（往復2時間10分）。

参考＝分県登山ガイド『鳥取県の山』（弊社刊）

若杉山から遠望する大山と蒜山高原、日本海

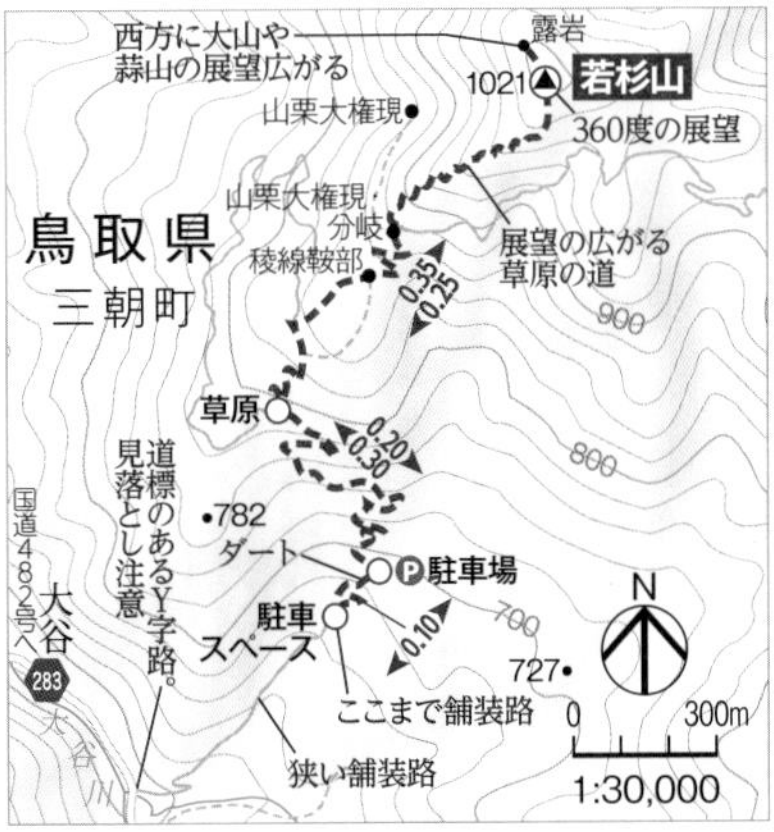

馬着山【標高210m】

島根県松江市

島根半島の東端、地蔵崎《じぞうざき》まで園地を起点に五本松《ごほんまつ》公園まで遊歩道が整備されている。馬着山《ばちゃくさん》はそのほぼ中間にあるゆるやかなピークで、少し先に日本海の展望地と、途中には美保関《みほのせき》港と外海の才《さい》ノ浦《うら》を結ぶ古い峠道もあり、歴史と展望が楽しめるハイキングコースとなっている。大山展望はコース西端の五本松公園からで、色とりどりのツツジと、美保《みほ》湾の向こうに広い裾野を広げる雄大な大山の景色が眺められる。五本松公園資料館前から往復する人も多いが、登山としては登頂後に美保関灯台に下る周回コースを歩きたい（2時間20分）。通年登れるが、ツツジの咲く4月下旬から5月上旬がとくにおすすめ。

参考＝分県登山ガイド『島根県の山』（弊社刊）

ツツジ咲く五本松公園から
美保湾越しに大山を望む

四国の山

西日本最高峰や
爽快な笹原の峰々、
遍路道の里山まで
多彩な登山が楽しめる

瓶ヶ森から望む雲に浮かぶ石鎚山。笹原と岩峰の対照的な姿も石鎚連峰の魅力（写真／石川道夫）

四国の山に登る

■地形

【石鎚山とその周辺】　石鎚《いしづち》連峰の北面は東西に走る中央構造線によって断ち切られた断層崖が発達し、いずれの山も北面コースは急傾斜をなすが、堂ヶ森《どうがもり》、二《に》ノ森《もり》がとりわけ顕著である。山自体に特徴的な地形が見られるのは連峰最高峰の石鎚山《いしづちさん》（1982m）と瓶ヶ森《かめがもり》で、石鎚山は格別険しいが、これは山頂部に残る安山岩の柱状節理が示唆するように、太古の火山活動に起因する。瓶ヶ森は石鎚山と対照的に山頂部に広大な笹原を有する隆起準平原の山で、「天空の楽園」といった感がある。

【剣山とその周辺】　剣《つるぎ》山系は石鎚連峰とは異なり海岸から遠く離れ、剣山《つるぎさん》を頂点に無数の山が幾重にも折り重なる。祖谷《いや》川や穴吹《あなぶき》川、那賀《なか》川などの水系がその間を網目状に入りこみ、懐深い地形を呈する。山の形は剣山を筆頭にいたっておだやかだが、三嶺《みうね》から天狗塚《てんぐづか》にかけた南面は断層崖が切れ落ちている。御塔石《おとういし》を筆頭に石灰岩の露頭が数多く点在する剣山のなかには、不動の窟のような鍾乳洞めいた窟もあり、これらは修験の格好の行場となっている。

【その他の四国の山々】　大半の山は樹木とササにおおわれているが、東赤石山《ひがしあかいしやま》は異例で、岩稜が占める稜線部はアルペンムードが漂う。愛媛、高知両県にまたがる四国カルストは、東西25kmにわたるわが国を代表する高山カルストとして有名。数ある渓谷のなかでは、滑滝を有する滑床《なめとこ》渓谷と火山の痕跡をとどめる小豆《しょうど》島の寒霞《かんか》渓は、ともに個性が光る。

雪化粧の剣山（左）と次郎笈。四国第2位と3位の高峰だ

石鎚山系・子持権現山のアケボノツツジ

石鎚山・天狗岳のみごとな紅葉

銅山越（赤石山）に咲くツガザクラ

■自然・植生

林野庁のデータによると、四国全土に占める森林率は7割強で全国平均を上回るが、このうち人工林が6割も占め、天然林はわずか1割に過ぎない。天然林の分布域は石鎚・剣山系を中心に、祖谷山系、四国カルスト、鬼ヶ城《おにがじょう》連山（愛媛・高知県）などのごく限られた範囲。本州とは比べようもない規模だが、多様性という点でいえば四国は全国トップクラスだろう。高木だけでも北海道の約3倍、200種を超える。種々雑多の樹木が混じり合う四国の森は、生命感に満ちあふれている。宇和島《うわじま》市に近い鬼ヶ城連山では冷温帯のブナと暖温帯のシイやカシ類が混在し、より複雑多様である。

ところで近年、シカの食害が目にあまるが、とくに剣山系は全域にわたって下草が消え、スズタケも枯れて表土の流失が止まらない。ブナなどの根が年々露出度を増し、将来の森林破壊が懸念されている。

↑瓶ヶ森からの美しい瀬戸の夕景（右は西条市街の明かり）
→日本三百名山・三本杭北面の流れがゆるやかな出合滑

四国カルスト・天狗高原に咲くハンカイソウ

■歴史

周知の通り、四国は仏教のスーパースター・弘法大師《こうぼうだいし》の生誕地。それゆえ、大師にまつわる山が四国各地に多い。大師の修行地のひとつ・石鎚山の開山は白鳳《はくほう》14（685）年、修験道の祖・役小角《えんのおづぬ》によるとつたわる。瓶ヶ森と笹ヶ峰《ささがみね》の開山時期は定かでないが、一説によると、石鎚信仰は本来、笹ヶ峰を起源とし、のちに瓶ヶ森、石鎚山へと移ったという。

石鎚信仰が大衆化するのは江戸時代からで、集団登拝がさかんになる。表参道にクサリ場が設置されたのもこのころだ。明治以降は信仰登山に代わり、スポーツの一環として登山を志す、いわゆる近代アルピニズムが台頭。四国でその先がけとなったのが旧制松山《まつやま》高等学校登山部で、大正12（1923）年、堂ヶ森から伊予富士《いよふじ》まで、石鎚連峰初縦走を達成している。

一方、剣山は安徳《あんとく》天皇ゆかりの平家《へいけ》伝説が色濃く残るが、登山のはじまりは江戸時代に入ってからのようだ。石鎚山と同様、修験道場として開かれ、行場にいたる富士《ふじ》ノ池《いけ》コースが表参道として栄えた。

■登山シーズン

基本的に季節を問わないが、本格的な登山はゴールデンウィークごろからとなる。シーズン幕開けと同時にフクジュソウをは

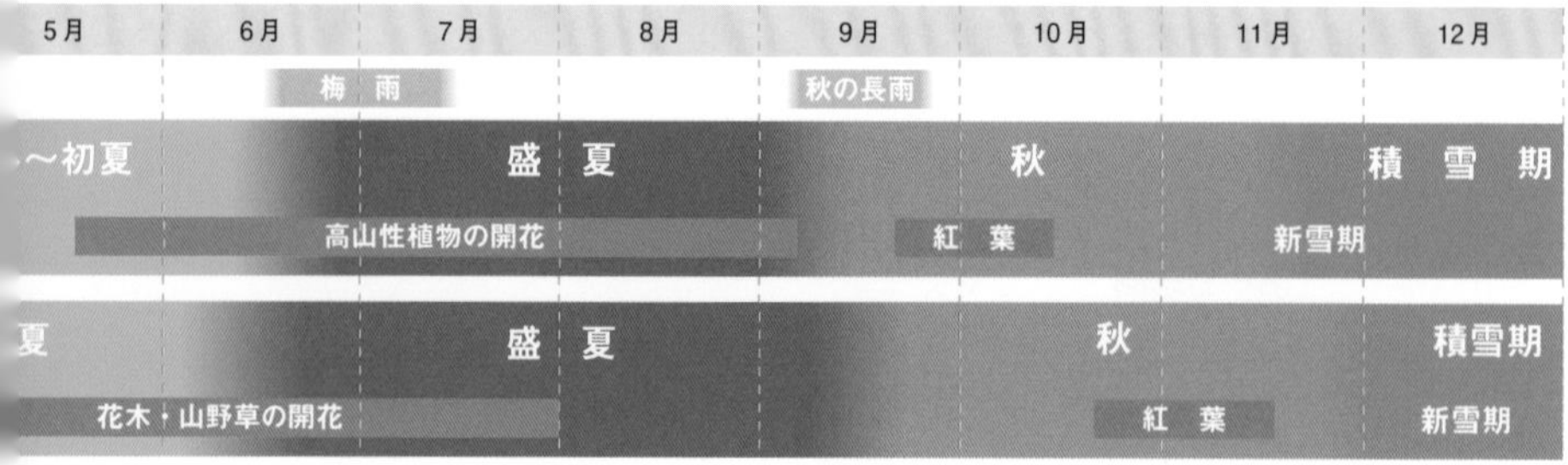

じめ、カタクリ、ヤマザクラ、アケボノツツジ、ミツバツツジなどが次々と咲き、四国各地の山で花見が楽しめる。高山性植物が最も多く見られる7～9月は台風シーズンと重なるので、登山のタイミングを誤らないようにしたい。紅葉は10～11月いっぱいまでだが、石鎚山、剣山の山頂部は例年10月上旬が見ごろとなる。

■コースとグレード

一般コースに限れば、中級程度の体力と技術があれば、たいていの山に登れるといっても過言でない。ただし本文中の西之川《にしのかわ》～天柱石《てんちゅうせき》～石鎚山、保井野《ほいの》～堂ヶ森～石鎚山のコースは標高差が１５００ｍを超え、かつ歩行時間も長いので、上級向きといえる。ほかに面河《おもご》～石鎚山、別府《べふ》～石立山《いしだてやま》などは急登コースで、それなりの体力がいる。石鎚・剣山系の脊梁は、四国の特徴である笹原におおわれ、快適なコースを提供している。のびやかで美しい笹尾根は、このうえないやすらぎの場である。

■山小屋

営業小屋は石鎚山と剣山周辺に集まり、この山域だけ見れば充分な数と設備がそろう。石鎚神社頂上山荘と剣山頂上ヒュッテは文字通り「てっぺんの宿」で、ロケーションはすこぶるいい。ご来光はもとより、夕日や市街地の夜景、満天の星などが堪能できる。避難小屋は石鎚連峰では面河尾根、堂ヶ森、シラサ峠、瓶ヶ森にあり、いずれも近年建て替えられ快適だ。剣山系では剣山から天狗塚への稜線部に三嶺ヒュッテ、お亀岩《かめいわ》、丸石《まるいし》、白髪《しらが》の4軒があり、重宝する。山小屋の近代化が進む一方で、笹ヶ峰の丸山《まるやま》荘、赤石山の銅山峰《どうざんみね》ヒュッテなどは古きよき時代の風情が残る。

石鎚山名物の太いクサリ場（試しの鎖）

一の森ヒュッテ。四国では数少ない食事付きの山小屋だ

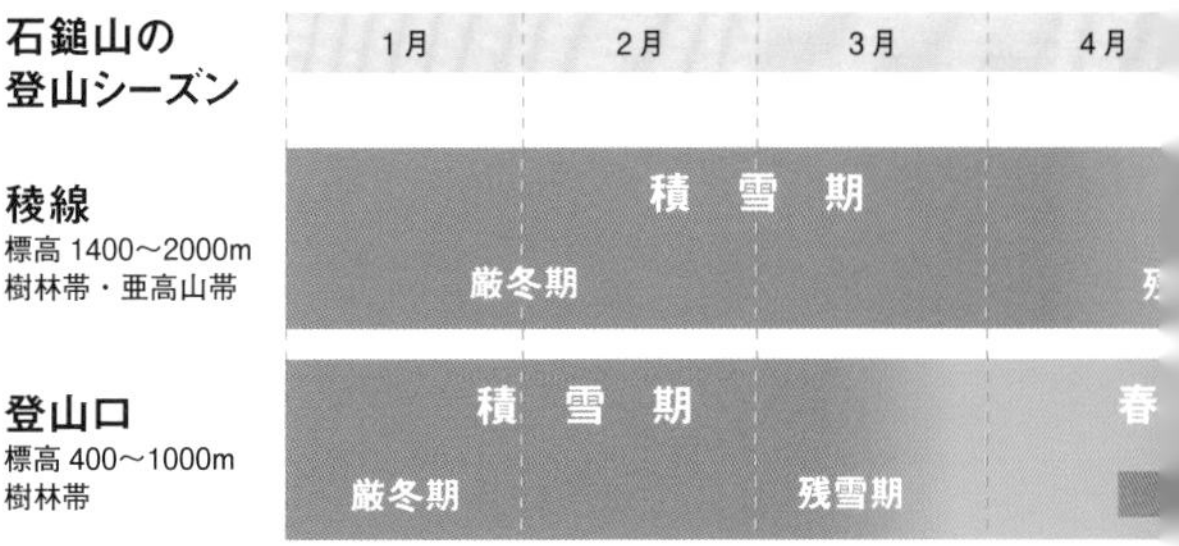

カエデやツツジ類が彩る秋真っ盛りの天狗岳。紅葉の最盛期は10月上旬

4本の太いクサリをつたい西日本の最高峰を極める

日帰り 山頂成就駅→成就→夜明峠→二ノ鎖下→弥山→天狗岳（往復）　計5時間35分

コースグレード	中級
技術度	★★★★☆ 4
体力度	★★★☆☆ 3

写真・文／石川道夫

火山を起源とする石鎚山《いしづちさん》（愛媛県西条《さいじょう》市・久万高原《くまこうげん》町、天狗岳《てんぐだけ》1982m）の頂は安山《あんざん》岩の柱状節理が発達し、頂稜線はシャープな輪郭が際立つ。とりわけ石鎚スカイラインの展望所から望む尖峰は北アルプスの槍ヶ岳《やりがたけ》をほうふつさせ、瓶ヶ森《かめがもり》や剣山《つるぎさん》のような頂がササや樹木におおわれた山が多い四国のなかで異彩を放っている。古来、人々はこの屹立する岩峰に畏敬の念を抱き、石鎚崇拝の伝統と文化を連綿と守り継いできた。毎年7月1～10日、全国から信者が集う「お山開き」はそれを象徴する一大イベントで、長大なクサリ場が数珠つなぎの白装束に彩られる光景は、山中に響き渡るホラ貝の音とともに石鎚山の夏の風物詩でもある。

　300年以上の歴史を刻むクサリ場は、ここで紹介する表参道（成就社《じょうじゅしゃ》コース）の目玉。試《ため》し鎖を含む4カ所のクサリ場は刺激的で、修行体験の絶好の機会となる。石鎚登山の神髄にふれるスリル満点のクサリをつたって、西日本最高峰を極めてみよう。

夜明峠ではじめて石鎚山の全容が現れる

石鎚中宮社が建つ成就からは石鎚山が望まれる

日帰り

ロープウェイを利用して成就から天狗岳を往復

山麓下谷駅《さんろくしもだに》から石鎚登山ロープウェイに乗り、**山頂成就駅**《さんちょうじょうじゅ》まで高低差850m、およそ8分の空中散歩を楽しむ。ゴンドラを降りるとひんやりとした空気に包まれ、夏でも暑さ知らず。広い遊歩道に導かれてまずは**成就**へ。参道沿いに旅館が3軒、鳥居の奥に石鎚中宮《ちゅうぐう》社本殿、左隣に石鎚山を背に拝殿が控える。これらの建物は昭和55年の大火後に再建されたもので、かつての古色蒼然としたたたずまいが失われたのがなんとも惜しい。

成就から先は古来聖域とされ、ブナやミズナラの大樹がうっそうと茂る、手つかずの原生林が残る。神門《しんもん》（入山門）をくぐり、最低鞍部の休憩所までは、俗に「走りこみ八丁《はっちょう》」とよぶ下り坂だ。

八丁鞍部からは木段の登りが連続する。ひとつひとつ丹念にこなしていくほかない。春はヤマザクラ、アケボノツツジ、秋は色とりどりの紅葉が励みとなろう。

前社森《ぜんじゃがもり》は、上り48m、下り19mのクサリをつたう。小岩峰を越えるが、下りは要注意だ。このクサリ場は度胸だめし用で、自信がなければ左の迂回路を行こう。

一軒茶屋からコブを巻いてブナ林を抜けると石鎚山の全容が現れる。弥山《みせん》をはさんで左に天狗岳、右に三角点峰、目を凝らせば下から一、二、三と続くクサリ場も認められる。少し下った鞍部が霧氷の名所・**夜**《よ》**明峠**《あかし》だ。左下がりの道は天柱石《てんちゅうせき》を経て西之《にしの》川《かわ》にいたる（P130参照）。

尾根づたいに一ノ鎖（33m）に取り付く。昔はクサリ場を汚さないよう、ここで新しいわらじに履き替え、クサリに足をかける行為は禁じられていたという。土足の無礼をお許し願い、クサリ場を慎重に登って迂回路に合流。植生はブナに代わってダケカンバやナナカマド、ウラジロモミが目立つようになる。

弥山をあとに岩稜をつたって最高点の天狗岳へ

下山は階段と桟道が整備された迂回路を行く

弥山頂上をめざして最後にして最長の三ノ鎖を上る

テント場を過ぎ、二《に》ノ鎖《くさり》下で土小屋《つちごや》コース（P131参照）を合わせたらひと息入れよう。これからが本コースの正念場。見上げる二ノ鎖（65m）は最大斜度70度の急勾配。手強いが、勇気をもって乗り切ろう。

二ノ鎖から迂回路をはさんで次の三ノ鎖（67m）に取り付く。はじめから急で、クサリが宙に浮くところもあり緊張するが、後半は傾斜がゆるみ、スムーズに上り抜けられる。クサリ場の終点が**弥山**頂上で、石鎚頂上社が迎えてくれる。周囲の景色を眺めてクサリ場完登の余韻にひたろう。

最高点の天狗岳は指呼の間だが、岩稜づたいなので気を抜かずに臨むこと。春はアケボノツツジ、初夏はマイヅルソウ、イワカガミ、シコクイチゲ、ミヤマダイコンソウなどの高山植物が見られる。**天狗岳**頂上からは大パノラマがほしいまま。四国4県の山々はもとより土佐《とさ》湾や室戸《むろと》岬、遠く伯《ほう》耆《き》大山《だいせん》や阿蘇山《あそさん》までも望まれる。

下山は往路を戻るが、クサリ場は迂回路を行くようにしよう。ちなみに三ノ鎖と二ノ鎖迂回路の大半は桟道と階段で、中央の手すりをはさんで上り下りの対面通行となっている。ただし下りは谷側を通るので、転落や滑落に要注意。一ノ鎖と前社森の巻き道は通行に支障ない。

プランニング&アドバイス

石鎚登山ロープウェイの運行時間は季節や曜日によって変更される。とくに最終便は必ずチェックしておきたい。ガスや雷が発生しやすい夏場は早朝便が望ましい。成就には旅館が3軒あるが、2022年7月現在営業中は年中無休の白石旅館1軒のみ。その他の宿泊施設は弥山に石鎚神社頂上山荘がある。クサリ場はいうまでもなく危険と隣り合わせ。途中で進退きわまることがないよう、心して臨むこと。歩いて下山の場合、夜明峠（P130参照）と成就から西之川へ下る手もあるが、山慣れた人以外はすすめられない。

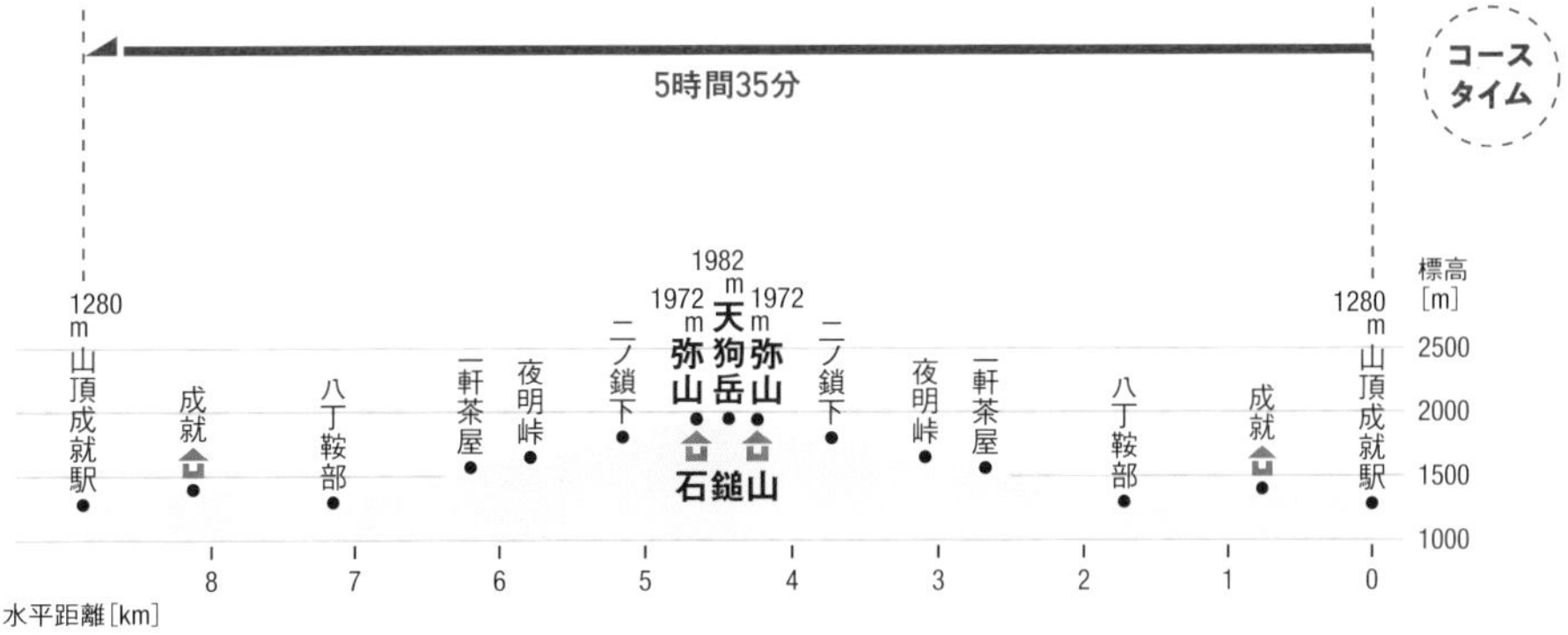

サブコース

御塔谷ルート

西之川バス停↓御塔谷出合↓岩原↓刀掛↓十字路↓天柱石↓夜明峠　4時間15分

御塔谷《おとうだに》ルートは、石鎚山《いしづちさん》表参道（P126コース26参照）の起点となる西之川《にしのかわ》から加茂《かも》川水系の御塔谷をさかのぼって表参道の夜明《よあかし》峠に合流する。石鎚三十六王子社の旧跡が各所に残る信仰の道だが、ロープウエイが使える表参道に比べて倍以上の時間を要する。また、谷コースのため増水後は橋が流されるなど荒れていることがあるので、事前にコース状況を確認のこと。

西之川バス停先の石段から登山開始。集落跡の石垣に沿って成就《じょうじゅ》分岐を過ぎ、**御塔谷**に架かる橋を渡る。巨岩が点在する岩原で左に**土小屋《つちごや》への道を分ける**。再び御塔谷を橋で渡り、これ以降は御塔谷の左岸を行くが、支流に架かる丸太を組んだ橋は濡れると滑りやすいので慎重を期したい。

三十六王子社の一角・**刀掛《かたながけ》**を経て淵や小滝を眼下に進むと、表参道の八丁《はっちょう》と土小屋へのコースが左右に分かれる**十字路**に合う。この先で尾根に乗り、小さな谷を越したあたりで植林がつきてさわやかな自然林へ踏みこむ。まもなく樹々の間に**天柱石《てんちゅうせき》**（**御塔石**）のシルエットが目に留まる。そそり立つ石の塔は高さ約30ｍ、浸食を免れた安山岩でできており、角度によって先端部が天を突くように尖って見える。この先には穴薬師《あなやくし》と称する岩窟も潜む。ともに空海《くうかい》の修行地とつたわるパワースポットだ。

倒木やガレに注意しつつ支谷をいくつか渡り、ヤマシャクヤクやオタカラコウが群れ咲く原生林を登りつめれば**夜明峠**だ。

Map 10-1D　西之川バス停

Map 10-2C　夜明峠

コースグレード	中級
技術度	★★★☆☆ 3
体力度	★★★☆☆ 3

十字路の分岐は名の通り四方を指し示す

御塔谷のシンボル天柱石。石の基部に大日如来をまつる

サブコース

土小屋ルート

土小屋↓東稜基部↓二ノ鎖下　1時間45分

土小屋《つちごや》ルートは表参道《おもてさんどう》（P126コース26参照）と歩行距離は大差ないが、標高差が少ないぶん負担が軽く、頂上への最短コースとして人気が高い。登山口の土小屋へはマイカーでのアクセスが主流（冬期は通行止め）で、高標高の山岳ドライブが楽しめるメリットもある。

土小屋の一角に建つ石鎚《いしづち》神社の裏側から登山道に入る。ブナが茂る鶴《つる》ノ子《こ》ノ頭《かしら》を巻き、石鎚東稜《とうりょう》基部まで尾根沿いに登る。この間、ベンチのある休憩ポイントが2カ所（第1ベンチ、**第2ベンチ**）あるので、体力に応じて適宜休んでいこう。春はアケボノツツジが何よりの励みとなる。

東稜基部から天狗岳《てんぐだけ》下のトラバース道を行く。ちなみに東稜は南尖峰《なんえいほう》へ突き上げるバリエーションルート。表参道合流点となる**二《に》ノ鎖《くさり》下**まで大小4本のルンゼ（岩溝）を通過する。夏はミソガワソウ、ナンゴククガイソウ、シコクフウロなどの花々、秋はカエデやツツジ類の紅葉と、石鎚きっての花と紅葉が見られるエリアだ。

鳥居が立つ表参道合流点から**弥山《みせん》**へは二ノ鎖、三《さん》ノ鎖《くさり》と続くが、安全な迂回路も選択できる（P126コース26参照）。

春はコース沿いのところどころでアケボノツツジが見られる

Map 10-3D　土小屋

Map 10-2C　二ノ鎖下

コースグレード	初級
技術度 ★★☆☆☆	2
体力度 ★★☆☆☆	2

トラバース道のルンゼはGWごろまで残雪を見る

ミソガワソウ。夏は多彩な花が咲き誇る

写真・文／石川道夫

サブコース

面河ルート

面河バス停↓上熊淵↓霧ヶ迫↓愛大石鎚小屋↓弥山　5時間5分

石鎚《いしづち》連峰の大半が含まれる石鎚国定公園のうち、南面の面河《おもご》地区が最も自然度が高い。なかでも面河渓本谷沿いの山域はすぐれ、本コースはその核心部を貫く。大自然が息づく裏石鎚の魅力に迫ってみよう。

面河バス停から登山口まで、面河渓深勝路を行く。案内標識にしたがって山岳博物館の地下駐車場を通り抜け、渓谷沿いに関《かん》門に出る。文字通り、切り立った両岸が迫る。峡谷をまたぐ空船《くうせん》橋を渡り車道に出る。

自然休養林の看板を見て、トチやオオモミジの樹下を通って五色河原《ごしきがわら》へ。ナメ状の河床をさらさらと滑る水音が心地よい。河原にかかる沈下橋の五色橋を見送ってすぐ、対岸に亀腹《かめばら》岩と称する大岩壁が現れる。石鎚山の火山活動で生じた、高さ100m、幅200mにおよぶ花崗《かこう》岩の一枚岩だ。奇岩の殿堂・面河渓のなかでも、その存在感は群を抜いている。

鶴ヶ背《つるがせ》橋を渡るといったん渓流から離れるが、ここは水辺に下りて渓谷中最も絵になる蓬莱《ほうらい》渓を鑑賞したい。小滝やナメ、淵が織りなす渓相がすばらしい。

上熊渕の少し先で、やっと**登山口**に出る。ゆるやかな深勝路から、一変して石段道となるが、そう長くは続かず、モミ、ツガ林を斜上する。森閑とした道を黙々と高度を上げることに専念する。やがて瀬音が聞こえてくると、**霧ヶ迫《きりがさこ》**の水場だ。天然林から湧き出す清水でのどをうるおそう。

水場から再び急斜面を迎え、ジグザグを

Map 10-4B 面河バス停

Map 10-2C 弥山

コースグレード	中級	
技術度	★★★☆☆	3
体力度	★★★★☆	4

面河山付近から見た石鎚山南尖峰と幕岩

三ノ鎖迂回路を経て弥山の頂上へ

写真・文／石川道夫

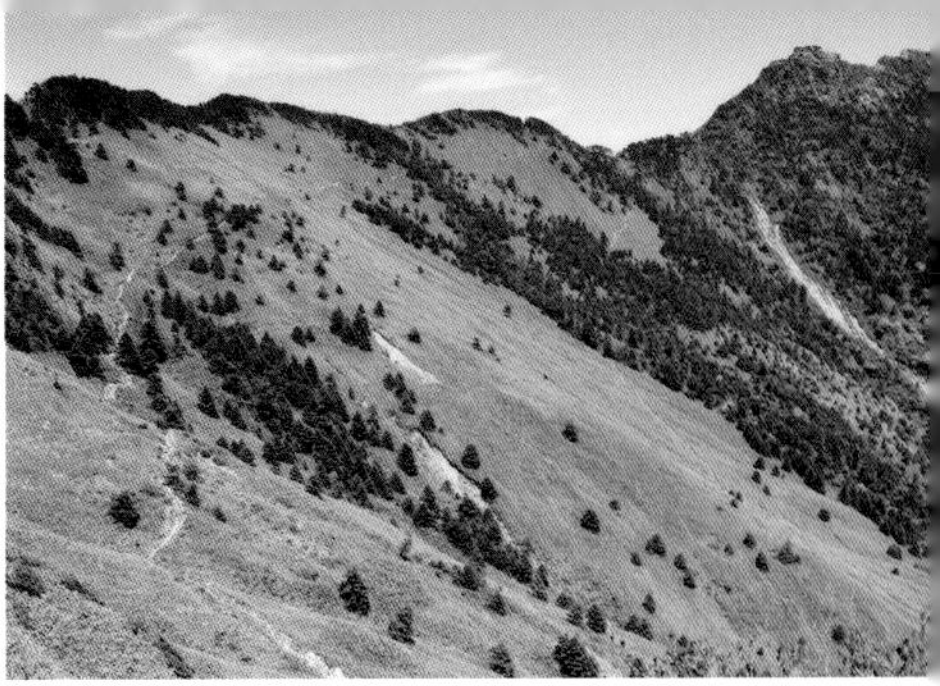

愛大小屋からは笹斜面のトラバース道となる

重ねる。足もとにヤマシャクヤク、頭上に苔むしたブナが高々と連なる。清浄無垢な大自然に身も心も洗われるようだ。

面河尾根から南東に派生する支尾根に乗ると、石鎚山南尖《なんせん》峰《ぼう》を垣間見える。石鎚山頂まであとおよそ5km。全行程のほぼ半分を消化したところでひと息入れよう。

支尾根から面河尾根の東側に取り付きさらに北上。しだいに視界が開け、**面河山《おもごやま》**を巻くあたりで南尖峰がはっきりと姿を見せ、幕《まく》岩とあいまってアルペンムードはたっぷりだ。このコースならではの光景である。

やがて清々しいブナ、ミズナラ林に包まれる。春はアケボノツツジとミツバツツジが林内を彩る。小谷をいくつか越して**愛大《あいだい》石鎚小屋**に到着。収容10人程度で、外壁に綱板を張り、見た目もこざっぱりしている。一般にも開放されており、緊急時の避難や冬山登山に重宝する。

小屋からほどなく樹林がつき、ササの斜面のトラバースに移る。西《にし》ノ冠岳《かんむりだけ》下の斜面はところどころザレ場があり、足もとに注意。石鎚山《いしづちさん》と正対してシラベ林に入ると、コース最後の水場に出合う。湧きだす水は南流して仁淀《によど》川となり、はるか土佐《とさ》湾に注いでいる。

頂上まで残り1km。二《に》ノ森《もり》分岐を過ぎ、**面河乗越《のっこし》**を経て三《さん》ノ鎖《くさり》手前で表参道に合流すれば**弥山《みせん》**まで残りわずかだ。

冬の面河渓も趣がある

プランニング&アドバイス

マイカーの場合、土小屋に回送車を配しておけば山越えコースがかなう（土小屋ルートはP131参照）。ロングコースゆえ、面河渓のキャンプ場前泊、愛大小屋や頂上山荘泊の1泊2日プランも選択肢のひとつ。面河渓支流の鉄砲石川は、お月岩や鎧岩など節理の発達した奇岩や滝が見どころで、時間が許せば面河山岳博物館（℡0892-58-2130）の見学と合わせておすすめ。

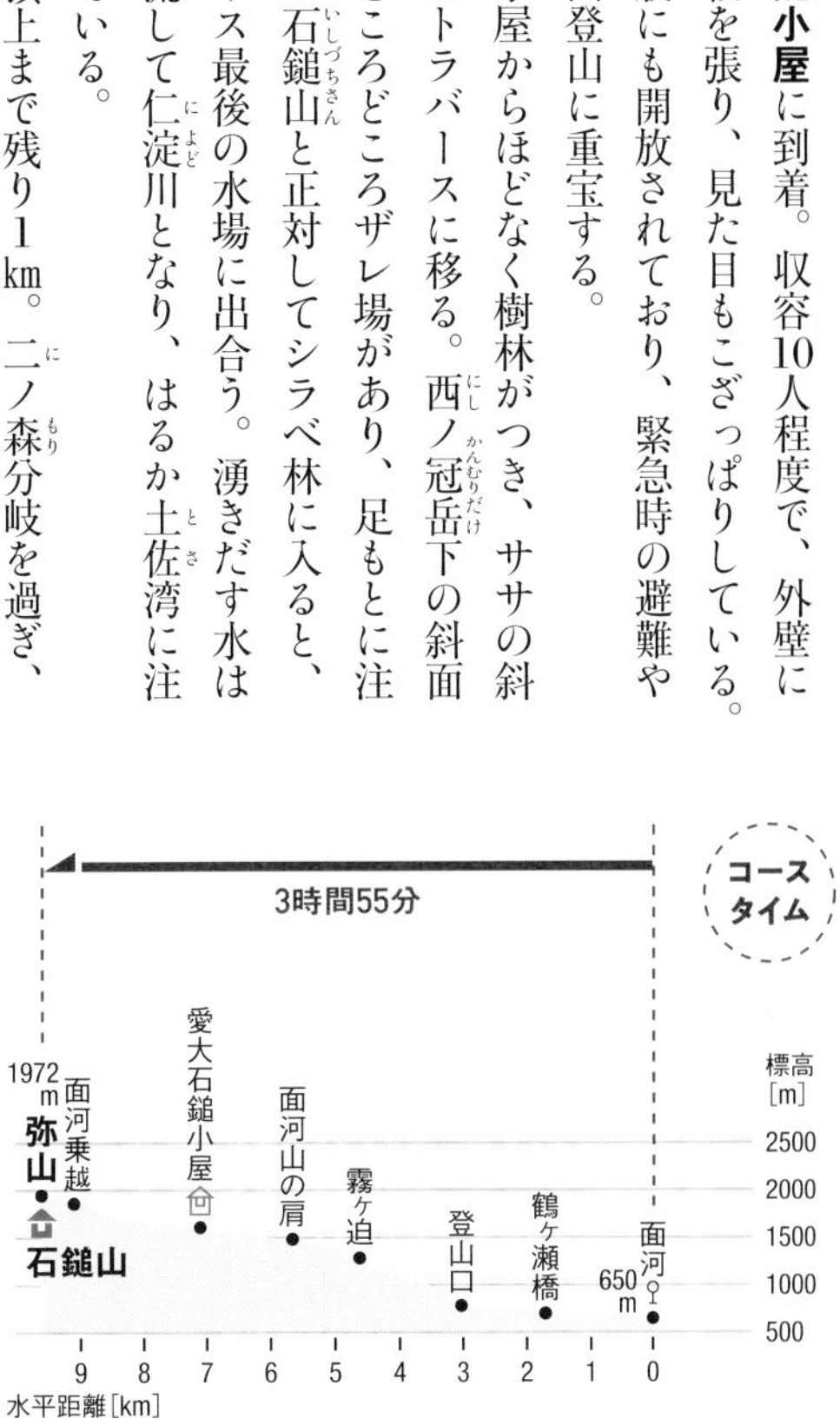

サブコース

堂ヶ森・二ノ森

保井野集会所↓から池↓堂ヶ森↓二ノ森↓弥山　6時間45分（弥山まで）

Map 10-2A　保井野集会所バス停
Map 10-2C　弥山

コースグレード	中級
技術度	★★★☆☆ 3
体力度	★★★★☆ 4

本項はかつて松山《まつやま》方面からの石鎚西《いしづちにし》参道として親しまれたクラシックコースだが、その割に信仰色は薄く、堂ヶ森《どうがもり》東面に人目を避けるようにたたずむ蔵王権現《ざおうごんげん》が唯一信仰登山の面影を伝えている。石鎚スカイライン開通を機に参道としての役割を終えたが、石鎚山《いしづちさん》以東に比べ静かな縦走登山が楽しめるとあって、近年人気をよんでいる。さらに石鎚連峰のツートップを結ぶ二《に》ノ森《もり》～石鎚山間では、このコースならではの山岳景観も楽しめる。

1日目　**保井野《ほいの》集会所バス停**から登山口へは車道歩き。植林地をくねくねと縫って**登山口駐車場**へ。廃屋のそばから放牧場跡の柵に沿って登山道がのびている。しばらくゆるやかに登り、**青滝山《あおたきやま》分岐**（相名《あいな》の分《わ》かれ）に着く。右にとれば相名峠を越えて面河《おもご》の梅ヶ市《うめがいち》に通じる。平家の落人や木地師《きじし》が行き来したという旧道である。谷沿いをひとしきり登り、雑木のジグザクをふんばって**から池**に登り着く。道のはずれにスズタケにおおわれた凹地が認められる。

支尾根に取り付き、シャクナゲをめでながら高度を上げていく。シャクナゲがつきたころ、尾根を右にそれるとブナ林を流れ落ちる谷水が得られる。水量はわずかだが、のどの渇きを癒やすにはちょうどいい。

ひと息ついたらさらにブナの急坂を踏ん張って主稜線に出ると、**梅ヶ市コースに合**

シャクナゲ尾根～主稜線間は急傾斜となる

テント場近くからの堂ヶ森は瓶ヶ森を彷彿させる

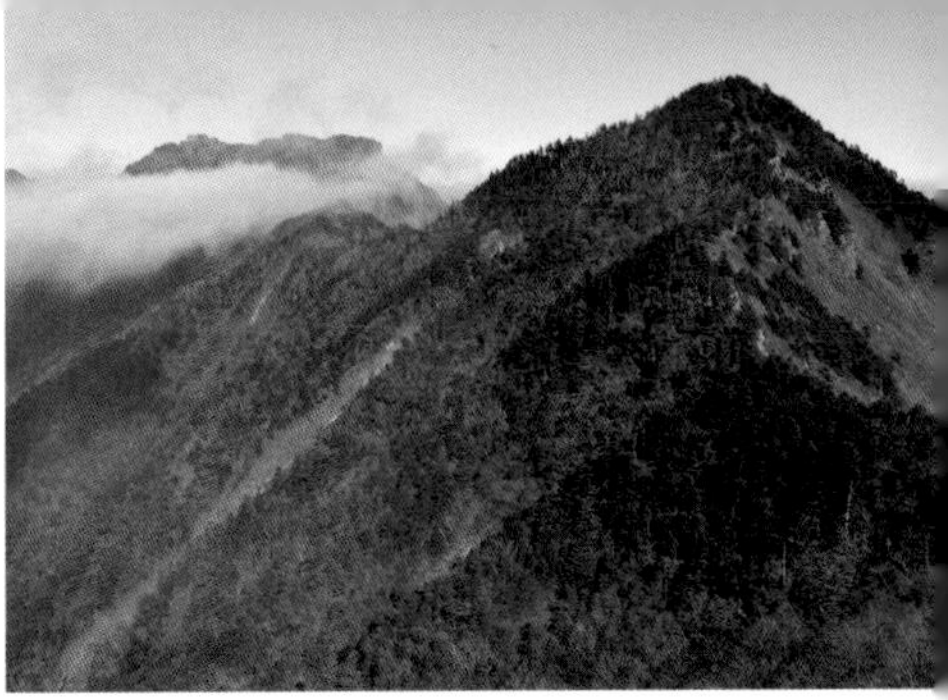

鞍瀬ノ頭から二ノ森（右）と石鎚山を望む

流する。大きく視界が開け、南に大川嶺《おおかわみね》や四国カルストのなだらかな起伏が望まれる。登るにつれて、後方に石墨山《いしずみさん》、皿ヶ《さらが》嶺《みね》、視界を落とすと面河ダム湖も姿を現す。

いったん頂稜に出て左に折れると、マイクロウェーブの反射板が立つ**堂ヶ森**頂上だ。のびやかな笹尾根の奥に鞍瀬《くらせ》ノ頭《かしら》と石鎚山、西《にし》ノ冠岳《かんむりだけ》が望まれるが、北面は断崖層が切れ落ちている。

縦走路へ戻り、**鞍部**のテント場へ下る。横道を行くと愛大《あいだい》堂ヶ森避難小屋が建つ。

鞍瀬ノ頭へ向けてササの斜面を登る。振り返るたびに、瓶ヶ森を彷彿させる堂ヶ森が遠く低くなり、稜線越しに松山《まつやま》平野を遠望する。

五代《ごだい》の分《わか》れに着くと、行く手に岩黒山《いわぐろやま》と筒上山《つつじょうさん》も現れる。斜面をトラバースして、尾根づたいにシラベの間を登れば**二ノ森**頂上に到着。石鎚連峰の中で最も高い一等三角点である。石鎚南壁を真正面に望む頂は、いつ訪れても静寂そのものだ。

二ノ森から**西冠のコル**までは稜線の北寄りを巻きぎみに進む。西冠のコル以降、コースが稜線南側に移り、刻々と変わる石鎚山の表情を眺めながら面河ルート（P132）を合わせ、**面河乗越《のっこし》**を経て表参道（P126）に合流し、**弥山《みせん》**の頂上山荘にいたる。

2日目 下山は**土小屋《つちこや》**または表参道経由で**山頂成就駅**へ。

弥山の岩峰を彩る紅葉

プランニング&アドバイス

面河側の梅ヶ市からの所要時間は紹介コースと大差ないが、やや趣に欠ける。愛大堂ヶ森小屋は一般登山者も通年利用可能で、近くに水場もある。なお従来のテント場はササが侵入し、2張程度のスペースしかとれない。堂ヶ森のササユリ、西ノ冠岳付近のキバナノコマノツメ、ユキワリソウ、イワカガミ、アカモノなどはどれも貴重。大切に見守りたい。

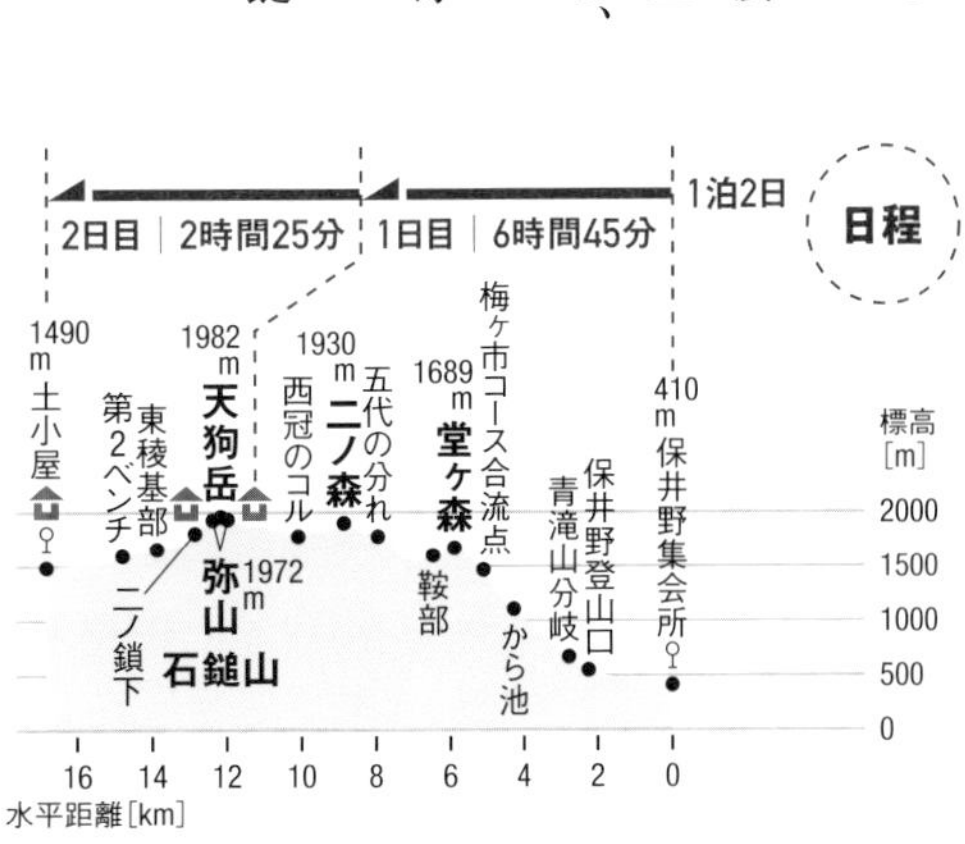

3泊4日

石鎚山系縦走

石鎚山・瓶ヶ森・笹ヶ峰

「氷見二千石原」と称される広大な笹原を有する瓶ヶ森

大パノラマを満喫する「四国の尾根」の大縦走

1日目	山頂成就駅→石鎚山　計3時間25分
2日目	石鎚山→土小屋→瓶ヶ森　計5時間5分
3日目	瓶ヶ森→笹ヶ峰→丸山荘　計9時間5分
4日目	丸山荘→笹ヶ峰登山口　計1時間

コースグレード｜上級

技術度｜★★★★☆　4

体力度｜★★★★★　5

写真・文／石川道夫

石《いし》鎚山《づちさん》と笹ヶ峰《ささがみね》（１８６０ｍ）を結ぶ稜線上には、標高１５００ｍを超える山が12座連なる。このうち「日本百名山」の一峰、石鎚山をはじめ、笹ヶ峰が「二百名山」、瓶ヶ森《かめがもり》（１８９７ｍ）と伊予富士《いよふじ》（１７５６ｍ）がそれぞれ「三百名山」に数えられるなど、文字どおり四国第一級の縦走コースといえる。ここでは12座中、10座を踏破する。土小屋《つちごや》〜伊予富士間は山岳道路（町道瓶ヶ森線）が並走するが、それ以東は本来の落ち着いた縦走登山がかなう。コース全般にブナが卓越する一部を除いて笹原が占め、見晴らしは総じて良好。山岳展望に瀬戸内海の風光が加味された尾根歩きは、四国の屋根を実感する。

レストランや宿泊施設が建つ土小屋

1日目　成就から表参道を石鎚山頂へ

西之川《にしのかわ》から石鎚登山ロープウェイで**山頂**《さんちょう》**成就**《じょうじゅ》**駅**まで上がり表参道を行くか、前項までで紹介した面河《おもご》や保井野《ほいの》などから石鎚山最高点の**天狗岳**《てんぐだけ》をめざしてもよい。この日は**弥山**《みせん》の石鎚神社頂上山荘に泊まる。

2日目　土小屋、シラサ峠、伊吹山、子持権現山を経て瓶ヶ森へ

二《に》**ノ鎖**《くさり》**下**まで引き返したら天狗岳下のトラバース道を経て主稜線に乗り、一路土小屋をめざす（Ｐ１３１参照）。**土小屋**でいったん車道を歩き、土小屋terraceの裏手から縦走路に戻る。ブナの天然林におおわれた岩黒山《いわぐろやま》北面を横切って再度車道に出ると、**よさこい峠**は間もない。高知側から県道が交差する地点に茶屋とトイレがあり、伊吹山《いぶきやま》へはその横から取り付く。

瓶ヶ森ヒュッテ跡地に建つ瓶ヶ森避難小屋

なだらかな笹ヶ峰頂上。一等三角点がある

伊吹山頂上はササにおおわれ、牧歌的な雰囲気が漂う。ウラジロモミの木立ち越しに石鎚山と瓶ヶ森が望まれる。

ブナ林を抜け、車道を横断して昭和初期まで伊予と土佐《とさ》の往還道として栄えた**シラサ峠**に着く。高知側の峠道は今も健在だ。

次のピークである**子持権現山**《こもちごんげんやま》は瓶ヶ森信仰にまつわる修行場で、全長約70mの1本のクサリが唯一の登頂手段である。自信がなければ省いてもよいが、頂上のアケボノツツジは一見の価値がある。

車道をショートカットして瓶ヶ森登山口に着いたら、道標にしたがって氷見二千石《ひみにせんごく》原《ばら》を進めば**瓶ヶ森避難小屋**に着く。

3日目
瓶ヶ森、伊予富士、寒風山を経て笹ヶ峰へ

まずは瓶ヶ森頂上をめざす。小屋前のトラバース道を左に進み、道標から右に直登する。**瓶ヶ森**（女山《めやま》）から**西黒森**《にしくろもり》へは高度差約200mの急激なアップダウンだが、そのあと**自**《じ》**念子**《ねんご》**ノ頭**《かしら》、**東黒森**《ひがしくろもり》と難なくこなして伊予富士へ向かう。なお、伊予富士手前の鞍部（**町道分岐**）から右へ15分ほどで水場がある。

登り着いた**伊予富士**の頂上は、さすがに見晴らし抜群だ。振り返ると、石鎚山が遠くから見守るようにたたずんでいる。

桑瀬《くわせ》峠までは快適な笹尾根を下り一方で進む。**桑瀬峠**から南へ30分も

伊予富士からのパノラマ。石鎚山や瓶ヶ森など、ここまでたどった山々が一望できる

下れば寒風山《かんぷうざん》トンネル南口に出る。このあと登りが連続し、途中何箇所かハシゴとロープに頼るが、とくに危険はない。**寒風山**からはめざす笹ヶ峰と、それに寄り添うちち山《やま》を望むことができる。

寒風山からやせ尾根のある道を下り、1651mのコブを右に巻いて平坦な尾根に出る。次の急坂をしのいで尾根の北西側を登ると笹原が開け、コメツツジの間を登れば**笹ヶ峰**に達する。一等三角点の頂上から、これまでの道のりを振り返りたい。

頂上から北へササの斜面をジグザグに下れば**丸山**《まるやま》**荘**に着く。

4日目 笹ヶ峰から下山する

宿《しゅく》を経て、予約しておいたタクシーが待つ**笹ヶ峰登山口**へ下りる。

アクボノツツジと伊予富士（寒風山から）

プランニング&アドバイス

行動時間が長くとれる夏場は1日目に山荘しらさ、2日目に丸山荘と、2泊3日のプランも可能（山荘しらさは4/中〜11/下、丸山荘は通年の営業でともに要予約。食事付き宿泊可）。シラサ峠と瓶ヶ森の避難小屋は冬期縦走の際も利用価値がある。テントは石鎚二ノ鎖下、シラサ峠、瓶ヶ森、丸山荘で可能。下山地の下津池はバスが廃止され、西条市街からタクシーをよぶことになる。石鎚山、瓶ヶ森、笹ヶ峰は古くから「伊予三名山」と称えられる。それぞれ信仰の山だが、成り立ちや山容は異なり、地形観察の興味をそそる。また石鎚山と瓶ヶ森から望む早朝の雲海と、ひうち灘を取り巻く街に灯がともる夕景（P123の写真）は心に残る。

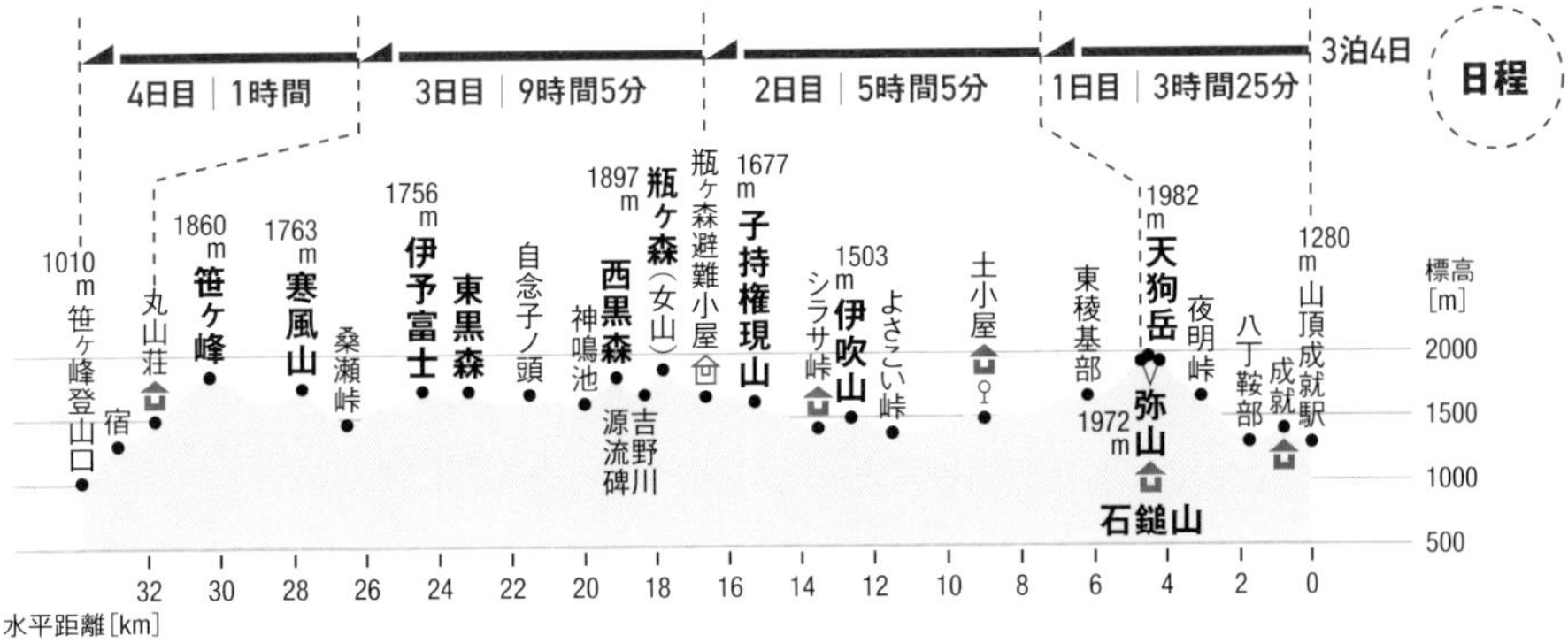

サブコース

西之川から瓶ヶ森周回

西之川↓東之川登山口↓台ヶ森鞍部↓瓶ヶ森↓瓶壺↓鳥越↓名古瀬登山口↓西之川　7時間45分

日本二百名山の瓶ヶ森《かめがもり》（1897m）は、典型的な隆起準平原の山である。頂上のゆるやかなスロープに対し周囲が切れ落ちた独特の形は、対峙する石鎚山《いしづちさん》から誰の目にもそれとわかる。瓶ヶ森に匹敵するスケールの大きい隆起準平原は四国に例がなく、まさに自然がつくりだした逸品といえよう。それを象徴する氷見二千石原《ひみにせんごくばら》では春から夏にかけイシヅチザクラ、ツルギミツバツツジ、コメツツジなどが咲き誇り、石鎚山を借景に格好の撮影ポイントを提供している。心休まる天空の楽園も山岳道路の開通を機に人気に拍車がかかり、今ではハイカーや写真愛好家の憧れの的だ。ここは安易な登山に流されず、山麓からの登りがいのあるクラシックコースを紹介する。

Map 10-1D　西之川バス停

コースグレード｜中級

技術度｜★★★☆☆　3

体力度｜★★★★☆　4

西之川《にしのかわ》バス停から目の前の大宮《おおみや》橋（土木遺産）を渡り、車道を**東之川《ひがしのかわ》の登山口**へ。東之川谷の橋を渡り、石垣が積み重なる集落跡を登っていく。間伐が行き届いたスギ植林地を斜上、尾根をはさんでさらに急登をこなすと、登路のほぼ中間点となる**新道分岐**に出る。合流してくる谷コースの新道は、崩落のため通行不能となっている。

この先は道がところどころ荒れぎみとなるが、通行に支障をきたすほどでない。長い植林地を抜け、下草にハガクレツリフネやジャコウソウ、樹木にブナが目につくようになると**台ヶ森《だいがもり》鞍部**に着く。

アケボノツツジとシャクナゲの細尾根をたどり、東之川谷源流のアジサイ沢を渡る。

氷見二千石原の第一キャンプ場（背景は石鎚山）

東之川谷に架かる橋を渡って登山道に入る

急斜面を折り返し氷見二千石原の第一キャンプ場前に出て、すぐ先の分岐からササのスロープを直登すれば**瓶ヶ森**（女山《めやま》）頂上へいたる。

下山はもうひとつのピークである男山《おやま》を回っていこう。女山から男山を経て尾根道を町道瓶ヶ森線の手前まで下り、氷見二千石原の南端を横切るように西へ進み、笹原の湧き水を集める**瓶壺**《かめつぼ》へ。ここから釜床《かまどこ》谷を急下降するが、危険箇所はハシゴと補助ロープで回避できる。

氷見二千石原を彩るツルギミツバツツジと石鎚山

休憩茶屋跡の**鳥越**《とりごえ》の先で橋を渡り、山腹沿いに進むと**常住**《じょうじゅう》にたどり着く。ここは瓶ヶ森登拝の中継地跡。かつて常住院と称するお堂が建っていた更地の片隅で、小さな蔵王権現《ざおうごんげん》像がひっそりと修験の面影を伝えている。

十郎《じゅうろう》あれのザレ場を過ぎ、林道をショートカット。下り着いた**名古瀬登山口**《なこせ》からは林道歩きとなり、名古瀬谷に架かる猪《い》ノ谷《たに》橋を渡る。あとは**西之川バス停**へと戻る。

足もとに気を配りつつルンゼ状の釜床谷を下降する

プランニング&アドバイス

マイカーの場合、西之川の大宮橋たもとの有料駐車場（500円）を利用。逆コースは本来の瓶ヶ森登拝路で、以前は鳥越から子持権現山（子持権現山はメインコース参照）の岩峰をクサリをつたって乗り越え、瓶ヶ森へ参る習わしだったという。あまり知られていないが、男山〜女山間の標高1850m地点に、四国最高所と思われるブナが1本根付いている。イシヅチザクラが5月上旬、ツルギミツバツツジは6月上旬が見ごろ。

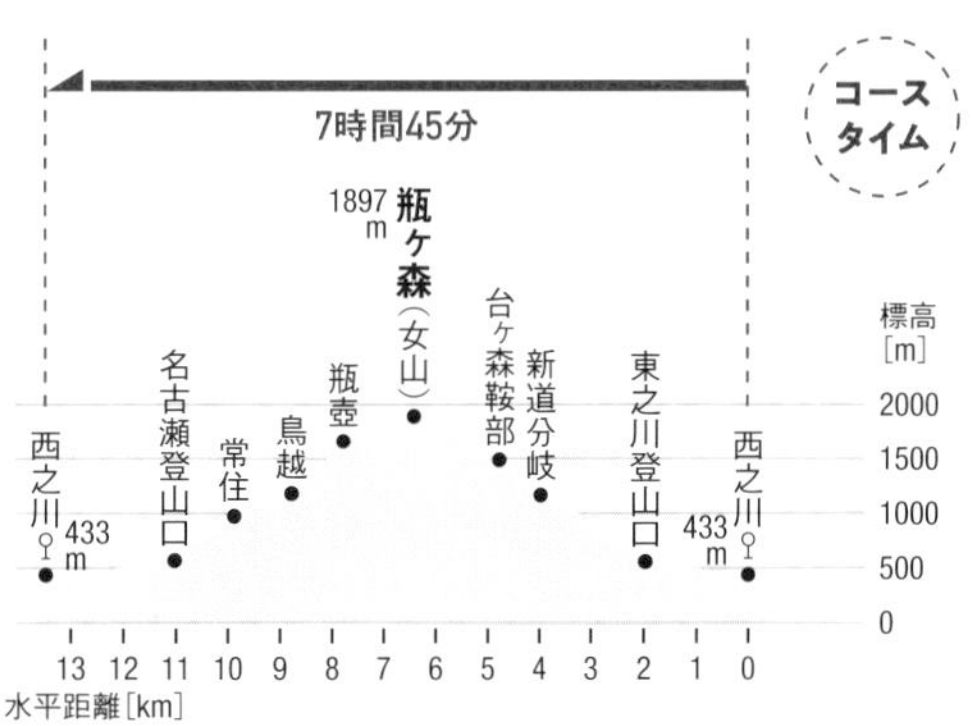

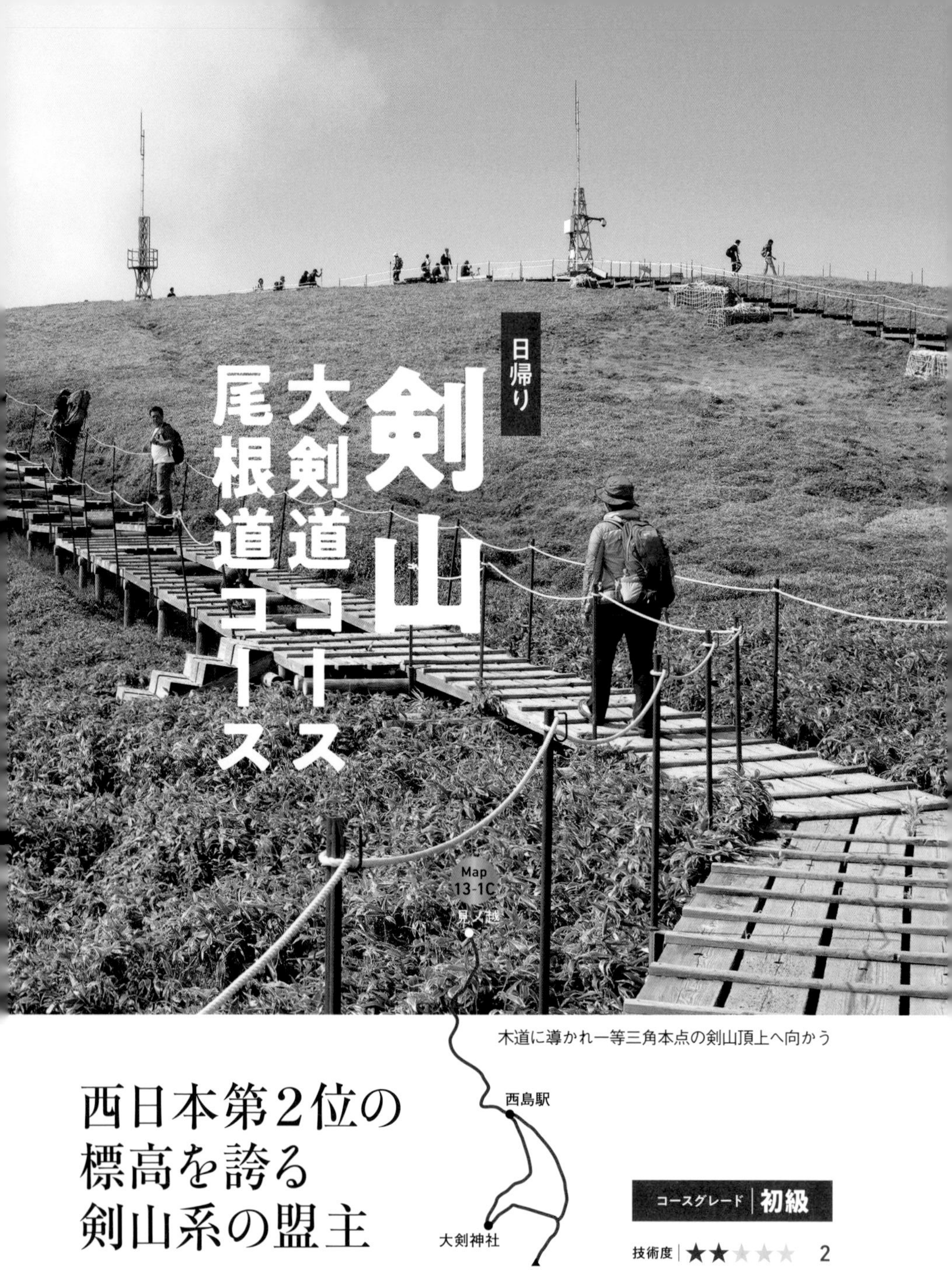

木道に導かれ一等三角本点の剣山頂上へ向かう

西日本第2位の標高を誇る剣山系の盟主

日帰り 見ノ越→西島駅→大剣神社→剣山→西島駅→見ノ越　計2時間33分

コースグレード	初級
技術度	★★☆☆☆ 2
体力度	★★☆☆☆ 2

写真・文／石川道夫

地形図で見られるように、剣山《つるぎさん》（1955m）は四国の山のなかで海岸線から最も遠い山だ。本来、近寄りがたい深山秘境の山と畏れられるところだが、それはもう昔の話。表玄関である標高1400mの見《み》ノ越《こし》（徳島県三好《みよし》市・美馬《みま》市）は、今や2本の国道が合流する交通の要所。さらに、ここから登山リフトを使えば1時間足らずで登頂できるとあって、登山初級者にも人気を博している。便利さとひきかえにかつての秘境感が失われたが、これも時代の趨勢だろう。

ここでは、見ノ越からシンボルの御塔石《おとういし》がある大剣《おおつるぎ》神社経由で登頂し、最短路の刀《かたな》掛《かけ》ノ松《まつ》経由で下山するコースを紹介する。

日帰り　見ノ越から西島を経て剣山へ

見ノ越の国道沿いの民宿前から剣《つるぎ》神社の石段を上がる。本殿前を右に折れ、簡易宿泊所の前から登山道に入ると、早くも豊かな自然を象徴するブナやミズナラの巨木が

見ノ越の民宿前の剣神社石段が登山口

キレンゲショウマは剣山を代表する名花

目につく。行楽客を運ぶ登山リフト下のトンネルを抜けてすぐ、**分岐**を左にとる。右コースは迂回路で、西島《にしじま》手前で本コースに合流する。

ブナの天然林を折り返しながら高度を上げていく。ヒノキの巨木を散見して、剣山の行場の一角、西島神社に着く。大きな岩の反対側に「太鼓《たいこ》くぐり」の行場がある。岩の縁を回り、キャンプ場を右に見てリフト終点の**西島駅**に着く。駅前広場から三嶺《みうね》と塔《とう》ノ丸《まる》、祖谷《いや》山系などが一望できる。

これより剣山の頂上へは大剣神社経由の大剣道《おおつるぎどう》コース、刀掛ノ松経由の尾根道《おねみち》コース、それと山腹を巻く遊歩道コースの3コースがある。ここでは最も利用度が高い大剣道コースを行くことにしよう。

遊歩道を右に分け、大剣道コース入口の鳥居をくぐり、少し登って尾根道コースにつながる枝道を左に分ける。ブナに代わり、カエデやツガが目立つようになり、トラバースぎみに高度を上げて**大剣神社**に出る。御塔石と称する大剣神社御神体の先端部が、屋根の上に突き出している。その高さは優に30mを超える。剣山に数ある石灰岩の露頭のなかでも最大級だ。一説では剣山の名はこれを剣に見立てたといわれるが、剣山の古名、石立山《いしだてやま》とも決して無関係ではないだろう。石の根元からは安徳《あんとく》天皇ゆかりの百名水のひとつ、御神水《ごしんすい》が湧きだしている。霊験あらたかな清水をぜひ味わいたい。

大剣神社からはいっきに傾斜が増す。ダケカンバに沿って登り、尾根道コースを合わせて鳥居をくぐると、剣山本宮宝蔵石《ほんぐうほうぞうせき》神社に着く。神社背後に安徳天皇の剣を納めたという巨石が鎮座している。

隣接する**頂上ヒュッテ**との間の階段を上がれば平家《へいけ》ノ馬場《ばば》に出る。名が示すように頂上は広々とした台地であり、三角点はその南西端に置かれている。縦横に張りめぐ

西島キャンプ場。背後の山は三嶺（左）、塔ノ丸（右）

平家ノ馬場の一角に鎮座する宝蔵石

大剣神社の御塔石と次郎笈。周囲は紅葉のベストポイント

らされた木道に乗り、旧測候所の横を通って、西日本第2位の高さを誇る**剣山**の頂点に到着する。一等三角点本点を置くだけあって、展望は申し分ない。直線でおよそ90km離れた石鎚《いしづち》山《さん》まで、幾重にも山が折り重なり、剣山の奥深さを実感する。

雄大な山岳展望のなかでも、ミヤマクマザサにおおわれた次郎笈《じろうぎゅう》の美貌がひときわ目をひく。平家ノ馬場の東端、西端にもそれぞれ休憩展望所が設けられ、全方位、くまなく景色が楽しめる。

下山は西島まで尾根道コースを行く。コメツガの林を抜け、十字路に出たところが安徳天皇ゆかりの**刀掛ノ松**。ベンチのそばにその跡を示す標識が立っている。ちなみにこの付近に衣掛《ころもかけ》ノ松もあったという。

西島まであと少しだが、その前に人気スポットのキレンゲショウマ群生地を訪ねよう。群生地を一周する道が整備されている。シカの食害により株数は減ったが、7月下旬から8月中旬の花期は、今も訪れる人が絶えない。道沿いに防鹿柵が設置されているので、柵の中へは入らないこと。

西島駅へ下り着いたら往路を戻るが、時間が許せば西島神社手前の分岐から迂回路を行くとよい。ブナ天然林コースの途中、祖谷川源流点に出合う。

プランニング&アドバイス

駐車場（無料）は見ノ越に2カ所と大塚製薬山の家手前の計3カ所あるが、ハイシーズンは車があふれ路肩駐車を余儀なくされるので、早着を心がけたい。本コースは短路のわりに枝道がけっこう錯綜している。まどわされないよう、その都度道標や案内図を確認すること。紅葉は見ノ越～西島がブナやミズナラ、西島～平家ノ馬場はカエデやドウダンツツジ、ダケカンバが主。とくに大剣神社から二度見展望所にかけた斜面がベスト。また冬山志向の人は次郎笈往復がおすすめ（P146参照）。剣山～次郎笈間の吊り尾根は夏でも快適なコースだが、冬の雪稜はまた格別。ただし登山リフトは冬期運休。

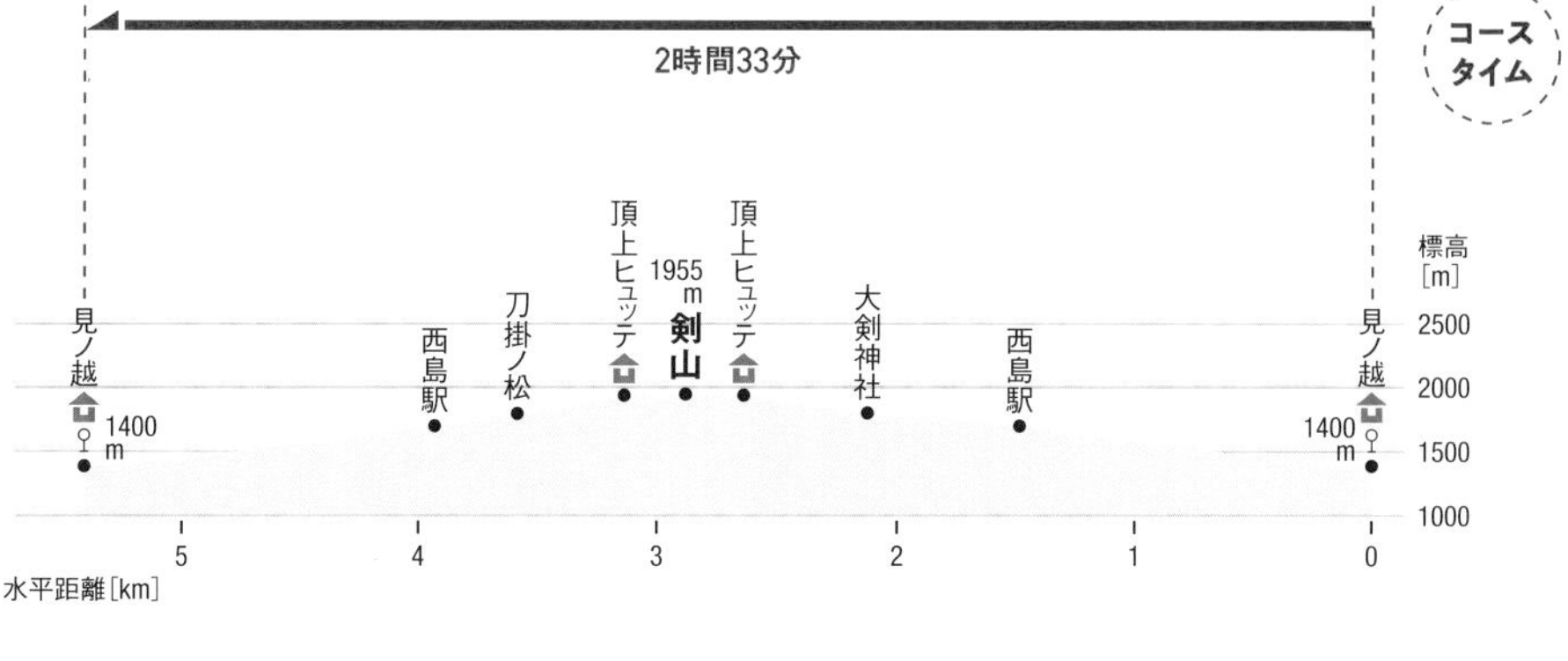

サブコース

西島起点で剣山を周遊

西島駅↓次郎笈↓剣山↓一ノ森↓両剣神社↓西島駅　4時間28分

Map 13-2C 西島駅

コースグレード	中級
技術度	★★★☆☆ 3
体力度	★★★☆☆ 3

見ノ越《みこし》から登山リフトを利用して四国第3位の高峰・次郎笈《じろうぎゅう》と剣山《つるぎさん》、一《いち》ノ森《もり》の3山をめぐるプラン。

リフト終点の**西島駅**《にしじま》から遊歩道ルート（巻き道）を進み、紅葉スポットの二度見《にどみ》展望所を経て**縦走路**に出る。**ジロウギュウ峠**の分岐道標から次郎笈へは急登となる。

登り着いた**次郎笈**の頂は標高を記した山名標識のほか何もない、シンプルそのもの。展望は360度、剣山からは見えない石立《いしだて》山《やま》もはっきりとらえることができる。

剣山へは尾根通しの一直線。**遊歩道分岐**まで戻り、急登をしのいで平家《へいけ》ノ馬場《ばば》の端に埋まる**剣山**の一等三角点へ登り着く。振り返る次郎笈はことのほか美しい。

頂上ヒュッテから東に派生する尾根をたどり、殉難碑と案内図が立つ**鞍部**から**一ノ森**の頂上を往復する。あとは刀掛《かたなかけ》ノ松《まつ》までトラバース道を行く。

四国屈指の清流・穴吹《あなぶき》川源流点を過ぎて**両剣**《りょうけん》**神社**で道が二分する。左が不動《ふどう》の岩屋《いわや》、右が古剣《こつるぎ》神社経由で、キレンゲショウマを見るなら後者を選択するとよい。

刀掛ノ松へ出て、尾根を下ればじき**西島駅**に着く。

遊歩道からは御塔石の全貌が望まれる

紅葉に彩られる二度見展望所からの次郎笈

登山道が交差する安徳天皇ゆかりの刀掛ノ松

サブコース

剣山表参道

龍光寺駐車場↓追分↓一ノ森↓頂上ヒュッテ　3時間5分

Map 13-1D 龍光寺駐車場
Map 13-2C 頂上ヒュッテ

コースグレード	中級
技術度 ★★	2
体力度 ★★★	3

剣山《つるぎさん》の表参道として開かれたクラシックコースをたどる。危険箇所こそ少ないが、標高差の大きい急登が続く。

龍光寺《りゅうこうじ》駐車場から富士《ふじ》ノ池がある龍光寺境内へ入り、本坊の横から登山道に入る。剱山本宮《つるぎさんほんぐう》本社を過ぎて作業道を横断。追分《おいわけ》に近づくにつれブナ、ミズナラの大木が目につくようになる。**追分**から剣山の行場にいたるコースは長期通行止め。

肉淵《にくぶち》峠からの尾根道を合わせると、ダケカンバの立ち枯れの間から剣山の頂上ヒュッテが見えてくる。剣山スーパー林道沿線の山々を振り返りつつ一《いち》の森《もり》ヒュッテに到着する。一の森ヒュッテはライトブルーの三角屋根が印象的な、しゃれた山小屋だ。

ヒュッテから登りわずかで**一ノ森**の頂へ。頂稜線は剣山や次郎笈《じろうぎゅう》、三嶺《みうね》と、剣山系の三名山を望む絶景ポイント。目の前の剣山はシラベ、コメツガ、ゴヨウマツの原生林におおわれ実に威風堂々。次郎笈から見たおだやかなイメージはみじんもない。

案内図と殉難碑が立つ**鞍部**へいったん急下降し、祠をまつる二《に》ノ森《もり》へ登り返す。開けた笹原を突っ切り、経塚森《きょうづかもり》を経て**頂上ヒュッテ**のある平家《へいけ》ノ馬場《ばば》にいたる。

一ノ森鞍部に立つ新田次郎の追悼文を刻む殉難碑

起点の龍光寺は剣山修験の根本道場。石段の上に本坊が構える

一ノ森から。剣山(右)と次郎笈の間に三嶺も遠望

写真・文／石川道夫

サブコース

奥槍戸から次郎笈、剣山へ

奥槍戸山の家↓次郎笈↓剣山↓ホラ貝の滝↓奥槍戸山の家　5時間30分

Map 13-3C　奥槍戸山の家

コースグレード	中級
技術度	★★★☆☆　3
体力度	★★★☆☆　3

剣山《つるぎさん》スーパー林道の拠点・奥槍戸《おくやりと》を起点に、剣山系第1位と2位の高峰をめぐる。高さにおいて石鎚山《いしづちさん》～二《に》ノ森《もり》（P134参照）に匹敵するが、こちらは何といっても豪快な吊り尾根が持ち味。剣山と次郎笈《じろうぎゅう》の美しい山容とあいまって人気を博す。復路はかつての剣山登拝道を行く。見晴らしのいい笹尾根から一変して樹林帯コースとなり、静寂に包まれた裏剣の自然が味わえる。

剣山トンネル東口にある**奥槍戸山の家**の横から登山道に入る。しばらくブナ自然林を折り返すが、シカの食害でスズタケが枯れ、以前のブッシュがうそのように林床はすっきりとしている。支尾根に出ると石立《いしだて》山《やま》や白髪山《しらがやま》、三嶺《みうね》、登山道はずれの**岩場**から槍戸山《やりとやま》方面も望まれる。

樹林帯を抜け、正面に次郎笈を仰いで斜面を横切る。次郎笈頂上から南東に派生する**尾根**に乗る。かつてここからジロウギュウ峠までトラバース道が開かれていたが、今は廃道同然だ。

剣山と一ノ森《いちのもり》を横目に、露岩が点在する尾根をたどれば**次郎笈**の頂上に着く。山名入りの標柱が1本立つ頂に、四等三角点が置かれている。展望はぐるり360度、四国山岳の大パノラマがほしいままだ。

剣山へは吊り尾根に刻まれた一筋の道をたどる。東側はササのスロープが次郎笈谷へ急激に落ち、谷へ吸いこまれそうな高度感だ。コースアウトはもちろん禁物。

どんどん高度を下げ、三嶺への縦走路を

登山口の奥槍戸山の家はスーパー林道の拠点

帰路、剣山スーパー林道から次郎笈を望む

360度の展望が広がる次郎笈頂上（右は剣山、左は丸笹山）

左に分けてすぐ**ジロウギュウ峠**に着く。地形図に峠名が記されているが、鞍部を越す道はなぜか見当たらない。しばらくゆるやかな笹尾根を登り返し、西島《にしじま》に通じる**遊歩道分岐**から急登一辺倒となる。ぐいぐい高度を上げ、木の階段を登りきると、**剣山**頂上の一等三角点が迎えてくれる。

帰りは南面のホラ貝《がい》の滝を経て剣山スーパー林道へ下りてみよう。このコースは剣山の旧参拝道でもある。木道をたどり、旧測候所手前の道標から笹原を斜めに下る。まもなく一ノ森方面にかけて広範囲にシラベの純林が見渡せる。また、樹木の切れ目から望む次郎笈は、相変わらず美貌を保ったまま。やがて「天狗《てんぐ》の五葉松《ごようまつ》」の標識が目につき、急斜面を下ると幹回り6・3mもある徳島県最大のゴヨウマツに会う。

尾根末端の崖をハシゴで下り、大岩の下から左へ道をそれると**ホラ貝の滝**が見える。水量豊かな滝は上下2段からなり、落差約30m。残念ながら滝の上部は岩に隠れ、見ることができない。

本道へ引き返し、次郎笈谷を渡って右岸沿いに進む。この先、ザレ場や崖道などの危険箇所にはロープや橋が設置されている。美渓を堪能し、五軒小屋《ごけんごや》谷を**徒渉**して**剣山スーパー林道**に出たら、出発点の**奥槍戸山の家**まで約4kmの林道歩きとなる。

急斜面に根を張る天狗の五葉松。迫力に圧倒される

プランニング&アドバイス

登山口へはマイカーに限る。徳島方面からのアクセスの場合、22年7月現在剣山スーパー林道は川成峠〜奥槍戸三叉路間が通行止めで、木頭川沿いの県道295号経由となる。奥槍戸山の家（℡0884-65-2111、10〜16時、月・火休、12〜3月休業）は宿泊不可。下山の渓谷沿いの道は一部ザレ化が著しく、固定ロープこそあるが足もとには充分注意したい。初級者は無難な剣山往復をおすすめする。

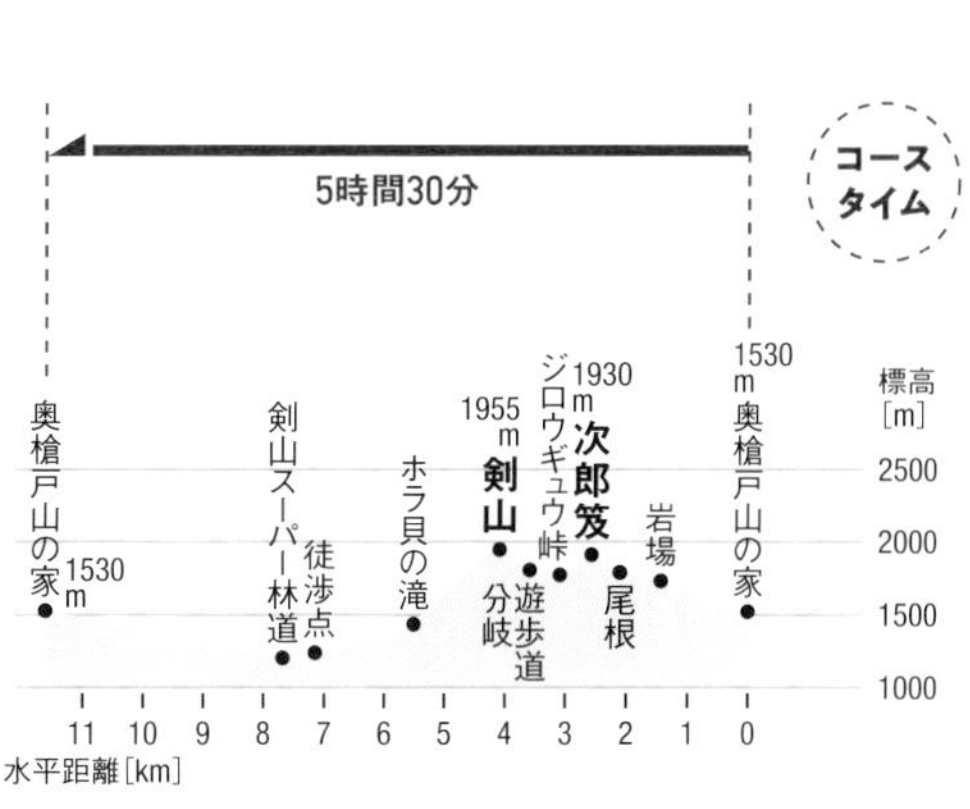

青ザレを過ぎ、笹原の道を西熊山へ向かう（左奥は天狗塚）

笹原とコメツツジが織りなす天空の縦走

コースグレード｜中級

1日目	名頃バス停→ダケモミの丘→三嶺ヒュッテ　計3時間
2日目	三嶺ヒュッテ→三嶺→西熊山→天狗塚→久保バス停　計5時間45分

技術度｜★★★★☆　4

体力度｜★★★☆☆　3

写真・文／石川道夫

標高1894mの三嶺《みうね》（高知県側では「さんれい」）は気高い山容とコメツツジで名をはせる名山だが、もうひとつこの山の魅力に欠かせないのが頂上の池だろう。剣《つるぎ》山系はおろか、四国山地を見渡しても年中涸れることがない天然の山上池は数えるほどしかなく、ましてや三嶺のように標高1800mを超える池は皆無とあって、唯一無二の存在である。あえぎあえぎ頂上に登り着くやいなや、快く迎えてくれる天空の池に誰もが癒されるだろう。

一方の天狗塚《てんぐづか》（1812m）はピラミダルな三角の突起が登高欲をくすぐる。頂に立てば、全方位に期待どおりの展望が得られる。そしてササとコメツツジをまとった上品なたたずまいは「剣山系の貴公子」と称えられ、見てよし、登ってよしの山だ。

1日目　名頃から三嶺ヒュッテまで登る

名頃《なごろ》バス停先の祖谷《いや》川に架かる橋を渡って三嶺林道を進むと、名頃登山口がある。

三嶺の頂上直下では大岩の下を通り抜ける

ウラジロモミの純林が広がるダケモミの丘

大展望の三嶺頂上。西へたおやかな笹尾根がのびる

尾根に取り付き、雑木の道を登って**林道**に出たら、30～40ｍほど先の標識から再び尾根に乗る。自然林のなかミズナラの大木を散見しつつ、やや急な斜面を踏み跡をはずれないように登り、シカの防護ネットが現れるとまもなく**ダケモミの丘**《おか》に着く。

ここで急傾斜もひと段落し、このあとダケモミ（ウラジロモミ）の純林をテンポよく進む。やがて林の切れ目から白髪山《しらがやま》とカヤハゲを望む高度に達し、さらに樹林帯を抜けると、並び立つ剣山《つるぎさん》と次郎笈《じろうぎゅう》を一望できる。平頂の剣山に対し、頂がせり上がったぶん次郎笈のほうが高く見える。

水場の分岐を過ぎてササの急斜面にそそり立つ大岩の下を通り、木段を登りきると山頂部の池が迎えてくれる。安堵と同時に疲れも忘れる瞬間だ。ここから右へわずかで、避難小屋の**三嶺ヒュッテ**に着く。

2日目 三嶺から縦走路をたどって天狗塚に立ち、久保へ下る

ヒュッテをあとに、すり鉢状の池の縁を左回りに進み**三嶺**頂上へ。高知県境の頂上から振り返ると、山頂部の二重山稜が見てとれる。ちなみに頂上下の窪みは戦前まで水をためていたという池の跡だ。ヒュッテ越しに剣山と次郎笈のシルエット。北に目を移すと祖谷川をへだてて、寒峰《かんぽう》、黒笠山《くろがさやま》をしたがえた祖谷山系の主峰・矢筈山《やはずやま》が対峙する。行く手には、西熊山《にしくまやま》を経て天狗塚に続くのびやかな笹尾根。そのはるかかなたに朝陽に輝く石鎚《いしづち》連峰が気高い。

雄大なパノラマを堪能したら、天狗塚を

山頂池畔に立つ三嶺ヒュッテと三嶺の頂上

初冬の天狗塚。コメツツジに霧氷の花が咲く

めざそう。天狗塚までたおやかな笹尾根がおよそ5kmにわたってのびる。頂上直下の鞍部で高知側のフスベヨリ谷コースを分け、コメツツジが縁どる台地へ登り返す。南に尾根が大きくえぐり取られた「青《あお》ザレ」とよばれる断層崖がなだれ落ちている

どっしりと横たわる西熊山までは、ゆるやかな稜線の北寄りをからむ。秋はリンドウやヤマラッキョに心がなごむ。コブを巻いてゆるく下ると、広々とした**大《おお》タオ**。ここからひと登りで平らな**西熊山**頂上に着くと、眼下にお亀岩《かめいわ》避難小屋、天狗峠の奥から天狗塚の三角峰がちょっぴりのぞく。

お亀岩で再び高知側のカンカケ谷コースを分け、笹原をトラバースして尾根をたどり天狗峠にいたるが、尾根の南面が切れ落ちているので慎重に通過したい。また、南にすぐの地蔵《じぞう》ノ頭《かしら》では紅葉が楽しめる。

綱附森《つなつけもり》へと続く主稜線と別れ、台状の**久《く》保《ば》分岐**へ。道標では**天狗塚**まで残すところあと650m。この区間は緑のじゅうたんのようなミヤマクマザサとコメツツジに点在する露岩があいまって、名庭園を行く気分が味わえる。**天狗塚**の頂上は見た目どおり四方に視界をさえぎるものがなく、独峰ならではの大パノラマが得られる。

帰路は**久保分岐**から北へ派生する尾根をほぼ一直線に下降する。自然林に入るとブナやウラジロモミに混じって珍しくダケカンバの大木が目につく。**1476m地点**からは雑木と植林を分ける道を下って**西山《にしやま》林道出合**へ。林道を横断し、ルートに注意しつつさらに下って**車道**へ出て、祖谷川の大《おお》宮《みや》橋を渡れば**久保バス停**に着く。

プランニング&アドバイス

稜線部のミヤマクマザサは梅雨の間にあざやかな緑に生え変わり、8月ごろまでが一年で最も美しい。ただし三嶺〜天狗塚間はお亀岩〜天狗峠間のごく一部の樹林を除き夏場の日陰は期待できない。コメツツジの花は7月にピークを迎えるが、シカ食害により近年枝枯れが目立つ。下山路の西山林道出合〜車道間は道が荒れぎみで迷いやすい。赤テープが要所にあるが作業用のものもあるので頼りにしすぎず、GPSを用いるなどして現在位置をよく確認すること。30分以上大回りになるが、無理せず西山林道を歩く方法もある。

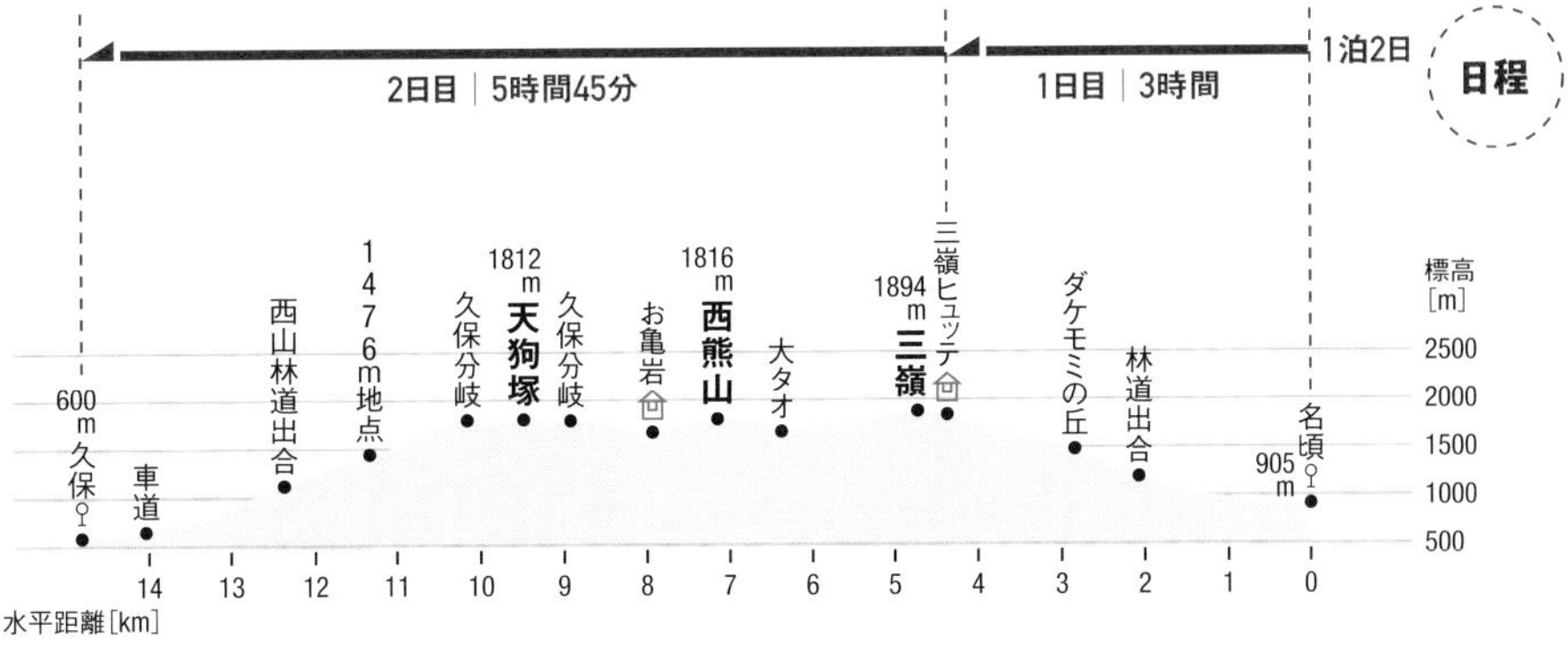

サブコース

光石登山口から三嶺へ

光石登山口↓さおりが原↓カヤハゲ↓三嶺（往復）　7時間10分

三嶺《みうね》を筆頭に、白髪山《しらがやま》やカヤハゲ、西熊《にしくま》山《やま》、綱附森《つなつけもり》といった名峰に抱かれた西熊渓谷（高知県香美《かみ》市）。土佐《とさ》湾に注ぐ清流・物部《ものべ》川の源流をなす渓谷一帯は国有林が占め、手つかずの自然が残る。深山幽谷の名をほしいままに一目置かれたこの渓谷も、2000年以降シカの食害が目立つようになり、植生の悪化が懸念されている。とはいえ、かけがえのない奥物部の大自然はやはり魅力的で、多くのハイカーに慕われている。ここでは、西熊林道の光石《ひかりいし》登山口から原《はら》を経て三嶺をめざすコースを行く。

光石登山口からいきなりザレっぽい斜面を固定ロープにつかまりながら下り、渓流に沿って進む。長笹《ながささ》谷に架かる橋を渡り、堂床《どうとこ》谷出合の休憩舎を見送れば**さおりが原分岐**に出る。ここで右手の尾根に取り付き、しばらくモミの大木を縫って高度を上げていく。瀬音が遠のき、傾斜が落ち着いてくると**さおりが原**の一角に出る。広い平地にバイケイソウがはびこり、シカの防護ネットが縦横に張りめぐらされている。林床の荒れも著しく、桃源境と称えられたかつての面影は薄い。しかし、「森の巨人100選」のイヌザクラとサワグルミの大木などは以前と変わらず存在感を見せる。

歩を進めると、谷あいにトチノキの大木が数本そびえ、うち1本が先のイヌザクラと同じ100選のひとつとなっている。韮生越《にろうごえ》分岐を過ぎ、次の**カヤハゲ分岐**か

Map 14-4B　光石登山口

Map 14-3B　三嶺

コースグレード	中級
技術度	★★★☆☆　3
体力度	★★★★☆　4

渓谷沿いのさおりが原分岐から尾根に取り付く

三嶺を目前にするカヤハゲでひと息つこう

写真・文／石川道夫

ら急斜面を登っていく。このあたりからブナが優勢となり、原生の雰囲気が高まる。心地よいブナ林が広がる尾根の南寄りをたどり、高度をかせぐ。標高１４００ｍ付近で尾根に乗ると、枝張りのみごとなブナとミズナラの巨木が現れ、原生林の確かな感触が得られるだろう。

三嶺と白髪山を左右交互に見てブナ帯を抜ける。西熊山や地蔵《じぞう》ノ頭《かしら》、天狗塚《てんぐづか》が望まれるが、フスベヨリ谷源流部の青《あお》ザレとは別の斜面に土石流の跡が痛々しい。また、盗人沢などの支谷にもいくつかの土砂崩れが認められる。

主稜線上の**カヤハゲ**の頂上に着くと東に大きく視界が開け、三嶺以下、塔《とう》ノ丸《まる》や丸《まる》笹山《ささやま》、剣山《つるぎさん》、次郎笈《じろうぎゅう》、高《こう》ノ瀬《せ》、白髪《しらが》の分《わか》れと１８０度のパノラマが開け、白髪の分れの奥には石立山《いしだてやま》も顔をのぞかせる。カヤハゲから望む三嶺は右にやや傾いた台形をなし、堂々のたたずまいを見せる。頂稜にごつごつと露岩のコブが並ぶのが三嶺の特徴で、山名もこれに由来するのかもしれない。

カヤハゲをあとにいったん急下降し、ウラジロモミ林をゆるやかに登り返すと、深い森におおわれたフスベヨリ谷と綱附森が望まれる。コブを越えたところで前方に大岩が立ちはだかり、近づくとその大きさに圧倒されるが、ここは右に迂回し難なく通過。さらに胸突く急登を迎え、一歩一歩登高を重ねる。クサリのアシストも得て、やっと**三嶺**の頂上に到着する。

四周にさえわたる展望を存分に楽しんだら、帰りは来た道を引き返す。

シカの食害が目立つさおりが原

プランニング&アドバイス

三嶺へほぼダイレクトにつめ上がるフスベヨリ谷は、台風の被害で登山道の流失や崩落があり通行困難。さおりが原までは長笹林道経由でも行けるが、時間的には大差ない。光石起点のほかに、白髪山～カヤハゲ経由の縦走コースも設定できる（約3時間30分）。下山コースとして、メインコースのお亀岩からカンカケ谷を下って光石に戻るコースもおすすめ（約2時間30分）。剣山から笹原の稜線を丸石、カヤハゲを経て三嶺へ縦走するロングコースもある（約7時間）。途中丸石避難小屋と白髪避難小屋があり、天候急変時に対応できる。

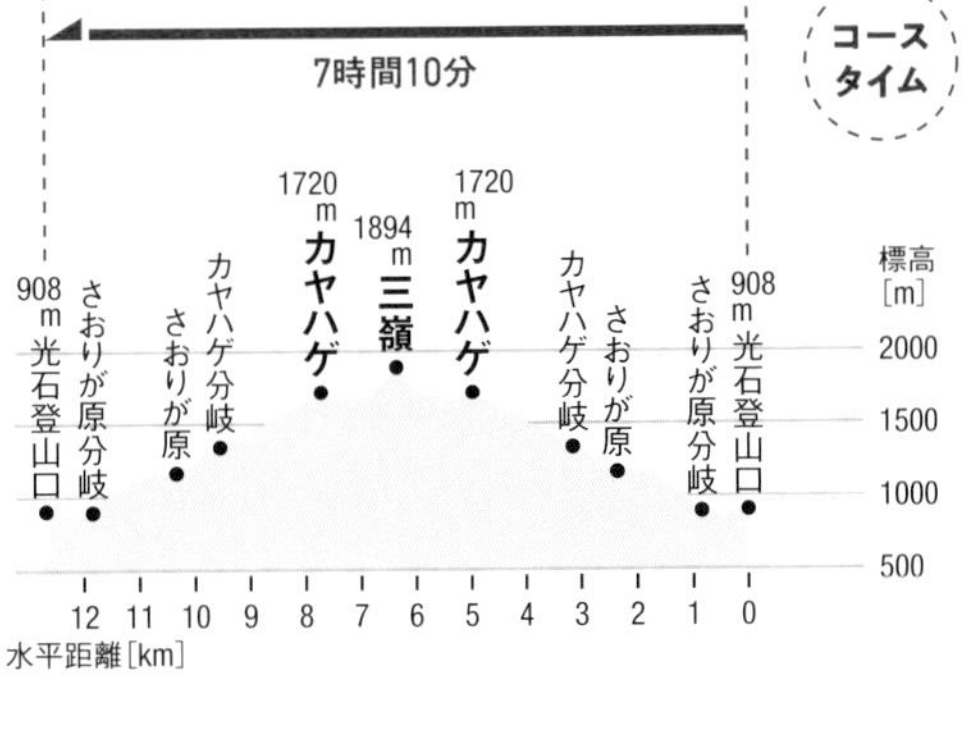

コースグレード	中級
技術度	★★★☆☆ 3
体力度	★★★★☆ 4

東《ひがし》赤石山《あかいしやま》（愛媛県新居浜《にいはま》市、1710m）は石鎚《いしづち》山脈から分かれて瀬戸《せと》内海《ないかい》のひうち灘に面してそそり立つ、赤石山系の主峰。マントル由来のかんらん岩で構成された山体は、赤みを帯びた特異な景観を呈する一方、多彩な高山植物を育む花の名山として知られる。兄弟峰の西赤石山《にしあかいしやま》（1626m）もアケボノツツジで名をはせるが、コース中のいたるところに眠る別《べっ》子《し》銅山の遺跡群も、訪れる人の心をとらえてやまない。

1日目

道の駅マイントピア別子から銅山峰ヒュッテへ

道の駅マイントピア別子バス停から**登山口**の鹿森《しかもり》ダム湖畔まで県道を歩く。小女郎《こじょろう》川に架かる新仙雲《しんせんうん》橋のたもとで登山道に入り、朱塗りのアーチ型の遠登志《おとし》橋を渡る。

東平《とうなる》までかつて銅山の鉱石運搬路として栄えた道をたどる。ジグザグの尾根道をショートカット後、山腹のゆるやかな道を進む。両岸が迫るせり割《わり》を過ぎてまもなく**中《なか》**

西赤石山頂上から。物住頭、前赤石、八巻山と続く

銅山峰ヒュッテのテント場（約10張）

1泊2日

赤石山
西赤石山
東赤石山

かんらん岩に咲く花々と
銅山遺跡群で知られる
日本二百名山

かぶと岩から見た西赤石山の秋景。アケボノツツジの春とはまた違う風情

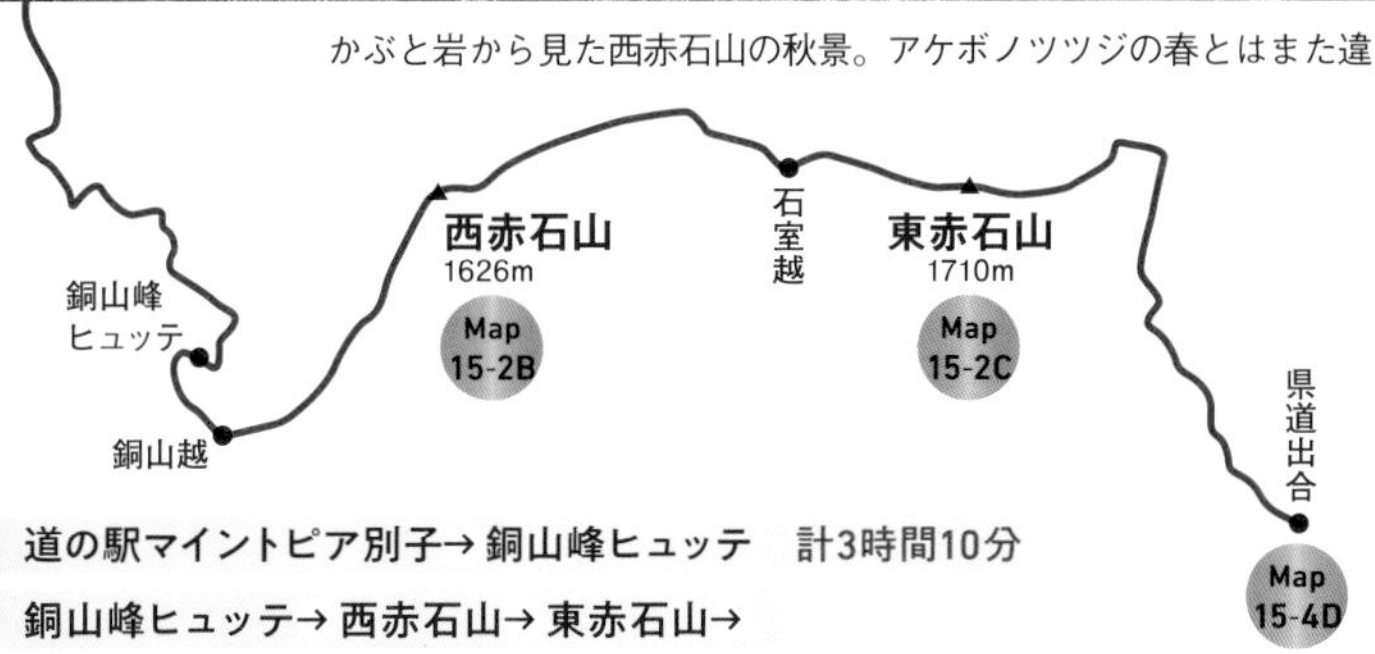

1日目　道の駅マイントピア別子→ 銅山峰ヒュッテ　計3時間10分

2日目　銅山峰ヒュッテ→ 西赤石山→ 東赤石山→ 権現越→ 県道出合　計7時間45分

ノ橋へ。橋を渡ると第三通洞に通じる近道が分かれるが、直進して東平へ向かう。

　銅山ゆかりの社宅や郵便局、索道跡の石垣が累々と重なる植林地を抜け、インクライン跡の長い石段を上がると電車庫跡の広々とした駐車場に出る。その一角に別子銅山の繁栄ぶりを伝える東平案内図が立っているので、ぜひ見ておきたい。また、時間が許せば周辺の産業遺跡へも足を運びたい。

　鉱山鉄道跡に沿って進むと、アカマツの木立が美しい広場に出る。ここは大正期の採鉱本部跡で、斜面に建つ赤レンガの建物は変電所跡。広場奥の左上がりの道は上部《じょうぶ》鉄道跡やかぶと岩を経て、西赤石山へいたる。また、柳谷《やなだに》川に架かる橋の先には嶺南の日浦《ひうら》を結ぶ**第三通洞**がある。柳谷川に沿ってジグザグを重ね、馬ノ背コースを右に分けて再び橋を渡る。山腹を斜上して上部鉄道跡の水平道に合流すれば、まもなく鉱山鉄道の停車場跡に建つ**銅山峰《どうざんみね》ヒュッテ**に着く。初日はここで1泊する。

2日目

銅山峰ヒュッテから西赤石山、東赤石山へ

　銅山峰ヒュッテの先で馬ノ背《うませ》コースを合わせ**銅山越《どうざんごえ》**へ。ここで反対側の日浦コースと合流する。ちなみに日浦コース沿いの南面一帯が銅山発祥の地、いわゆる旧別子（現新居浜市別子山《べっしやま》地区）で、元禄時代に開坑した歓喜《かんき》坑以下、数々の遺跡が眠る。石囲いのお地蔵さんに手を合わせ、旧別子のシンボル・蘭塔婆《らんとうば》を眼下に東へ尾根をたどる。

　足もとのツガザクラやアカモノをめでながら高度をかせぐと、北面のアケボノツツジがより顕著になる。石鎚山《いしづちさん》と笹ヶ峰《ささがみね》を振り向きつつ岩場を越え、**西赤石山**頂上に着く。北側の下降路はアケボノツツジのビューポイントであるかぶと岩へ通じている。

　西赤石山〜物住頭《ものずみのかしら》間は雲ヶ原《くもがはら》とよばれる比較的ゆるやかなコースで、ナンゴククガイソウやコウスユキソウ、シモツケソウなどに会える。**物住頭**のピークは何の変哲も

右／東赤石山特産種のオトメシャジン
左／キバナノコマノツメは山中の各所で見られる

八巻山鞍部の通称おかめ岩。絶妙なバランスだ

石室越からは本格的な岩稜歩き。慎重な行動を心がけたい

ないが、北面にコース唯一のブナがまとまって生えている。物住頭以降はこれまでと違い岩の多い道で、行く手にそびえる前赤石《まえあかいし》の岩峰はそれを予感させる。

　別子銅山の鉱石運搬に使われた**雲原越**《くもはらごえ》へ下り、岩稜づたいか巻き道経由で前赤石をこなして**石室越**《いしむろごえ》へ。東赤石山へはなおも岩稜をたどるが、ザイルを必要とする危険箇所はない。足がかりや手がかりが容易な稜線の南寄りを進み、**八巻山**《はちまきやま》の鞍部からは稜線の北寄りをたどる。道すがら愛嬌ふりまくキバナノコマノツメやユキワリソウが緊張をやわらげるだろう。

　赤石越《あかいしごえ》から**東赤石山**へはひと登り。かんらん岩が重なる頂上に山名板が立っているが、三角点はもう少し先の林を抜けたところにある。こちらは波静かなひうち灘を眼下に二ッ《ふた》岳《だけ》や赤星山《あかぼしやま》はもちろん、高知県境山脈、徳島の三嶺《みうね》や寒峰《かんぽう》までも遠望できる。

　海と山の景色を満喫したら、下山にかかろう。権現越《ごんげんごえ》まではクロベ、ゴヨウマツ、シャクナゲが茂るコースを行く。相変わらず岩がちだが、稜線を大きくそれることはない。石室越からの巻き道を合わせると**権現越**に着く。分岐道標を確認して南東へ進み、床鍋《とこなべ》谷の源流部を徒渉。シャクナゲの小尾根を経て送電鉄塔の**保線路に合流**。さらに谷を2つ越し、雑木とスギ林をひたすら下降すると床鍋集落内の**県道**に出る。

プランニング&アドバイス

南面の別子山からの日浦コースは劇場や学校に料亭や旅館、商店が並んだ鉱山街跡など、当時の暮らしぶりを偲ぶ遺跡が多く残る。また、西赤石山からかぶと岩を経て東平へ下るコースはアケボノツツジ見物の日帰りコースとして利用度が高い（ともに約2時間）。ツガザクラとアケボノツツジは5月上～中旬ごろ、東赤石山のオトメシャジンは7～8月、キバナノコマノツメ、ユキワリソウは6月が花期。通年営業で食事つきの銅山峰ヒュッテは宿泊1週間前までに要予約。無料のテント場あり。東赤石山直下の赤石山荘は廃業。

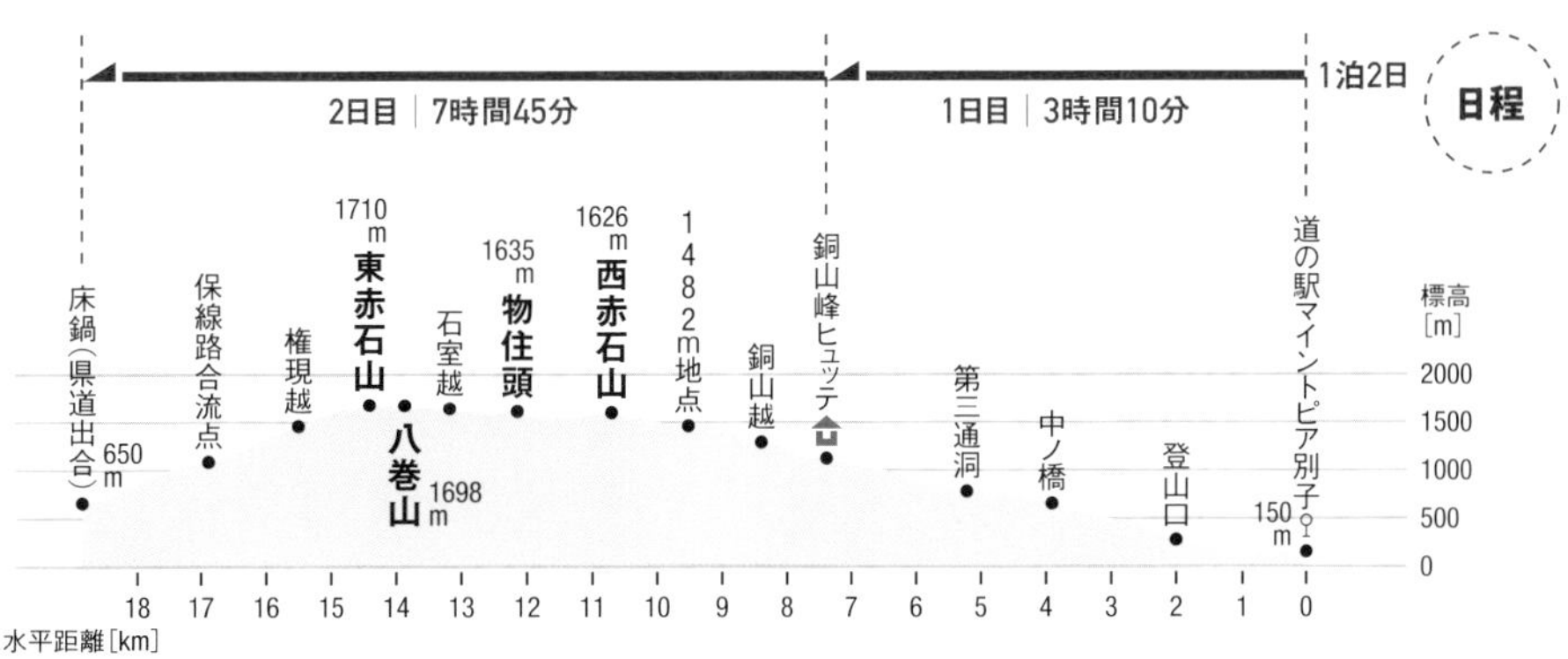

高知県境尾根に枝を張るブナ大木

日帰り

平家平・冠山

自然豊かな保護林を抜け 圧巻の山岳展望を満喫

中七番↓平家平↓冠山↓ちち山の別れ↓土山越↓中七番　7時間5分

吉野《よしの》川の支流・銅山《どうざん》川の源流域におよそ1500haの住友林業の社有林が広がる。そのうち、より源流点に近いエリアは、ブナ、モミ、ツガの原生保護林として特別に扱われている。緑豊かな自然が息づく広大な森をふところに抱くのが平家平《へいけだいら》と冠山《かんむりやま》だ。名のとおり姿形は異なるが、両者を結ぶ笹尾根は石鎚《いしづち》連峰の展望コースとして高い評価を得ている。

中七番《なかしちばん》の住友林業が管理するフォレスターハウスから白樺林内の動物防護柵をくぐり、平家谷とその支流に架かる橋を渡ると、谷と尾根コースを分ける。遠回りとなるが、道が安定した後者が一般向き。

両コースの**合流点**を過ぎて支尾根に取り付いたら、高知県境尾根まで送電鉄塔の保線路を行く。赤石《あかいし》山系を見渡すポイントを過ぎ、ブナやトチ、ミズナラの大木が散見されると**県境尾根**は近い。

平家平へ1・3㎞を示す分岐道標をあとに尾根をたどる。緩急を重ねながら高度を上げると、標高1693mの**平家平**に着く。ササにおおわれた頂からの眺めはすこぶるいい。堂ヶ森《どうがもり》から笹ヶ峰《ささがみね》までの石鎚連峰と、

Map 16-1B　中七番

コースグレード	中級
技術度	★★★☆☆　3
体力度	★★★★☆　4

平家平頂上。石鎚連峰屈指の山岳パノラマが持ち味

中七番から平家谷に架かる吊橋を渡る

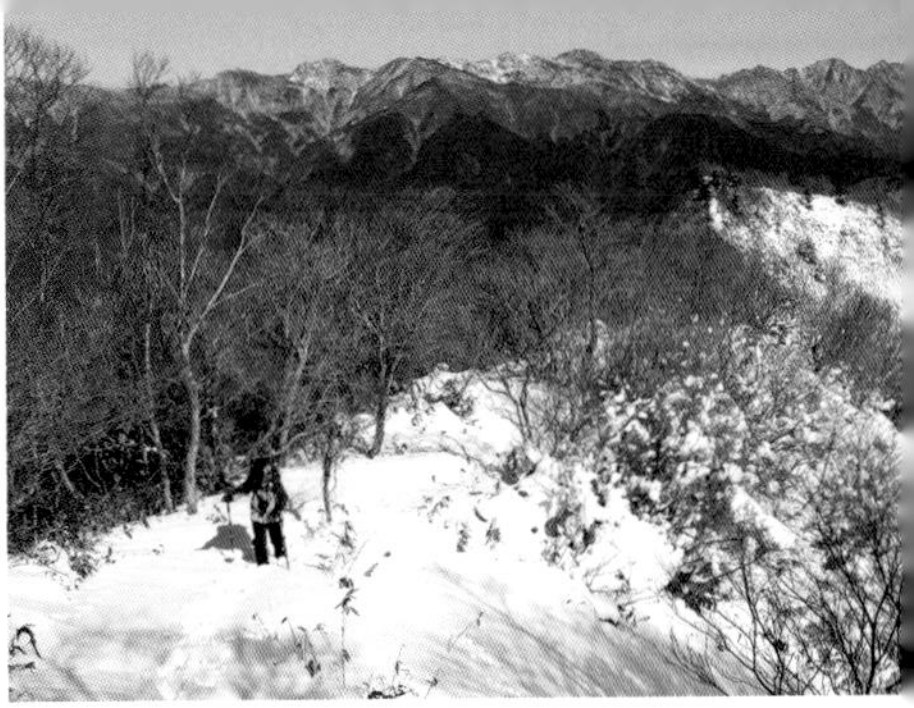
赤石山系を背に平家平頂上をめざす

それに続く赤石山系の峰々が容易に識別できる。さらに南に土佐《とさ》湾、東に剣《つるぎ》山系の山並みまで視線がのびる。三等三角点とは思えないロケーションだ。

大展望をほしいままにコース最高点（1732m）の**冠山**に登り着く。冠山は平家平をしのぐ絶景ポイントだったが、まわりの樹木が成長し、以前ほど視界がきかない。

狭い頂上をあとにブナ林を抜けると、**一《いち》ノ谷越《たにごえ》**に着く。今は何の変哲もない場所だが、かつてこの峠を越えて土佐から別子《べっし》銅山へ木炭が運ばれた。銅山に生きた先人達に思いをはせる。高知側の峠道は定かでないが、1619m三角点の先の**分岐**から明瞭な踏み跡が一の谷へ下りている。

ちち山《やま》の別《わか》れまで登り返したら、あとは下るのみ。道すがらアケボノツツジやブナの大木をめで、別子銅山ゆかりの旧馬道を下って**土山越《つちやまごえ》**（地形図では大坂屋敷越《おおさかやしきごえ》）へ。さらに七番谷川に沿って**大永山《だいえいざん》トンネル南口**に出たら、車道を**中七番**へと戻る。

下山路の獅子舞の鼻付近から見た冠山と平家平（左奥）

プランニング&アドバイス

県道沿いの駐車場はフォレスターハウス見学者専用なので、登山者は別子ダム側へわずかに進んだ地点にある路肩スペースへ。一ノ谷越の愛媛側コースは一ノ谷越〜ナスビ平間で道が崩落し2022年7月現在通行止め。獅子舞の鼻付近のアケボノツツジは5月の連休が見ごろ。フォレスターハウス周辺ではカタクリ、ヤマシャクヤク、クマガイソウ、キレンゲショウマなど多種類の花が見られる。

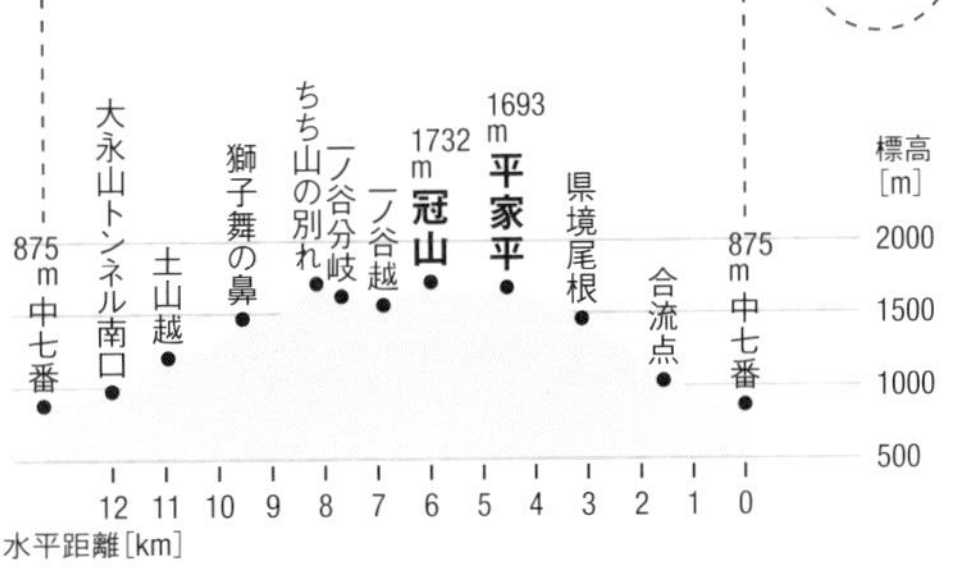

日帰り

石立山

ハードコースをしのいだ頂からの大展望

別府峡↓竜頭谷出合↓西峰↓捨身嶽↓石立山（往復） 6時間20分

剣《つるぎ》山系の主軸から遠く離れ、徳島・高知県境で孤高を保つ石立山《いしだてやま》（１７０８ｍ）。四国一ハードな山、石灰岩の山、高山植物の宝庫などと形容される一方、れっきとした信仰の山である。そのシンボルが頂上北側にそそり立つ捨身嶽《しゃしんがたけ》。修験の面影を伝える巨大な石灰岩の露頭は、次郎笈《じろうぎゅう》や三嶺《みうね》からすぐそれとわかるほど。また徳島県側の木頭《きとう》地区から均整のとれた気高い山容が望まれ、地元住民が霊山として崇めたのもうなずける。石立大明神をまつる頂上は丸味を帯び、見た目はソフトな印象だが、別府《べふ》、高《こう》ノ瀬《せ》の両渓谷に深々と削りとられた山肌はあくまで険しい。それゆえ登山道は急登が連続し、難峰を実感させる。

別府峡に架かる朱塗りの吊橋を渡ると、いきなり急登を迎える。足もとに注意しながら百間滝《ひゃっけんだき》分岐を過ぎ、支尾根を巻くように登り、竜頭山《りゅうずやま》から南へ派生する尾根に出る。少し登って尾根をそれ、**竜頭谷**を徒渉する。ザレ場を通って尾根に取り付くと、本格的な登りがはじまる。岩角をつかみ、立ち木にすがりながら高度を上げる。脚力はもちろん、腕力も要求される。下ばかり見ていると木の枝や幹に思い切り頭をぶつけることもあり、頭上にも注意を払おう。

ツガとヒノキが林立する標高１１８３ｍ地点で、いったん傾斜が落ち着く。防鹿ネットの間を通って再度岩稜に出るといっき

Map 16-4A 別府峡

Map 16-3B 石立山

コースグレード	上級
技術度	★★★★☆ 4
体力度	★★★★☆ 4

6月、特産のイシダテクサタチバナが沿道を飾る

北西の竜頭尾根から見た石立山

写真・文／石川道夫

石立山のシンボル・捨身嶽は絶好の展望台

に視界が開け、口西山《くちにしやま》と白髪山《しらがやま》、直下に新《しん》錦渓《きんけい》橋を俯瞰する。すでに隣の竜頭山と肩を並べる高度に達している。

このあとも急登が容赦なく続く。アケボノツツジに励まされつつ高度を上げると、ビャクシンの老樹に出会う。行く手をふさぐようにナイフリッジ（ナイフの刃のように切り立った岩稜）をまたいで生え、なおかつ樹勢さがんである。驚異的な生命力に感動すら覚える。やがてブナ自然林に包まれ、標高１４７２ｍの**平地**に出る。頂上を目前に、やっとひと息つける場所だ。下方にイチイの大木が立っている。

シカの食害を免れたイシダテクサタチバナを左右に見て、**西峰**《せいほう》に出る。**投身嶽**は西峰からすぐ下の、足がすくむ断崖に屹立している。岩上は絶好の展望台で、白髪山や三嶺、次郎笈、一《いち》ノ森《もり》などの脊梁《せきりょう》の連山はもちろん、折宇谷山《おりゅうだにやま》や平家平《へいけだいら》など槍戸《やりど》方面の山々もきれいに望まれる。一方、目の前の石立山本峰は、ここから見る限り、丸みを帯び、ごく平凡である。

西峰から尾根づたいに進めば、その**石立山**頂上に達する。シカの食害がここにもおよび、頂上のスズタケはみごとに消えている。南に赤城尾山《あかぎゆうやま》、西又山《にしまたやま》、甚吉森《じんきちもり》、湯桶丸《ゆとうまる》と連なる海部《かいふ》山地を一望したら、下山は往路を引き返す。

登山道に彩りを添えるアケボノツツジ

プランニング&アドバイス

本項は別府峡からの往復としたが、車の回送が可能なら徳島側の日和田へ下りてもよい。ただし長い植林地の下降に閉口する。竜頭尾根を下るコースも選択肢のひとつ。竜頭山手前から尾根を西寄りに下れば別府渓谷へ出る。それとは別に竜頭山三角点から尾根づたいに南下するコースは踏み跡が薄いうえに滑落の危険を伴うザレ場もあり、熟練者以外すすめられない。

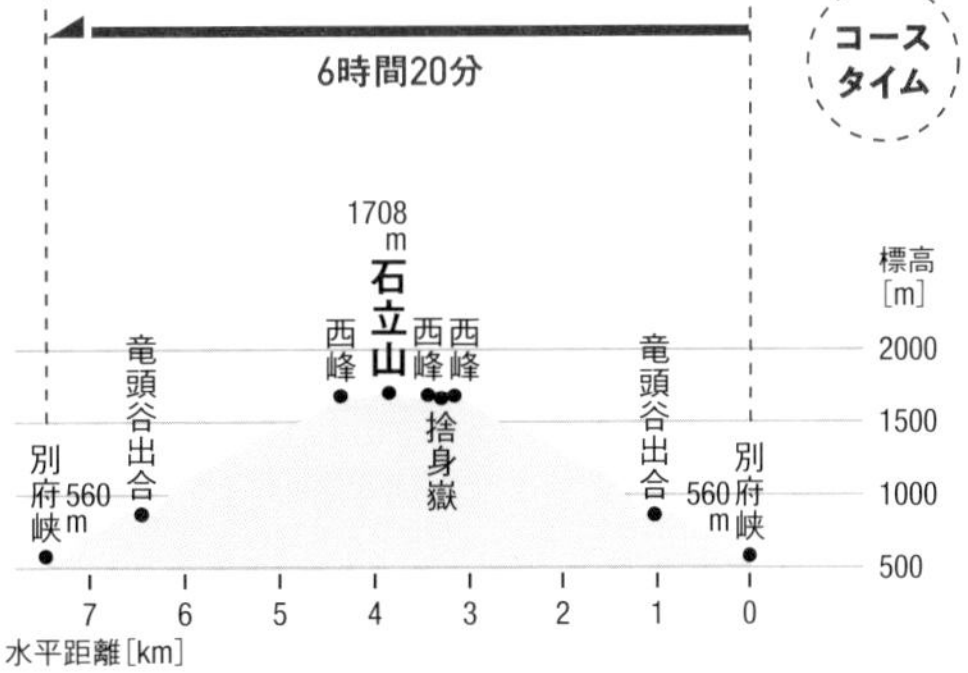

日帰り

土佐矢筈山

ブナと花、展望の三拍子そろう剣山系西端の山

京柱峠↓小桧曽山↓土佐矢筈山（往復）　5時間40分

四国で矢筈山《やはずやま》とえば、徳島祖谷《いや》山系の主峰・矢筈山（阿波矢筈山）と、ここで紹介する土佐矢筈山《とさやはずやま》（１６０７ｍ）が双璧だ。正しくは矢筈山だが、前者と区別するためか、一般に土佐の名を冠した呼称が用いられる。それと徳島県境に位置しているものの、本来高知の岳人になじみ深いといった背景も、少なからず関係していると思われる。阿波矢筈山に比べいささか目立たないが、頂上から小桧曽山《こびそやま》にかけての笹尾根は、剣山系中トップクラスのパノラマコース。頂上からの展望も絶佳で、剣山《つるぎさん》、次郎笈《じろうぎゅう》をはじめ数々の名峰が一望のもと。剣山系の端っこで、存在を大いにアピールしている。

Map 16-1C 京柱峠
Map 16-2D 土佐矢筈山

コースグレード	中級
技術度	★★★☆☆ 3
体力度	★★★☆☆ 3

国道４３９号の**京《きょう》柱《ばしら》峠**から矢筈峠に通じる林道の１００ｍほど先に、登山口標識が立っている。右上がりの登山道に入ってすぐ尾根に乗り、ヒノキ植林地を進む。しだいに傾斜が増しザレっぽい道となるが、ここをふんばって**ブナ原生林入口**に着く

これより尾根道と迂回路に分かれるので、行き帰りで使い分けるとよい。右の迂回路はブナの大木が林立する原生林コースで、苔むした樹々が原生自然の雰囲気を醸しだす。ブナ林はここから西へ、奥神賀山《おくじんがやま》を経て中都山《なかつやま》、大ボシ山《やま》へと続く。ちなみにこの山域では豊かな自然の証しともいえる、ツキノワグマの生息が確認されている。

祠をまつる**大岩**で先ほどの尾根道と合流

小桧曽山〜土佐矢筈山間は広々した笹尾根が続く

二等三角点がある小桧曽山の頂上

土佐矢筈山頂上からは剣山系のパノラマが開ける

すると、一変して「モミ千本」と称するウラジロモミの純林となる。支尾根を合わせて林を抜け、広々とした笹原に飛び出る。西方かなたに法《ほう》皇《おう》山脈、赤石《あかいし》山系、石鎚《いしづち》連峰がかすむ。

尾根上の分岐（**京柱峠分岐**）に出て、右へ進むと**小桧曽山**に着く。頂上から土佐矢筈山への道のりを確認したら**分岐**へ戻って主稜線を東へたどるが、ところどころササの下に石が隠れており、足をとられないようにしたい。

旧小桧曽山を過ぎ、ゆるやかに下る。行く手には、見るからに気持ちよさそうな笹尾根が続く。秋は風にそよぐススキの穂がいやがうえにも高原情緒をあおる。また、点在する露岩は絶好の展望台となる。

1541mのコブを越すと、正面に土佐矢筈山が横たわる。しなやかなカーブを描くササの頂稜線といい、斜面の樹々の茂り具合といい、同じ剣山系のお亀《かめ》岩から見た天狗《てんぐ》峠の風景とうりふたつだ。

広い鞍部へ下り、樹林帯を斜上して尾根に出ると、東に展望が開ける。ミツバツツジやコメツツジをめで、矢筈峠からのコースを合わせれば、じきに**土佐矢筈山**に到着する。頂上の東斜面は切れ落ち、おかげで眺望がさえわたる。天狗塚《てんぐづか》、三嶺《みうね》、白髪山《しらがやま》、綱附森《つなつけもり》を前衛に、剣山と次郎笈がそれぞれ頭半分ずつ望まれる。

絶景を堪能したら往路を引き返す。

スズタケが消えたブナ原生林コースを行く

プランニング&アドバイス

起点の京柱峠へのバス便はなく、マイカー利用が前提。高速道は高知道大豊IC、タクシーの場合もJR土讃線豊永駅が最寄りとなる（P203「登山口ガイド」参照）。矢筈峠起点に紹介コースの逆、あるいは両峠に車を回送しておけばもちろん峠間の縦走可能だ。ちなみに矢筈峠〜土佐矢筈山は1時間ほど。ミツバツツジの花期は5月中〜下旬ごろだが、シカの食害が著しく以前より劣る。

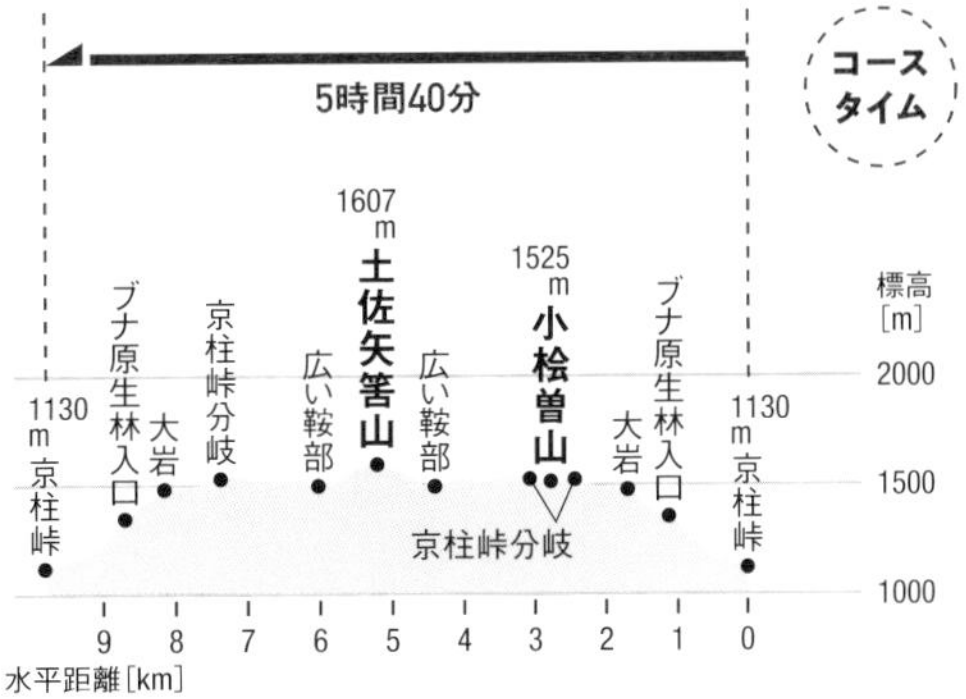

フクジュソウ群生地。花を踏みつけないように歩こう

日帰り

寒峰

フクジュソウと大展望で人気の祖谷山系西端の一峰

コースグレード｜**中級**

技術度 ★★

体力度 ★★

日帰り 住吉神社→林道出合→寒峰→寒峰橋→住吉神社　計4時間30分

写真・文　石川道夫

祖谷《いや》山系の西端に位置する寒峰《かんぽう》（徳島県三好市《みよし》、1605m）。この山の代名詞・フクジュソウは古来福を招く花として珍重され、祖谷地方ではエンレイソウ、フッキソウとともに三瑞草のひとつに数えられる。雪どけが進む春3月、花がまだ乏しいこの時期に、「どうぞご覧あれ」といわんばかりに咲き誇る。およそ1haにおよぶ群生地は、まるで黄金を散りばめたよう。花好きにとっては最高のおもてなしだろう。四国最大の群落という名声も手つだい、花期は大勢のハイカーでにぎわいを見せる。

日帰り

住吉神社起点の頂上周回

アカマツ、スギ、ツガの大木がそそり立つ**住吉《すみよし》神社**社叢を抜け、**林道出合**まで植林地を行く。林道脇の標柱から登山道に入ると、道の下方にフクジュソウが見えてくる。群生地はもう少し先の植林を抜けたところで、冬枯れの雑木の緩斜面に明かりを灯したかのように黄花が点々と展開する。

しばらく花をめで歩き、雑木の急斜面を斜上して**尾根**へ出る。ここからは雑木と植林を分ける急登となるが、1415・2mの四等三角点（**栗枝渡《くりしど》**）からは傾斜もゆるみ、ブナやミズナラ主体の二次林の中、新緑や紅葉、冬は霧氷の花にそれまでの急登の苦労が報われる。

尾根を右へはずれた西寒峰《にしかんぽう》のトラバース道で、再びフクジュソウに出会う。株数は先ほどの群生地におよばないものの、まわりの雰囲気はこちらが勝る。**広い鞍部**でひと息ついたら、尾根づたいに寒峰をめざす。やがてブナの大木が目立つ凹地へ登り着く。凹地を取り囲むように幹周り3〜4m級のブナが頭上高く枝を張り、これまでとは桁違いの大きさに圧倒される。

圧巻のブナをあとにして、登ることわずかで寒峰峠に出る。壇《だん》ノ浦《うら》合

開けた寒峰頂上から烏帽子山、矢筈山などを望む

登山口の住吉神社。裏に約5台分の駐車場がある

凹地を囲むようにブナの大木が生える（寒峰峠手前）

戦後に平家一族がこの峠を越えて祖谷へ落ちのびたという、いわば祖谷地方の平家伝説の原点ともいえる場所だ。漫然と歩いていると気づかないが、大師堂《だいしどう》が建っていたという小広い平地には、草に埋もれた石囲いや囲炉裏の石組みが残っている。

視界がいっきに開ける笹原を登りきると、**寒峰**の頂上に達する。たちまち360度に視界が開け、峰続きの烏帽子山《えぼしやま》、矢筈山《やはずやま》はもちろん、南に祖谷川をはさんで剣山《つるぎさん》から天狗塚《てんぐづか》へいたるゆるやかな山稜、西には石《いし》鎚《づち》、赤石《あかいし》山系、北に讃岐《さぬき》山脈と、非のうちどころがない山岳パノラマが得られる。

絶佳の展望を満喫したら下山にかかろう。

尾根を東にたどり、分岐道標が立つ地点を経て右に大きく折り返し、やがて尾根に乗る。ヒノキ植林地を抜け、作業用モノレールに沿いにいっきに下っていく。

1279m地点の手前で尾根を左へはずれ、間伐材が散乱するスギ植林地を下ると横道に出合う。右方向へ進み、廃屋を下に見て**林道**へ下る。あとは林道を道なりに進み、**寒峰橋**を渡って**住吉神社**へ戻る。

寒峰の東直下にある分岐道標（奥は寒峰）。この先は下りが続く

プランニング&アドバイス

住吉神社の駐車場は収容4～5台程度。その先の林道登山口まで乗り入れる場合は路肩駐車となる。後述のフクジュソウの花期は混雑するので、早着がベスト。下山路は風情に欠け、また分岐道標～林道間は荒れぎみの箇所や道がわかりづらい場所があるので、往路の往復でもよい。フクジュソウの花のピークは例年3月20日前後。年によって4月中ごろまで見られる。なお群生地には芽生えたばかりの小株もたくさん混じるので、踏みつけに充分注意すること。

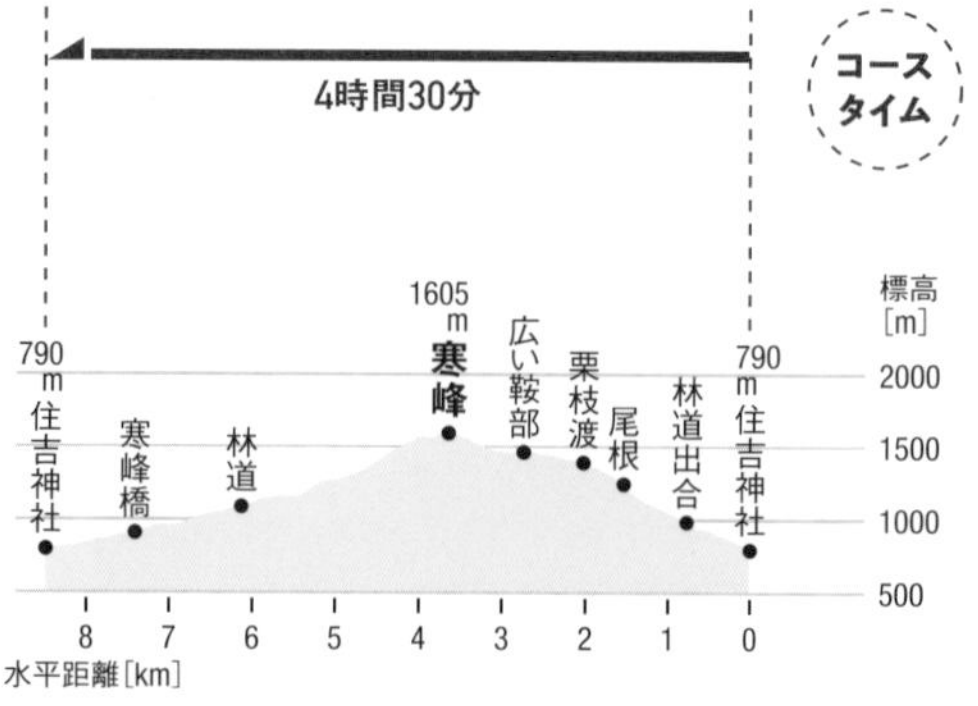

竜王山

日帰り

由緒ある峠道から讃岐山脈最高峰を極める

竜王峠〜阿波竜王間は雑木の美林を通る本コースのハイライト

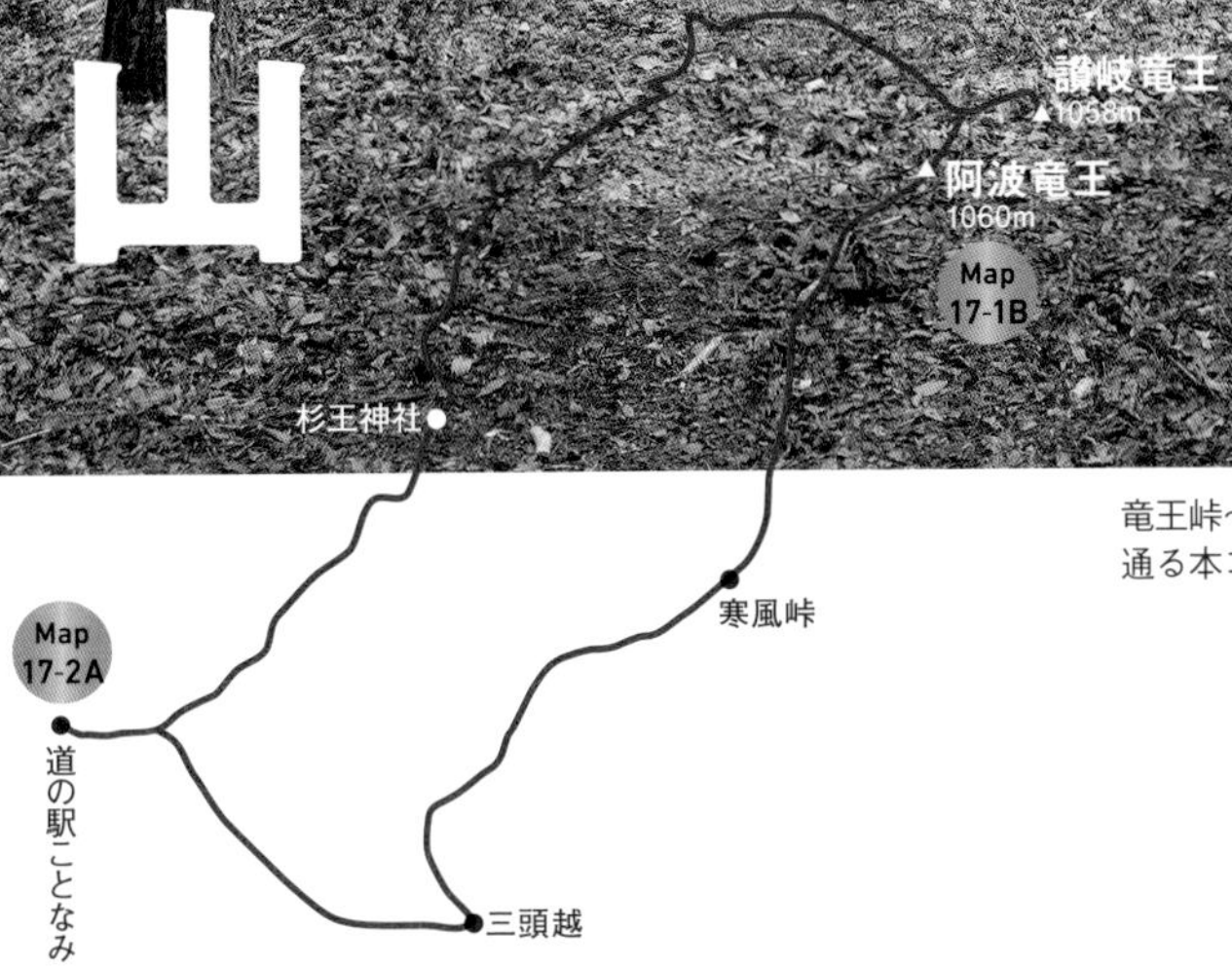

コースグレード	中級
技術度	★★★☆☆ 3
体力度	★★★☆☆ 3

日帰り 道の駅ことなみ→ 三頭越→ 寒風峠→ 阿波竜王→ 讃岐竜王→ 浅木原→ 杉王神社→ 道の駅ことなみ　計6時間

写真・文／石川道夫

香川・徳島県境に横たわる讃岐《さぬき》山脈最高峰で香川県の最高峰でもある竜王《りゅうおう》山《さん》は、阿波竜王《あわりゅうおう》（1060m）と讃岐竜王《さぬきりゅうおう》（1058m）、それに一等三角点峰（1013m）などを含めた総称。古来、雨乞い祈願の山として香川・徳島両県の地域住民に崇拝されてきたが、地勢的にも歴史的にも徳島県側の信仰が優る。最高点に「阿波」の名を冠するのはひとつの証しであろう。それに対し、登山コースは急傾斜にもかかわらず香川県側に多く開かれている。本コース上の三頭越《みとうごえ》は讃岐山脈の阿讃《あさん》往還の要衝であり、古峠の風情が残る。また縦走路にいたっては展望こそ乏しいが、雑木の美林が実に心地よい。下山後の巨樹との出会いも楽しみだ。

日帰り

道の駅ことなみから山頂を周回

道の駅ことなみから三頭越までは、久保《くぼ》谷《だに》を慎重につめていく。早春は沿道に点々と咲くユキワリイチゲやアワコバイモがよりどころとなる。登り着いた**三頭峠**に安政《あんせい》の年号を刻む石の鳥居と、道をはさんで猿田彦命《さるたひこのみこと》と天細女《あまのうずめの》命《みこと》が対立。そばに金比羅《こんぴら》街道を伝えるマーク入りの自然石も立っている。

県境の縦走路に移り、**929mピーク**などコブを何度も上下する。**寒風越《さむかぜごえ》**、一等三角点峰と越すと、車道が横切る**竜王《りゅうおう》峠**だ。この先の無線中継所からしばらくは雑木の美林が続くので、存分に楽しみたい。心地よい林を抜けると**阿波竜王**はもう目の前。頂上の展望台からは、高松《たかまつ》空港や高松市街、遠く瀬戸《せと》の島影などが望まれる。遊歩道を徳島側に少し下ると、林の中に竜神《りゅうじん》の池が眠る。興味があればのぞいてみよう。

もうひとつのピーク**讃岐竜王**へは指呼の

古峠の雰囲気が残る三頭越（徳島県側）

久保谷に咲くユキワリイチゲ（左）とアワコバイモ（右）
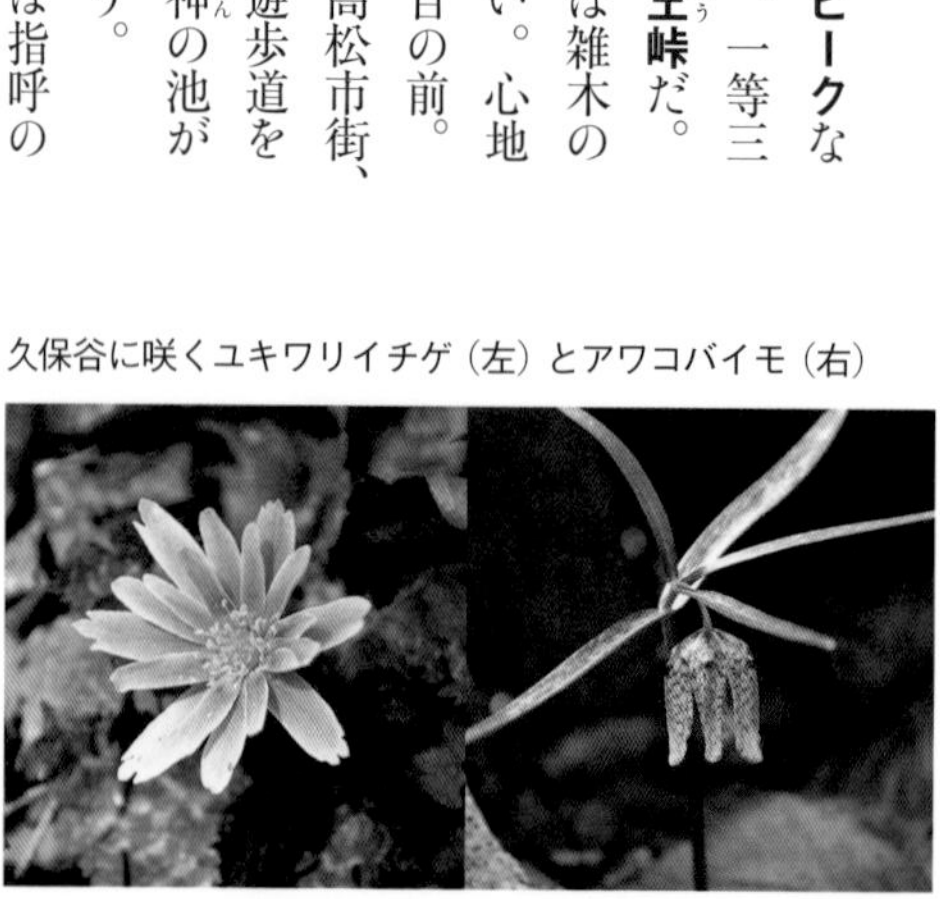

阿波竜王からは唯一展望が得られる

間だが、こちらは植林の中で味気ない。早々に辞して帰路につく。

石仏が見守る分岐まで引き返し、右手の支尾根をたどる。笠形山《かさがたやま》分岐で尾根をはずれると、浅木原《あさぎはら》集落内の**県道**に出る。そのままカーブを曲がって町道に入り、明神《みょうじん》川沿いに進むと**川上《かわかみ》神社**に着く。大木が目立つ境内のなかでも、とりわけ鳥居のそばに立つ幹周り3m級のホオノキは、なかなかお目にかかれない代物だ。小ぶりながら細工を凝らした本殿のつくりもみごと。

県道に合流してまもなく、**杉王《すぎおう》神社**が見えてくる。幹周り約9・3m・香川県最大のスギが頭上高々とそびえ立ち、文字どおりスギの王者といった観。

あとは県道を道なりに歩けば、**道の駅ことなみ**へ戻ってくる。

杉王神社の大スギは香川県下最大

プランニング&アドバイス

マイカーの場合、道の駅ことなみ以外に登山口寄りの国道沿いに2カ所駐車場があり、そちらを利用してもよい。登路の久保谷は三頭越まで7〜8回の徒渉を強いられる。増水時は要注意。またザレ場では近年死亡事故も発生するなど、決してあなどれない。初級者向けとしては、杉王神社を起点に寒風越、または竜王峠を経て山頂部をめぐるコースがある（約4〜5時間）。

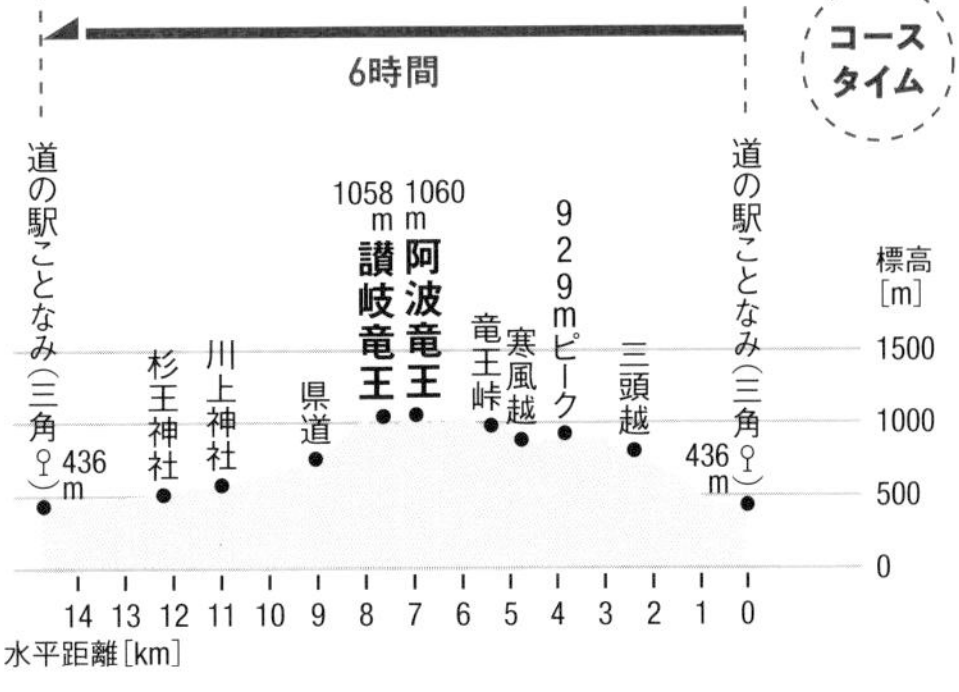

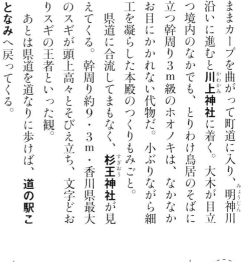

日帰り

雲辺寺山

「四国高野」の別名をもつ山岳寺院を訪ねる

巨杉がそそり立つ雲辺寺の仁王門。左奥に本堂が控える

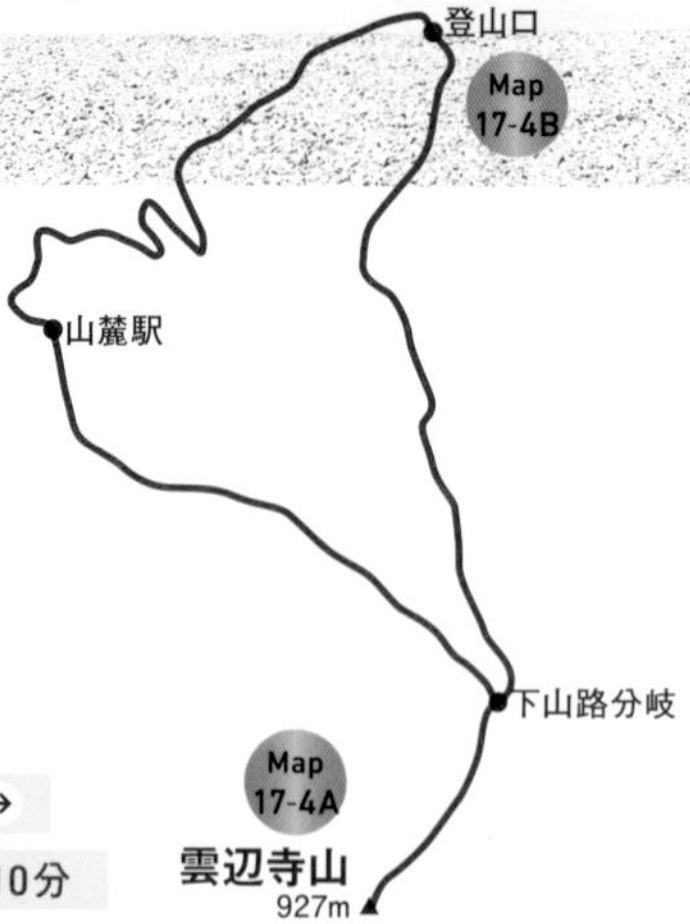

コースグレード	初級
技術度	★★☆☆☆ 2
体力度	★★★☆☆ 3

日帰り 登山口→下山道分岐→雲辺寺山→下山道分岐→雲辺寺ロープウェイ山麓駅→登山口　計5時間10分

香川県観音寺《かんおんじ》市と徳島県池田《いけだ》町にまたがる雲辺寺山《うんぺんじさん》（927m）。山名は文字どおり頂上に伽藍《がらん》を構える、四国八十八ヶ寺霊場第66番札所・雲辺寺にちなむ。「はるばると雲のほとりにきて、月日を今はふもとにぞみる」と御詠歌によまれるように、雲辺寺は八十八ヶ寺中最高所に位置し「四国高野《こうや》」とうたわれる。世俗を離れた霊験あらたかな山岳寺院とはいえ、頂上へ徳島県側から車道、香川県側からロープウェイが通じるなど、利便最優先の昨今、時流に乗らざるを得ない側面も見える。ここでは昔ながらの遍路《へんろ》道をたどり、歩き遍路の気分を味わってみよう。

日帰り

四国のみちでにぎやかな頂上へ

粟井《あわい》ダムへの林道の途中に、四国のみちの掲示板が立つ**登山口**がある。ここからいきなりの急登に先が思いやられるが、そう長くは続かない。最初の休憩ポイント・一《いっ》**升《しょう》水**以降は、ベンチを備えた休憩所や道標が一定間隔で用意されている。四国のみち（四国自然歩道）だけに、整備はいたれりつくせりだ。ときおり、鈴を携えたお遍路さんとすれ違う。鳴り響く鈴の音が耳に心地よい。遍路道の風情を感じる瞬間だ。

歩を進めると、道縁にお地蔵さんをあしらった古い丁石も見かける。新旧の道しるべに導かれ、ヒノキ植林に沿って雑木を折り返すと、まもなく縦走路に出る。ここで東から讃岐《さぬき》山脈のロングトレイルが合流する。

その先の**下山路分岐**から910・7m三角点を巻くように雑木を抜けて、コンクリート道に出る。ここから左へわずかに行けば二等三角点に行き着く。無線中継所を過ぎると、アカガシやモミの大木が茂り霊気がただよう。やがて五百羅漢《らかん》に迎えられ、仁王《におう》門をくぐって大師堂《だいしどう》、雲辺寺本堂と巡拝するが、境内は名園の

並び立つ新旧の道しるべ（四国のみち）

雲辺寺山最高所に建つ毘沙門天展望館

雪をまとった五百羅漢（上）山頂広場の天空のブランコは人気スポット（下）

ように手入れがつくされ、建造物はどれも真新しい。

雲辺寺からは道標にしたがい、雲辺寺山最高点の**毘沙門天《びしゃもんてん》展望館**へ向かう。らせん状のスロープを上がった展望台には高さ10ｍの毘沙門天像が安置され、高知を除いた3県の山々とひうち灘《なだ》など、西讃《せいさん》の要衝にふさわしい雄大な展望が得られる。また眼下の広場では、近年整備された「天空のブランコ」が行楽客の人気を集めている。

頂上部をひとめぐりしたら**下山路分岐**まで引き返し、左の道に入る。はじめは山腹道だがやがて尾根道になり、これをひたすら下っていく。**ロープウェイの支柱**をくぐり、赤テープを右に折れるとロープウェイ**山麓駅**に出る。

雲辺寺山の全貌を振り返ったら、スタート地点の**登山口**まで約3㎞の林道歩きだ。

北麓の林道からは雲辺寺山の全貌が望まれる

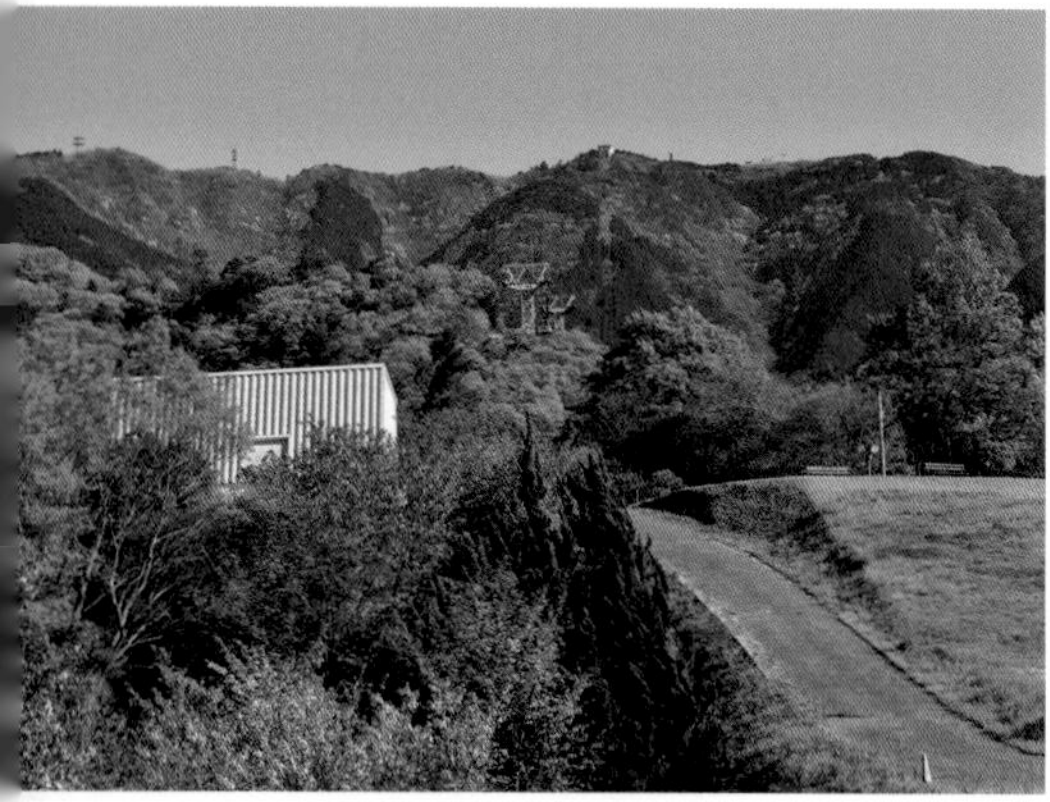

プランニング&アドバイス

マイカーは登山口付近に駐車スペースがあるが台数が少なく、雲辺寺山ロープウェイの無料駐車場を利用する。下山は都合しだいでロープウェイ利用（℡0875-54-4968）でも構わない（下りの最終は通年17時20分発）。初詣を兼ねた正月登山や山岳寺院らしい雰囲気となる積雪期プランも一考。北西麓の産廃処理場近くからのコースは道が荒れており、利用者は少ない。

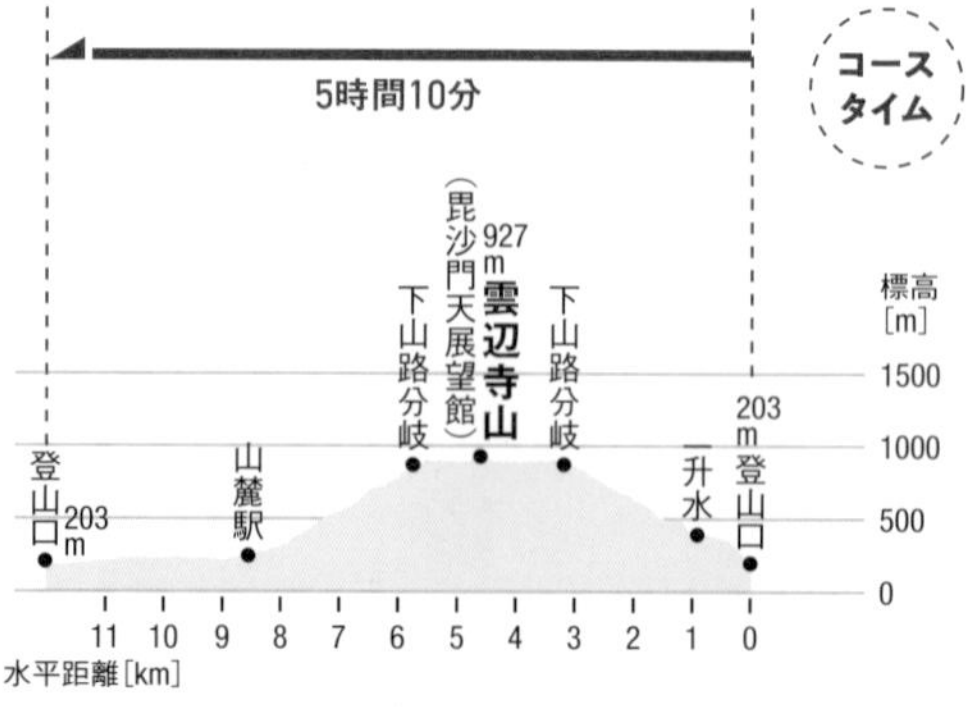

四望頂からの眺め。内海ダムや草壁の街並み、内海湾、遠くに四国山脈がかすむ

奇岩怪石の渓谷を経て瀬戸内の島の最高峰へ

日帰り 草壁港→こううん駅→四望頂→星ヶ城山（往復）→石門洞→草壁港　計5時間20分

コースグレード | 中級

技術度 | ★★★☆☆ 3

体力度 | ★★★☆☆ 3

写真・文／石川道夫

特産のオリーブをはじめ小説や映画の舞台、奇岩連ねる寒霞渓《かんかけい》、島四国霊場など瀬戸内海《せとないかい》に浮かぶ小豆《しょうど》島の魅力は多岐にわたるが、それに加え、島の最高峰・星ヶ城山《ほしがじょうやま》（香川県小豆島町・８１６ｍ）は瀬戸内海の数多くの島のなかでもいちばんの高さを誇る。東西2峰からなる頂上部はまさに天然の要害で、中世の山城跡が色濃く残り、歴史の山としての評価も高い。ここでは島内随一の観光スポット・寒霞渓をめぐり、瀬戸内海の頂点をめざしてみよう。

日帰り

草壁港から表十二景を経て星ヶ城山に立ち、裏八景を下る

草壁港《くさかべ》から信号のある交差点を左に折れ県道29号を北へ向かうと、内海《うちのみ》ダム（寒霞渓湖）の長大な堰堤越しに岩肌あらわな寒霞渓方面の山が見えてくる。下山路との**分岐**を過ぎ、ダム湖奥の渓泉橋《けいせん》を渡った先の道標を目印に、右手の遊歩道に入る。谷沿いに進み、県道を横断（**目《め》洗《あらい》不動尊入口**）して寒霞渓ロープウェイ乗り場の**こううん駅**に着く。

これ以降、表十二景《おもてじゅうにけい》とよばれる奇岩峰を眺めながら谷をつめていく。遊歩道を行くと、錦屏風《きんびょうぶ》を皮切りに、蟾蜍巌《せんじょがん》、玉筍峯《ぎょくじゅんほう》、画帖石《がちょうせき》、ひときわ高い層雲壇《そううんだん》と、名だたる奇岩峰が目白押し。さまざまな形は、火山由来の集塊《しゅうかい》岩が侵食されてできたものだ。

あずまやの招仙亭《しょうせんてい》をあとに、荷《か》葉岳《ようがく》、女羅壁《にょらへき》と見送ればまもなく尾根に出る。振り返れば登ってきたコースが一目瞭然。さらに**四望頂《しぼうちょう》**の展望台からは大きく視界が広がり、どこを切り取っても絵になる風景が展開する。奇岩を縫うように行きかうゴンドラも美しい風景にアクセントを添える。

瀬戸内海の風光明媚な絶景を満喫したら星ヶ城山をめざす。ロープウェイ**寒霞渓山**

寒霞渓山頂駅から草原を三笠山へ直登する

遊歩道から見た表十二景のひとつ蟾蜍巌

断崖の洞窟に島四国霊場第18番の大師堂が収まる石門洞

頂駅の園地を経て三笠山《みかさやま》へ直登後、マツやカシ、カエデ類の混成林をたんたんと進み、星ヶ城を築いた南北朝の武将・佐々木信胤《ささきのぶたね》をまつる星ヶ城神社へ。続く**西峰**《せいほう》頂上には小豆島の守護神・阿豆枳《あずき》神社が鎮座する。海側に張り出した石舞台は絶好のビューポイントだ。星ヶ城山最高点の**東峰**《とうほう》にはパコダ風の石塔が立っている。鳴門《なると》海峡や淡路《あわじ》島を望む一等三角点を存分に楽しみたい。

下山は**寒霞渓山頂駅**手前のトイレ横から裏八景《うらはっけい》遊歩道を進む。単調な下りに飽きたころ、絶妙のバランスで立つ松茸《まつたけ》岩が目に留まる。さらに裏八景の傑作・石のアーチをくぐると、島四国霊場のひとつ**石門洞**《せきもんどう》に着く。断崖絶壁を穿った洞窟の中に朱塗りの大師堂《だいしどう》が収まる。

厳かな雰囲気のなか、参拝をすませて車道を下ると、裏八景の最後を飾る二見《ふたみ》岩と法螺貝《ほらがい》岩が左手に望まれる。二見岩は伊勢《いせ》の二見ヶ浦《ふたみがうら》の夫婦《めおと》岩に見立てたもので、そばの法螺貝岩に縄文期の洞穴遺跡が眠る。

猪谷池《いのたに》から遍路道をたどり、内海ダム湖畔の**分岐**で往路に合流して**草壁港**へ戻る。

石塔が立つ星ヶ城山・東峰。古代の祭祀遺構と思われる土師器が出土している

プランニング&アドバイス

草壁港～紅雲亭間は季節によりバスの利用可（所要約15分・小豆島オリーブバス℡0879-62-0171）。星ヶ城山頂上部の西峰から東峰にかけ、空堀や井戸、石塁、烽火台跡などかつての星ヶ城の遺構を見ることができる。小豆島は観光客を受け入れるありとあらゆる条件がそろい、島全体がアミューズメントパークといった印象。下山後の楽しみには事欠かない。詳細は小豆島観光協会ホームページへ。

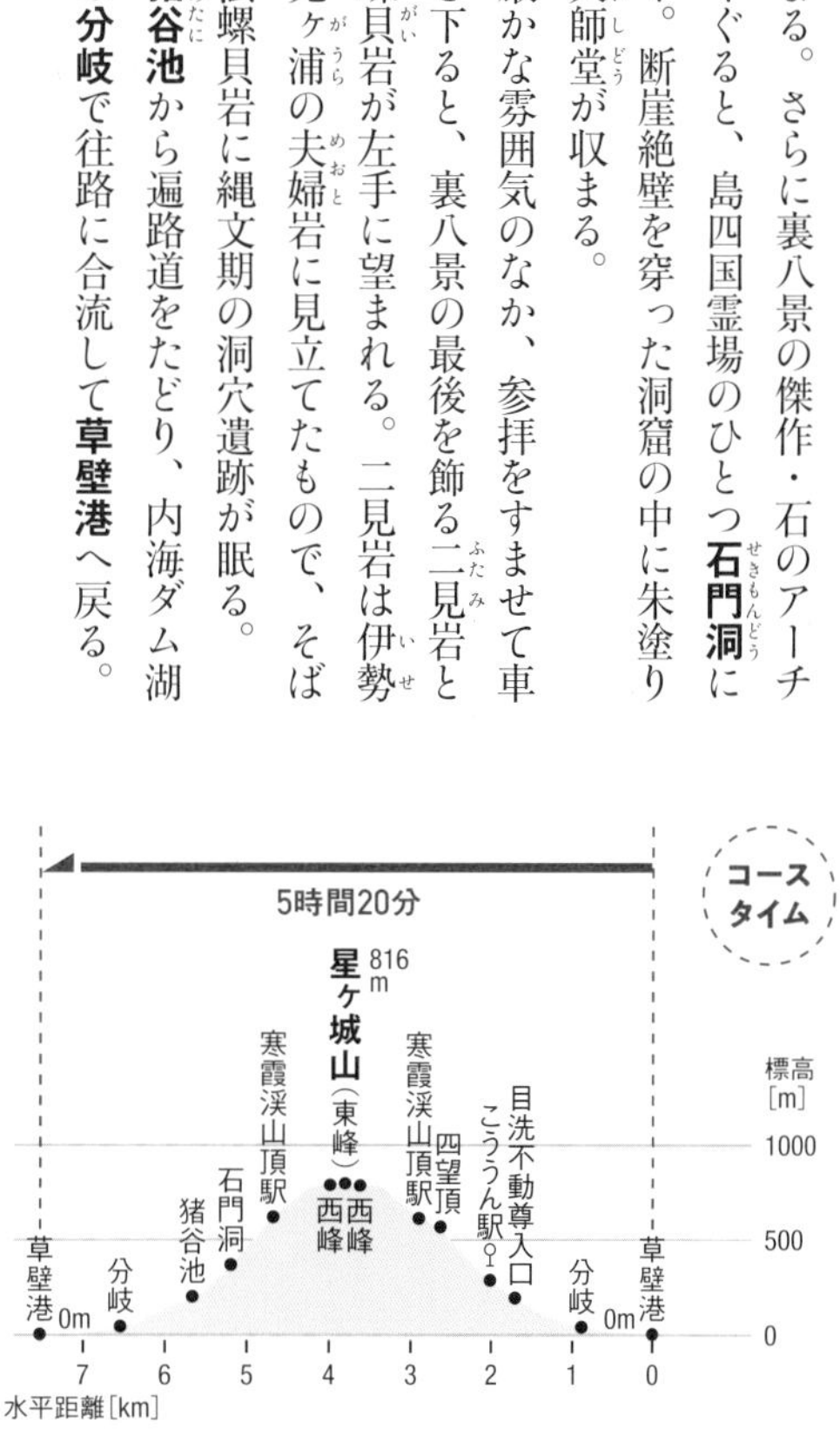

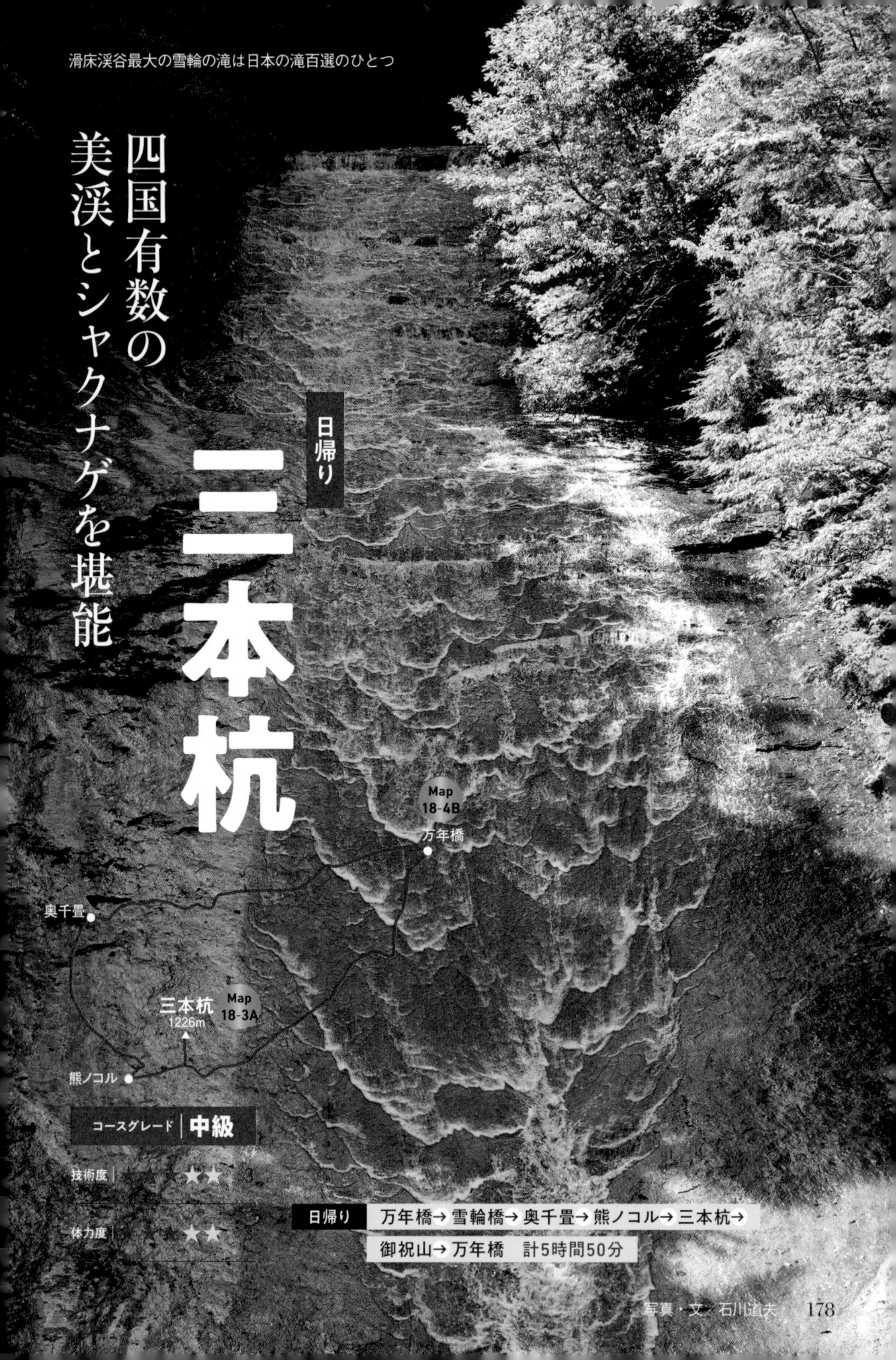

滑床渓谷最大の雪輪の滝は日本の滝百選のひとつ

四国有数の美渓とシャクナゲを堪能

日帰り

三本杭

コースグレード | 中級

技術度 ★★

体力度 ★★

日帰り 万年橋→雪輪橋→奥千畳→熊ノコル→三本杭→御祝山→万年橋　計5時間50分

写真・文　石川道夫

南《なん》予《よ》の名勝・滑床渓谷《なめとこ》（愛知県宇和島《うわじま》市）は、雪輪《ゆきわ》の滝に見られるように花崗《かこう》岩の一枚岩でできた数々の滑滝が見どころ。四国の渓谷としては小豆島の寒霞渓（P175コース37参照）とともに国立公園に指定されている。その滑床渓谷をU字形に取り巻く鬼ヶ城《おにがじょう》連山の筆頭格が三本杭《さんぼんぐい》（1226m）だ。日本三百名山にも名を連ねる南予を代表する山で、頂上周辺にはブナ林やみごとなシャクナゲ群生地を有する。とはいえ三本杭の魅力は滑床渓谷抜きにはありえない。名渓と一体となったかたちが、この山の醍醐味といえる。

日帰り
万年橋から滑床渓谷を行き、三本杭、御祝山と歩く

万年橋《まんねん》のたもとに立つ山登りマップにあらかじめ目をとおし、渓谷右岸の探勝路を進む。最初の滑滝である出合滑《であいなめ》まで、三筋《みすじ》の滝、鳥居《とりい》岩、河鹿《かじか》の滝と続く。鳥居岩は対岸にあり、しめ縄が目印となる。出合滑は巨大な一枚岩で、滑滝特有のサラサラと心地よい水音を奏でる。夏は涼味満点だ。

岳見《だけみ》岩を見送って遊仙橋《ゆうせんきょう》を渡ると百《ひゃく》岩で、文字どおり大小の転石が累々と折り重なり谷を埋めつくす。次に現れるのが滑床渓谷のシンボル・雪輪の滝。優美な流れはみごとのひと言につきる。誰が名づけたか、リング状に流れ落ちる水を雪に見立てた感性がすばらしい。

満々と清水をたたえる落合《おちあい》渕を眼下に**雪輪橋**を渡り、再び右岸探勝路を進む。川幅がぐっと広がる**千畳敷《せんじょうじき》**、ゆったりとした流れのS字峡と見て、支流の三《さん》ノ俣《また》を徒渉。川縁の高い石垣は林用軌道の橋脚跡だ。周囲には炭焼き窯跡など往時をしのぶ遺構が残る。**奥千畳《おくせんじょう》**まで来るとさすがに深山幽谷の雰囲気。万年橋からここまでおよそ2時間の行程だが、千変万化の渓谷美はそれを忘れるほど魅力

滑床渓谷最奥にたたずむ奥千畳。ここから二ノ俣へ

熊ノコルからは尾根づたいに三本杭へ向かう

に富む。
　奥千畳からは二《に》ノ俣《また》沿いに熊《くま》ノコルをめざすが、これといった見どころもなく、ひたすら高度をかせぐ。**熊ノコル**から三本杭と横《よこ》ノ森《もり》の鞍部、通称**三本《さんぼん》のタルミ**までブナ林の急登となる。シカの防護柵をくぐり、アセビのトンネルを抜けると**三本杭**頂上だ。一等三角点を置くだけに、四周の展望はすこぶるよい。宇《う》和《わ》海《かい》や鬼ヶ城連山、南はるかには篠山《ささやま》も望まれる。

三本杭頂上をあとに三本のタルミへと下る（右奥は篠山）

　下山は**三本のタルミ**から桧尾根《ひのき》へ。横ノ森の北面をトラバースして尾根をたどれば、ブナ林の中にシャクナゲの大群落が迎えてくれる。大株が多数占め、最盛期は豪華な花が楽しめる。シャクナゲは約1・5km先の御《お》祝《いわい》山《さん》まで絶えないだけに、桧尾根というよりもシャクナゲ尾根の感が強い。
　御祝山からはしばらく急下降となる。途中で左方向へ大きく進路を変え、**林道**や作業道の出合を何度か経て**万年橋**のたもとに帰り着く。

四国でも最大規模といわれる桧尾根のシャクナゲ

プランニング&アドバイス

支流の徒渉は一枚岩のため、濡れると滑りやすい。備えつけの補助ロープで安全を確保すること。御祝山からの下りは長く感じる。急な箇所もあり足もとに要注意。桧尾根のシャクナゲの最盛期は例年5月連休ごろ。見ごたえある大株は尾根の西寄りに多くに集まっている。シャクナゲ群生地へは、最短コースとなる西面の猪のコル（八面山登山口）からだと約2時間。

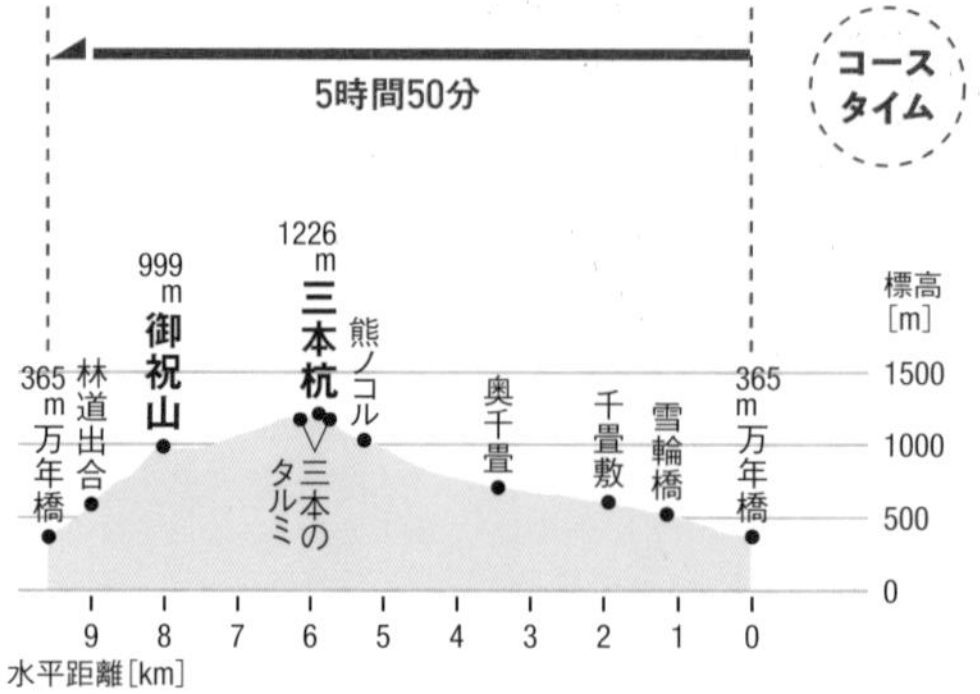

西方にある天狗高原の展望台からの天狗ノ森方面

四国カルスト最高峰と天然記念物の地割れを訪ねる

日帰り　駐車場→瀬戸見の森→天狗ノ森→黒滝山→大引割・小引割→駐車場　計4時間30分

コースグレード	初級
技術度	★★☆☆☆ 2
体力度	★★☆☆☆ 2

写真・文／石川道夫

四国西部、愛媛・高知の両県にまたがる東西およそ25㎞の四国カルスト。標高1000～1500mの峰々が連なるわが国唯一の高山カルストとして名高い。稜線部の石灰岩台地は牛の放牧場が占めるが、四国カルスト最高点の天狗《てんぐ》ノ森《もり》（1485m）から黒滝山《くろたきやま》にいたる山稜は起伏に富み、かつ自然豊かなエリア。今回は大地震によって生じたとされる巨大な亀裂の大《おお》引割《ひきわり》まで尾根コースをとり、帰りは「森林セラピーロード」と銘打った山腹の遊歩道（四国のみち）を歩いてみよう。

日帰り

最高峰の天狗ノ森に立ち、黒滝山、大引割をめぐる

星ふるヴィレッジTENGU（旧天狗荘）の**駐車場**からスタート。建ち並ぶバンガローを横目にウラジロモミの林を抜けて**瀬戸《せと》見《み》の森《もり》展望台**へ登り着く。展望台とはいえ樹木が視界をさえぎるので、すぐ上の岩場へ移るとよい。眼下にヴィレッジ、視線を上げると大野ヶ原《おおのがはら》の源氏ヶ駄馬《げんじがだば》へと続く穏やかな山並みが望まれる。

山腹コースへの枝道を分けて樹林を抜けると、まもなく石灰岩の上に山頂標識が立つ**天狗ノ森**に着く。少し下った地点で南へ大きく視界が開け、頂上がまっ平らに削り取られた鳥形山《とりがたやま》や鶴松森《かくしょうもり》、そして四万十《しまんと》川源流の不入山《いらずやま》が頭ひとつ高く望まれる。

下り着いた**姫百合平《ひめゆりだいら》**で再び山腹コースへの枝道が分かれる。鞍部にベンチが置かれ休憩にちょうどいい。

ブナが目立つ小さなコブを上下して、石灰岩の道を登りきれば**黒滝山**の頂上に出る。視界は皆無に等しいが、どっしりと根を張るブナの大木が印象的だ。

黒滝山から南へ下った分岐はどちらを選択しても山腹コースにつながり、距離

ヒメシャラ並木は四国では珍しい

四国カルスト最高峰となる天狗ノ森の頂上

も大差ない。もう一段下った**山腹コース合流点**から東へ四国のみちを尾根づたいに下ると、**ヒメシャラ並木**がある。道をはさんで大小100本近いヒメシャラが集まり、ヒメシャラ特有の赤みを帯びた艶めかしい木肌が緑に映える。四国では滅多に見ない林相なので、ぜひカメラに収めたい。

つかの間の感興を味わったらなおも歩を進め、やがて**大引割**に行き着く。深い森の中、地面に長さ約80m、深さ30mの大亀裂が走る。ぱっくりと口を開いたさまはなんとも不気味。少し離れて並行する**小引割**《こひきわり》は長さ100m、深さ20m。この2本の亀裂は学術上貴重なことから、国の天然記念物に指定されている。

帰路は**山腹コース合流点**まで戻り、自然林の山腹コース（セラピーロード）をたどる。ヒノキのチップが敷かれた道はゴールの**駐車場**までの間に四季それぞれの花を観賞できるので、退屈はしない。ブナやカエデの林床には、キレンゲショウマやクマガイソウなど想定外の花とも会える。

深さ30mの大引割。足がすくむ高さだ

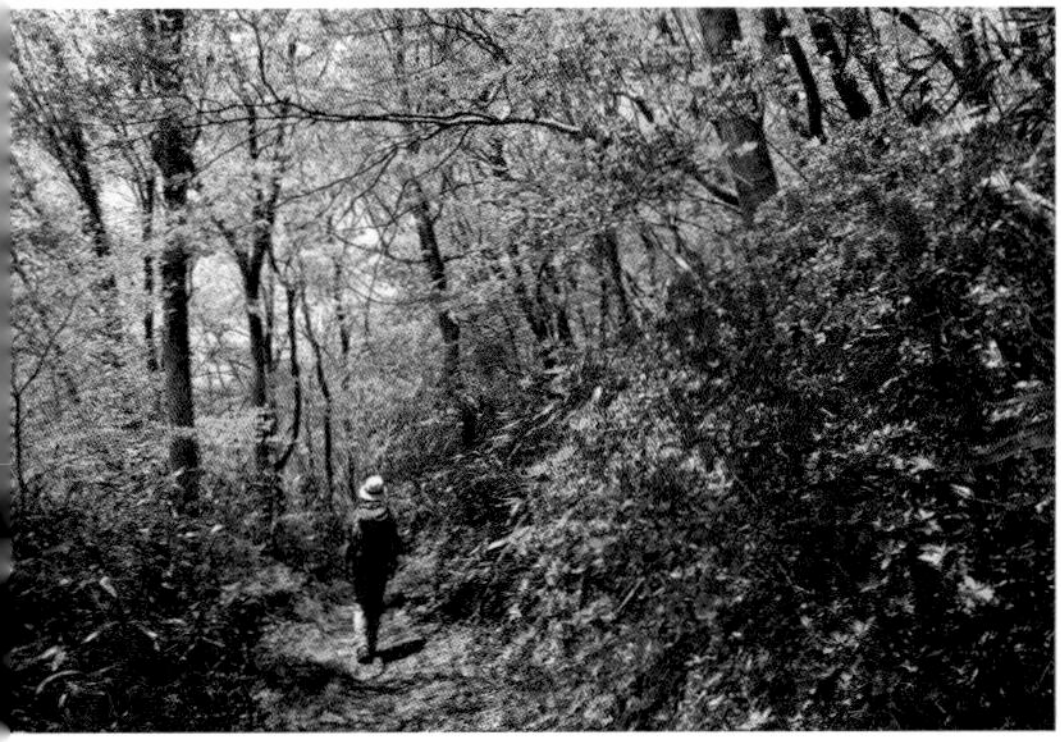

春は山腹コースをヤマツツジが彩る

プランニング&アドバイス

コース中の花はヤマシャクヤク、ヤマアジサイ、オタカラコウ、シモツケなど。プラスアルファとして西方の天狗高原の散策がおすすめ。夏はハンカイソウ、秋はススキが見どころ。登山口の星ふるヴィレッジTENGU（TEL0889-62-3188）は2021年7月リニューアルオープン。宿泊、外来の食事はもちろん、プラネタリウムと天文台も併設。隣には四国カルストの自然を紹介するカルストテラス（TEL0889-62-3371、9〜17時、月・火曜休）もあり、登山前に立ち寄りたい。

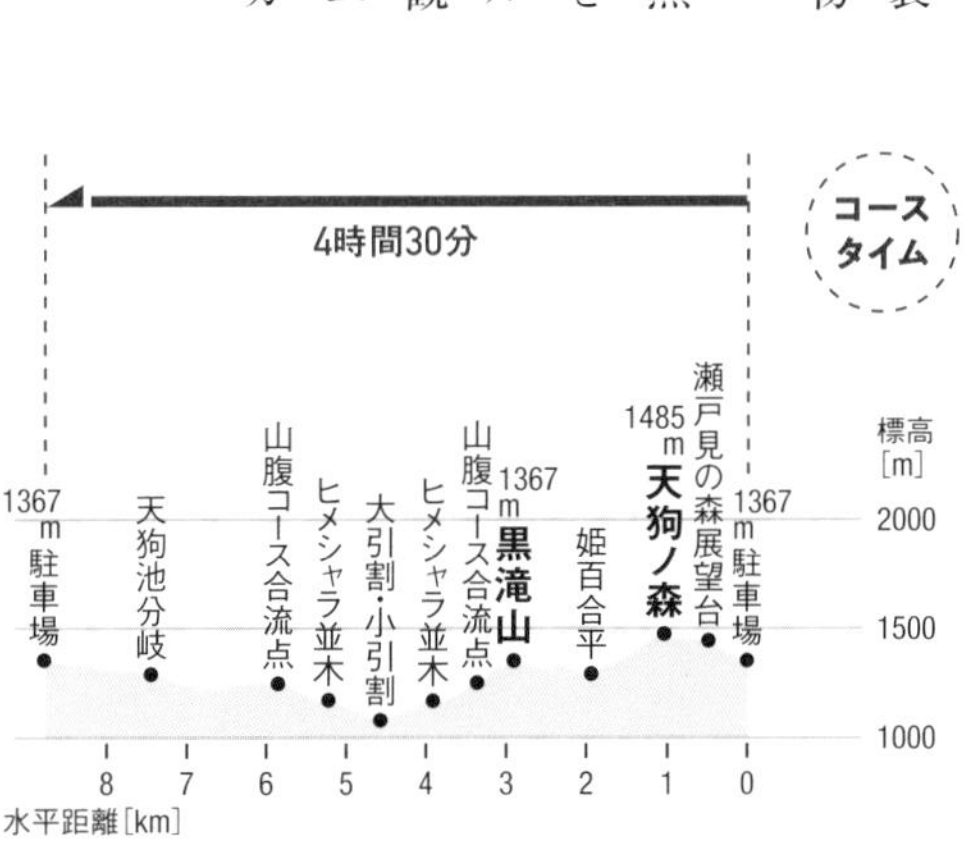

稲叢山 西門山

日帰り

展望とブナが持ち味の2山へ 平家伝説の洞窟も見どころ

洞窟コースはおおいかぶさる岩壁の下を道が通る。滝や洞窟など見どころが多い

コースグレード | **中級**

技術度 | ★★★☆☆

体力度 | ★★★★☆

日帰り	登山口→四差路→稲叢山→伝説の洞窟→四差路→西門山→稲村山トンネル南口→登山口　計7時間20分

稲《いな》叢山《むらやま》（高知県いの町・土佐《とさ》町、1506m）から西門山《にしかどやま》（1497m）にかけた山域は、自然度が高い国有林が占めている。江戸期には樹木の伐採を禁じた御留め山でもあり、ブナ、ツガ、ヒノキなどの巨木が原生の雰囲気を留めている。

稲叢山は薄い板を何枚も積み重ねたような層状の片岩からなり、奇怪な岩相を随所で目にするほか、平家《へいけ》落人伝説を秘めたミステリースポットの洞窟も潜む。

稲叢山北東にある西門山も手つかずの天然林に包まれ、静寂然としたたたずまい。俗とは無縁の清らかな山気に浸れる。

日帰り

稲村ダムを起点に稲叢山と西門山の2山をたどる

稲村《いなむら》ダム湖畔の**登山口**から右手の保線道《ほせんどう》コースに入り、送電鉄塔が立つ尾根に取り付く。以前、ダム湖が望めた尾根道も、今は背丈を越すスズタケと成長したヒノキで視界はまったくきかない。トラバース気味に登り、自然林を折り返して再度尾根に乗る。途中の岩場からは、土佐の山並みとダム建設用の土石採取跡が望まれる。

ゆるやかな刈り分け道を行くと**四差路**に出て、稲村山《いなむらやま》トンネルと洞窟めぐりの2コースが合流する。分岐を直進してアップダウンを小刻みに重ね、巨岩を戴く**稲叢山**の頂上へ。石積みの上に二等三角点、隣接して銅版葺きの祠が鎮座する。視界は西方向きに限られるものの、石鎚《いしづち》連峰がこずえ越しに見渡せる。さらに頂上下の岩場からは登山口の稲村ダム湖を俯瞰できる。

展望を楽しんだら頂上コースに入り、尾根づたいに南下する。スギ植林地を抜けると道標がある**分岐**に出て、左の洞窟《どうくつ》コースをとって谷をつめていく。急坂を登ると岩場に出て短いクサリをつたうと、平家の武者が立てこもったという**伝説の洞窟**が

樹林に囲まれ落ち着いた雰囲気の西門山頂上

大岩の間を通り抜けていく西門山への道

写真・文／石川道夫

稲叢山頂上の下から登山口の稲村ダム湖を俯瞰する

ある。中は広さ10畳ほど。絶壁の一部が何かの作用で空洞化したものか、まさに人知を超えた自然の妙だ。

岩壁の下を通り抜け、落差10mほどの滝を仰ぎ見てクサリを上がる。以前ダム湖が見えた石舞台を見送り、急登をしのいで先ほどの**四差路**に着く。

屹立する岩壁にぽっかりと空いた伝説の洞窟

ひと息入れたら西門山をめざそう。心地よい自然林をたんたんと進み、鉄塔下を通って**稲村山トンネル分岐**の鞍部へ下る。ここから西門山を往復する。シャクナゲとゴヨウツツジの尾根を上下し、**大岩**の間を通り抜けて反射板跡の平地へ出ると、あとは西門山までゆるやかな登りが続く。

あっけなくたどり着いた**西門山**の頂上は山名標識がポツンと立つ以外何もないが、ゆっくりするにはうってつけだ。

頂上をあとに、**稲村山トンネル分岐**まで引き返す。道標にしたがい**稲村山トンネルの南口**へ下り、**登山口**まで約3㎞車道を歩いていく。

プランニング&アドバイス

体力や季節に応じて多彩なコース取りができるので、紹介コースにこだわる必要はない。近年は稲村山トンネル南口を起点に2山をめぐるコースが人気。帰りの単調な車道歩きを避けるなら稲村山トンネル南口の200mほど先から脇道を登り、往路に合流して登山口へ戻る手もある。コース中の花木はシャクナゲ、ツツジ類のほかタムシバ、オオヤマレンゲなど。

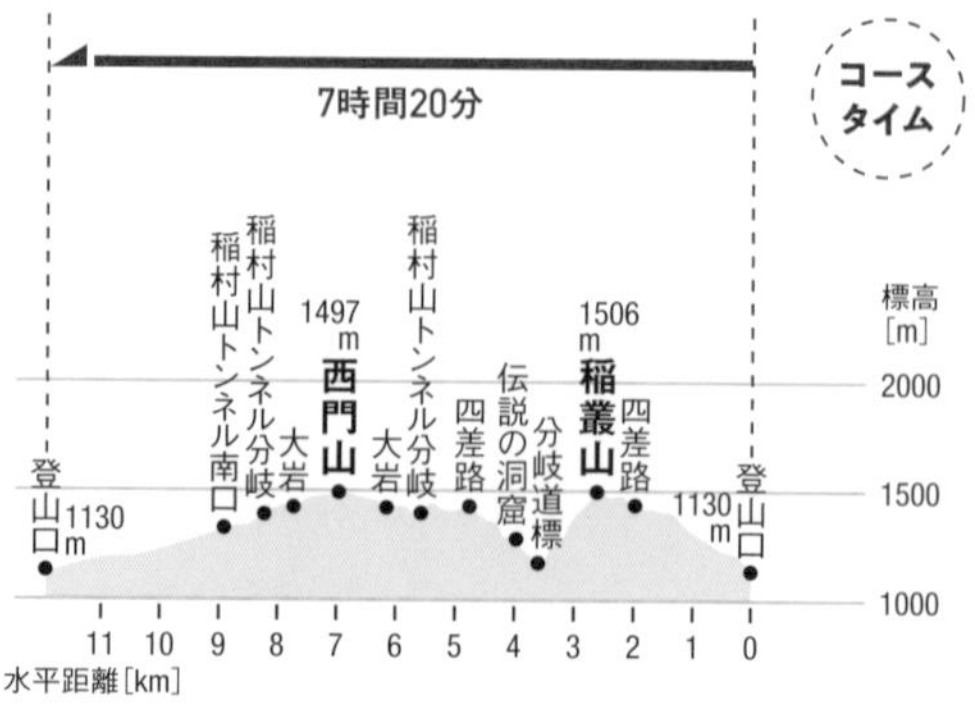

コラム2

四国のその他のおすすめの山

本書のコースガイドに取り上げた以外にも紹介したい山は数多い。ここでは、その中からほんの一部紹介する。これらの山は本書のガイドに掲載した山と比較しても、何ら遜色のない個性や存在感をもつ山だ。

紹介する山は、石鎚《いしづち》連峰の岩黒山《いわぐろやま》・筒上《つつじょう》山《さん》・手箱山《てばこやま》と四国山地中部の佐々連尾山《さざれおやま》、そして剣《つるぎ》山系の塔《とう》ノ丸《まる》だ。

筒上山のゴヨウツツジ

■岩黒山【標高1746m】
■筒上山【標高1860m】
■手箱山【標高1806m】

愛媛県西条市・久万高原町／高知県いの町

Map 10-3D 岩黒山

石鎚山脈の脊梁と一線を画すこの3山は、ツツジの名所として知られる。コース上にアケボノツツジをはじめ、石鎚連峰に分布する主なツツジが全部そろっているといっても過言でない。ちなみに、3山の中心に座る筒上山は、その昔、「躑躅尾《つつじお》」とよばれていたという。シーズンさかりは花見を兼ねたミニ縦走が、多くのハイカーに親しまれている。

花期の目安としては、アケボノツツジ、ヒカゲツツジ、ミツバツツジが4月下旬〜5月中旬、ゴヨウツツジが5月下旬〜6月上旬、ドウダンツツジが6月中〜下旬、そしてコメツツジが6月下旬〜7月下旬。訪れるタイミングは、ゴールデンウィークごろに人気が集まっている。またこのエリアでは、キレンゲショウマやイワカガミなどの高山性植物も見られる。

コースはいくつか設定できるので、各自の体力、技量にあわせて選択すればよいが、土小屋《つちごや》を起点に岩黒山、手箱山とこなし、最後に筒上山をからむコースが最も充実している。

参考＝分県登山ガイド『愛媛県の山』（弊社刊）

筒上山（左）と石鎚山。筒上山はクサリづたいに登る

写真・文／石川道夫

佐々連尾山【標高1404m】

愛媛県四国中央市／高知県本山町

四国山地の中部、愛媛・高知県境にある。顕著なピークをもたず、いささか地味な存在だったが、この山のブナ美林がこのところ耳目を集めている。以前は背丈ほどのスズタケが繁茂し見向きもされなかったが、スズタケがシカにきれいさっぱり食べつくされたことで、今ではブナ木立がすっきりと見通せるようになっている。

佐々連尾山のブナの魅力は何といっても純林につきる。樹木の多様性に富み、混成林が当たり前の四国の山ではとても珍しい。ブナのなかには枯死寸前の老樹も目立つが、次世代をになう後継樹が元気に育っている。

ブナに特化した佐々連山だが、ほかに取り得がないわけではない。たとえば北東尾根のアケボノツツジとミツバツツジが新たな人気スポットとして注目されるなど、隠し味もしっかり用意してくれている。

頂上への登路は県境稜線上の中川《なかのがわ》峠または猿田《さるた》峠から大森山《おおもりやま》を経由するが、前者は愛媛、高知県側ともアプローチとなる林道の路面が荒れている。中川峠から北東のカガマシ山《やま》（1343m）にいたる稜線部の愛媛側にも発達したブナ天然林が存在する。

参考＝分県登山ガイド『愛媛県の山』『高知県の山』（弊社刊）

頂上手前の平坦地に広がるブナ純林

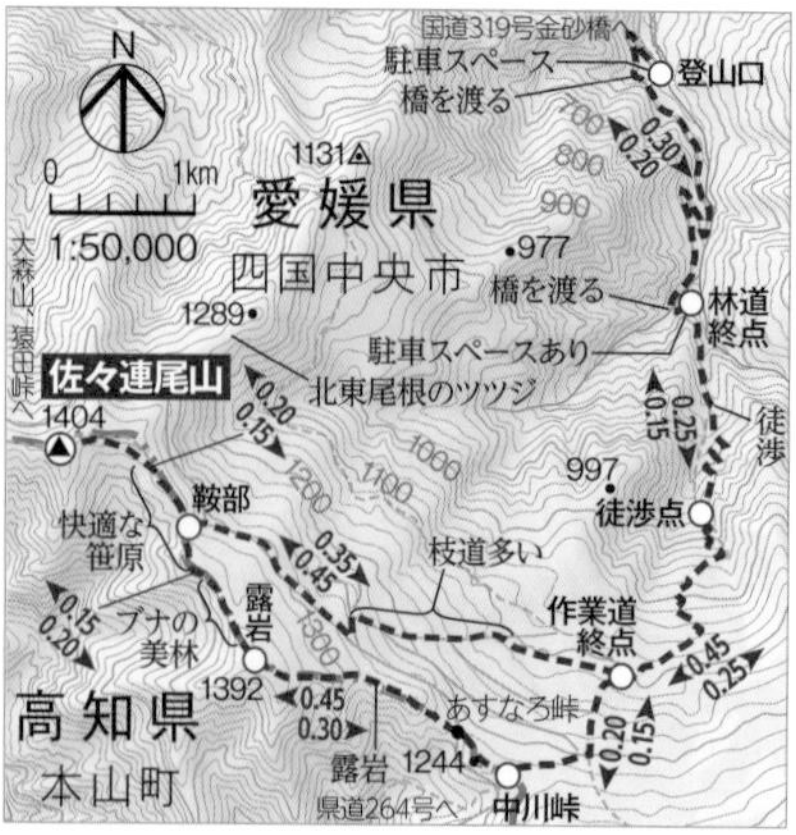

北東尾根を彩るミツバツツジ

■塔ノ丸【標高1713m】

徳島県三好市

Map 13-1B

塔ノ丸

塔ノ丸（2万5000分の1地形図では「塔丸」と記載）は祖谷《いや》川をはさんで剣山《つるぎさん》の北西に位置する山。登山口となる東麓の夫婦《めおと》池から塔ノ丸にいたる稜線は、西端の塔ノ丸三角点がほんのわずか盛り上がる程度でいたってなだらか。とくに祖谷川を隔てた丸石《まるいし》からだと、ほぼまっ平らに見える。稜線がササにおおわれているため、山頂のラインがいっそう際立つ。

見た目は精彩を欠く塔ノ丸だが、剣山と次郎笈《じろうぎゅう》の眺望は他山の比でない。両者とは距離的にも角度的にも好位置にあり、写真撮影にはうってつけ。手軽な山なので、ハイキングや冬山登山にもおすすめだ。

登山は宿泊施設（ラ・フォーレつるぎ山）とバス便（4～11月の週末を中心に運行）がある夫婦池からの往復がポピュラー。バリエーションとして、国道438号線の第7ヘアピンカーブとスキー場から登るコースがある。

尾根のどこからも剣山（左）と次郎笈が望まれる

夫婦池から塔ノ丸までは約4kmの道のり。登り開始から30分ほどで樹林帯を抜け、あとは快適な高原散歩がほしいまま。歩き足りない人は塔ノ丸と等高で、夫婦池をはさんで対峙する丸笹山《まるささやま》（1712m）に登るとよい。頂上からは、ブナに包まれボリューム感あふれる剣山と、左右に裾を広げた塔ノ丸の端整な姿が印象に残る。

参考＝分県登山ガイド『徳島県の山』（弊社刊）

平らな塔ノ丸頂上。奥に祖谷山系の山が連なる

中国山地の山へのアクセス

公共交通機関利用

公共の交通機関を利用できる山は大山や三瓶山など一部に限られ、利用できたとしても山麓泊が条件となるか、タクシーでの長距離移動となる。

【大山・蒜山】 大山へは米子駅や伯耆大山駅、大山口駅（いずれもJR山陰本線）から大山寺へのバス（日本交通など）があり、便数も多い。船上山へはJR山陰本線赤碕駅から琴浦町営バスが運行。鏡ヶ成や一向平などその他の大山の登山口や蒜山はタクシーを利用する。

【東中国山地】 氷ノ山へは若桜鉄道若桜駅からの若桜町営バスが運行。那岐山の岡山県側登山口へはJR津山線・因美線津山駅から中鉄北部バスが利用できるが、最寄りバス停から登山口の第一駐車場まで3kmの車道歩き。後山は智頭急行大原駅からタクシーを利用するが、近年登山口へのシャトルバスが季節運行されるようになった（2022年以降の運行未定）。扇ノ山と那岐山の鳥取県側、泉山はタクシーを利用。

【中央中国山地】 比婆山や道後山はJR芸備線備後落合駅からタクシー利用。船通山は登山口近くの斐乃上荘まで奥出雲交通バスが運行しているが、現地での行動時間に余裕がない。大万木山へは広島、出雲、松江からの高速バス（中国JRバス・広島電鉄バス・一畑バス）を利用して飯南町のたたらば壱番館へ。バスとタクシーに乗り換える。

【西中国山地】 東部・中央中国山地同様に公共交通機関利用の登山は時間的余裕が少なく、タクシーかマイカー利用が現実的。バスの場合は、深入山登山口となるいこいの村広島に石見交通の高速バスが停車する。安芸冠山へはJR山陽本線宮内串戸駅から広島電鉄バスと吉和さくらバス（さいき文化センター乗り換え）で潮原温泉へ。

【三瓶山】 JR山陰本線大田市駅から石見交通バスが西の原や北の原へ運行している。

アクセス図 凡例

マイカー（高速道路）　マイカー（一般道路）

京阪神と鳥取を智頭急行、因美線経由で結ぶ特急スーパーはくと

マイカー利用

時間的制約がないことや、遠方からでも比較的容易に登山口までアクセスできるので、圧倒的にマイカー利用の登山者が多い。ただし安蔵寺山のように最寄りICから登山口まで40km近く離れた山や屈曲かつ狭小なアクセス路もあるので、運転にはくれぐれも注意したい。

【大山・蒜山】 大山へは米子自動車道溝口ICや山陰自動車道大山ICなど、鳥越峠へは米子道江府ICや溝口IC、烏ヶ山へは米子道蒜山ICや江府IC、船上山と一向平へは山陰道琴浦船上山IC、琴浦東ICから。蒜山は米子道蒜山ICが起点。

【東中国山地】 氷ノ山、扇ノ山はいずれも鳥取自動車道利用（前者は河原IC、後者は鳥取ICか河原IC）。後山と駒の尾山は鳥取道大原ICと西粟倉IC、那岐山は鳥取県側が鳥取道智頭IC、岡山県側は中国道津山IC、泉山は中国道院庄ICが起点。

【中央中国山地】 比婆山連峰は中国道庄原ICまたは松江自動車道高野IC、道後山へは中国道東城ICや庄原IC、船通山へは島根県側が松江道三刀屋木次IC、鳥取県側が米子道江府IC、大万木山へは松江道雲南吉田ICか中国道三次ICからそれぞれアクセスする。

【西中国山地】 臥龍山や深入山、恐羅漢山へは中国道戸河内ICが起点。十方山と安芸冠山、寂地山は同吉和IC、寂地山と安蔵寺山、小五郎山は同六日市ICからアクセスする。

【三瓶山】 松江道吉田掛合IC、山陰道出雲ICまたは大田朝山ICなどからアクセスする。

（各登山口への詳細なアクセスはP194「登山口ガイド」を参照のこと）

●本図はマイカーでのアクセスのみ記載

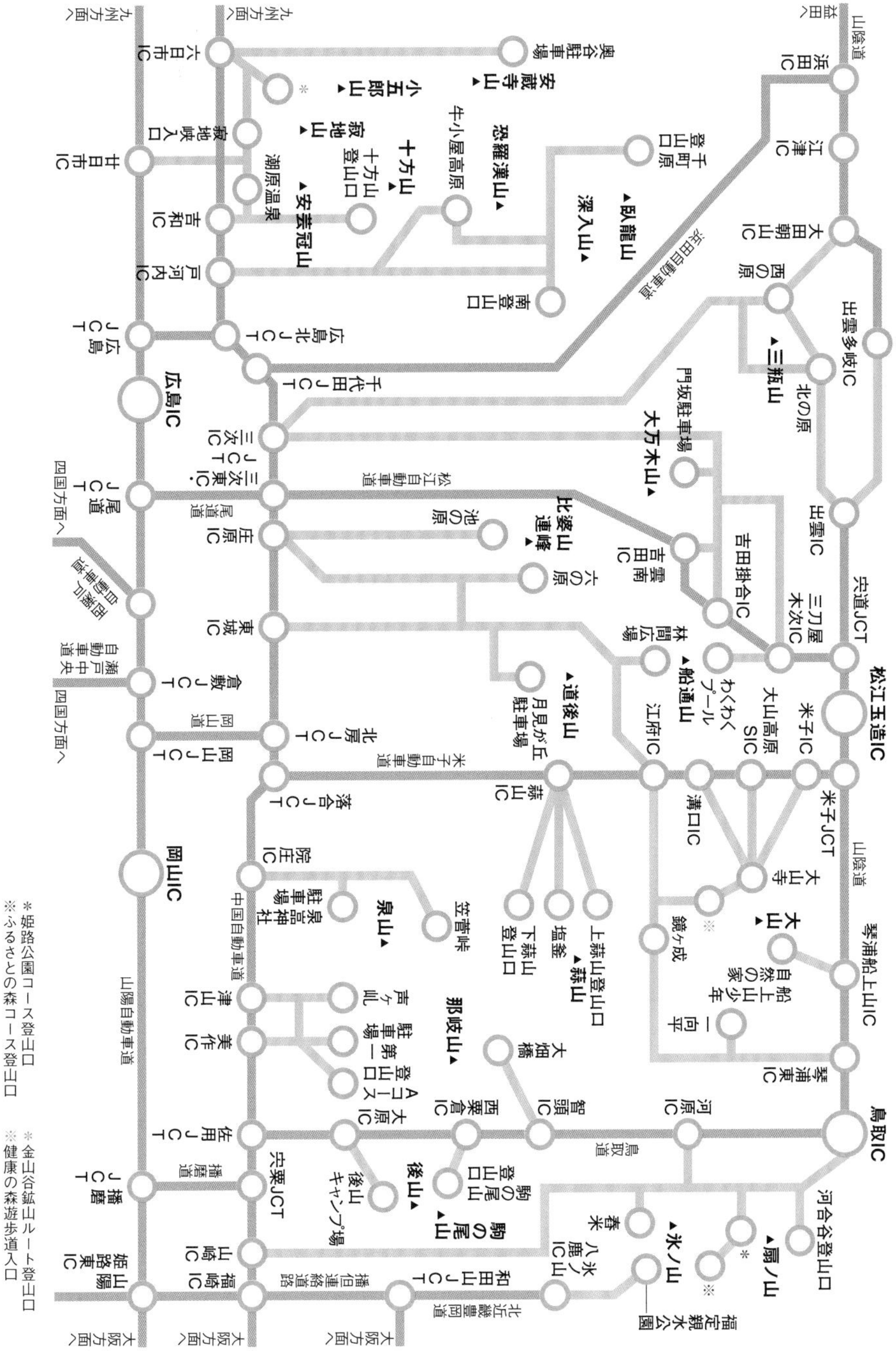

四国の山へのアクセス

公共交通機関利用

大阪や九州方面からJR山陽新幹線で岡山へ行き、四国への特急などに乗り換える。また、首都圏からは高松行きの寝台特急「サンライズ瀬戸」が利用できる。石鎚山や剣山の日本百名山でもバス路線が少ないうえ、最寄り駅からから登山口まで距離の長い山が多いだけにタクシー料金がかさむため、レンタカー利用も考慮したい。

【石鎚山と周辺の山】 石鎚山、瓶ヶ森、笹ヶ峰の3山は、いずれもJR予讃線伊予西条駅が起点。石鎚山と瓶ヶ森へは西之川行きのバスを利用。笹ヶ峰登山口へはタクシーでアクセスする。面河や土小屋へはJR予讃線松山駅からのバスがある（久万乗り換え）。堂ヶ森への起点となる保井野へはJR予讃線壬生川駅からバスを利用する。いずれもバスの本数が少ないので、事前に調べておきたい。

【剣山とその周辺】 剣山登山の拠点・見ノ越や三嶺・天狗塚の登山口となる名頃と久保へはJR土讃線・徳島線阿波池田駅（JR土讃線大歩危駅も経由）からバス利用（見ノ越へはJR徳島線貞光駅からのバスもある）。一ノ森や寒峰、石立山、土佐矢筈山はタクシーを利用する。

【その他の山】 西赤石山、東赤石山へはJR予讃線新居浜駅からバスを利用。平家平へも同駅から別子山地域バスがあるが、時間的に登山には使いづらい。竜王山へはJR土讃線琴平駅か琴平電鉄琴平駅からバスが運行。小豆島・星ヶ城山へは高松港（JR予讃線・高徳線高松駅から徒歩5分）からフェリーで土庄港または池田港へ。各港からバスで登山口の草壁港へ向かう（高松港〜草壁港間のフェリーは2022年現在休航中）。雲辺寺山はJR予讃線観音寺駅から、三本杭はJR予土線松野駅からそれぞれタクシーを利用する。天狗ノ森、稲叢山は最寄り駅から遠く、マイカーでのアクセスとなる。

石鎚山表参道の起点・山麓下谷。左は駐車場へ、右の階段を上がる道はロープウェイ駅へと続く

マイカー利用

四国へは、大阪方面からは神戸淡路鳴門自動車道か瀬戸大橋で、広島方面からは西瀬戸自動車道（瀬戸内しまなみ海道）でアクセスする。中国山地同様最寄りICから登山口への距離が長く、運転には注意を要する。

【石鎚山と周辺の山】 メイン登山口の西之川（石鎚登山ロープウェイ山麓下谷駅）や笹ヶ峰登山口へは松山自動車道いよ西条ICが起点。土小屋へはいよ西条ICから町道瓶ヶ森線経由か、松山道松山ICから久万経由でアクセスする（面河も松山IC起点）。堂ヶ森へは松山道いよ小松IC（広島方面からは今治小松自動車道いよ小松北IC）から。

【剣山とその周辺】 神戸淡路鳴門道を利用すれば、京阪神方面からのアクセスが比較的容易。最寄りICは剣山と三嶺が徳島自動車道脇町ICと美馬IC、寒峰は井川池田IC（天狗塚は美馬ICも可）、土佐矢筈山は高知道大豊IC、三嶺の光石登山口と石立山は高知道南国ICとなる。

【その他の山】 西赤石山（マイントピア別子）と平家平（中七番）へは松山道新居浜IC、東赤石山（床鍋）は同三島川之江ICが起点。竜王山は高松道坂出ICか善通寺IC、徳島道美馬ICから。雲辺寺山は高松道大野原IC、小豆島・星ヶ城山へは高松や岡山からフェリーで移動する（マイカーは航送するか、高松や岡山のフェリー乗り場に駐車）。三本杭は松山道三間ICか宇和島朝日IC、天狗ノ森は松山道松山ICか高知道須崎東IC、稲叢山は松山道いよ西条ICか高知道大豊ICから各登山口へ向かう（各登山口への詳細なアクセスはP194「登山口ガイド」を参照のこと）。

アクセス図 凡例

マイカー（高速道路）　マイカー（一般道路）　ロープウエイ・リフト

●本図はマイカーでのアクセスのみ記載

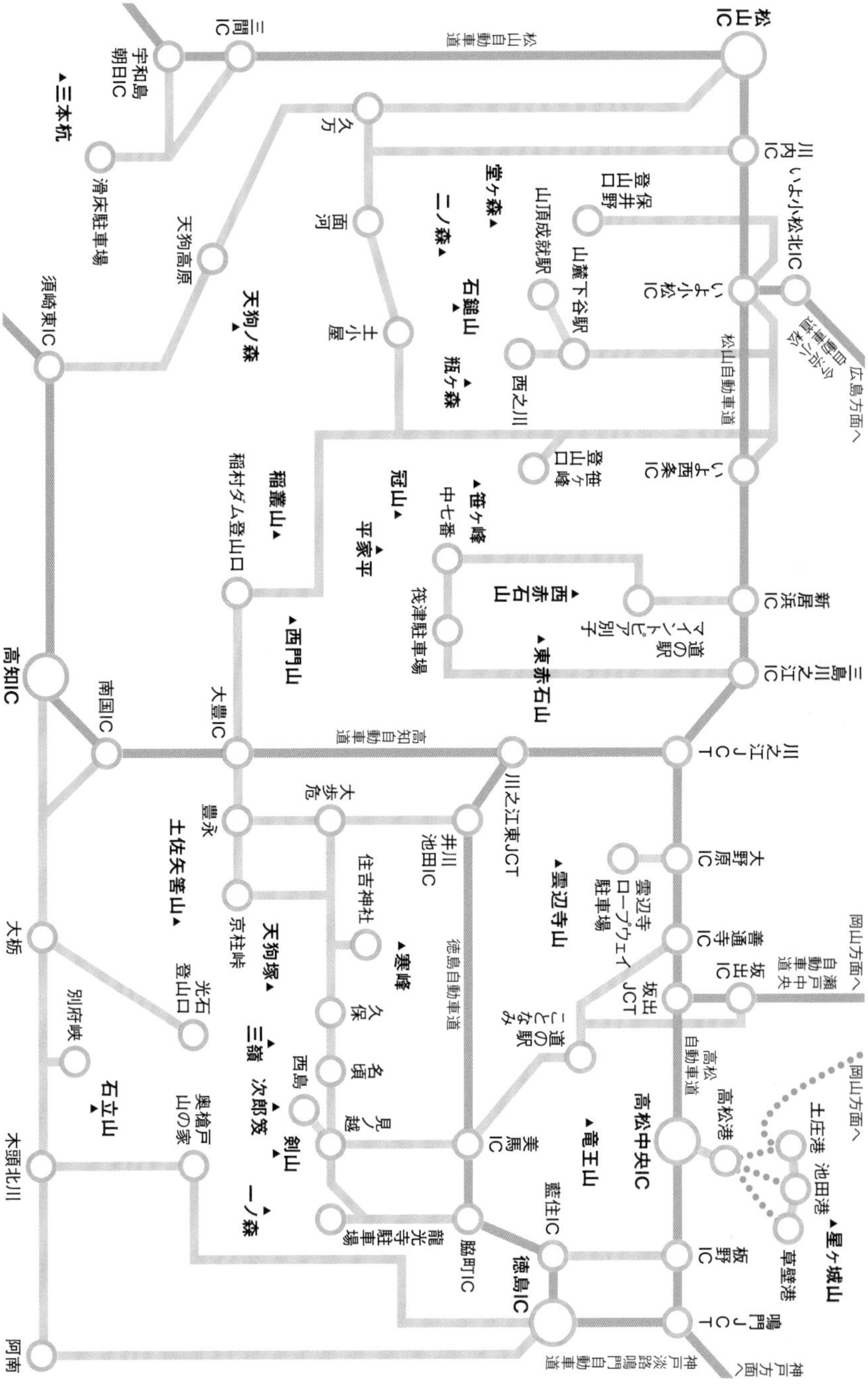

中国・四国の山の登山口ガイド

大山《だいせん》の各登山口

Map 1

標高約750m（大山寺バス停）／約885m（健康の森遊歩道入口）／
約935m（鏡ヶ成駐車場）／約570m（一向平）／約260m（船上山少年自然の家）
大山・烏ヶ山・野田ヶ山・船上山・甲ヶ山・矢筈ヶ山方面

大山は山の周囲を取り巻くように、各所に登山口がある。代表的なものは北西麓の大山寺で、大山の主峰・弥山や三鈷峰などへの起点となる。メイン登山口だけに、駐車場の収容台数やバスの便数が多い。南面の烏ヶ山へは鏡ヶ成、鳥越峠へは健康の森遊歩道入口や文珠堂が起点。ともにバスはなく、マイカーかタクシーでのアクセスとなる。霊峰大山の歴史の往来道・大山道へは東麓の一向平が起点。北東の船上山〜矢筈ヶ山へは船上山少年自然の家が入口となる。

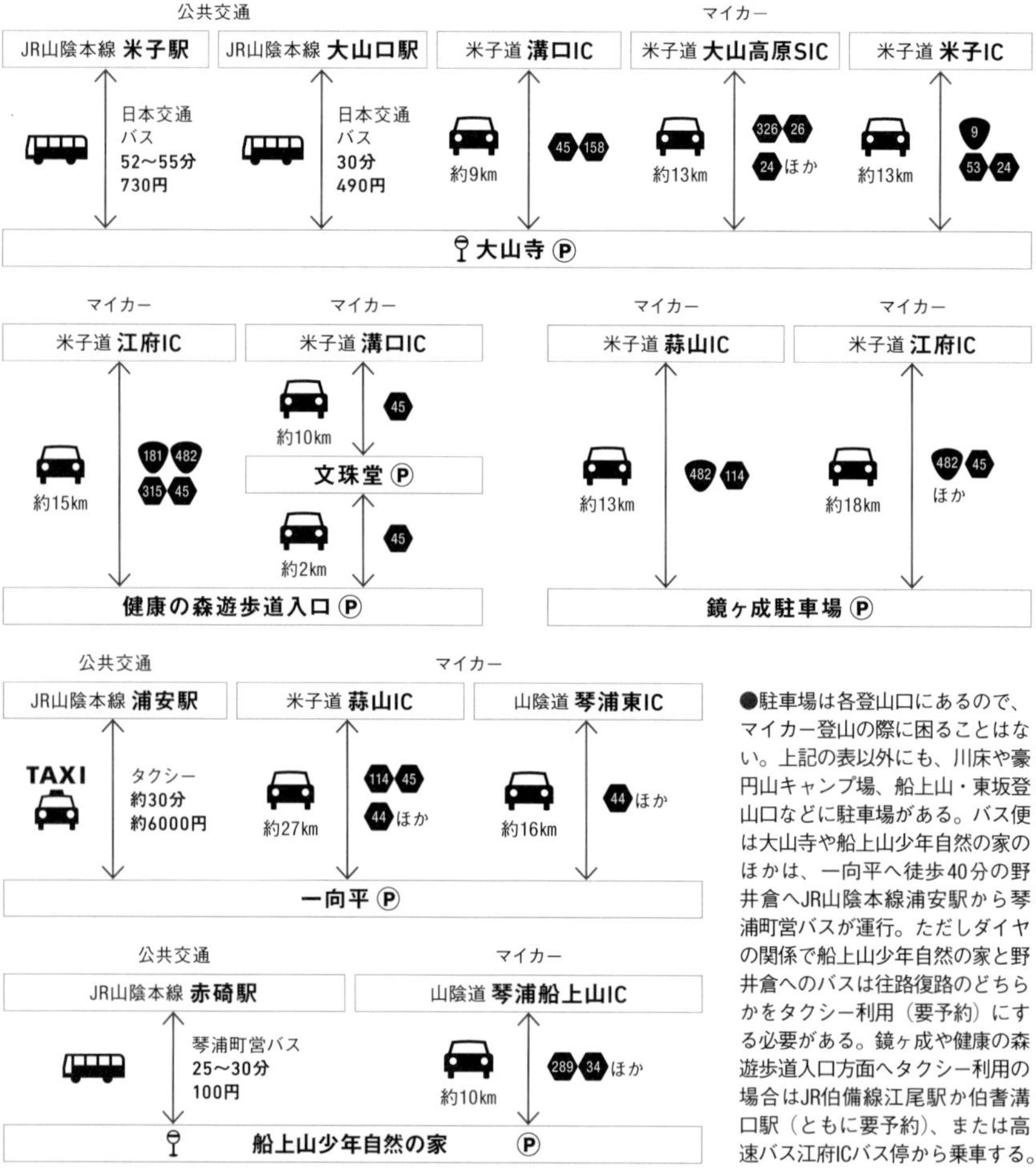

●駐車場は各登山口にあるので、マイカー登山の際に困ることはない。上記の表以外にも、川床や豪円山キャンプ場、船上山・東坂登山口などに駐車場がある。バス便は大山寺や船上山少年自然の家のほかは、一向平へ徒歩40分の野井倉へJR山陰本線浦安駅から琴浦町営バスが運行。ただしダイヤの関係で船上山少年自然の家と野井倉へのバスは往路復路のどちらかをタクシー利用（要予約）にする必要がある。鏡ヶ成や健康の森遊歩道入口方面へタクシー利用の場合はJR伯備線江尾駅か伯耆溝口駅（ともに要予約）、または高速バス江府ICバス停から乗車する。

蒜山《ひるぜん》の各登山口

標高約510m（下蒜山登山口）
蒜山三座方面

Map 3左

マイカーの場合、蒜山の各登山口へは米子道蒜山ICが起点。JR中国勝山駅（鉄道以外に岡山駅から中鉄北部バスも運行）からのバスが1日5〜6本あるが、山中での行動時間を考慮すると蒜山高原での前泊がベスト。各登山口間はタクシー（要予約）で移動する。

●駐車場は下蒜山登山口（犬挟峠）が約15台、塩釜は約30台、上蒜山登山口は100台以上。塩釜の駐車場はP1〜4のうち、レストラン奥の登山者用のP3へ。バスの場合、下蒜山登山口へは道目木バス停、上蒜山登山口へは湯船口か蒜山高原バス停を利用。

公共交通
JR姫新線 **中国勝山駅**
↕ 真庭市 コミュニティバス **1時間20分** **200円**
蒜山高原（休暇村）

マイカー
米子道 **蒜山IC**
↕ 約6km 482 114 422ほか
上蒜山登山口 Ⓟ
↕ 約9km 482ほか
塩釜（中蒜山登山口）Ⓟ
↕ 約12km 482ほか
下蒜山登山口 Ⓟ

春米《つくよね》

標高約810m（ふれあいの里バス停）／
約745m（スキー場バス停）　氷ノ山・三ノ丸方面

Map 3右

若桜町春米地区は鳥取側の氷ノ山の登山拠点。各所に駐車場があり、バスも登山口やその近くまで運行する。高原の宿氷太くんをはじめ宿泊施設が多いので、とくにバス利用の場合は前泊して登山に望むのもよい。

●マイカーは高原の宿氷太くんや響の森、わかさ氷ノ山スキー場の駐車場へ。氷ノ山の往復登山ならわかさ氷ノ山キャンプ場の駐車場を利用すれば時間が短縮できる。町営バスは1日6本で、若桜駅発は8時20分台と10時40分台。ふれあいの里発の最終は18時過ぎ。

公共交通
若桜鉄道 **若桜駅**
↕ 若桜 町営バス **25分** **100円**
マイカー
鳥取道 **河原IC**
↕ 約33km 324 29 482
ふれあいの里／高原の宿氷太くん Ⓟ

公共交通
若桜鉄道 **若桜駅**
↕ 若桜 町営バス **23分** **100円**
マイカー
鳥取道 **河原IC**
↕ 約32km 324 29 482ほか
スキー場／わかさ氷ノ山スキー場 Ⓟ

河合谷《かわいだに》登山口

標高約1055m
扇ノ山方面

Map 4-1B

河合谷登山口は扇ノ山のメイン登山口。鳥取県側以外に兵庫県側からもアクセスができる（北近畿豊岡道八鹿氷ノ山ICから約81km）。登山口手前に約15台分の無料駐車場と水場がある。

マイカー
鳥取市街
↕ 約35km 43 291 31 林道河合谷線ほか
マイカー
鳥取道 **河原IC**
↕ 約38km 324 482 29 37 林道河合谷線ほか
河合谷登山口 Ⓟ

福定親水公園《ふくさだしんすいこうえん》

標高約650m
氷ノ山方面

Map 3-3D

福定親水公園は兵庫県側からの氷ノ山への主要登山口。駐車場やトイレ、キャンプ場（1200円）がある。バスは便数が少ない。

公共交通
JR山陰本線 **八鹿駅**
↕ 全但バス **51分 990円**
氷ノ山鉢伏口
↕ 徒歩 20分
マイカー
北近畿豊岡道 **八鹿氷ノ山IC**
↕ 約23km 9 87 林道
福定親水公園 Ⓟ

※交通機関や道路、駐車場、宿泊施設などの情報は2022年7月時点のものです。発行後に改訂・変更になることがあります。

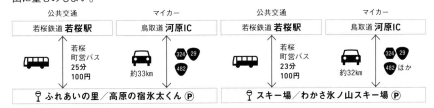

後山《うしろやま》キャンプ場　標高約710m　船木山・後山方面　Map 4-3C

岡山県側の後山や船木山の登山拠点で、約30台分の無料駐車場がある（トイレはキャンプ場を利用）。タクシーの場合は智頭急行大原駅で下車する（キャンプ場へ約20分・約4000円）。

マイカー

鳥取道 **大原IC**
↓ 約15km　373 429 大規模林道粟倉木屋原線ほか
後山キャンプ場 Ⓟ

●キャンプ場近くの後山登山口まで、駒の尾山登山口から無料シャトルバスが運行（2022年以降未定）。運行期間は秋の土日祝が中心。詳細は美作市役所観光政策課 TEL 0868-72-6693へ。

姫路《ひめじ》公園／ふるさとの森《もり》登山口　Map 4左

標高約905m（姫路公園コース登山口）　扇ノ山方面

いずれも扇ノ山の鳥取県側のサブコース。八頭町郡家からタクシー利用も可能だが、長距離となるので、レンタカーが経済的。

マイカー

鳥取道 **河原IC**
↓ 約29km　324 39 282 37 ほか
姫路公園コース登山口 Ⓟ
↓ 約5km　林道河合谷線
ふるさとの森コース登山口 Ⓟ

●河合谷登山口（P195）を含め、各登山口間は林道河合谷線で結ばれている。駐車場は姫路公園コース登山口の100m手前に約10台、ふるさとの森コース登山口に約5台。

大畑橋《おおはたばし》　標高約610m　那岐山方面　Map 5-3B

大畑橋は鳥取県側の那岐山への起点で、マイカーかタクシーでアクセスする。マイカーは大畑橋周辺の駐車スペースを利用する。タクシーを利用する際は予約をしておきたい。

公共交通

JR因美線・智頭急行 **智頭駅**
↓ TAXI タクシー **約30分** **約4500円**
大畑橋 Ⓟ

マイカー

鳥取道 **智頭IC**
↓ 約17km　53 295 林道大畑谷線ほか
大畑橋 Ⓟ

駒《こま》の尾《お》山《やま》登山口　標高約955m　駒の尾山方面　Map 4-1D

マイカーでのアクセスが一般的。約25台分の無料駐車場とトイレがある。智頭急行あわくら温泉駅が最寄り駅だが常駐のタクシーがなく、大原のタクシー会社に予約を入れる。

マイカー

鳥取道 **西粟倉IC**
↓ 約9km　373 大規模林道粟倉木屋原線・林道ダルガ峰線
駒の尾山登山口 Ⓟ

●上記の後山同様、秋の土日祝を中心に、智頭急行大原駅〜駒の尾山登山口間の無料シャトルバスが運行される（2022年以降は運行未定）。詳細は美作市役所観光政策課へ。

第一駐車場／Aコース登山口　Map 5-4A

標高約490m（第一駐車場）／約585m（Aコース登山口）　那岐山方面

那岐山の岡山県側にある第一駐車場（約15台）はB・Cコースの起点。Aコース登山口（約15台）は第一駐車場から車道を約1.5km進んだところにある。ともにタクシーは津山市街から乗車する。

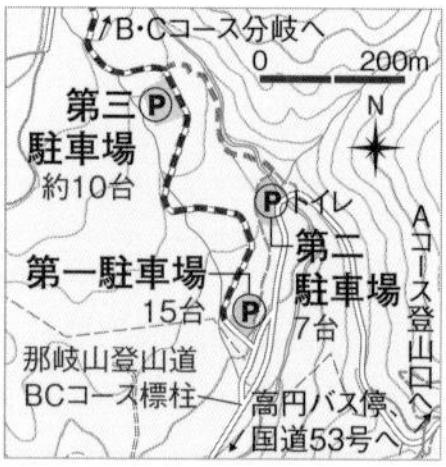

マイカー

中国道 **津山IC**
↓ 約19km　53 奈義町道ほか → **第一駐車場** Ⓟ
↓ 約20km　53 奈義町道 → **Aコース登山口** Ⓟ

※大阪方面からは中国道美作ICで降りるほうが早い

●第一駐車場から林道を500m進むと第三駐車場（約10台）がある。登山口に最も近く、この駐車場から満車になる。トイレがあるのは町道沿いの第二駐車場（7台）とAコース登山口。バスの場合、JR津山線・因美線津山駅から中鉄北部バス高円（約40分・860円）下車、第一駐車場まで車道を3km歩く。

泉嵓《いずみいわ》神社／笠菅《かさすげ》峠

Map 5右

標高約440m（泉嵓神社）／約850m（笠菅峠）　泉山方面

公共交通の場合、JR津山駅発のバスは便数が少なく、院庄駅からタクシーを利用する。笠菅峠からは鏡野町奥津のタクシー会社をよぶ。

声《こえ》ヶ《が》乢《たわ》

標高約520m
広戸仙・後山・那岐山方面

Map 5-1A

声ヶ乢は広戸仙や滝山への起点で、タクシーかマイカー利用となる。登山口に5台、東側すぐの峠の茶屋横に7台分の駐車場がある。

六《ろく》の原《はら》／池《いけ》の原《はら》

Map 6左

標高約800m（六の原）／約1000m（池の原）
比婆山連峰・吾妻山方面

六の原は比婆山連峰の登山拠点で、宿泊施設やキャンプ場がある。池の原は吾妻山の登山口。ともに無料の駐車場が完備されている。

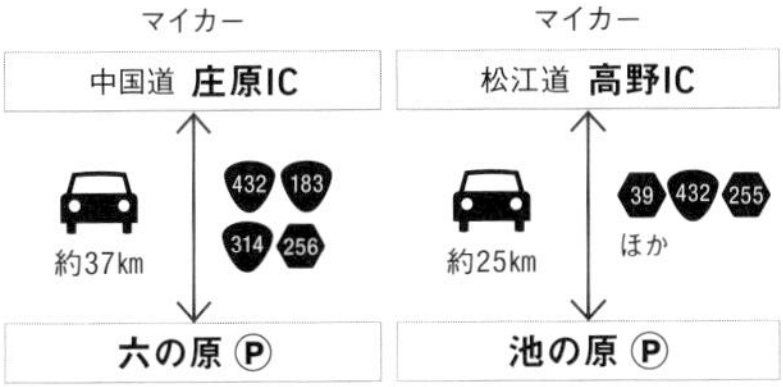

月《つき》見《み》が丘《おか》駐車場

標高約1075m
道後山方面

Map 6-2C

道後山登山口の月見が丘には約50台分の無料駐車場とトイレがある。タクシー利用の場合はJR芸備線備後落合駅から向かう（約25分・約5000円）。

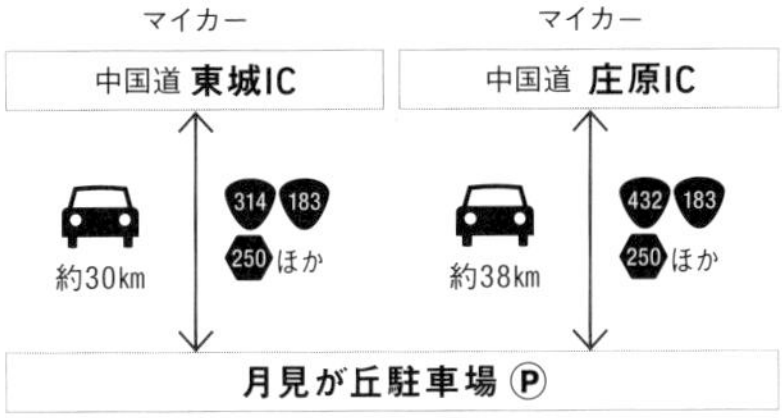

林間《りんかん》広《ひろ》場《ば》

標高約705m　船通山方面

Map 6-3C

林間広場は、鳥取県側の船通山への起点。広域基幹林道船通山線に登山口と約5台分の駐車場がある。JR伯備線生山駅や庄原市方面からタクシーも利用できるが、利用者は少ない。

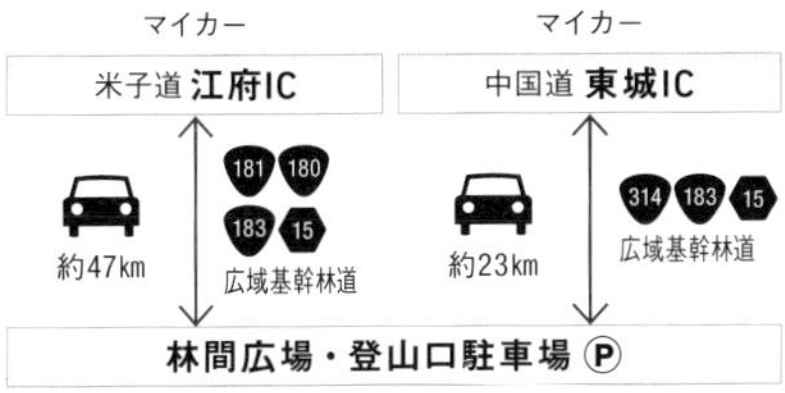

わくわくプール

標高約565m
船通山方面

Map 6-3D

亀石、鳥上滝コースの各駐車場へはマイカーかJR出雲横田駅からタクシーで。わくわくプール起点なら出雲横田駅からバス利用も可。

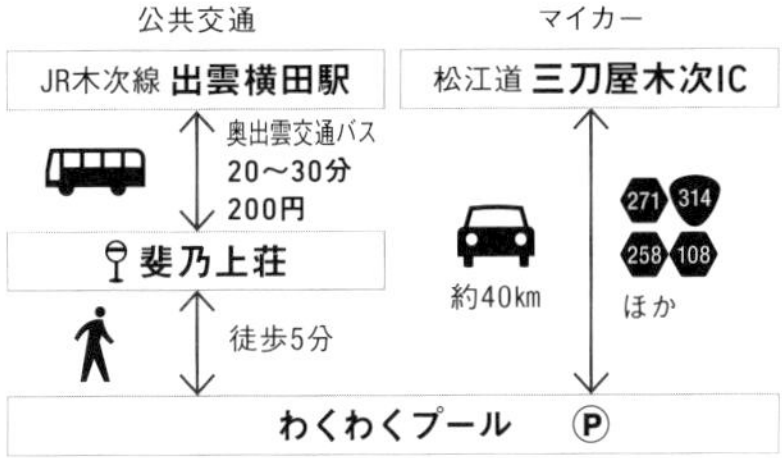

門坂駐車場《もんさか》　標高約645m　大万木山方面

Map 7-1A

マイカーが基本となるが、広島から出雲市、松江間の高速バス利用も可能。その場合は頓原に前夜泊をして、当日はタクシーで登山口へ。門坂駐車場のほかに伊出谷駐車場も利用できる（ともにトイレあり）。

●門坂駐車場は約10台、伊出谷駐車場は約15台が駐車できる。たたら壱番館に停車する高速バスは1日12本（広島～出雲市便が9本、広島～松江便が3本）。飯南町営バスは曜日を問わず1日4本の運行。頓原のタクシーは台数が少ないため、予約しておきたい。

公共交通
JR山陽新幹線 **広島駅**
↕ 中国JR・広電・一畑バス **2時間30分** **3360円**
たたらば壱番館
↕ 飯南町営バス **37分** **400円**
頓原

公共交通
頓原
↕ TAXI タクシー **約15分** **約2500円**
門坂駐車場

マイカー
松江道 **雲南吉田IC**
↕ 約16km 38 273 ほか
門坂駐車場 Ⓟ
↕ 約16.5km 38 273 ほか
伊出谷駐車場 Ⓟ

南登山口《みなみ》　標高約815m　深入山

Map 7-4B

深入山の主要登山口で、広い駐車場やトイレ、 オートキャンプ場もある。同じく利用者の多い東登山口には宿泊施設のいこいの村ひろしまがあり、広島～益田間の高速バス（新広益線）が1日2本停車する。いこいの村ひろしまは立ち寄り入浴ができる。

●南登山口は約90台、東登山口は約60台駐車可（ともに無料）。広島方面からバスを利用する場合、現地での滞在時間が5時間以上あるので日帰り登山も可能だが、前泊すればより余裕のある登山が楽しめる。いこいの村ひろしまの立ち寄り入浴時間は11～20時（混雑時は18時まで）、入浴料500円。

公共交通
JR山陽新幹線 **広島駅**
↕ 石見交通バス **1時間41分** **1790円**
いこいの村入口／東登山口 Ⓟ

マイカー
中国道 **戸河内IC**
↕ 約19km 191 ほか
いこいの村入口／東登山口 Ⓟ

マイカー
中国道 **戸河内IC**
↕ 約20km 191 ほか
南登山口 Ⓟ

牛小屋高原《うしごや》　標高約960m　恐羅漢山方面

Map 7-4D

戸河内からは県道252号の内黒峠経由のほうが近いが狭く急カーブが多いので、15km以上大回りだが国道191号の北広島町小板から大規模林道（深三恐ライン）を走るほうが安心。

マイカー
中国道 **戸河内IC**
↕ 約36km 191 大規模林道（深三恐ライン）ほか
牛小屋高原 Ⓟ

●牛小屋高原のレストハウスの向かいに約50台分の登山者用駐車場がある。公共交通利用の場合、戸河内まで広島電鉄バスで向かい、タクシー（約30分・約4500円）に乗り換える。

千町原登山口《せんちょうばら》　標高約805m　臥龍山・掛頭山方面

Map 7-2C

千町原登山口は臥龍山麓八幡原公園の西側に位置し、公園に駐車場（約50台）がある。ほかに登山口と霧ヶ谷湿原の中間となる芸北高原の自然館の前にも広い駐車場がある

マイカー
中国道 **戸河内IC**
↕ 約30km 191 115 ほか
千町原登山口 Ⓟ

●芸北高原の自然館（℡0826-36-2008）は八幡高原や臥龍山などの自然を紹介するビジターセンター的施設。4/下～11/下開館、10～15時・無料、火曜休・祝日の場合翌日休。

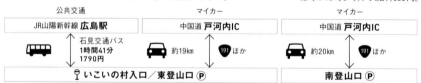

潮原《うしおばら》温泉／松《まつ》の木《き》峠　Map 8右

標高約630m（潮原温泉）／約790m（松の木峠）　安芸冠山・寂地山方面

西中国山地では珍しく、バス利用でも日帰り登山が可能。広島・山口県境の松の木峠はバス停がないので廿日市市津田からタクシーを利用。峠から国道を1.5km下ると吉和さくらバスの冠高原入口バス停がある。

●マイカーは中国道の高架下左の駐車スペースへ。右は潮原温泉の駐車場につき車を停めないこと。高架下から約1kmの先の林道終点にも駐車スペースがあるが、未舗装路のため高架下に停めるほうが無難。松の木峠は旧冠高原スキー場跡の駐車スペースを利用する。

公共交通
JR山陽本線 **宮内串戸駅**
↕ 広島電鉄バス　35分　400円
さいき文化センター
↕ 吉和さくらバス　28分　150円
潮原温泉 Ⓟ

マイカー
中国道 **吉和IC**
↕ 約4km　186ほか
潮原温泉 Ⓟ

公共交通
JR山陽本線 **宮内串戸駅**
↕ 広島電鉄バス　35分　400円
さいき文化センター
↕ TAXI　タクシー　約30分　約5500円
松の木峠 Ⓟ

マイカー
中国道 **吉和IC**
↕ 約10km　186 434
松の木峠 Ⓟ

寂地峡《じゃくちきょう》案内所　標高約470m　寂地山方面　Map 8-2C

寂地山への登山拠点で、2カ所計50台以上が停められる駐車場やトイレ、キャンプ場などを完備。さらに先の寂地林道にも犬戻峡遊歩道入口と林道終点に駐車スペースがある。

マイカー
中国道 **吉和IC**
↕ 約15km　186 434ほか
寂地峡案内所 Ⓟ

マイカー
中国道 **六日市IC**
↕ 約23km　187 16 434ほか
寂地峡案内所 Ⓟ

※寂地峡入口への岩国市生活交通バスは登山にはダイヤが不適

十方山《じっぽうざん》登山口　標高510m　十方山方面　Map 8-2A

登山口は竜神湖（立岩貯水池）左岸で、約20台分の駐車場とトイレがある。北面の安芸太田側の二軒小屋からのコースもあり、こちらには100台近く停められる駐車場がある。

マイカー
中国道 **吉和IC**
↕ 約6km　186 296
竜神湖左岸駐車場 Ⓟ

マイカー
中国道 **戸河内IC**
↕ 約17km　191 252
二軒小屋駐車場 Ⓟ

※公共交通利用の場合は戸河内からタクシーで竜神湖左岸駐車場へ

金山谷鉱山《かなやまだにこうざん》ルート登山口　標高約450m　小五郎山方面　Map 8-3B

金山谷鉱山ルート登山口の駐車場（約5台）は甲羅ヶ谷橋を渡って左へ。県道16号深谷大橋先の深谷駐車場（トイレあり）に停めて金山谷鉱山ルート登山口に向かう方法もある。

マイカー
中国道 **六日市IC**
↕ 約15km　187 16ほか
金山谷鉱山ルート登山口 Ⓟ
↕ 約11km　187 16
深谷駐車場 Ⓟ

※向峠への岩国市生活交通バスは登山にはダイヤが不適

奥谷《おくたに》駐車場　標高約735m　安蔵寺山方面　Map 9-1B

安蔵寺山へのメイン登山口のひとつで、約30台（無料）が駐車できる。公共交通利用の場合、人数がまとまっていればJR山口線日原駅からタクシー利用可（約50分・約8000円）。

マイカー
中国道 **六日市IC**
↕ 約38km　187 189（奥谷林道）
奥谷駐車場 Ⓟ

●ほかにも安蔵寺トンネル南口や滑峠、林道安蔵寺山線起点、伊源谷ルート登山口手前などに駐車場や駐車スペースがあるが、伊源谷ルートへは未舗装の悪路で、最低地上高の高い車以外は無理。

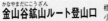

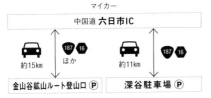

西《にし》の原《はら》／北《きた》の原《はら》

標高約465m（定めの松）／約585m（姫逃池登山口）
三瓶山方面

Map 9右

西の原、北の原は三瓶山の主要登山口。ともに大田市駅前からバスが1日7～8本（北の原へは2～3本）運行されているが、時間的余裕が少ないので、北の原か南麓の三瓶温泉に宿泊プランを立てるとよい。三瓶山の各登山口には無料の駐車場が完備しているので、マイカー登山にも便利。広島方面からマイカー利用の場合は三次市から国道54号を北上、飯南町赤名と美郷町粕渕を経由して向かう。

三瓶温泉の共同浴場のひとつ・鶴の湯

公共交通

JR山陰本線 **大田市駅**

所要時間	運賃	石見交通バス	行き先
37分	830円	定の松	三瓶温泉、青少年交流の家行き
57分	1220円	三瓶自然館前	青少年交流の家行き

マイカー

山陰道 **大田朝山IC**

- 約18km（286・284・56・30ほか）→ **西の原** Ⓟ
- 約18km（286・284・56ほか）→ **北の原** Ⓟ

- 西の原 Ⓟ ↔ 約36km（38・54・40・30ほか）↔ 松江道 **吉田掛合IC**
- 北の原 Ⓟ ↔ 約35km（38・54・40ほか）↔ 松江道 **吉田掛合IC**

山麓下谷《さんろくしもだに》駅／西《にし》之《の》川《かわ》

標高約430m（山麓下谷駅）／約435m（西之川）
石鎚山・瓶ヶ森方面

Map 10-1D

石鎚登山ロープウェイ山麓下谷駅は石鎚登山のメイン口のわりにバスの便数が多くなく、タクシー利用も考慮したい。下谷の約500m先にある西之川は、瓶ヶ森や石鎚山への起点。石鎚山、瓶ヶ森ともにJR伊予西条駅発8時前の始発バスに乗れば充分日帰り可能だが（復路のバスの最終は17時20分ごろ）、ロープウェイバス停前に石鎚山温泉京屋旅館があり、日程に余裕があれば前泊も一案。

●石鎚ロープウェイ前バス停や西之川へのバスは1日4本。タクシーの場合は伊予西条駅から約45分・約6000円。マイカーは、下谷はロープウェイ前バス停そばの駐車場（700円・約500台）、西之川は大宮橋たもとの駐車場（500円・7台）を利用する。石鎚登山ロープウェイは20分ごとの運行。運行時間は季節や月、曜日などにより変動するが、ハイシーズンはおおよそ8時前後～18時。

公共交通

JR予讃線 **伊予西条駅** ↔ せとうちバス 54分 1020円 ↔ **石鎚ロープウェイ前／山麓下谷駅** Ⓟ

マイカー

松山道 **いよ西条IC** ↔ 約27km（11・12）↔ **石鎚ロープウェイ前／山麓下谷駅** Ⓟ

石鎚ロープウェイ前／山麓下谷駅 Ⓟ ↔ 石鎚登山ロープウェイ 8分 片道1050円（往復2000円）↔ **山頂成就駅**

公共交通

JR予讃線 **伊予西条駅** ↔ せとうちバス 56分 1040円 ↔ **西之川**

マイカー

松山道 **いよ西条IC** ↔ 約27.5km（11・12）↔ **西之川** Ⓟ

※ロープウェイ前バス停から山麓下谷駅へは徒歩5分

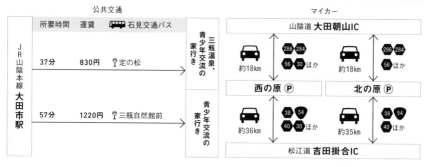

面河《おもご》／土小屋《つちごや》

標高約650m（面河バス停）／約1490m（土小屋）　石鎚山・瓶ヶ森方面

Map 10

面河は面河渓や石鎚山・面河ルートへの起点。石鎚山に関する展示を行なう面河山岳博物館そばにバス停と駐車場がある。石鎚連峰縦走路上の土小屋はバス停や駐車場、2軒の宿泊施設がある石鎚登山の要所。

●JRバスから伊予鉄南予バスに乗り換える際は、久万中学校前で下車する。伊予鉄南予バスの面河～石鎚土小屋間は4/1～11/30の土日祝運行。平日は久万からタクシーを利用。石鎚スカイライン（夜間通行不可）と町道瓶ヶ森線は冬期は閉鎖される。

公共交通

JR予讃線 **松山駅**
↕ JR四国バス　1時間10分　1340円
久万中学校前／久万営業所
↕ 伊予鉄南予バス　1時間　1420円 → **面河**
↕ 伊予鉄南予バス　1時間40分　1920円 → **石鎚土小屋**

マイカー

松山道 **松山IC**
↕ 約59km　33・12・494・12
面河 Ⓟ
↕ 約17km　12（石鎚スカイライン）
土小屋 Ⓟ

松山道 **いよ西条IC**
↕ 約61km　11・194　町道瓶ヶ森線
土小屋 Ⓟ

笹ヶ峰《ささがみね》登山口

標高約1010m　笹ヶ峰方面

Map 11-2C

石鎚連峰・笹ヶ峰の愛媛側登山口。国道194号の西条市下津池から市道下津池笹ヶ峰線に入り、約9km（最終2kmは未舗装）走る。約10台駐車可。山麓の下津池へのバスは廃止された。

公共交通

JR予讃線 **伊予西条駅**
↕ TAXI　タクシー　約50分　約10000円
笹ヶ峰登山口 Ⓟ

マイカー

松山道 **いよ小松IC**
↕ 約25km　11・194　市道
笹ヶ峰登山口 Ⓟ

保井野《ほいの》登山口

標高約560m　堂ヶ森、二ノ森方面

Map 10-2B

西条市保井野地区は山奥の隠れ里。登山口まで舗装道路が通じている。JR壬生川駅からのバスが1日4本（日祝は2本）運行される。

公共交通

JR予讃線 **壬生川駅**
↕ せとうち周桑バス　1時間2分　1040円
保井野集会所
↕ 徒歩50分
保井野登山口 Ⓟ

マイカー

松山道 **いよ小松IC**
↕ 約23km　11・153
保井野登山口 Ⓟ

見《み》ノ越《こし》／西島《にしじま》駅

Map 13

標高約1400m（見ノ越）／約1750m（西島駅）　剣山・次郎笈・一ノ森方面

見ノ越はバス停や駐車場、宿泊施設がそろう、剣山登山の一大拠点。バスはJR土讃線阿波池田駅またはJR徳島線貞光駅が起点（ともに特急が停車）。マイカーは徳島道美馬IC、タクシーはJR貞光駅が最寄り。

●久保からのバスは4/下～11/中、貞光駅発のバスは4/中～11/下の特定日運行。駐車場はリフト乗り場前の第一駐車場と国道439号をわずかに西に下った新駐車場がある（ともに無料）。リフトの運行時間は9時（ハイシーズン8時）～16時30分で、冬期は運休。

公共交通

JR土讃線 **阿波池田駅**
↕ 四国交通バス　1時間50分　1790円
久保
↕ 三好市営バス　1時間5分　1380円
見ノ越

公共交通

JR徳島線 **貞光駅**
↕ つるぎ町営バス　1時間40分　2000円（途中乗り換え）
見ノ越

マイカー

徳島道 **美馬IC**
↕ 約43km　438
見ノ越 Ⓟ

見の越駅
↕ 剣山観光登山リフト　約15分　片道1050円
西島駅

※リフトの往復料金は1900円

奥《おく》槍《やり》戸《と》山の家
標高約1530m
次郎笈・剣山方面
Map 13-3C

登山口までかなり時間を要するため、マイカーでのアクセスに限定される。剣山スーパー林道は未舗装で、台風後などは通行可否の確認が不可欠。奥槍戸山の家は食事利用ができる。

マイカー
徳島道 **徳島IC**
↕ 約89km 438 193 295 剣山スーパー林道ほか
奥槍戸山の家 Ⓟ

マイカー
高知道 **南国IC**
↕ 約75km 31 195 剣山スーパー林道ほか
奥槍戸山の家 Ⓟ

龍光寺《りゅうこうじ》駐車場
標高約1100m
一ノ森・剣山方面
Map 13-1D

龍光寺は剣山へのクラシックコース・表参道の入口。寺の直前までマイカーで入ることができるが、国道438号・垢離取橋の分岐から先は狭い屈曲路が続くので運転に注意。

マイカー
徳島道 **脇町IC**
↕ 約48km 193 492 438 ほか
龍光寺駐車場 Ⓟ

●駐車場は約10台が停められる。徳島市街からマイカー利用の場合は国道438号でアクセスする。JR徳島線穴吹駅から龍光寺入口となる垢離取橋バス停を経由して見ノ越に行くバスは廃止された。

名頃《なごろ》／久保《くぼ》
Map 13-2A Map 14-1A

標高約905m（名頃）／約600m（久保）　三嶺・天狗塚方面

名頃は三嶺の表玄関で、駐車場は三嶺林道の入口にある。久保は天狗塚や三嶺縦走の登・下山口だが駐車場がないので、集落から阿佐名頃林道（西山林道）を約7km上がった天狗塚登山口の駐車スペースを利用する。

●阿波池田駅～久保間のバスは1日4本、久保～名頃間のバスは1日5～6本運行。阿波池田駅発のバスはJR土讃線大歩危駅も経由する（1時間15分・1240円）。駐車場は名頃登山口に約30台（トイレあり）、天狗塚登山口に約5台、さらに東の菅生方面にわずかに進んだ場所に約15台分（ともにトイレはなし）。

公共交通
JR土讃線 **阿波池田駅**
↕ 四国交通バス **1時間50分** **1790円**
久保

公共交通
久保
↕ 三好市営バス **25分** **230円**
名頃

マイカー
徳島道 **美馬IC**
↕ 約53km 438 439 三嶺林道
名頃登山口 Ⓟ
↕ 約67km 438 439 阿佐名頃林道（西山林道）
天狗塚登山口 Ⓟ

道の駅マイントピア別子《べっし》
標高約150m
西赤石山方面
Map 15-1A

西赤石山へは道の駅マイントピア別子が登山拠点だが、マイカーの場合約10km先の東平※を起点にすれば歩行時間が2時間弱短縮できる。マイントピア別子には入浴施設もある。

公共交通
JR予讃線 **新居浜駅**
↕ せとうちバス **20分** **390円**
道の駅マイントピア別子 Ⓟ

マイカー
松山道 **新居浜IC**
↕ 約6km 47 ほか
道の駅マイントピア別子 Ⓟ

光石《ひかりいし》登山口
標高約905m
三嶺・天狗塚方面
Map 14-4B

光石登山口は高知県側の三嶺や天狗塚への登山拠点。約10台分の駐車スペースとトイレがある。満車時は林道をさらに300m進んだ左手にある駐車場（約30台）を利用する。

マイカー
高知道 **南国IC**
↕ 約50km 31 195 217 西熊林道ほか
光石登山口 Ⓟ

●公共交通の場合、JR土讃線土佐山田駅からJR四国バスと香美市営バスで大栃へ（美良布乗り換え、約45分・750円）。大栃からはタクシーで光石へ（約45分・約6500円）。

※東平への新居浜市道河又東平線は2022年7月現在落石により通行止め。

中七番登山口《なかしちばん》 標高約875m 平家平・冠山方面 Map 16-1B

マイカーはフォレスターハウスの駐車場ではなく、別子ダム方面へ約200m進んだ駐車スペースを利用。JR新居浜駅から別子山地域バス（50分・400円）があるが、便数が少ない。

公共交通：JR予讃線 **新居浜駅** → TAXI タクシー 約40分 約7000円 → **中七番**（バス停）Ⓟ

マイカー：松山道 **新居浜IC** → 47 ほか 約21km → **中七番**（バス停）Ⓟ

筏《いかだ》津《つ》 標高約670m 東赤石山方面 Map 15-4D

新居浜市別子山地区の東赤石山登山口。マイカーは筏津山荘跡上の無料駐車場へ。マイントピア別子経由JR新居浜駅行きの別子山地域バスを利用すれば、マイカーでの縦走も可。

マイカー：松山道 **三島川之江IC** → 11 319 6 47 約34km → **筏津駐車場** Ⓟ

マイカー：松山道 **新居浜IC** → 47 ほか 約30km → **筏津駐車場** Ⓟ

※筏津駐車場から紹介コースの床鍋へは徒歩約25分

京柱《きょうばしら》峠 標高約1130m 土佐矢筈山方面 Map 16-1C

マイカー以外にJR土讃線豊永駅からタクシー利用も可（豊永観光℡0887-75-0315、約40分・約5500円）。駐車場は約10台分で、トイレは高知側に国道を600m下った場所にある。

マイカー：高知道 **大豊IC** → 32 439 約30km → **京柱峠** Ⓟ

マイカー：徳島道 **井川池田IC** → 32 439 約55km → **京柱峠** Ⓟ

別《べ》府《ふ》峡 標高約560m 石立山方面 Map 16-4A

公共交通の場合は、JR土讃線土佐山田駅からJR四国バスと香美市営バスで別府へ（美良布と大栃乗り換え、約1時間20分・950円）。別府から別府峡へは徒歩約20分。

マイカー：徳島道 **徳島IC** → 55 16 19 195 ほか 約111km → **別府峡** Ⓟ

マイカー：高知道 **南国IC** → 31 195 ほか 約53km → **別府峡** Ⓟ

道の駅ことなみ 標高約435m 竜王山方面 Map 17-2A

マイカーは道の駅の駐車場などへ。道の駅には日帰り入浴施設がある。道の駅へはJR土讃線琴平駅からの琴参バスがあるが（三角下車）便数が少なく、往路をタクシー利用にしたい。

マイカー：高松道 **善通寺IC** → 319 22 4 199 46 438 約31km → **道の駅ことなみ** Ⓟ（**三角**（バス停））

マイカー：瀬戸中央道 **坂出IC** → 11 438 約33km → **道の駅ことなみ** Ⓟ（**三角**（バス停））

東祖谷《ひがしいや》奥《おく》ノ井《い》・住吉《すみよし》神社 標高約790m 寒峰方面 Map 16-4C

バスの場合はJR土讃線阿波池田駅（四国交通バス1時間40分・1680円）下瀬（徒歩約50分）住吉神社。神社前に約5台、約1.5km先の林道上にもわずかな駐車スペースあり。

公共交通：JR土讃線 **大歩危駅** → TAXI タクシー 約50分 約7500円 → **東祖谷奥ノ井・住吉神社** Ⓟ

マイカー：徳島道 **井川池田IC** → 32 45 32 439 ほか 約54km → **東祖谷奥ノ井・住吉神社** Ⓟ

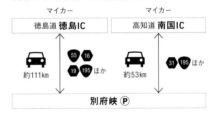

小豆島《しょうどしま》・草壁《くさかべ》港

標高2m
星ヶ城山方面

Map 17-4C

小豆島・星ヶ城山の起点が草壁港。高松港から草壁港への内海フェリーが2021年以降休航中のため、土庄港または池田港からバスやレンタカーで草壁港へ移動する。高松港へはJR予讃線・高徳線高松駅から徒歩5分。マイカーは高松港周辺の有料駐車場を利用する。

公共交通

土庄港
↕ 小豆島オリーブバス 約30〜40分 300円 ※バスは本数多い
草壁港

公共交通

高松港 Ⓟ
↕ 小豆島フェリー **1時間** **700円** → 土庄港
↕ 国際両備フェリー **1時間** **700円** → 池田港

※高松港〜土庄港間は高速艇も運航（35分・1190円）

●高松港〜土庄港間は1日15便（平日は14便）、高松港〜池田港間は1日11便（平日は10便）運航。両便ともマイカーの航送も可能（6330円）。土庄港へは新岡山港からの国際両備フェリー（1時間10分・1090円）なども運航。池田港（池田内科クリニックバス停）〜草壁港間は小豆島オリーブバスを利用する（約15〜20分・300円）。

万年橋《まんねんばし》登山口

標高約365m
三本杭方面

Map 18-4B

公共交通の場合、松野町へはJR予讃線宇和島駅からJR予土線で松丸駅に行く方法（約45分・460円）と、宇和島バス鬼北線で向かう方法（約55分・520円）がある。

公共交通
JR予土線 **松丸駅**
↕ TAXI タクシー **約30分** **約3000円**

マイカー
松山道 **三間IC**
↕ 約30km 57 381 8 270

万年橋登山口（滑床駐車場Ⓟ）

雲辺寺山《うんぺんじさん》登山口

標高約200m
雲辺寺山方面

Map 17-3B

雲辺寺山の登山口は粟井ダムへの道の途中にあるが、数台の駐車スペース程度なので、マイカーは雲辺寺ロープウェイ山麓駅の無料駐車場を利用し、ここから紹介コースを歩く。

公共交通
JR予讃線 **観音寺駅**
↕ TAXI タクシー **約25分** **約3000円**
雲辺寺山登山口

マイカー
高松道 **大野原IC**
↕ 約8km 11 8 241 ほか
ロープウェイ山麓駅 Ⓟ

稲村《いなむら》ダム登山口

標高約1130m
稲叢山・西門山方面

Map 18-4D

バス便はないうえタクシーも距離があるため、マイカーでの入山が一般的。愛媛側からは国道194号〜稲村山トンネル、高知側からは早明浦ダム〜瀬戸川渓谷を経由して入る。

マイカー
松山道 **いよ西条IC**
↕ 約46km 11 194 林道一の谷 脇ノ山線ほか

マイカー
高知道 **大豊IC**
↕ 約52km 439 265 17 6 林道一の谷 脇ノ山線ほか

稲村ダム登山口 Ⓟ

天狗《てんぐ》高原

標高約1365m
天狗ノ森・大引割方面

Map 18-2C

旧天狗荘行きの津野町営バスは廃止されたため、アクセスはマイカーのみ。マイカーは登山口となる星ふるヴィレッジTENGUの無料駐車場を利用する。

マイカー
松山道 **松山IC**
↕ 約72km 33 440 303

マイカー
高知道 **須崎東IC**
↕ 約52km 315 197 439 48 ほか

天狗高原（星ふるヴィレッジTENGU）Ⓟ

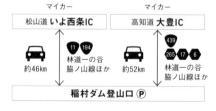

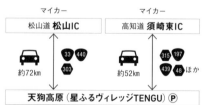

主な山小屋・宿泊施設一覧

＊山小屋や旅館・ホテルの宿泊は基本的に予約が必要です。各施設の料金や初期時の提供の有無などはホームページをご覧ください。＊掲載の営業期間や入浴料金などの情報は、本書の発行日時点のもので、発行後に変更になることがあります。

中国山地の山

■大山 …… Map 1

元谷避難小屋 △	TEL0859-31-9628*	①20人 ③なし ⑤あり
六合目避難小屋 △	TEL0859-31-9628*	①3人 ③なし ⑤あり
頂上避難小屋 △	TEL0859-31-9628*	①60人 ③なし ⑤あり
ユートピア避難小屋 △	TEL0859-31-9628*	①8人 ③なし ⑤あり
大休峠避難小屋 △	TEL0859-31-9628*	①10人 ③あり（3分） ⑤あり
駒鳥避難小屋 △	TEL0858-23-3276*	①10人 ③あり（5分） ⑤あり
大山ゲストハウス寿庵	TEL0859-52-2867	①22人 ②通年 ⑤あり ⑥自炊のみ
大山山の家シーハイル	TEL0859-52-2800	①48人 ②通年 ⑤あり
大山ビューハイツ	TEL0859-52-2518	①84人 ②通年 ⑤あり
休暇村奥大山	TEL0859-75-2300	①198人 ②通年 ④可（520円） ⑤あり ⑥キャンプ場あり
県立船上山少年自然の家	TEL0858-55-7111	①200人 ②通年 ⑤あり ⑥宿泊は5人以上・キャンプ場あり

■蒜山 …… Map 3 左

中蒜山避難小屋 △	TEL086-226-7312*	①10人 ③なし ⑤あり ⑥緊急時以外使用不可
休暇村蒜山高原	TEL0867-66-2501	①390人 ②通年 ④可（500円） ⑤あり ⑥キャンプ場あり
ひるぜん塩釜キャンピングヴィレッジ	TEL0867-66-3959	①200人 ②4/1～12/中 ③あり ⑤あり ⑥キャンプ場あり

■氷ノ山 …… Map 3 右

氷ノ山越避難小屋 △	TEL079-660-2024*	①4人 ③なし ⑤あり
氷ノ山山頂避難小屋 △	TEL079-660-2024*	①10人 ③なし ⑤あり
氷ノ山三ノ丸避難小屋 △	TEL0790-75-2220*	①3～4人 ③なし ⑤なし
氷ノ山アルパインヒュッテ	TEL0858-82-0956	①100人 ②通年 ③あり ⑤あり
氷ノ山高原の宿 氷太くん	TEL0858-82-1111	①約140人 ②通年 ④可（2022年現在休止中） ⑤あり

■扇ノ山 …… Map 4 左

扇ノ山避難小屋 △	TEL0857-26-7199*	①15人 ③なし ⑤あり

■後山 …… Map 4 右

駒の尾山避難小屋 △	TEL0868-79-2230*	①10人 ③なし ⑤なし

■那岐山 …… Map 5 左

山頂避難小屋 △	TEL0868-36-4114*	①10人 ③あり（5分） ⑤あり
馬の背小屋 △	TEL0858-76-1111*	①6人 ③あり（5分） ⑤なし

■泉山 …… Map 5 右

泉山ヒュッテ △	TEL0868-22-2204（津山高校）	①20人 ③あり ⑤なし

■比婆山連峰 …… Map 6 左

大膳原休憩所 △	TEL0854-54-2524*	①30人 ③あり ⑤あり ⑥キャンプ場あり
県民の森公園センター	TEL0824-84-2020	①100人 ②通年 ④可（500円） ⑤あり ⑥キャンプ場あり

■道後山 …… Map 6 右上

ひば・道後山高原荘	TEL0824-84-2170	①100人 ②通年 ④可（620円・火曜休） ⑤あり

■船通山 …… Map 6 右下

山頂避難小屋△	TEL0854-54-2260*	①8人 ③なし ⑤なし
斐乃上荘	TEL0854-52-0234	①30人 ②通年（不定休） ④可（500円） ⑤あり
民宿たなべ	TEL0854-52-0930	①20人 ②通年 ④可（600円） ⑤あり

凡例＝①収容人数 ②営業期間 ③水場の有無 ④日帰り入浴の可否（カッコ内は料金） ⑤ホームページなどの有無 ⑥備考
△＝避難小屋（通年利用可・無人。緊急時のみ使用可の小屋あり） 電話番号末尾の＊は問合せ先が県庁・市町村役場など

■大万木山 …… Map 7左上

頂上避難小屋△ ℡0854-76-2025* ①10人 ③あり（5分） ⑤あり

滝見コース避難小屋△ ℡0854-76-2025* ①10人 ③なし ⑤あり

渓谷コース避難小屋△ ℡0854-76-2025* ①10人 ③なし ⑤あり

■深入山／臥龍山／恐羅漢山 …… Map 7左下／7右上／7右下

いこいの村ひろしま ℡0826-29-0011 ①120人 ②通年 ④可（500円） ⑤あり

■安芸冠山／十方山 …… Map 8右／8左上

潮原温泉松かわ ℡0829-77-2224 ①80人 ②通年（第1・3火曜、冬期毎週月・火曜休）
④可（冬期不可・700円） ⑤あり

魅惑の里 ℡0829-77-2110 ①約70人 ②4～11月（木曜休・祝日の場合翌日休）
④可（650円） ⑤あり ⑥キャンプ場あり

クヴェーレ吉和 ℡0829-77-2277 ①60人 ②通年（不定休）
④可（700円、4/上～12/上は月曜休、12/上～3/末は火曜休） ⑤あり

■三瓶山 …… Map 9右

三瓶山頂小屋△ ℡0854-86-0500* ①7人 ③あり（水量乏しい） ⑤あり（北三瓶会ホームページ）

国民宿舎さんべ荘 ℡0854-83-2011 ①90人 ②通年 ④可（650円） ⑤あり

四季の宿さひめ野 ℡0854-83-3001 ①約130人 ②通年 ④可（500円） ⑤あり

四国の山

■石鎚山／瓶ヶ森／笹ヶ峰 …… Map 10～12左

石鎚山温泉京屋旅館 ℡0897-59-0335 ①200人 ②通年 ④可（500円） ⑤なし

常住屋白石旅館（成就） ℡0897-59-0032 ①70人 ②通年 ③あり ⑤あり

石鎚神社頂上山荘 ℡080-1998-4591 ①50人 ②5/1～11/3 ③なし ⑤あり

土小屋白石ロッジ ℡0897-53-0007 ①100人 ②4/下～11/下 ③あり ⑤あり

国民宿舎石鎚 ℡0897-53-0005 ①100人 ②4/初～11/下 ③あり
④可（500円） ⑤あり

愛大石鎚小屋△ ℡080-8919-2272 ①10人 ③あり ⑤あり ⑥宿泊500円（チップ） テント場あり

堂ヶ森愛大小屋△ ℡080-8919-2272 ①10人 ③あり ⑤あり ⑥宿泊500円（チップ） テント場あり

山荘しらさ ℡090-2235-1400 ①24人 ②4/下～11/下 ⑤あり

しらさ峠避難小屋△ ℡088-869-2115* ①10人 ③あり ⑤なし ⑥緊急時以外使用不可

瓶ヶ森避難小屋△ ℡0897-52-1446* ①15人 ③なし ⑤あり ⑥テント場近接

丸山荘 ℡090-4972-4582 ①100人 ②通年（管理人不在時休業）
③あり ⑤なし ⑥テント場あり

■剣山／三嶺 …… Map 13／14左

劔神社簡易宿泊所 ℡0883-67-5017 ①50人 ②通年 ③あり ⑤あり

剣山円福寺 ℡0883-78-2759 ①30人 ②7/1～8/10 ③あり（1分） ⑤なし

市営一ノ森ヒュッテ ℡0883-68-2111* ①50人 ②4/末～11/上 ③あり ⑤あり ⑥テント場あり

剣山頂上ヒュッテ ℡080-2997-8482 ①60人 ②4/28～11/23 ③あり ⑤あり

三嶺ヒュッテ△ ℡0883-72-7620* ①30人 ③あり（10分） ⑤なし

お亀岩避難小屋△ ℡0887-52-9289* ①20人 ③あり（1分） ⑤あり

■西赤石山・東赤石山 …… Map 15

銅山峰ヒュッテ ℡090-2782-9340 ①20人 ②通年 ③あり（1分） ⑤なし ⑥テント場あり

■三本杭 …… Map 18左

森の国 水際のロッジ ℡0895-43-0331 ①46人 ②通年 ⑤あり

■天狗ノ森 …… Map 18右上

星ふるヴィレッジTENGU ℡0889-62-3188 ①82人 ②通年 ③あり（1分） ⑤あり ⑥キャンプ場あり

凡例＝①収容人数 ②営業期間 ③水場の有無 ④日帰り入浴の可否（カッコ内は料金） ⑤ホームページなどの有無 ⑥備考
△＝避難小屋（通年利用可・無人。緊急時のみ使用可の小屋あり） 電話番号末尾の*は問合せ先が県庁・市町村役場など

行政区界・地形図（中国山地）

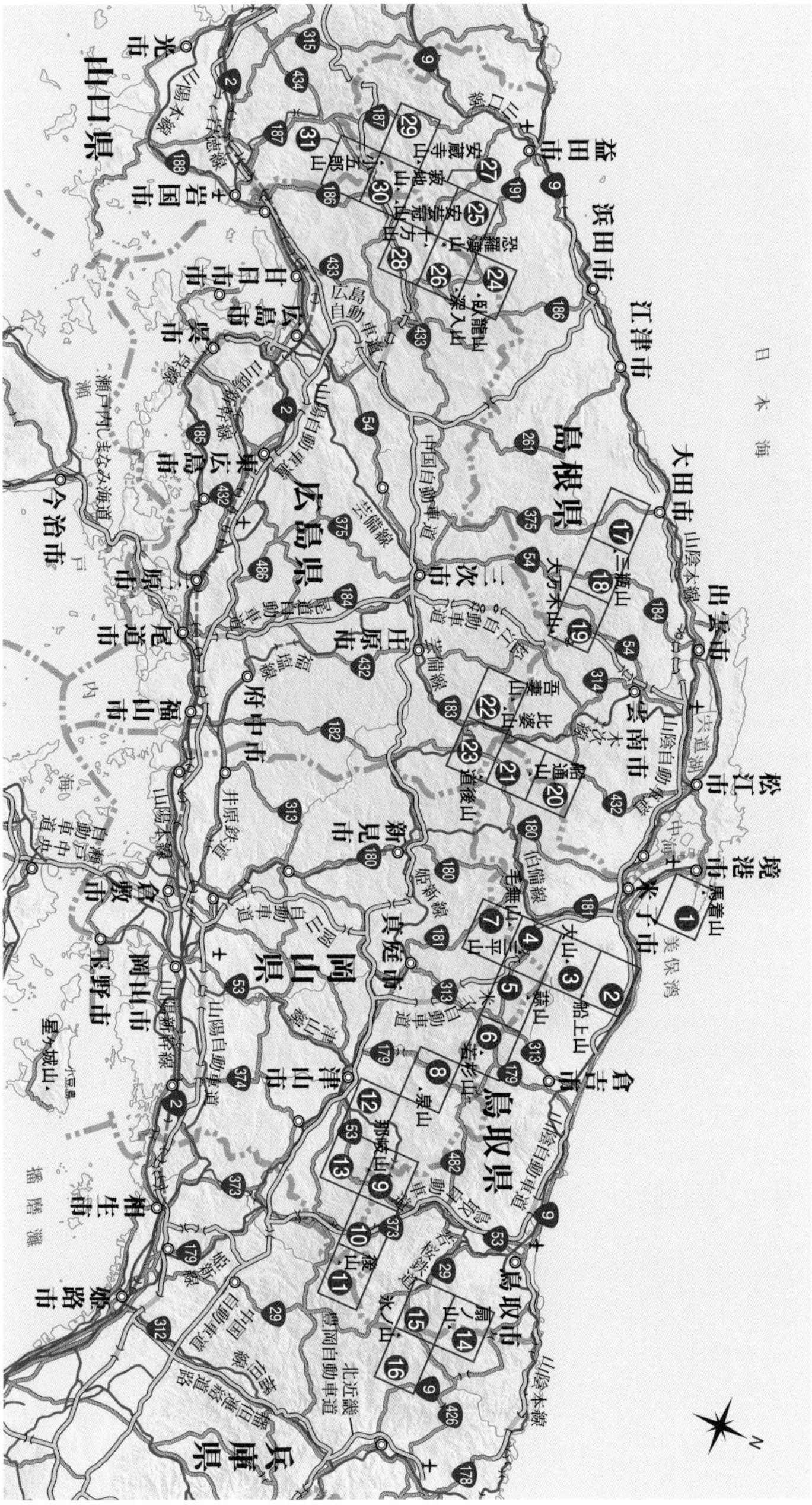

1:25,000地形図（メッシュコード）＝❶美保関（533322）❷船上山（533314）❸伯耆大山（533304）❹延助（523374）❺蒜山（523375）❻下鍛冶屋（523376）❼美作新庄（523364）❽奥津（523367）❾大背（523461）❿坂根（523462）⓫西河内（523463）⓬楢（523450）⓭日本原（523451）⓮扇ノ山（533413）⓯若桜（533403）⓰氷ノ山（533404）⓱三瓶山東部（523254）⓲三瓶山東部（523255）⓳出雲吉田（523256）⓴阿毘縁（523361）㉑多里（523351）㉒比婆山（523340）㉓道後山（523341）㉔臥龍山（523201）㉕出合原（513270）㉖三段峡（513271）㉗野入（513260）㉘戸河内（513261）㉙安蔵寺山（513157）㉚安芸冠山（513250）㉛宇佐郷（513240）

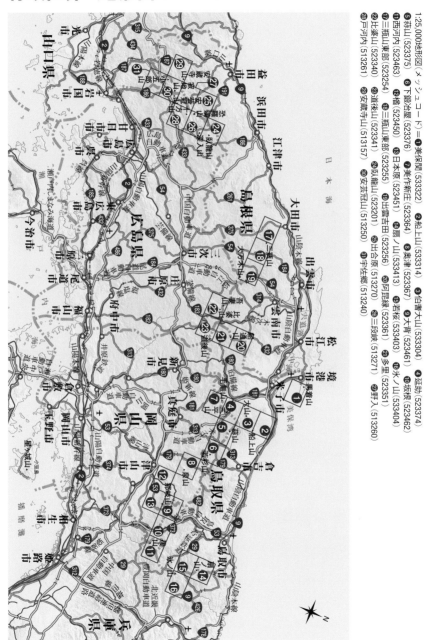

行政区界・地形図（四国）

1:25,000地形図（メッシュコード）＝❶寒霞渓（513462）　❷草壁（513452）　❸讃岐塩江（513410）
❹讃岐豊浜（513305）　❺西条（503361）　❻別子銅山（503362）　❼弟地（503363）　❽佐々連尾山（503364）
❾石鎚山（503350）　❿瓶ヶ森（503351））　⓫日ノ浦（503352）　⓬土佐小松（503353）　⓭面河溪（503340）
⓮筒上山（503341）　⓯日比原（503342）　⓰京上（503367）　⓱剣山（503460）　⓲東土居（503356）
⓳久保沼井（503357）　⓴北川（503450）　㉑王在家（503310）　㉒宇和島（493264）　㉓松丸（493265）

登山計画書の提出

中国・四国の山の登山にあたっては、事前に登山計画書（登山届・登山者カード）を作成、提出することが基本。登山計画書を作成することで、歩くコースの特徴やグレードを知り、充分な準備を整えて未然に遭難事故を防ぐ。また、万が一、登山者にアクシデントが生じたとき、迅速な捜索・救助活動にもつながる。

主要登山口には、用紙とともに登山届ポスト（提出箱）が設けられ、その場で記入・提出することもできるが、準備段階で作成することが望ましい。登山者名と連絡先、緊急連絡先、登山日程とコースなどが一般的な記入要件だ。

提出は、登山口の提出箱や各県警への郵送・ファックス（鳥取県と高知県は県警ホームページからも提出可）のほか、日本山岳ガイド協会運営のオンライン登山届システム「コンパス」のようなインターネットからもできる。

問合せ先一覧

市町村役場

【中国山地の山】

■大山・烏ヶ山・大山滝・甲ヶ山・船上山

大山町役場大山支所　〒689-3332　鳥取県西伯郡大山町末長500　TEL0859-53-3311
江府町役場　〒689-4401　鳥取県日野郡江府町大字江尾1717-1　TEL0859-75-2211
倉吉市役所　〒682-8611　鳥取県倉吉市葵町722　TEL0858-22-8111
琴浦町役場　〒689-2392　鳥取県東伯郡琴浦町大字徳万591-2　TEL0858-52-2111

■蒜山

真庭市役所蒜山振興局　〒717-0504　岡山県真庭市蒜山下福田305　TEL0867-66-2511

■氷ノ山

若桜町役場　〒680-0792　鳥取県八頭郡若桜町大字若桜801-5　TEL0858-82-2211

■扇ノ山

鳥取市役所国府町総合支所　〒680-0197　鳥取県鳥取市国府町宮下1221　TEL0857-30-8656
八頭町役場　〒680-0493　鳥取県八頭郡八頭町郡家493　TEL0858-76-0201

■後山・駒の尾山

美作市役所　〒707-8501　岡山県美作市栄町38-2　TEL0868-72-1111
西粟倉村役場　〒707-0503　岡山県英田郡西粟倉村大字影石33-1　TEL0868-79-2111

■那岐山

智頭町役場　〒689-1402　鳥取県八頭郡智頭町大字智頭2072-1　TEL0858-75-4111
奈義町役場　〒708-1392　岡山県勝田郡奈義町豊沢306-1　TEL0868-36-4111
津山市役所　〒708-8501　岡山県津山市山北520　TEL0868-32-2082

■泉山

鏡野町役場　〒708-0392　岡山県苫田郡鏡野町竹田660　TEL0868-54-2111
鏡野町役場奥津振興センター　〒708-0421　岡山県苫田郡鏡野町井坂495　TEL0868-52-2211

■道後山

庄原市役所西城支所　〒729-5792　広島県庄原市西城町大佐737-3　TEL0824-82-2121

■比婆山連峰・吾妻山

庄原市役所西城支所　〒729-5792　広島県庄原市西城町大佐737-3　TEL0824-82-2121
庄原市役所比和支所　〒727-0301　広島県庄原市比和町大字比和1119-1　TEL0824-85-2111
奥出雲町役場仁多庁舎　〒699-1511　島根県仁多郡奥出雲町三成358-1　TEL0854-54-1221

■船通山

奥出雲町役場仁多庁舎　〒699-1511　島根県仁多郡奥出雲町三成358-1　TEL0854-54-1221
日南町役場　〒689-5292　鳥取県日野郡日南町霞800　TEL0859-82-1111

■大万木山

飯南町役場　〒690-3513　島根県飯石郡飯南町下赤名880　TEL0854-76-2211

■臥龍山

北広島町役場芸北支所　〒731-2323　広島県山県郡北広島町川小田10075-75　TEL050-5812-2110

■深入山／恐羅漢山

安芸太田町役場　〒731-3810　広島県山県郡安芸太田町大字戸河内784-1　TEL0826-28-2111

■十方山

廿日市市役所吉和支所　〒738-0301　広島県廿日市市吉和3425-1　TEL0829-77-2112
安芸太田町役場　〒731-3810　広島県山県郡安芸太田町大字戸河内784-1　TEL0826-28-2111

■安芸冠山

廿日市市役所吉和支所　〒738-0301　広島県廿日市市吉和3425-1　TEL0829-77-2112

※P210へ続く

■寂地山／小五郎山

岩国市役所錦総合支所　〒740-0724　山口県岩国市錦町大字広瀬12-8……TEL0827-72-2110

■安蔵寺山

津和野町役場津和野庁舎　〒699-5605　島根県鹿足郡津和野町後田口64-6……TEL0856-72-0652

吉賀町役場　〒699-5513　島根県鹿足郡吉賀町六日市750……TEL0856-77-1111

益田市役所匹見分庁舎　〒698-1211　島根県益田市匹見町匹見イ1260……TEL0856-56-0300

■三瓶山

大田市役所　〒694-0064　島根県大田市大田町大田口1111……TEL0854-82-1600

飯南町役場　〒690-3513　島根県飯石郡飯南町下赤名880……TEL0854-76-2211

【四国の山】

■石鎚山・瓶ヶ森・笹ヶ峰

西条市役所　〒793-8601　愛媛県西条市明屋敷164……TEL0897-56-5151

西条市役所丹原総合支所　〒791-0508　愛媛県西条市丹原町池田1733-1……TEL0898-68-7300

久万高原町役場　〒791-1201　愛媛県上浮穴郡久万高原町久万212……TEL0892-21-1111

いの町役場本川総合支所　〒781-2601　高知県吾川郡いの町長沢123-12……TEL088-869-2111

■剣山・三嶺・一ノ森

三好市役所東祖谷支所　〒778-0204　徳島県三好市東祖谷京上157-2……TEL0883-88-2212

美馬市役所　〒777-8577　徳島県美馬市穴吹町穴吹字九反地5……TEL0883-52-1212

那賀町役場木沢支所　〒771-6192　徳島県那賀郡那賀町木頭字前田43-1……TEL0884-65-2111

那賀町役場木頭支所　〒771-6495　徳島県那賀郡那賀町木頭出原字マエダ34……TEL0884-68-2311

香美市役所物部支所　〒781-4401　高知県香美市物部町大栃1390-1……TEL0887-58-3111

■西赤石山・東赤石山

新居浜市役所　〒792-8585　愛媛県新居浜市一宮町1-5-1……TEL0897-65-1234

新居浜市役所別子山支所　〒799-0650　愛媛県新居浜市別子山甲347-1……TEL0897-64-2011

■平家平・冠山

新居浜市役所　〒792-8585　愛媛県新居浜市一宮町1-5-1……TEL0897-65-1234

新居浜市役所別子山支所　〒799-0650　愛媛県新居浜市別子山甲347-1……TEL0897-64-2011

いの町役場本川総合支所　〒781-2601　高知県吾川郡いの町長沢123-12……TEL088-869-2111

■石立山

香美市役所物部支所　〒781-4401　高知県香美市物部町大栃1390-1……TEL0887-58-3111

那賀町役場木頭支所　〒771-6495　徳島県那賀郡那賀町木頭出原字マエダ34……TEL0884-68-2311

■土佐矢筈山

三好市役所東祖谷支所　〒778-0204　徳島県三好市東祖谷京上157-2……TEL0883-88-2212

香美市役所物部支所　〒781-4401　高知県香美市物部町大栃1390-1……TEL0887-58-3111

■寒峰

三好市役所東祖谷支所　〒778-0204　徳島県三好市東祖谷京上157-2……TEL0883-88-2212

■竜王山

まんのう町役場琴南支所　〒766-0201　香川県仲多度郡まんのう町造田1974-1……TEL0877-85-2111

■雲辺寺山

観音寺市役所　〒768-8601　香川県観音寺市坂本町1-1-1……TEL0875-23-3900

三好市役所　〒778-8501　徳島県三好市池田町シンマチ1500-2……TEL0883-72-7600

■星ヶ城山

小豆島町役場　〒761-4492　香川県小豆郡小豆島町片城甲44-95……TEL0879-82-7021

■天狗ノ森

津野町役場　〒785-0201　高知県高岡郡津野町永野471-1……TEL0889-55-2311

■三本杭

宇和島市役所　〒798-8601　愛媛県宇和島市曙町1……TEL0895-24-1111

※P211へ続く

※P210からの続き

■稲叢山

いの町役場本川総合支所	〒781-2601	高知県吾川郡いの町長沢123-12	TEL088-869-2111
土佐町役場	〒781-3492	高知県土佐郡土佐町土居194	TEL0887-82-0480

県庁・県警察本部

鳥取県庁	〒680-8570	鳥取県鳥取市東町1-220	TEL0857-26-7111
岡山県庁	〒700-8570	岡山県岡山市北区内山下2-4-6	TEL086-224-2111
島根県庁	〒690-8501	島根県松江市殿町1	TEL0852-22-5111
広島県庁	〒730-8511	広島県広島市中区基町10-52	TEL082-228-2111
山口県庁	〒753-8501	山口県山口市滝町1-1	TEL083-922-3111
愛媛県庁	〒790-8570	愛媛県松山市一番町4-4-2	TEL089-941-2111
徳島県庁	〒770-8570	徳島県徳島市万代町1-1	TEL088-621-2500
香川県庁	〒760-8570	香川県高松市番町4-1-10	TEL087-831-1111
高知県庁	〒780-8570	高知県高知市丸ノ内1-2-20	TEL088-823-1111
鳥取県警察本部地域課	〒680-8520	鳥取県鳥取市東町1-271	TEL0857-23-0110
岡山県警察本部地域課	〒700-0824	岡山県岡山市北区内山下2-4-6	TEL086-234-0110
島根県警察本部地域課	〒690-8510	島根県松江市殿町8-1	TEL0852-26-0110
広島県警察本部地域課	〒730-8507	広島県広島市中区基町9-42	TEL082-228-0110
山口県警察本部地域企画課	〒753-8504	山口県山口市滝町1-1	TEL083-933-0110
愛媛県警察本部地域課	〒790-8573	愛媛県松山市南堀端町2-2	TEL089-934-0110
徳島県警察本部地域課	〒770-8510	徳島県徳島市万代町2-5-1	TEL088-622-3101
香川県警察本部地域課	〒760-8579	香川県高松市番町4-1-10	TEL087-833-0110
高知県警察本部地域課	〒780-8544	高知県高知市丸ノ内2-4-30	TEL088-826-0110

交通機関（バス・ロープウェイ）

【中国山地の山】

■大山・甲ヶ山・船上山

日本交通米子営業所（バス）……TEL0859-33-9116

琴浦町営バス……TEL0858-52-1708

■蒜山

中鉄北部バス津山営業所……TEL0868-27-2827

真庭市コミュニティバス……TEL0867-42-1017

■氷ノ山

若桜町営バス……TEL0858-82-5500

全但バス八鹿営業所……TEL079-662-6151

■那岐山／泉山

中鉄北部バス津山営業所……TEL0868-27-2827

■後山・駒の尾山

美作市役所観光政策課（シャトルバス）……TEL0868-72-6693

■道後山／比婆山連峰・吾妻山

西城地域廃止代替等バス（西城交通）……TEL0824-82-1933

比和地域生活バス（庄原市役所比和支所）……TEL0824-85-3001

■船通山

奥出雲交通バス……TEL0854-54-1047

※P212へ続く

※P211からの続き

■大万木山

中国ジェイアールバス(高速バス)……℡0570-010-666
広島電鉄(高速バス)……℡082-207-1073
一畑バス(高速バス)……℡0852-20-5252
飯南町営バス……℡0854-76-2213

■深入山

石見交通益田営業所(高速バス)……℡0856-24-0080

■恐羅漢山/十方山

広島電鉄安佐営業所(バス)……℡082-835-1860

■安芸冠山

広島電鉄広島南営業所(バス)……℡082-221-4385
吉和さくらバス(津田交通)……℡0829-72-0338

■寂地山/小五郎山

岩国市生活交通バス(錦地域)……℡0827-72-2110

■三瓶山

石見交通大田営業所(バス)……℡0854-82-0662

【四国の山】

■石鎚山・瓶ヶ森(山麓下谷駅・西之川)

せとうちバス営業課……℡0898-23-3881
石鎚登山ロープウェイ……℡0897-59-0331

■石鎚山(土小屋・面河)

ジェイアール四国バス松山支店……℡089-943-5015
伊予鉄南予バス久万営業所……℡0892-21-0018

■堂ヶ森・二ノ森・石鎚山(保井野)

せとうち周桑バス……℡0898-72-5639

■剣山(見ノ越)

四国交通バス本社営業所……℡0883-72-2171
三好市営バス……℡0883-88-2212
つるぎ町営バス……℡0883-62-3111
剣山観光登山リフト……℡0883-67-5277

■三嶺・天狗塚(久保・名頃)

四国交通バス本社営業所……℡0883-72-2171
三好市営バス……℡0883-88-2212

■西赤石山・東赤石山/平家平・冠山

せとうちバス新居浜営業所……℡0897-46-6820
別子山地域バス……℡0897-64-2011

■三嶺(光石登山口)/石立山

ジェイアール四国バス高知支店……℡088-866-2513
香美市営バス(大栃観光タクシー)……℡0887-58-3121

■寒峰

四国交通バス本社営業所……℡0883-72-2171

■竜王山

琴参バス琴平営業所……℡0877-73-3101

■雲辺寺山

雲辺寺ロープウェイ……℡0875-54-4968

■星ヶ城山

小豆島フェリー……℡087-821-9436

※P213へ続く

※P212からの続き

国際両備フェリー……℡087-851-9848
小豆島オリーブバス……℡0879-62-0171
寒霞渓ロープウェイ……℡0879-82-2171
■三本杭
宇和島バス本社……℡0895-22-2200

交通機関（タクシー）

【中国山地の山】
■大山・烏ヶ山・船上山
青空タクシー（米子駅）……℡0859-22-3939
つばめタクシー（　〃　）……℡0859-22-9421
江府町営タクシー（江尾駅）……℡0859-75-3388
溝口タクシー（伯耆溝口駅）……℡0859-62-1030
ことうら交通（浦安駅／赤碕駅）……℡0858-27-1636
■蒜山
フクモトタクシー（中国勝山駅）……℡0867-44-3175
蒜山運送（真庭市蒜山）……℡0867-66-2533
■氷ノ山
日本交通（八頭町郡家）……℡0858-73-0111
全但タクシー（八鹿駅）……℡079-662-4128
■扇ノ山
日の丸ハイヤー（鳥取駅）……℡0857-22-2121
日本交通（八頭町郡家）……℡0858-73-0111
■後山・駒の尾山
大原観光交通（大原駅）……℡0868-78-2315
■那岐山
日本交通（智頭町）……℡0858-75-0077
平和タクシー（津山駅）……℡0868-22-3161
■泉山
院庄タクシー（院庄駅）……℡0868-28-0039
奥津観光バス（鏡野町奥津）……℡0868-52-0740
■比婆山連峰・吾妻山／道後山
駅前タクシー（備後西城駅）……℡0824-82-2314
道後タクシー（小奴可駅／備後落合駅）……℡08477-5-0073
比和観光タクシー（庄原市比和）……℡0824-85-2612
■船通山
簸上タクシー（出雲横田駅）……℡0854-52-0267
日南交通（生山駅）……℡0859-82-0801
道後タクシー（小奴可駅／備後落合駅）……℡08477-5-0073
■大万木山
ニコニコタクシー（飯南町頓原）……℡0854-72-0003
■臥龍山／深入山／恐羅漢山／十方山
三段峡交通（安芸太田町戸河内）……℡0826-28-2011
■十方山／安芸冠山／寂地山
津田交通（廿日市市津田）……℡0829-72-0338
■安蔵寺山
鹿足タクシー（日原駅）……℡0856-74-0953
■寂池山／小五郎山
広瀬タクシー（錦町駅）……℡0827-72-2529
六日市交通（吉賀町立河内）……℡0856-77-0073
■三瓶山
富士第一交通（大田市駅）……℡0854-82-0660
【四国の山】
■石鎚山・瓶ヶ森・笹ヶ峰
渡部タクシー（伊予西条駅）……℡0897-56-0222
愛媛近鉄タクシー（　〃　）……℡0897-37-3070
東豫タクシー（壬生川駅）……℡0898-64-2243
伊予鉄タクシー（松山駅）……℡089-921-3166
せとうちタクシー（　〃　）……℡089-915-1230
面河タクシー（久万高原町久万）……℡0892-21-1220
美川タクシー（久万高原町美川）……℡0892-56-0001
■剣山・三嶺／寒峰
大歩危タクシー（大歩危駅）……℡0883-84-1225
三嶺タクシー（三好市久保）……℡0883-88-2420
貞光タクシー（貞光駅）……℡0883-62-3166
大栃観光タクシー（香美市大栃）……℡0887-58-3121
■西赤石山・東赤石山／平家平・冠山
愛媛近鉄タクシー（新居浜駅）……℡0897-37-3070
光タクシー（　〃　）……℡0897-43-7077
■石立山
大栃観光タクシー（香美市大栃）……℡0887-58-3121
■竜王山
コトバスMX（琴平駅）……℡0877-73-2221
トキワタクシー（　〃　）……℡0877-73-3141
■雲辺寺山
イロハタクシー（観音寺駅）……℡0875-25-1682
河田タクシー（　〃　）……℡0875-25-2918
■星ヶ城山
かんかけタクシー（小豆島町草壁）……℡0879-82-2288
小豆島交通（土庄町）……℡0879-62-1201
■三本杭
松野タクシー（松丸駅）……℡0895-42-1108
吉野生タクシー（　〃　）……℡0895-42-1020

主な山名・地名さくいん

【四国の山】

ヤマケイ アルペンガイド
中国・四国の山

2022年9月20日　初版第1刷発行

著者／岡本良治・石川道夫
発行人／川崎深雪
発行所／株式会社 山と溪谷社
〒101-0051
東京都千代田区神田神保町1丁目105番地
https://www.yamakei.co.jp/

■乱丁・落丁、及び内容に関するお問合せ先
山と溪谷社自動応答サービス
TEL03-6744-1900
受付時間／11:00〜16:00（土日、祝日を除く）
メールもご利用ください。
【乱丁・落丁】service@yamakei.co.jp
【内容】info@yamakei.co.jp
■書店・取次様からのご注文先
山と溪谷社受注センター
TEL048-458-3455　FAX048-421-0513
■書店・取次様からのご注文以外のお問合せ先
eigyo@yamakei.co.jp

印刷・製本／大日本印刷株式会社

装丁・ブックデザイン／吉田直人
編集／吉田祐介
編集協力／森田秀巳・後藤厚子
DTP・地図製作／千秋社

ISBN 978-4-635-01297-3

＊本書に掲載した地図の作成にあたりましては、国土地理院発行の数値地図（国土基本情報）を使用しました。

＊本書に掲載したコース断面図の作成とGPSデータの編集にあたりましては、DAN杉本さん作成のフリーウェア「カシミール3D」を利用しました。お礼申し上げます。

著者

岡本良治《おかもとりょうじ》

1958年広島県広島市生まれ。島根県松江市在住。東京工芸大卒。同大学研究生終了後、出版社写真部を経て独立。帰郷と同時に広島山岳会に入会し、1984年にパキスタンのアシール峰（7329m）に初遠征、初登頂。のちに中国、インド、ネパール、ブータン等の遠征やハワイ・広島間のオーシャンヨットレース参加ほか、日本各地の自然を撮り歩いた経緯から、ふる里を再認識し、中国地方の山々や農山村を中心に撮影を続けている。㈳日本写真家協会、広島山岳会、広島ブータン共会、NPO法人アースランドフォトネットワーク各会員。著書に分県登山ガイド『島根県の山』（山と溪谷社）など。

石川道夫《いしかわみちお》

1951年愛媛県生まれ。愛媛県四国中央市在住。東京写真（現・工芸）短大卒。高校、大学と山岳部に籍を置き、全国の山へ登る。故・白川義員氏のアシスタントを務めたあと、雪山に魅せられ、北海道、東北、そして北アルプスへ撮影山行を重ね、ニコンサロンなどで作品を発表。その後郷里へ戻り、家業（写真館）に専念。40歳を過ぎて再び山に目覚め、四国各地へ足繁く通う。根っからのアナログ人で、現在ホームグラウンドの佐々連尾山をメインに、フイルムカメラでブナ林域の撮影を行なっている。NPO法人剣山クラブ会員。著書に分県登山ガイド『愛媛県の山』（共著・山と溪谷社）など。

「アルペンガイド登山地図帳」の取り外し方

本を左右に大きく開く

＊「アルペンガイド登山地図帳」は背の部分が接着剤で本に留められています。無理に引きはがさず、本を大きく開くようにすると簡単に取り外せます。
＊接着剤がはがれる際に見返しの一部が破れることがあります。あらかじめご了承ください。

問合せ先一覧

県庁・県警察本部

鳥取県庁……TEL0857-26-7111
岡山県庁……TEL086-224-2111
島根県庁……TEL0852-22-5111
広島県庁……TEL082-228-2111
山口県庁……TEL083-922-3111
愛媛県庁……TEL089-941-2111
徳島県庁……TEL088-621-2500
香川県庁……TEL087-831-1111
高知県庁……TEL088-823-1111
鳥取県警察本部地域課……TEL0857-23-0110
岡山県警察本部地域課……TEL086-234-0110
島根県警察本部地域課……TEL0852-26-0110
広島県警察本部地域課……TEL082-228-0110
山口県警察本部地域企画課……TEL083-933-0110
愛媛県警察本部地域課……TEL089-934-0110
徳島県警察本部地域課……TEL088-622-3101
香川県警察本部地域課……TEL087-833-0110
高知県警察本部地域課……TEL088-826-0110

市町村役場

■中国山地の山

大山町役場大山支所……TEL0859-53-3311
江府町役場……TEL0859-75-2211
倉吉市役所……TEL0858-22-8111
琴浦町役場……TEL0858-52-2111
真庭市役所蒜山振興局……TEL0867-66-2511
若桜町役場……TEL0858-82-2211
鳥取市役所国府町総合支所……TEL0857-30-8656
八頭町役場……TEL0858-76-0201
美作市役所……TEL0868-72-1111
西粟倉村役場……TEL0868-79-2111
智頭町役場……TEL0858-75-4111
奈義町役場……TEL0868-36-4111
津山市役所……TEL0868-32-2082
鏡野町役場……TEL0868-54-2111
鏡野町役場奥津振興センター……TEL0868-52-2211
庄原市役所西城支所……TEL0824-82-2121
庄原市役所比和支所……TEL0824-85-2111
奥出雲町役場仁多庁舎……TEL0854-54-1221
日南町役場……TEL0859-82-1111
飯南町役場……TEL0854-76-2211
北広島町役場芸北支所……TEL050-5812-2110
安芸太田町役場……TEL0826-28-2111
廿日市市役所吉和支所……TEL0829-77-2112
岩国市役所錦総合支所……TEL0827-72-2110
津和野町役場津和野庁舎……TEL0856-72-0652
吉賀町役場……TEL0856-77-1111
益田市役所匹見分庁舎……TEL0856-56-0300
大田市役所……TEL0854-82-1600

■四国の山

西条市役所……TEL0897-56-5151
西条市役所丹原総合支所……TEL0898-68-7300
久万高原町役場……TEL0892-21-1111
いの町役場本川総合支所……TEL088-869-2111
三好市役所東祖谷支所……TEL0883-88-2212
美馬市役所……TEL0883-52-1212
那賀町役場木沢支所……TEL0884-65-2111
那賀町役場木頭支所……TEL0884-68-2311
香美市役所物部支所……TEL0887-58-3111
新居浜市役所……TEL0897-65-1234
新居浜市役所別子山支所……TEL0897-64-2011
まんのう町役場琴南支所……TEL0877-85-2111
観音寺市役所……TEL0875-23-3900
三好市役所……TEL0883-72-7600
小豆島町役場……TEL0879-82-7021
津野町役場……TEL0889-55-2311
宇和島市役所……TEL0895-24-1111
土佐町役場……TEL0887-82-0480

天狗ノ森

1:35,000
0 800m
N

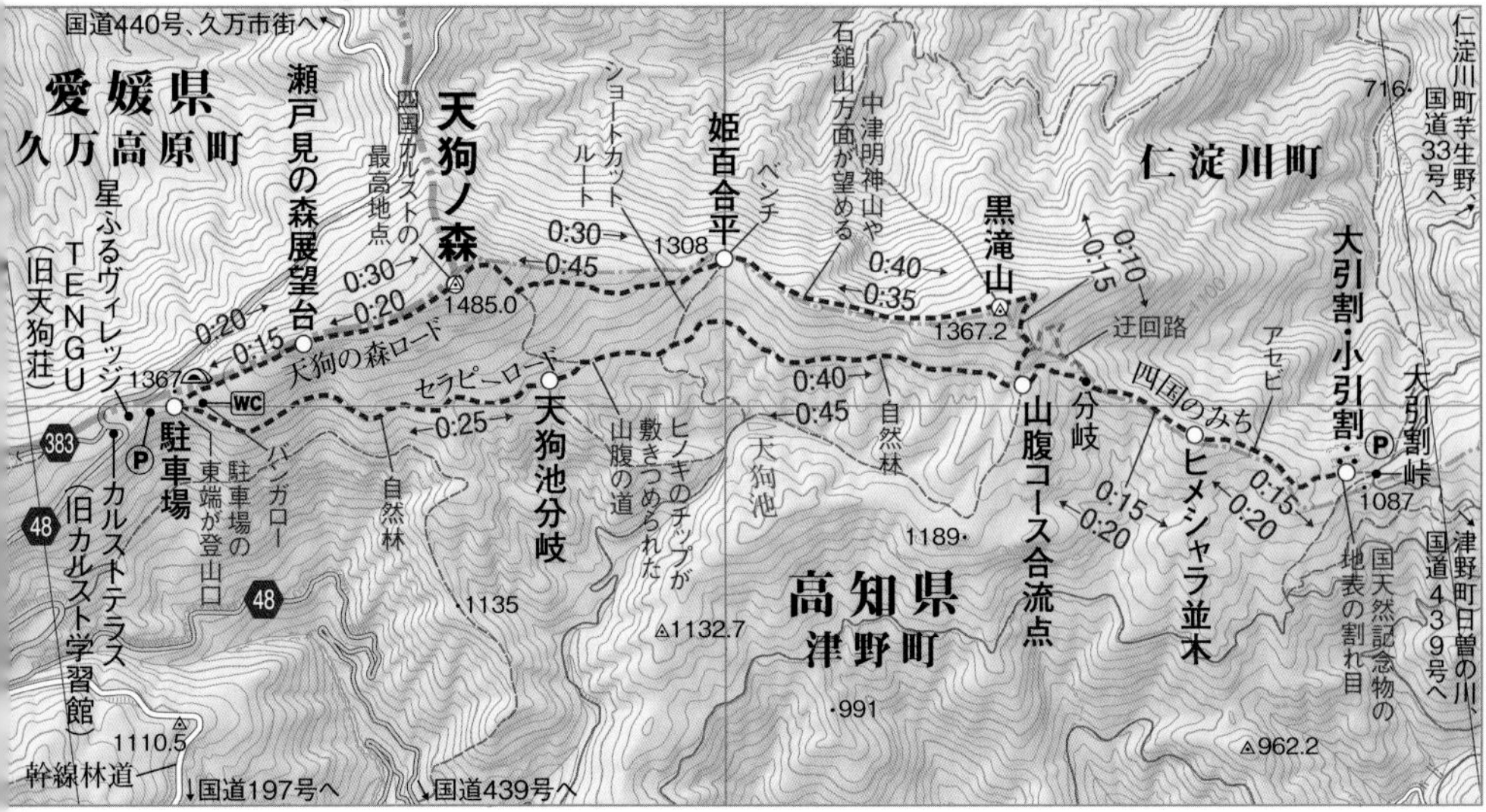

稲叢山

1:25,000
0 500m
N

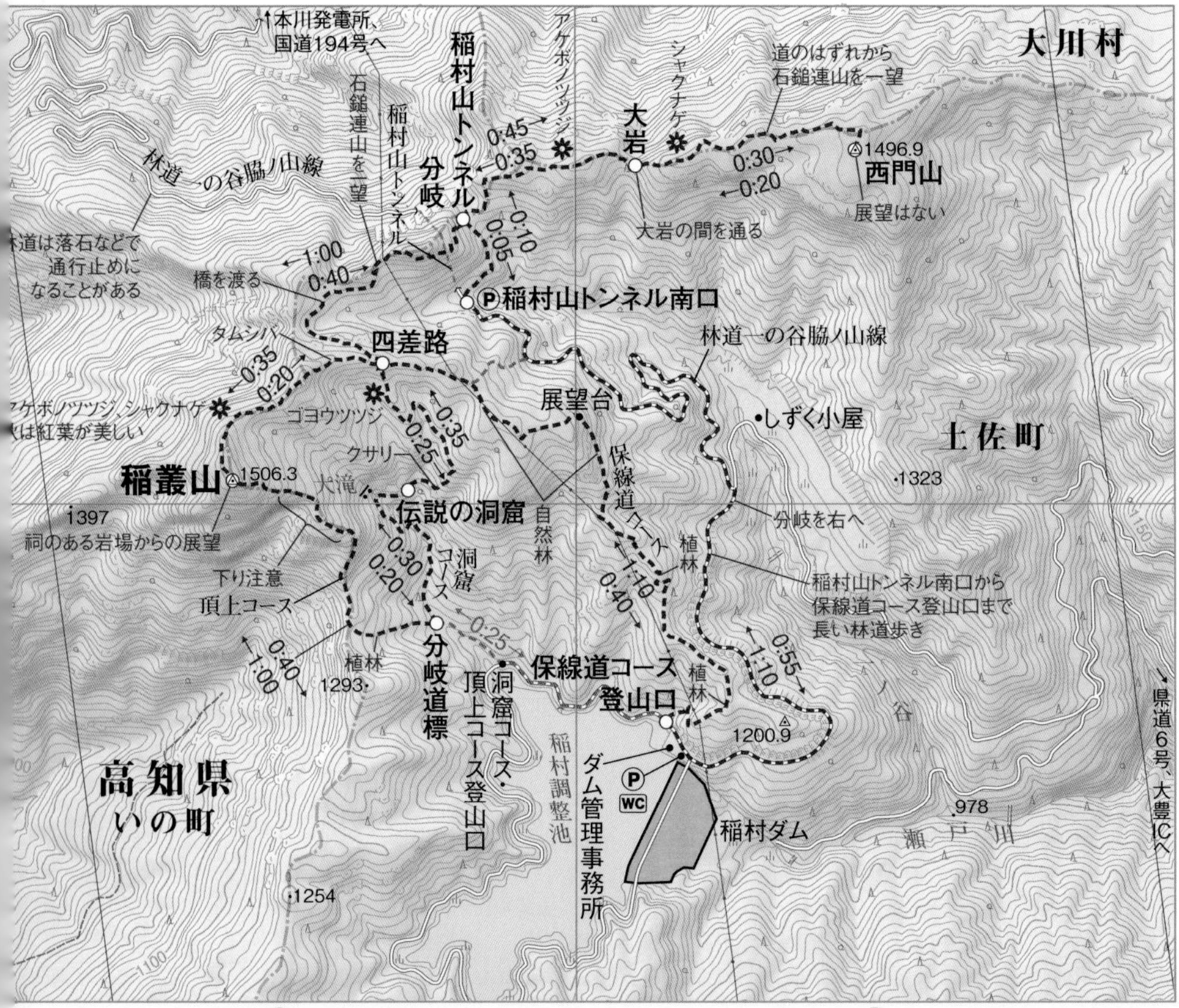

18 三本杭

1:30,000
0 500m

星ヶ城山

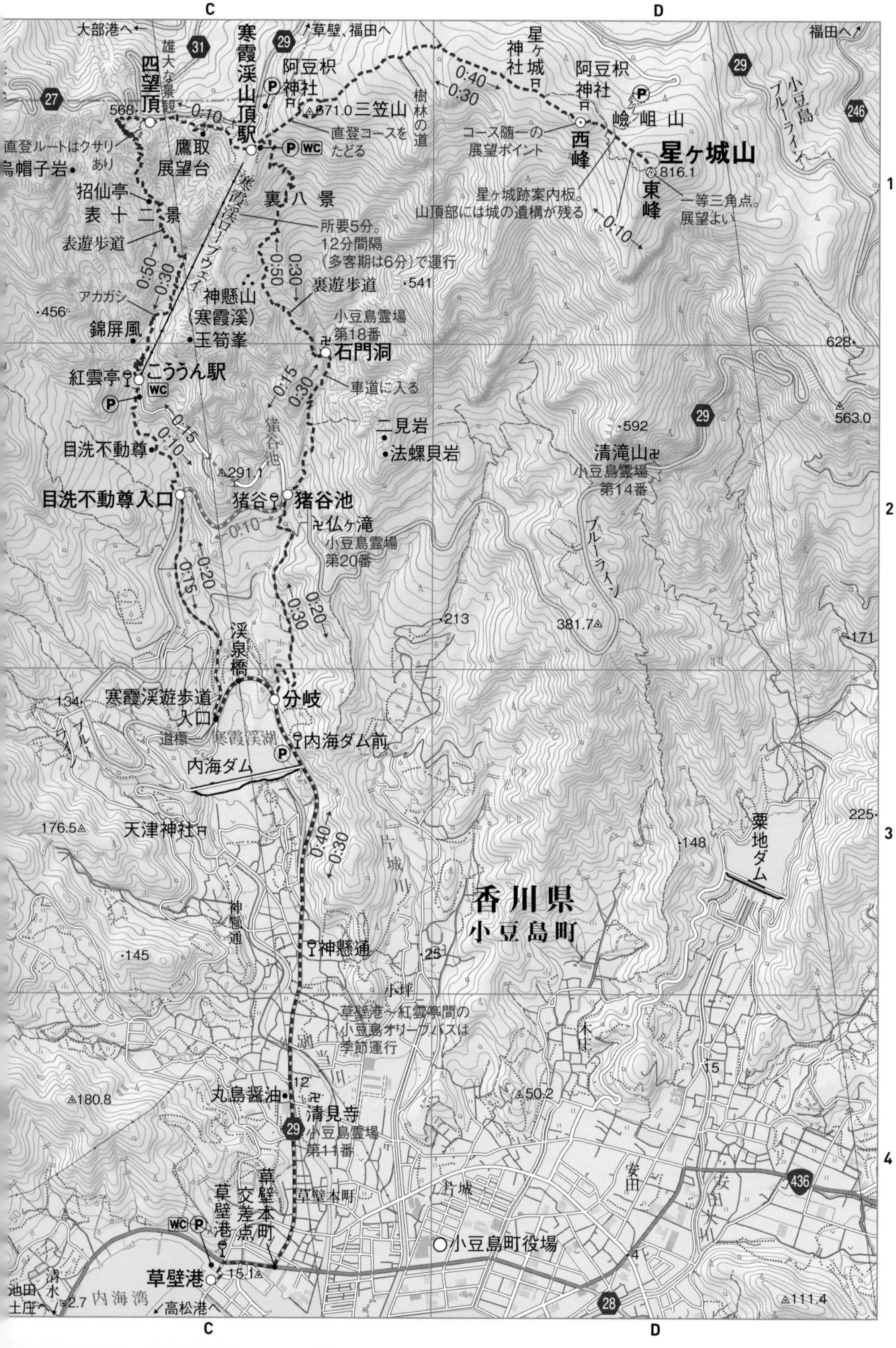

1:25,000
0
500m
N
C
D
大部港へ
草壁、福田へ
福田へ
雄大な景観
四望頂
568
寒霞渓山頂駅
阿豆枳神社
671.0
三笠山
直登コースをたどる
樹林の道
0:40
0:30
0:10
星ヶ城神社
阿豆枳神社
コース随一の展望ポイント
西峰
嶮岨山
星ヶ城山
816.1
東峰
一等三角点。展望よい
星ヶ城跡案内板。山頂部には城の遺構が残る
小豆島ブルーライン
直登ルートはクサリあり
烏帽子岩
鷹取展望台
招仙亭
表十二景
表遊歩道
裏八景
寒霞渓ロープウェイ
所要5分。12分間隔（多客期は6分）で運行
0:50
0:30
裏遊歩道
541
アカガシ
456
神懸山（寒霞渓）
玉筍峯
錦屏風
小豆島霊場第18番
石門洞
紅雲亭
こううん駅
車道に入る
0:15
628
563.0
二見岩
法螺貝岩
592
清滝山
小豆島霊場第14番
目洗不動尊
目洗不動尊入口
291.1
猪谷
猪谷池
仏ヶ滝
小豆島霊場第20番
ブルーライン
0:20
0:15
213
381.7
171
渓泉橋
分岐
134
寒霞渓遊歩道入口
道標
寒霞渓湖
内海ダム前
内海ダム
176.5
天津神社
225
148
栗地ダム
片城川
香川県
小豆島町
神懸通
145
25
草壁港～紅雲亭間の小豆島オリーブバスは季節運行
木庄
15
180.8
丸島醤油
12
清見寺
小豆島霊場第11番
50.2
安田
草壁本町
草壁本町交差点
草壁港
片城
小豆島町役場
4
草壁港
15.1
池田
清水
土庄
2.7
内海湾
高松港へ
111.4
1
2
3
4

17 竜王山

1:50,000
0
1km
A
B
1
2
香川県
まんのう町
高松市
美馬市
竜王山
讃岐竜王
1058
阿波竜王
1059.8
樹林の中のピーク、ベンチ、案内板
笠形山分岐
分岐
石仏
県道
竜王山キャンプ場へ
栗林から竹林へ
町道に入る
浅本原
林道をたどる
日開谷
川上神社
ホウノキとケヤキの大木
杉王神社
川奥集会場
川奥
511
三條神社
スギの大木
竜王峠
竜王一等三角点
1012.7
車道横切る
急登
寒風越
896
ベンチ、案内板
929mピーク
アップダウンのある尾根道をたどる
三頭越
石の鳥居と石仏
徒渉あり。増水時注意
大師堂
久保谷橋
車止め
急登
道の駅ことなみ（エピアみかど）立ち寄り入浴施設
三角
車道歩き
便数少ない
水婆女神社
竜王神社
雑木
展望台
無線中継所
鷹山公園
889
あずまや
琴平駅、坂出ICへ
美馬IC、貞光駅へ
野田ノ井
大久保
切久保
正部
立見
藤宇
中村
勝浦
美馬町
惣後
入倉
清田
谷田
葛籠野
株切
沖野
明神
川東
大窪
椎木
奈良ノ木
438
154
0:45
0:30
0:20
0:15
1:30
1:10
0:40
0:35
0:20
0:15
0:20
0:20
0:15
0:40
0:30
1:25
0:50
0:50
0:40
1:15
0:50
938.5
939.5
743.6
753
784.3
896.1
773
624
913.1
852.9
868
619.5
546
383
602.4
595
652
864
663.4
280
403
776.3
914

雲辺寺山

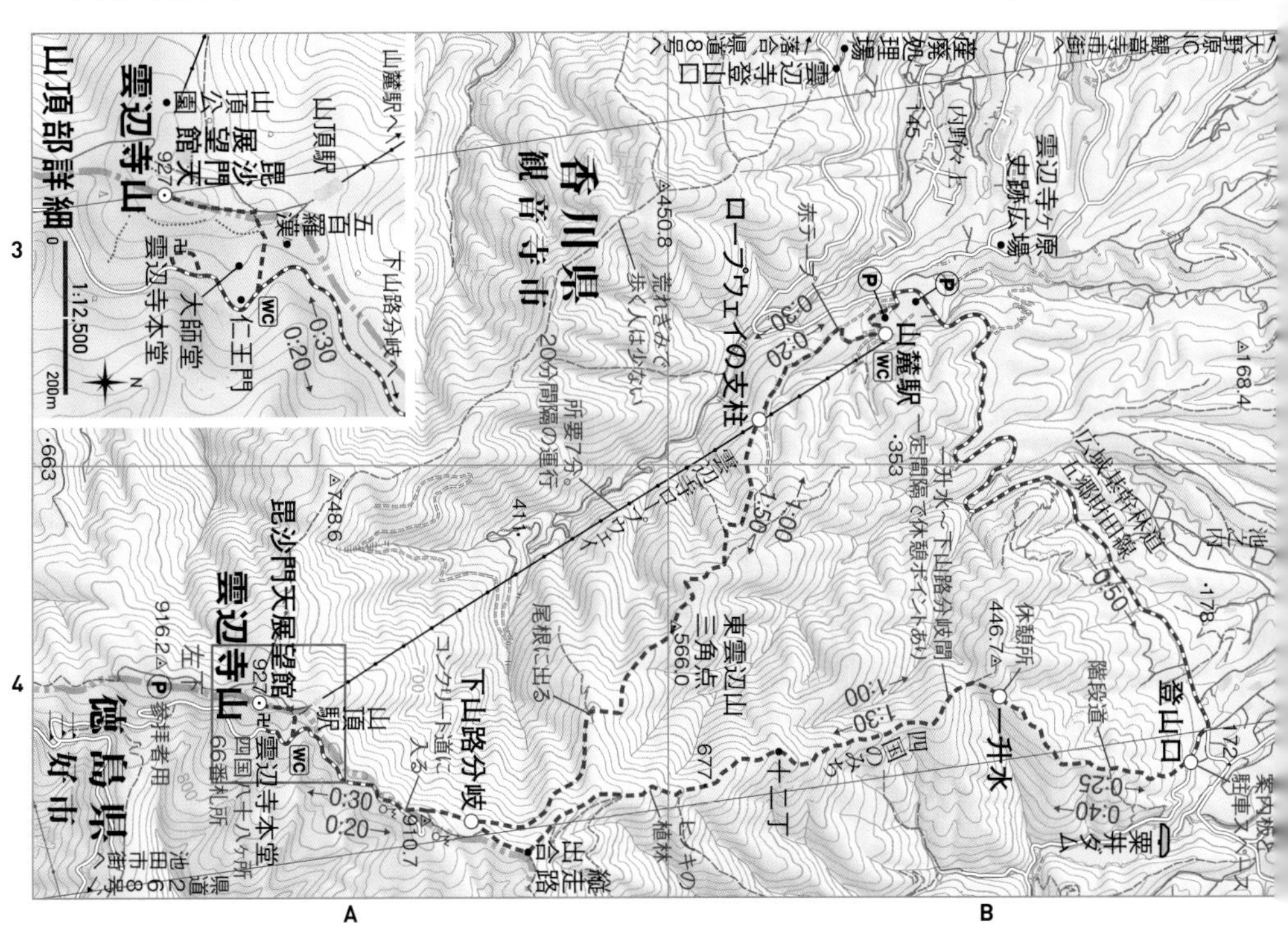
1:35,000
0
800m
A
B
3
4
香川県
観音寺市
徳島県
三好市
雲辺寺山
927
山頂駅
雲辺寺本堂
四国八十八ヶ所66番札所
毘沙門天展望館
下山路分岐
コンクリート道に入る
尾根に出る
出合
縦走路
十二丁
東雲辺山三角点
566.0
ロープウェイの支柱
雲辺寺ロープウェイ
所要7分、20分間隔の運行
荒れぎみで歩く人は少ない
山麓駅
一定間隔で休憩ポイントあり
一升水～下山路分岐間
一升水
休憩所
446.7
四国のみち
登山口
階段道
粟井ダム
案内板、駐車スペース
雲辺寺ケ原史跡広場
ホテル
内野々上
雲辺寺登山口
落合県道8号へ
産廃処理場
大野原IC、観音寺市街へ
広域基幹林道五郷財田線
池之内
植林
ヒノキの林
参拝者用
池田町市街へ
県道268
450.8
748.6
916.2
910.7
168.4
178
172
145
353
411
677
663
1:50
1:00
0:30
0:20
1:00
1:30
0:50
0:25
0:40
山頂部詳細
1:12,500
0
200m
山麓駅へ
山頂駅
毘沙門天展望館
山頂公園
五百羅漢
大師堂
仁王門
雲辺寺本堂
下山路分岐へ
0:30
0:20

土佐矢筈山

1:40,000 0 800m N

寒峰

1:30,000 0 500m N

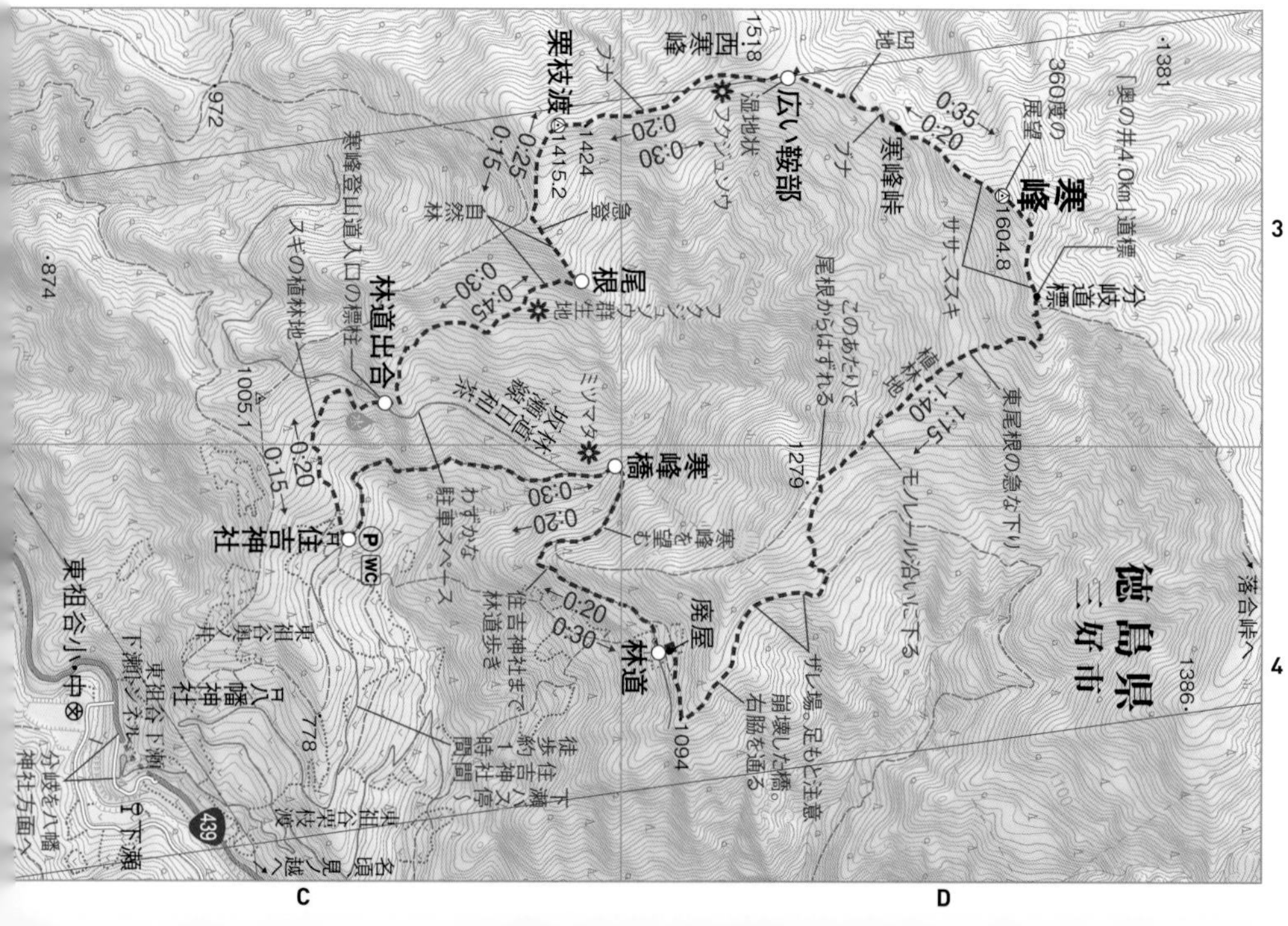

16 平家平・冠山

1:50,000
0 1km
N

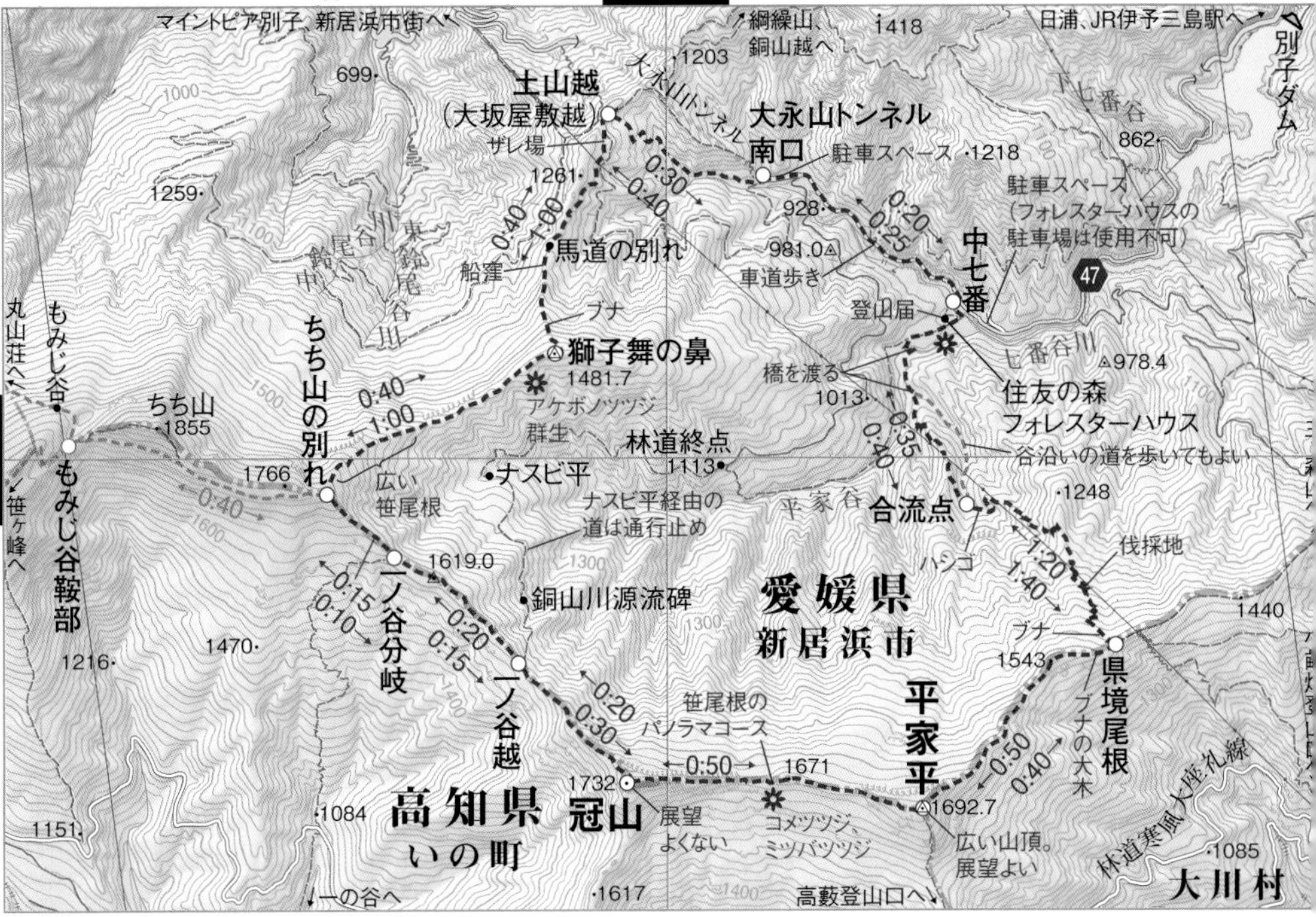

石立山

1:35,000
0 800m
N

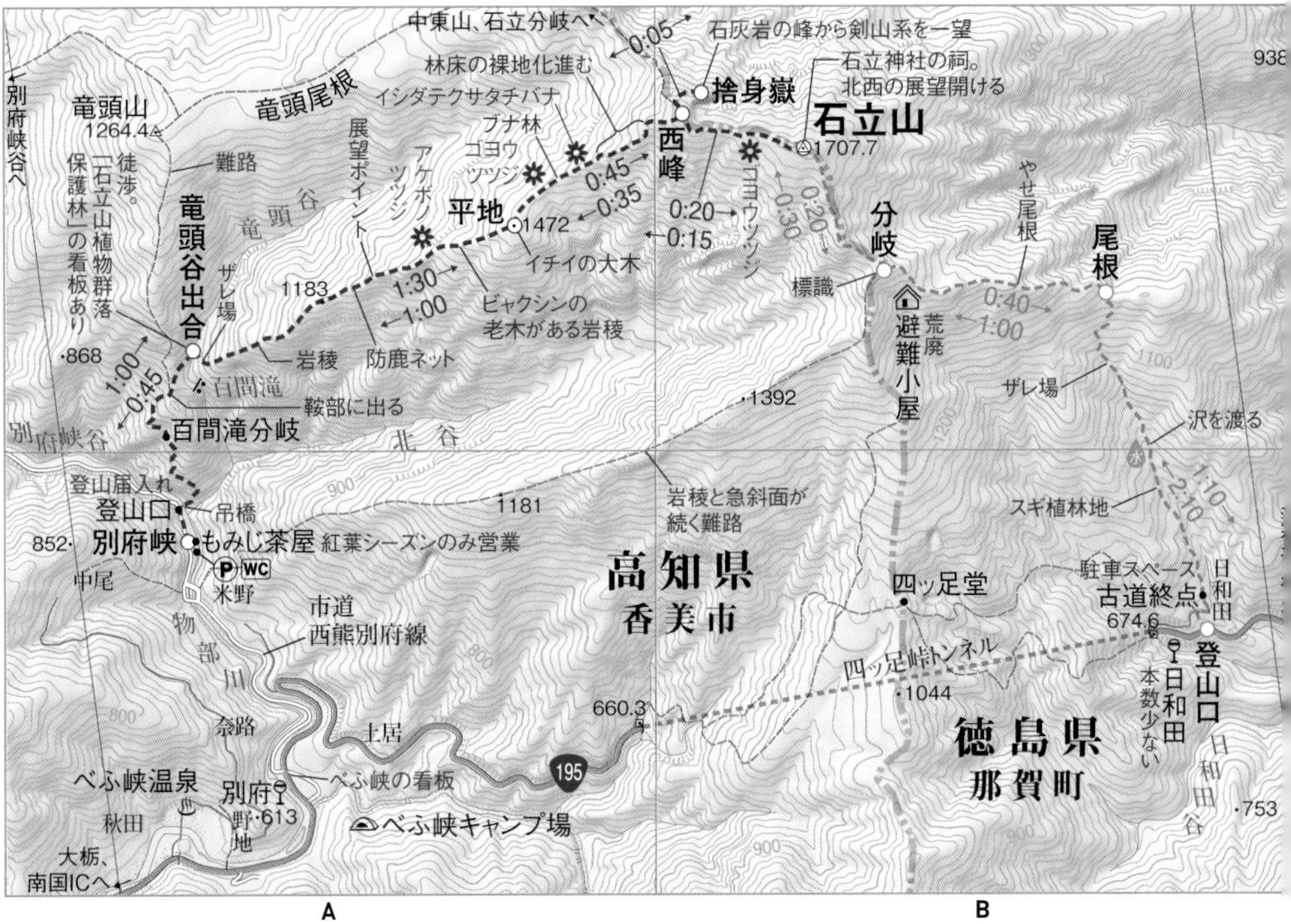

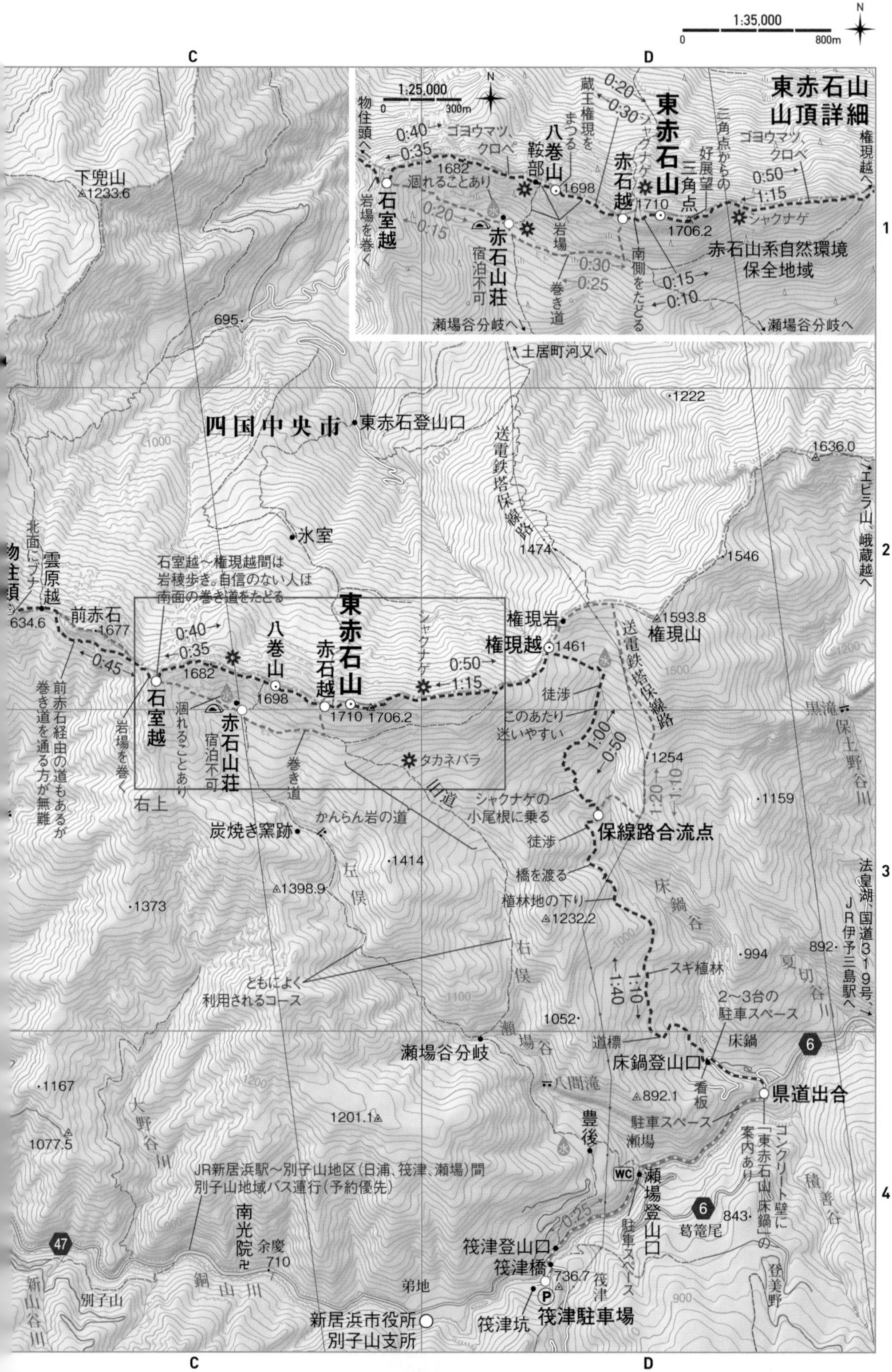

1:35,000
0
800m
N
C
D
東赤石山
山頂詳細
1:25,000
0
300m
物住頭へ
0:40
0:35
ゴヨウマツ、クロベ
1682
涸れることあり
石室越
岩場を巻く
0:20
0:15
赤石山荘
宿泊不可
八巻山
鞍部
蔵王権現をまつる
1698
岩場
0:30
0:25
巻き道
瀬場谷分岐へ
0:20
0:30
東赤石山
シャクナゲ
赤石越
1710
南側をたどる
三角点からの好展望
三角点
1706.2
0:15
0:10
ゴヨウマツ、クロベ
0:50
1:15
シャクナゲ
権現越へ
赤石山系自然環境保全地域
瀬場谷分岐へ
1
下兜山
1233.6
695
土居町河又へ
1222
四国中央市
東赤石登山口
1000
送電鉄塔保線路
1636.0
エビラ山、峨蔵越へ
氷室
1474
1546
2
物住頭
北面にブナ
雲原越
1634.6
前赤石
1677
0:45
前赤石経由の道もあるが巻き道を通る方が無難
石室越～権現越間は岩稜歩き。自信のない人は南面の巻き道をたどる
0:40
0:35
1682
石室越
岩場を巻く
涸れることあり
赤石山荘
宿泊不可
八巻山
1698
東赤石山
赤石越
1710
1706.2
シャクナゲ
0:50
1:15
巻き道
タカネバラ
旧道
権現岩
権現越
1461
1593.8
権現山
送電鉄塔保線路
1500
1200
徒渉
このあたり迷いやすい
1:00
0:50
1254
1:20
1:10
シャクナゲの小尾根に乗る
保線路合流点
徒渉
黒滝
保土野谷川
1159
右上
炭焼き窯跡
かんらん岩の道
1414
左俣
1398.9
1373
橋を渡る
植林地の下り
1232.2
床鍋谷
3
法皇湖、国道319号、JR伊予三島駅へ
892
994
夏切谷川
右俣
ともによく利用されるコース
1100
1052
1:10
1:40
スギ植林
2～3台の駐車スペース
道標
床鍋
6
瀬場谷分岐
瀬場谷
床鍋登山口
看板
県道出合
1167
1200
八間滝
892.1
1201.1
1077.5
大野谷川
豊後
瀬場
駐車スペース
コンクリート壁に「東赤石山床鍋」の案内あり
JR新居浜駅～別子山地区（日浦、筏津、瀬場）間
別子山地域バス運行（予約優先）
WC
瀬場登山口
積善谷
4
6
843
葛篭尾
47
南光院
余慶
710
0:25
駐車スペース
筏津登山口
筏津橋
736.7
新山谷川
別子山
銅山川
弟地
筏津
P
登美野
900
筏津坑
筏津駐車場
新居浜市役所
別子山支所
C
D

15 西赤石山・東赤石山

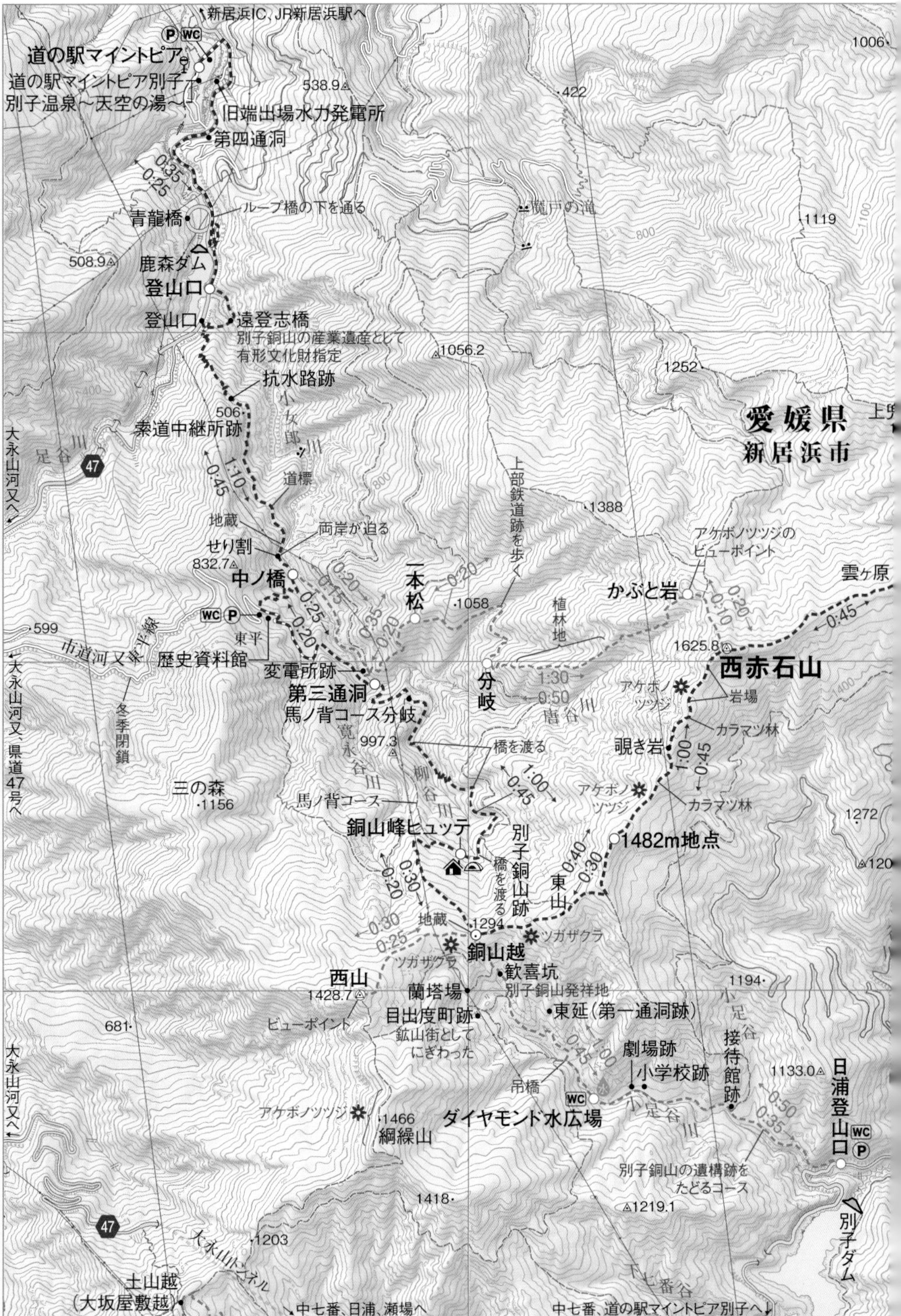
A
B
1
2
3
4
新居浜IC、JR新居浜駅へ
道の駅マイントピア
道の駅マイントピア別子
別子温泉～天空の湯～
538.9
旧端出場水力発電所
第四通洞
0:35
0:25
ループ橋の下を通る
青龍橋
508.9
鹿森ダム
登山口
登山口
遠登志橋
別子銅山の産業遺産として
有形文化財指定
1056.2
抗水路跡
506
索道中継所跡
小女郎川
足谷川
47
大永山河又へ
1:10
0:45
道標
地蔵
両岸が迫る
せり割
832.7
中ノ橋
0:20
0:15
0:25
0:20
WC
P
東平
歴史資料館
599
市道河又東平線
大永山河又、県道47号へ
冬季閉鎖
変電所跡
第三通洞
馬ノ背コース分岐
0:35
0:20
一本松
0:20
1058
422
魔戸の滝
800
1006
1119
1252
愛媛県
新居浜市
1388
上部鉄道跡を歩く
植林地
分岐
1:30
0:50
唐谷川
アケボノツツジのビューポイント
かぶと岩
雲ヶ原
0:20
0:10
0:45
1625.8
西赤石山
アケボノツツジ
岩場
カラマツ林
覗き岩
1:00
0:45
カラマツ林
アケボノツツジ
1:00
0:45
1272
1482m地点
0:40
0:30
東山
997.3
寛永谷川
柳谷川
橋を渡る
三の森
1156
馬ノ背コース
銅山峰ヒュッテ
別子銅山跡
橋を渡る
0:20
0:30
地蔵
1294
0:30
0:25
ツガザクラ
ツガザクラ
銅山越
西山
1428.7
歓喜坑
蘭塔場
別子銅山発祥地
1194
681
ビューポイント
目出度町跡
鉱山街としてにぎわった
東延（第一通洞跡）
0:45
1:00
劇場跡
小学校跡
接待館跡
小足谷
吊橋
WC
ダイヤモンド水広場
小足谷川
1133.0
日浦登山口
0:50
0:35
アケボノツツジ
1466
綱繰山
別子銅山の遺構跡をたどるコース
1418
1219.1
別子ダム
47
1203
大永山トンネル
土山越
（大坂屋敷越）
下七番谷
中七番、日浦、瀬場へ
中七番、道の駅マイントピア別子へ
A
B

剣山・次郎笈詳細図

1:25,000
0 500m
N

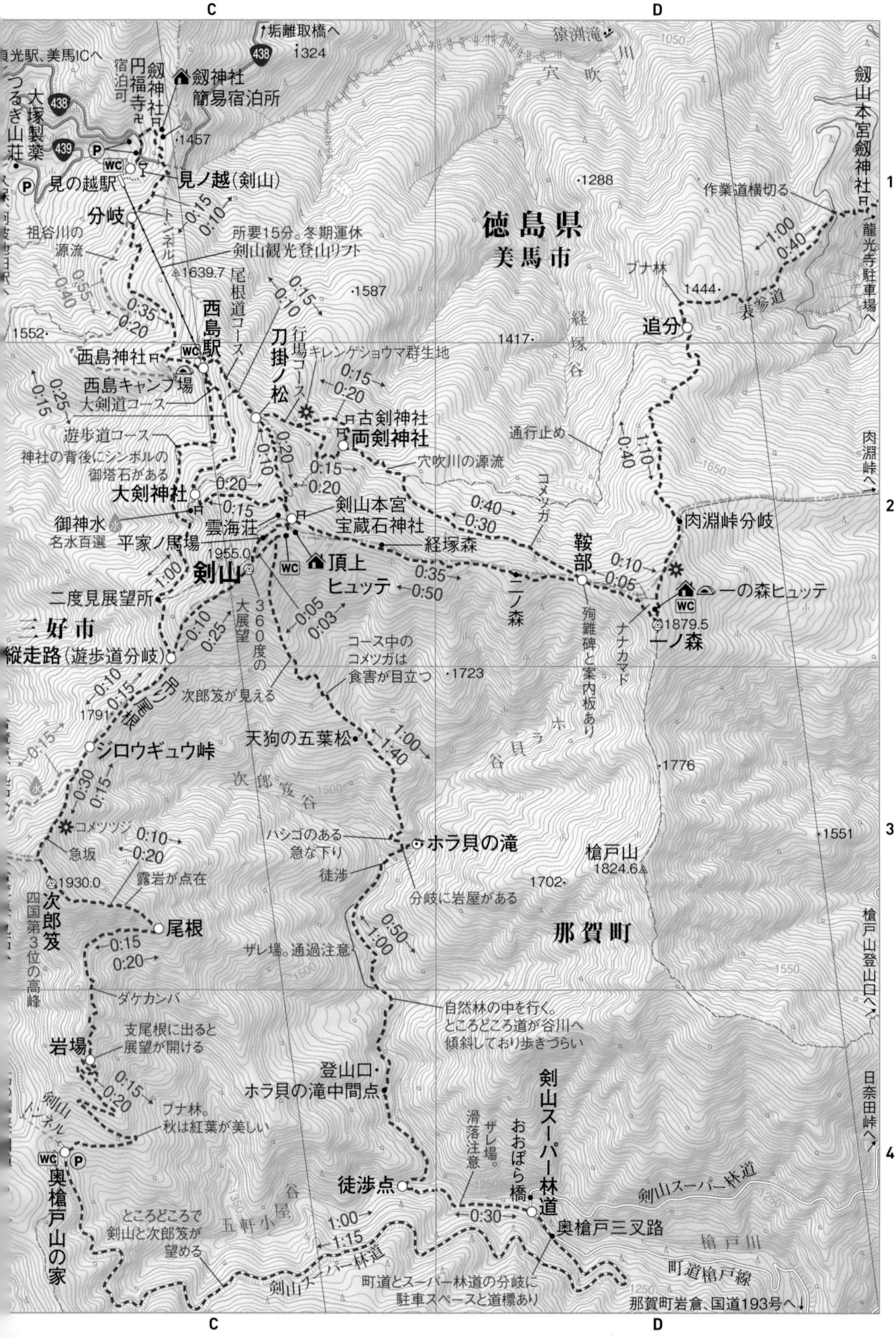

14 三嶺・天狗塚

1:50,000
0
1km
N
A
B
1
2
3
4
栗枝渡
落合
祖谷川
中上
九鬼
蔓原
•954
1288•
•567
△832.4
久保
•966
•1148
JR大歩危駅、池田市街へ
釜ヶ谷
久保
439
△669.3
•831
0:20
0:30
WC
車道
久保蔭
•767
西山
1203
(西山林道)
阿佐名頃林道
672•
1:20
0:50
廃屋
△898.0
西山林道出合～車道間
ルート不明瞭箇所あり、
赤テープを頼りにしすぎないこと
•938
西山林道出合
(天狗塚登山口)
駐車スペース、道標
P
2:00
1:40
900
1200
1354.7△
•1373
雑木と植林の
間を下る
西山林道出合～車道間の
コース状況によっては
林道を歩いて久保バス停へ
向かうほうがよい
1:00
0:40
1467m地点
(第一ピーク)
1476
•1499
自然林
1400
亀尻峠へ
1:00
0:40
牛ノ背
1757.2
久保分岐
(旧いざり峠)
天狗峠
お亀岩
1698
0:30
天狗の池
1812
展望よい
天狗塚
地蔵ノ頭
0:40
0:30
WC
おかめ岩
避難小屋
急斜面
カンヤケ谷
徒渉
1:30
2:00
1420•
八丁小屋
綱附新道
0:50
0:55
谷道
谷道川
•1380
1552•
堂床谷
さおりが原分岐
0:15
西熊渓谷
矢筈峠へ
1460
△1643.2
綱附森
•1476
久保影、国道195号へ
1116•
△1419.4
滝下
•826
菅生
805.6
名頃、見ノ越へ
菅生登山口
780.7
P
いやしの温泉郷
立ち寄り入浴可
(2022年7月現在休業中)
•836
菅生蔭
1000
奥祖谷観光周遊モノレール
菅生谷川
1198.8
•1385
阿佐名頃林道
(西山林道)
菅生コース
造林小屋跡
スギ
•1578
1500
△1609.9
0:15
0:10
1791•
徳島県
三好市
360度の大展望
•1806
笹原
三嶺
WC
三嶺ヒュッテ
西熊山
1816.0
0:30
0:20
大タオ
0:15
0:30
1754
1893.6
青ザレ
大崩壊地
0:35
0:45
クサリのある急登
大岩は右側を巻く
盗人沢
尾根に出る
1:00
0:40
カヤハゲ
(東熊山)
1720
1207
フスベヨリ谷
荒れている
1:15
0:55
北面のトラバース道
韮生越
0:40
急な下り
カヤハゲ分岐
韮生越分岐
トチノキの巨木
0:25
0:35
WC
さおりが原
1162
1:00
0:50
笹長谷
長笹林道
1:00
0:40
1216
休憩所
ゲート
堂床キャンプ場
白髪山
1769.8
0:50
0:35
0:50
高知県
香美市
光石登山口
979
WC
P
登山口
林道西熊別府線
西熊林道
P
1270

1:50,000
0
1km
N
C
D
赤帽子山
1619
つるぎ町
1377
1619
1264
806
↑美馬市川井、穴吹、徳島へ
856
ラ・フォーレ
1259
ラ・フォーレつるぎ山
丸笹山
1711.9
438
914
WC
垢離取橋
(富士ノ池登山口)
916
1191
夫婦池
1586
夫婦池キャンプ場
1490
1440.3
1:00
0:45
猿渕滝
1324
日奈田峠へ→
円福寺
劔神社
見ノ越(剣山)
1457
見ノ越
見の越駅
美馬市
龍光寺
劔神社
龍光寺駐車場
富士ノ池
1288
分岐
剣山観光登山リフト
1639.7
1587
表参道
1421
肉淵峠
1444
1:00
0:40
追分
日奈田峠へ→
1552
WC
西島駅
刀掛ノ松
1417
1389
池の窪
1194.1
1139
1504
西島キャンプ場
両剣神社
1:10
0:40
深谷川
大劔神社
頂上ヒュッテ
WC
一の森ヒュッテ
御神水
1955.0
WC
二ノ森
鞍部
一ノ森
1879.5
1611.8
1605
1352
0:10
0:15
剣山
縦走路
1723
剣山や次郎笈、一ノ森のコースタイムは地図14右「剣山・次郎笈詳細図」を参照のこと
0:15
1791
1:00
1:40
1776
0:50
1:00
1767
ジロウギュウ峠
ハシゴ
合流点
ホラ貝の滝
槍戸山
1824.6
1551
剣山スーパー林道
1303.1
0:30
0:15
1702
0:20
0:15
1930.0
次郎笈
尾根
槍戸山登山口
笹原谷
国道193号へ→
那賀町岩倉、
0:10
0:15
0:20
ザレ場
0:50
1:00
剣山スーパー林道
町道と林道の分岐に駐車スペース
0:20
岩場
中間点
那賀川源流
剣山トンネル
1202
町道槍戸線
0:15
0:20
1646
WC
奥槍戸山の家
徒渉点
0:30
槍戸川
1222.9
1050.0
1167
剣山スーパー林道
1:00→
←1:15
1500
1624.0
1352
1300
1646
不入山
1653
徳島県
那賀町
1376
新九郎山
1635.3
1262
1536.2
1532
久井谷山
1653.0
折宇谷山
1510
1253
久井戸川
1237
1177
西山
1326
1267
1086
900
882
733
1105.7
1
2
3
4
C
D

13 剣山・次郎笈・一ノ森・塔ノ丸

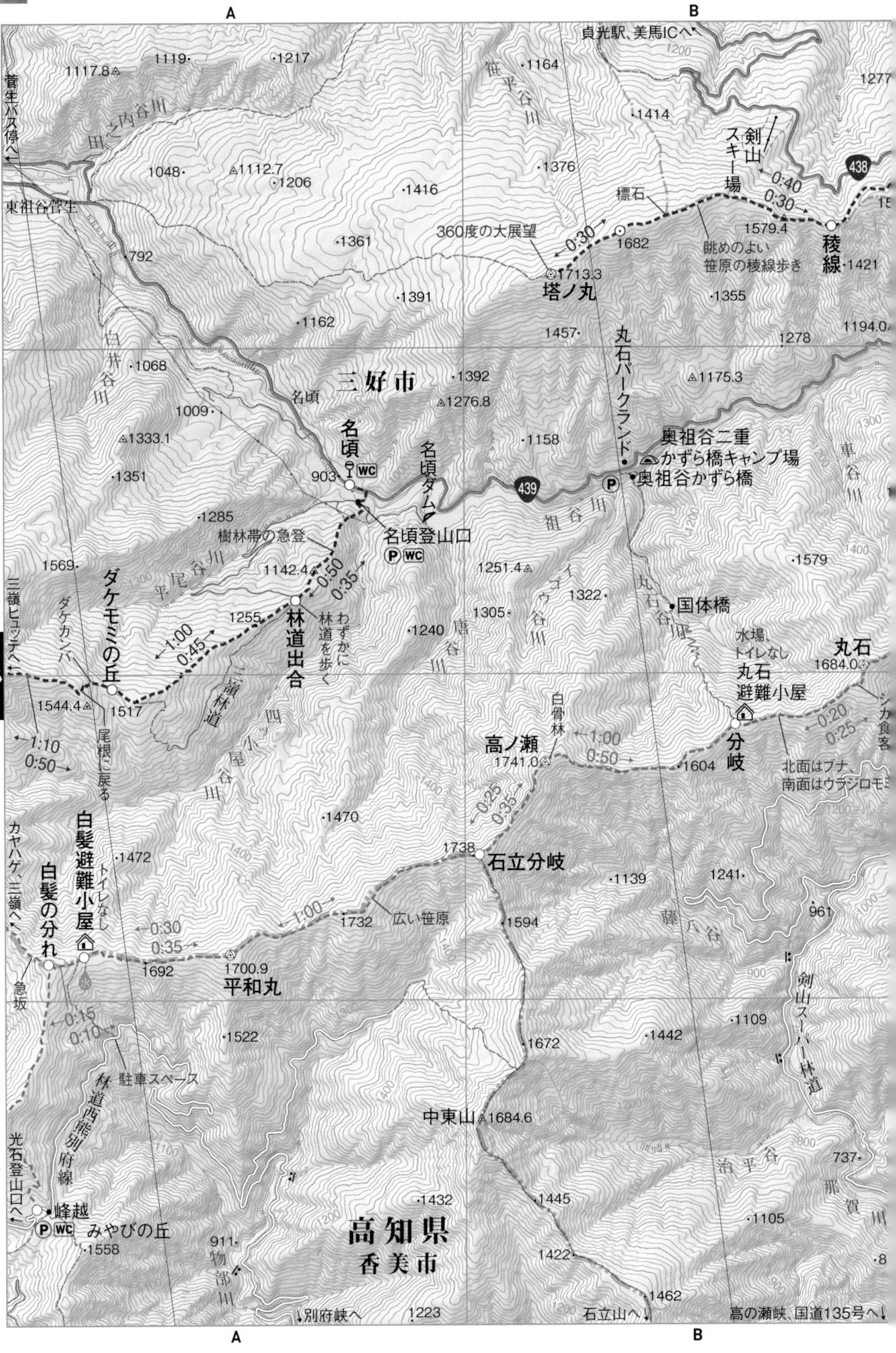

石鎚山詳細図

1:25,000
0
500m
N
C
D
1
2
3
4
石鎚山山頂部詳細
1:15,000
0
200m
夜明峠へ
迂回路
一ノ鎖
0:20
0:30
休憩所
二ノ鎖下
二ノ鎖
面河乗越
二ノ森分岐
西冠のコルへ
愛大石鎚小屋へ
面河分岐
迂回路
お花畑
頂上山荘
弥山
石鎚神社頂上社
1972
三ノ鎖
天狗岳
1982
大砲岩
南尖峰
ナイフリッジ。通過注意
矢筈岩
1846
東稜基部へ
0:40
0:15
0:35
石鎚山
1365.5
黒川谷
1291
石鎚スキー場
レストハウス
石鎚登山ロープウェイ
山麓下谷駅へ
山頂成就駅
1414
展望台
観光リフト
奥の院
奥前神寺
前神寺
成就までは遊歩道をたどる
0:25
0:20
石鎚神社成就社
神門
成就
売店と食堂、旅館1軒
ブナ林
八丁坂
0:20
0:30
1363.4
遥拝の鳥居
八丁鞍部
愛媛県
西条市
刀掛へ
ブナ林
表参道(成就社ルート)
0:50
0:30
1556
木段が連続する
登り下りともクサリあり
試し鎖
前社森
1592
迂回路
一軒茶屋(前社ヶ森売店)
剣山
1631
徒渉
橋
河原に出る
0:40
0:50
植林地
1035
御塔谷
カツラの大木
1415
ザレ場
0:20
0:25
十字路
0:15
0:10
石鎚山の全容が見える
1652
夜明峠
橋
0:40
1:00
穴薬師
1323
御塔谷ルート
尾根に乗る
北岳(東ノ冠岳)
1920.9
0:35
0:30
西冠のコルへ
保井野ルート
0:30
0:20
天柱石(御塔石)
天柱石～夜明峠間は倒木やガレ場など荒れた箇所あり
ヤマシャクヤク群生
トラバース道。落石注意
シラベ林
0:50
0:45
0:40
0:20
北面はブナ林
アケボノツツジ
第2ベンチ
東稜基部(第3ベンチ)
東稜
東稜はバリエーションルート
1677
土小屋ルート
石鎚山頂部の展望ポイント
ゴヨウマツ
第1ベンチ
鞍部
ブナ林
0:35
0:45
笹原の道。ザレ場は要注意
左上
1600
1550
1500
1450
1200
1150
愛大石鎚小屋
面河ルート
淀川(面河川)
御来光の滝
1321
久万高原町
1637.5
鶴ノ子ノ頭
土小屋へ
0:40
0:50
面河山の肩へ

12 石鎚山③（シラサ峠・伊吹山・筒上山）

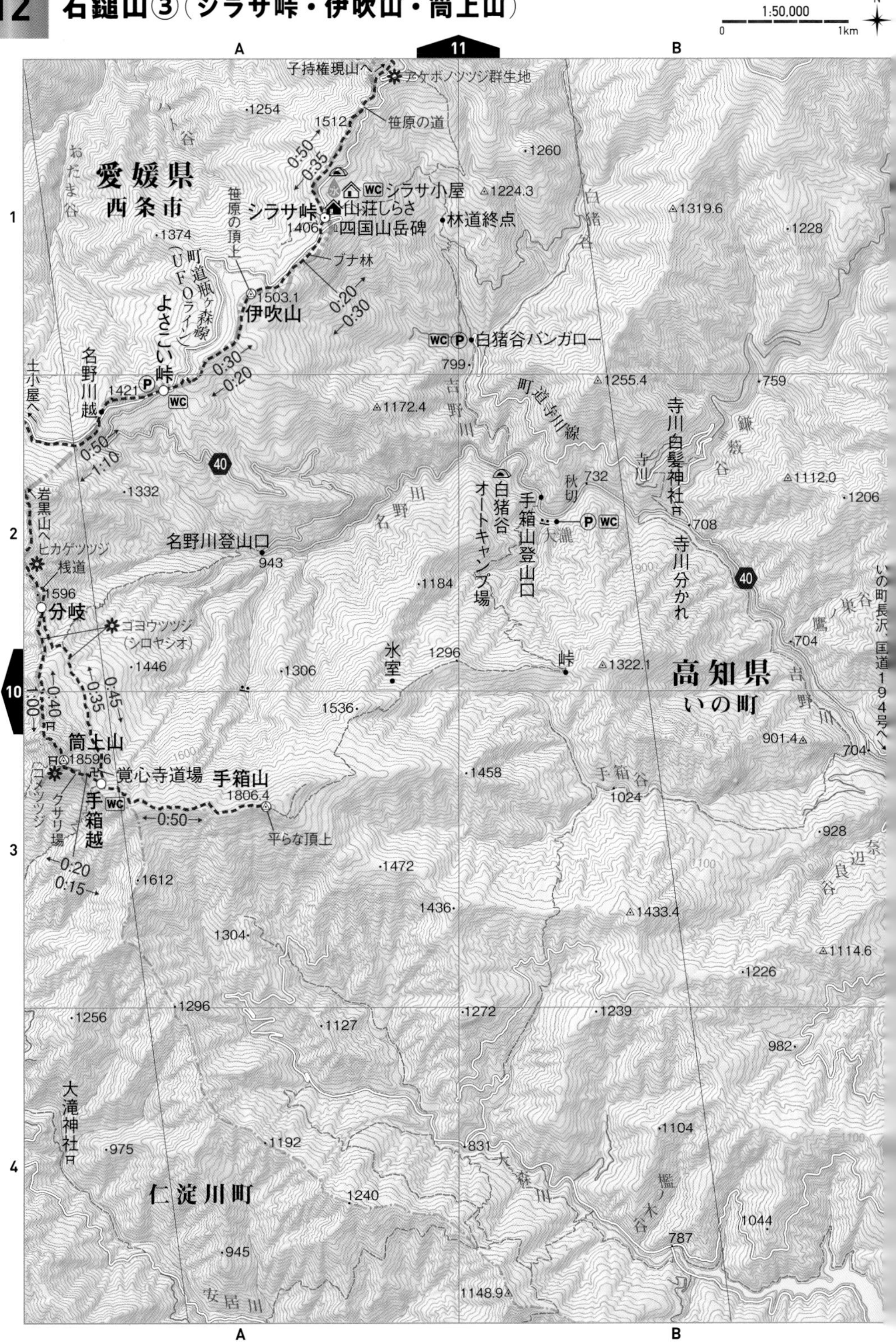

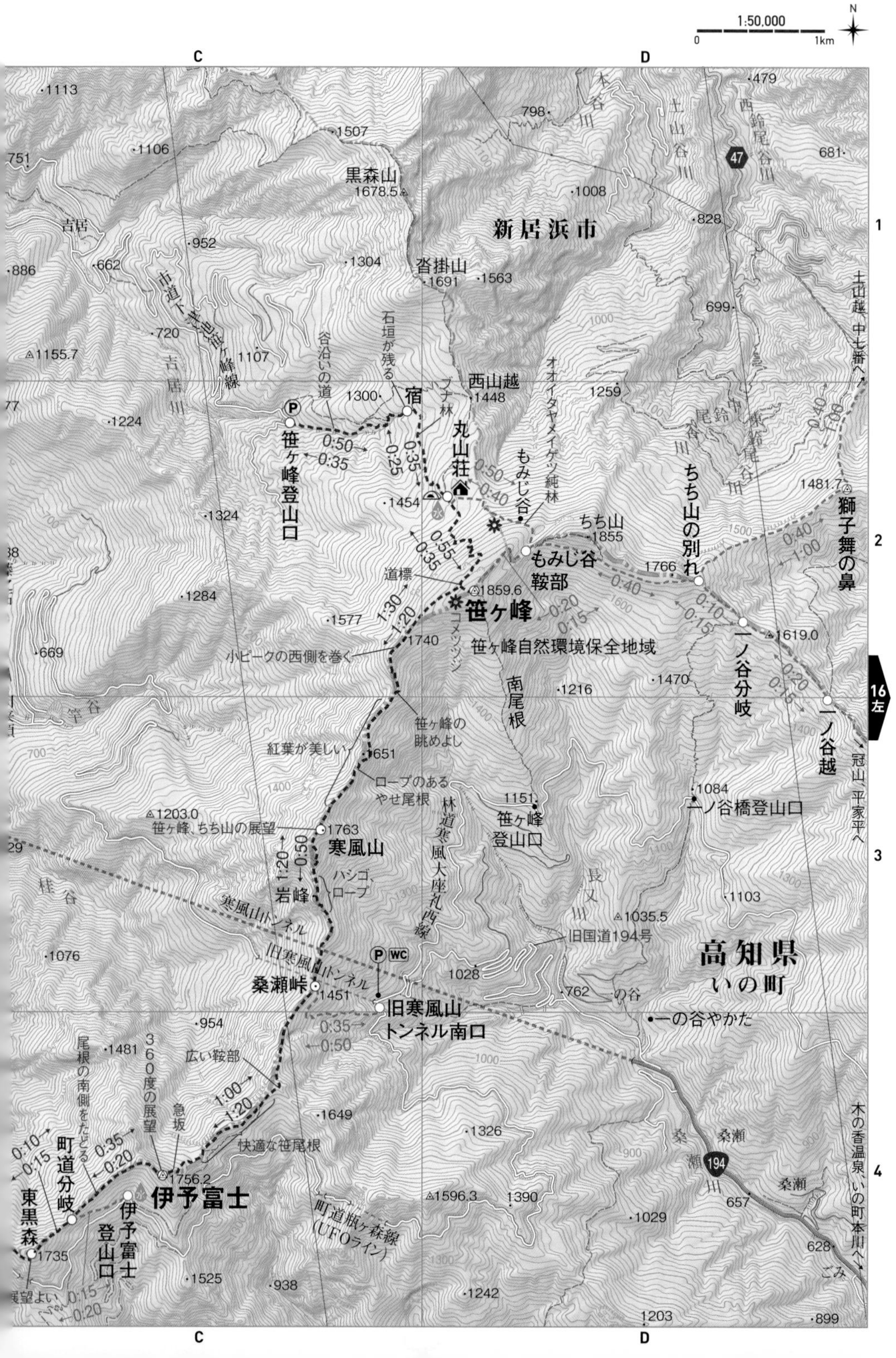
1:50,000
0
1km
N
C
D
新居浜市
黒森山
1678.5
沓掛山
1691
1563
1304
1507
1106
1113
751
吉居
952
662
886
市道下津池笹ヶ峰線
吉居川
720
1107
1155.7
1224
1008
828
798
本谷川
土山谷川
西鈴尾谷川
47
479
681
699
石垣が残る
谷沿いの道
1300
宿
ブナ林
西山越
1448
丸山荘
笹ヶ峰登山口
0:50
0:35
0:25
1454
0:55
0:35
0:50
0:40
もみじ谷
オオイタヤメイゲツ純林
1259
ちち山
1855
もみじ谷鞍部
ちち山の別れ
1766
0:40
中鈴尾谷
東鈴尾谷川
土山越、中七番へ
0:40
0:30
1481.7
獅子舞の鼻
0:40
1:00
道標
1859.6
笹ヶ峰
1:30
1:20
0:20
0:15
0:10
0:15
一ノ谷分岐
1619.0
0:20
0:15
一ノ谷越
16左
冠山、平家平へ
1324
1284
1577
669
1740
コメツツジ
小ピークの西側を巻く
笹ヶ峰自然環境保全地域
1470
1216
南尾根
笹ヶ峰の眺めよし
紅葉が美しい
1651
ロープのあるやせ尾根
林道寒風大座礼西線
1151
笹ヶ峰登山口
1084
一ノ谷橋登山口
1203.0
笹ヶ峰、ちち山の展望
1763
寒風山
1:20
0:50
ハシゴ、ロープ
岩峰
桂谷
寒風山トンネル
旧寒風山トンネル
長又川
1035.5
旧国道194号
1103
1076
1028
高知県
いの町
桑瀬峠
1451
旧寒風山トンネル南口
762
一の谷
一の谷やかた
0:35
0:50
954
1481
尾根の南側をたどる
360度の展望
急坂
広い鞍部
1:00
1:20
1649
1326
快適な笹尾根
0:35
0:20
0:10
0:15
町道分岐
東黒森
1756.2
伊予富士
伊予富士登山口
1735
1596.3
1390
町道瓶ヶ森線(UFOライン)
桑瀬川
桑瀬
194
657
1029
木の香温泉、いの町本川へ
628
ごみ
展望よい
0:15
0:20
1525
938
1242
1203
899

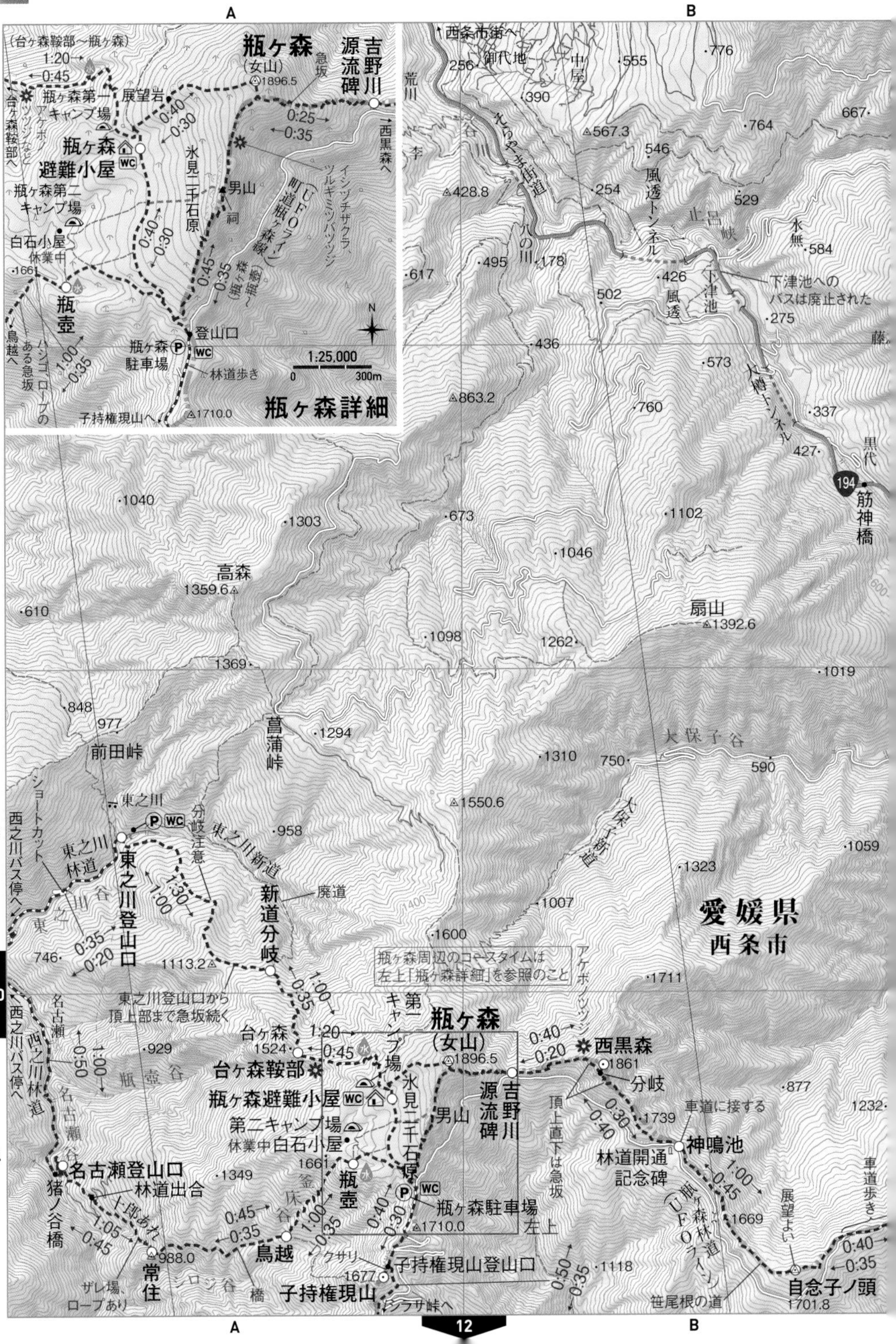
瓶ヶ森詳細
1:25,000
瓶ヶ森
(女山)
1896.5
吉野川
源流碑
急坂
展望岩
瓶ヶ森第一
キャンプ場
瓶ヶ森
避難小屋
瓶ヶ森第二
キャンプ場
白石小屋
休業中
氷見二千石原
男山
祠
イシヅチザクラ、
ツルギミツバツツジ
町道瓶ヶ森線
(UFOライン)
西黒森へ
台ヶ森鞍部へ
瓶壺
登山口
瓶ヶ森
駐車場
林道歩き
子持権現山へ
1710.0
鳥越へ
ハシゴ、ロープのある急坂
西条市街へ
御代地
加茂川
こうや手街道
風透トンネル
下津池
下津池への
バスは廃止された
大樽トンネル
黒代
194
筋神橋
高森
1359.6
扇山
1392.6
菖蒲峠
前田峠
大保子谷
大保子新道
東之川
東之川林道
東之川登山口
東之川新道
分岐注意
新道分岐
廃道
ショートカット
西之川バス停へ
東之川登山口から
頂上部まで急坂続く
1550.6
愛媛県
西条市
瓶ヶ森周辺のコースタイムは
左上「瓶ヶ森詳細」を参照のこと
台ヶ森
1524
台ヶ森鞍部
瓶ヶ森避難小屋
第二キャンプ場
林業中白石小屋
西黒森
1861
分岐
頂上直下は急坂
神鳴池
車道に接する
林道開通
記念碑
町道瓶ヶ森林道
(UFOライン)
名古瀬
西之川林道
瓶壺谷
名古瀬谷
名古瀬登山口
猪ノ谷橋
林道出合
十郎あれ
常住
988.0
ザレ場、
ロープあり
シロジ谷
橋
鳥越
釜床谷
クサリ
1677
子持権現山
子持権現山登山口
シラサ峠へ
笹尾根の道
展望よい
車道歩き
自念子ノ頭
1701.8
1739
1669
1118

1:50,000
0
1km
N
C
D
河口へ
984.9
西条市街へ
12
京屋旅館
大宮橋
西之川
東之川登山口へ
石鎚登山ロープウェイ前
行者堂
今宮道
所要8分。20分
(多客期は10分)
間隔
山麓下谷駅
WC
P
432
平組
有料
黒川谷
600
700
△609.4
·618
·1190
石鎚登山ロープウェイ
左上
野地
成就分岐
1
1365.5
老之川谷
849
0:35
0:20
愛媛県
西条市
山頂成就駅
奥前神寺
橋を3本渡る
御塔谷出合
1414
石鎚スキー場
土小屋分岐
雪瀑谷
900
0:25
0:20
河原へ出る
御塔谷
0:45
0:30
小森
△933.8
·1188
△1243.1
旅館、売店、食堂
石鎚神社成就社
成就
岩原
名古瀬登山口へ
11
·1228
巨岩が点在
0:20
0:30
急坂
△1363.4
岩屋
石鎚山頂上部のコースタイムは
地図12右「石鎚山詳細図」を参照のこと
八丁鞍部
1102
刀掛
0:40
0:25
·1203
大森山
△1399.6
·1516
·1556
表参道
0:50
0:30
徒渉
荒れている
岩上に第23番
王子をまつる
稜線南側の山腹をたどる。
終始弥山の眺めよし
前社森
クサリ
十字路
0:50
0:40
1035
2
·1312
1592
剣山
1631
一軒茶屋
夜明峠
1652
御塔谷ルート
ツナノ平
0:35
0:30
1500
北岳
(東ノ冠岳)
1920.9
面河乗越
1323
天柱石
(御塔石)
△1284.8
0:25
0:20
極印木谷
西ノ冠岳
1894
二ノ鎖下
石鎚神社
頂上山荘
弥山
天狗岳
1846
矢筈岩
高瀑
西冠のコル
1500
·1208
東稜基部
(第3ベンチ)
1677
第2ベンチ
0:20
第1ベンチ
土小屋ルート
0:45
1:15
石鎚山
一等三角点
1866
·1381
町道瓶ヶ森線
愛大石鎚小屋
1637.5
国民宿舎石鎚
面河尾根ノ頭
御来光の滝
鶴ノ子ノ頭
石鎚神社
安瀬ノ頭
1389
△1929.5
二ノ森
南尖峰を望む
·1321
0:35
0:45
1524
よさこい峠へ
0:35
0:25
小ピークはいずれも北側を巻く
アケボノツツジ
淀川
面河川
魚止ノ滝
土小屋
3
シラベの細尾根
1551
石鎚土小屋
白石ロッジ
0:50
1:10
ミズナラ、ブナ林
0:50
0:40
1525
面河山の肩
·1092
0:50
0:35
面河山
番匠谷
右下
1745.9
岩黒山
·1275
0:15
0:25
丸滝山
·1136
0:35
0:45
ミズナラ、ブナ林
·980
12
石鎚スカイライン
·1559
丸滝小屋
12左
·1479
支尾根に乗る
展望所
石鎚山の雄大な眺め
0:15
0:20
1596
分岐へ
1356
霧ヶ迫
1:10
0:45
·1086
モミ、ツガ林
土小屋詳細
面河ルート
霧ヶ迫滝
·947
·1136
0:35
0:45
1524
休憩所へ
国民宿舎石鎚
登山道へ
石鎚神社
0:50
1:10
鉄砲石川
上熊渕
下熊渕
0:35
0:25
面河古道
土小屋コース
町道瓶ヶ森線
4
1050
登山口
土小屋
土小屋terrace
よさこい峠へ
面河渓
WC
布引滝
鎧岩
鶴ヶ瀬橋
紅葉河原
冠岳
·1381
·1476
·1242
N
石鎚土小屋
白石ロッジ
スカイライン
石鎚
0:50
0:35
岩黒山へ
蓬莱渓
亀腹岩
1106
1:25,000
0
300m
12
面河へ
面河
面河茶屋
※左図へ続く
バス停へ
面河バス停へ
C
D

10 石鎚山①（天狗岳・堂ヶ森）

三瓶山

1:35,000
0
800m
N
C
D
1
2
3
4
大田市
島根県
飯南町
三瓶山
男三瓶山
1125.8
女三瓶山
953
子三瓶山
961
孫三瓶山
903
日影山
697
太平山
854
(展望テラス)
室ノ内展望台
展望デッキ
鳥地獄
684
扇沢分岐
赤雁山
886
風越
奥ノ湯峠
鞍部
三瓶山頂小屋
ユートピア
崩壊地
兜山
981
950mの標柱
分岐
名号コース
中国自然歩道
三瓶山自然林
快適な自然林
扉ヶ峠
自転車専用道路
西の原登山口
定めの松
山の駅 さんべ
女夫松登山口
国民宿舎さんべ荘
四季の宿 さひめ野
三瓶温泉
姫逃池登山口
北の原キャンプ場
三瓶自然館前
三瓶自然館サヒメル
名号登山口
三瓶青少年交流の家
青少年交流の家前
指書の名号
東の原登山口
石見ワイナリー
東の原
スクモ塚
観光リフト
東の原コース
大乗寺
志学小・中
国道375号へ
国道184号へ
大田市街へ
三瓶山高原道路
机の原
中国自然歩道
蓄産開発牧場
浮布池
茶臼山
485
権現山
423
室の内池
牧柵
急登
ガレきみの急坂
眺めのよいベンチ
樹林帯を抜ける
炭焼き窯跡
園地・あずまや
落石注意
かつて室ノ内にあった寺院
土塁が続く
水量ひじょうに乏しい
0:10
0:15
0:25
0:35
0:45
1:05
0:20
0:40
0:55
0:07
北の原詳細
1:25,000
200m

安蔵寺山

1:45,000
0
1km
N
A
B
1
2
3
4
匹見へ
742
189
七村川
打原峠から往復35分
燕岳
1078.6
641
731
640
901
上内谷
656
561.9
1010
防火線跡の土塁が続く
中国自然歩道
604
892
打原峠
891
893
593
上内谷峠
奥谷駐車場
735
登山口
950
0:15
0:10
高鉢山分れ
781
波美谷山
748.5
652
0:40
0:35
982
益田市
森林管理署専用道
奥谷ルート
853
奥谷林道
949
775
397
471
安蔵寺トンネル
0:08
0:06
国道187号、日原へ
福谷
623
福谷川
817
1111
安蔵寺トンネル合流点
ナラ太郎（大ミズナラ）
根返りして枯れてしまった
681
189
登山口
駐車スペース
501
北尾根
1191
1082
416
189
上横道
横道川
346
島根県
津和野町
芦谷合流点
1121
847
0:55
0:50
北峰
1257
937
※下図へ続く
木部谷川
芦谷川
632.3
871
1058
1:00
0:40
中峰
小石谷口
展望岩
0:10
三葛分岐
登山口
分岐
706
岳
543
寺屋敷跡
987
分岐
502
緑資源幹線林道
波佐・阿武線
1:10
0:50
0:40
安蔵寺山
1263.0
駐車スペース
路側帯に
滑峠
駐車場
0:20
0:30
避難小屋
1:00
0:40
伊源谷ルート
956
岩海
0:25
0:15
展望所
大天狗岩
611
滑峠登山口
630
695
969
小石谷分れ
950
露岩が点在する
西中国山地西端の山々を望む
0:05
1028
0:20
0:30
高尻ルート
604.2
1:10
0:50
903
赤土山
1077
923
廻り岩
夢ファクトリーみささへ
679
香仙原ルート
0:25
登山口
0:45
0:30
林道安蔵寺山線起点
708
口屋
防火線の土塁や石塁が断続的に残る
1055.9
840
739
香仙原
601
628
749
上ノ谷川
防火線の土塁や石塁が断続的に残る
0:20
42
国道187号へ
488
2台程度の駐車スペース
927
691
670
586
吉賀町
ゴギの郷
伊源谷
夢ファクトリーみささ、吉賀、匹見へ
429
651
高尻川
登山口
42
809
分岐
奈良原
762
弥十郎山
822.1
国道187号、六日市ICへ
479

安芸冠山・寂地山

1:45,000
0　1km　N

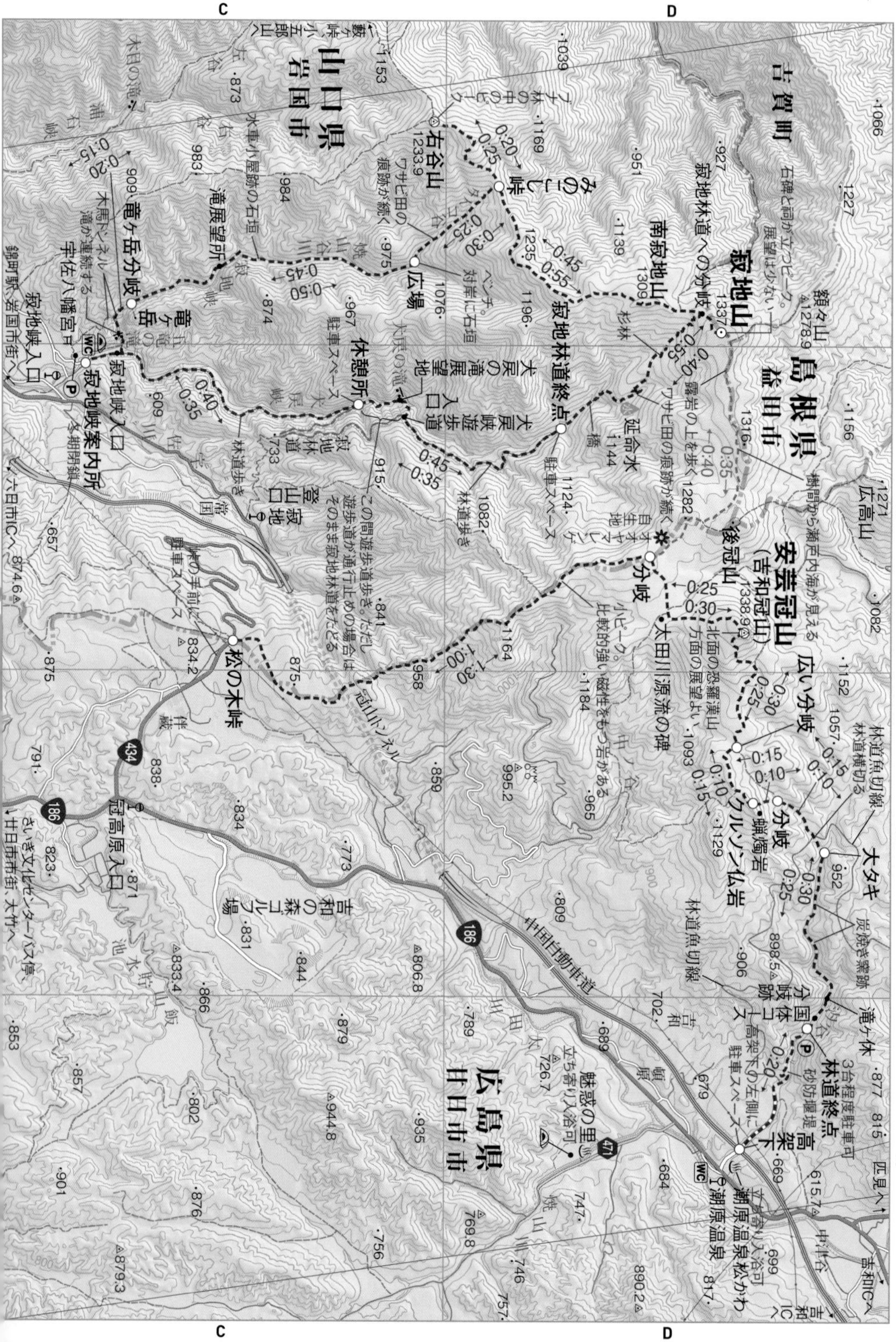

十方山

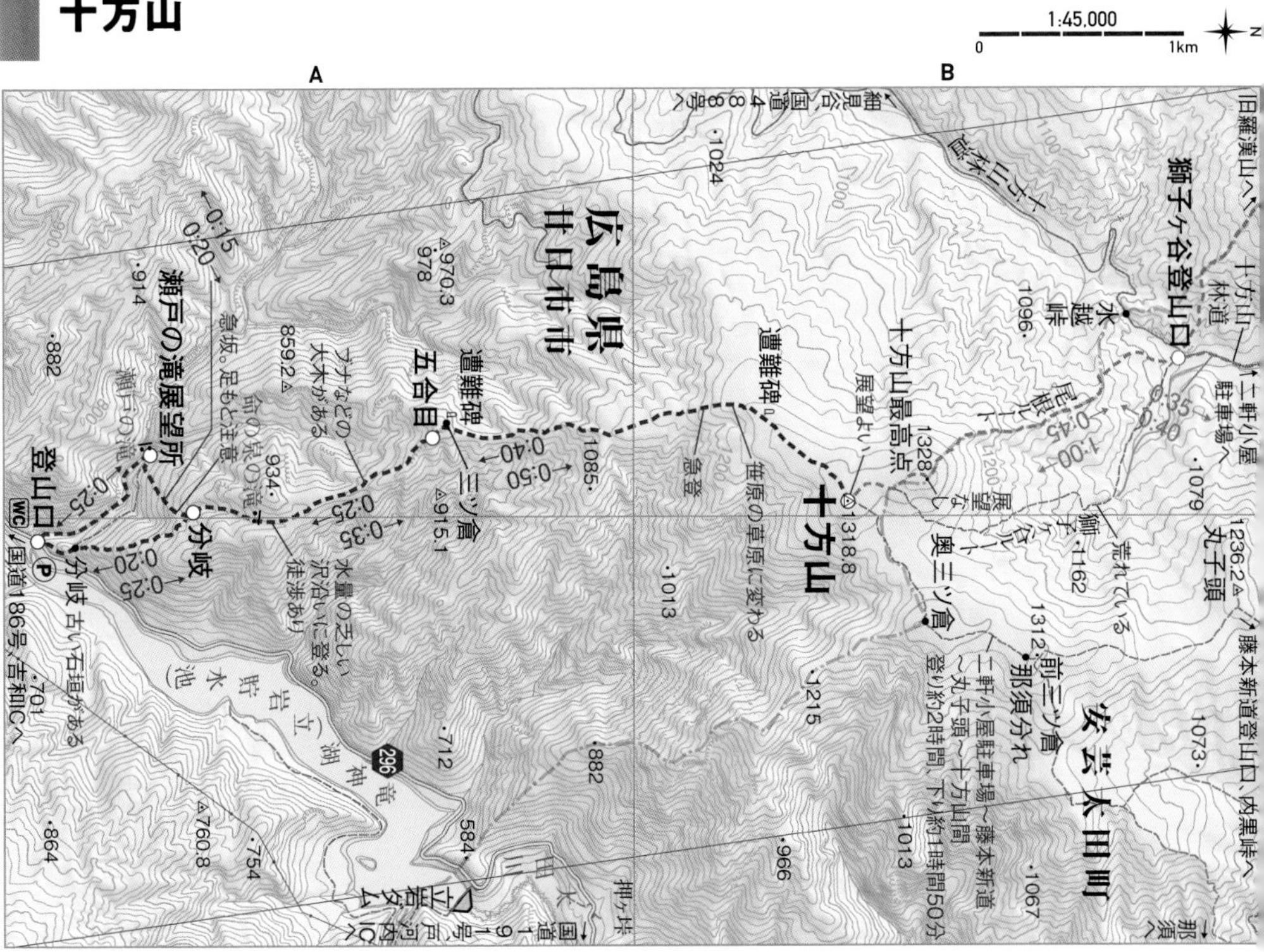
1:45,000
0
1km
N
A
B
1
2
広島県
廿日市市
安芸太田町
十方山
1318.8
十方山最高点
1328
展望よい
獅子ヶ谷登山口
水越峠
丸子頭
1236.2
奥三ツ倉
前三ツ倉
那須分れ
三ツ倉
915.1
五合目
遭難碑
瀬戸の滝展望所
登山口
分岐
瀬戸の滝
命の泉の滝
急坂。足もとに注意
アカナなどの大木がある
水量の乏しい沢沿いに登る。徒渉あり
笹原の草原に変わる
急登
獅子ヶ谷ルート
展望なし
荒れている
尾根ルート
二軒小屋駐車場～藤本新道～丸子頭～十方山間
登り約2時間、下り約1時間50分
古い石垣がある
国道186号、吉和ICへ
二軒小屋駐車場へ
旧羅漢山へ
藤本新道登山口、内黒峠へ
那須へ
国道191号
戸河内ICへ
押ヶ峠
細見谷
国道488号へ
立岩貯水池
竜神湖
296
0:15
0:20
0:25
0:40
0:50
0:35
0:45
1:00

小五郎山

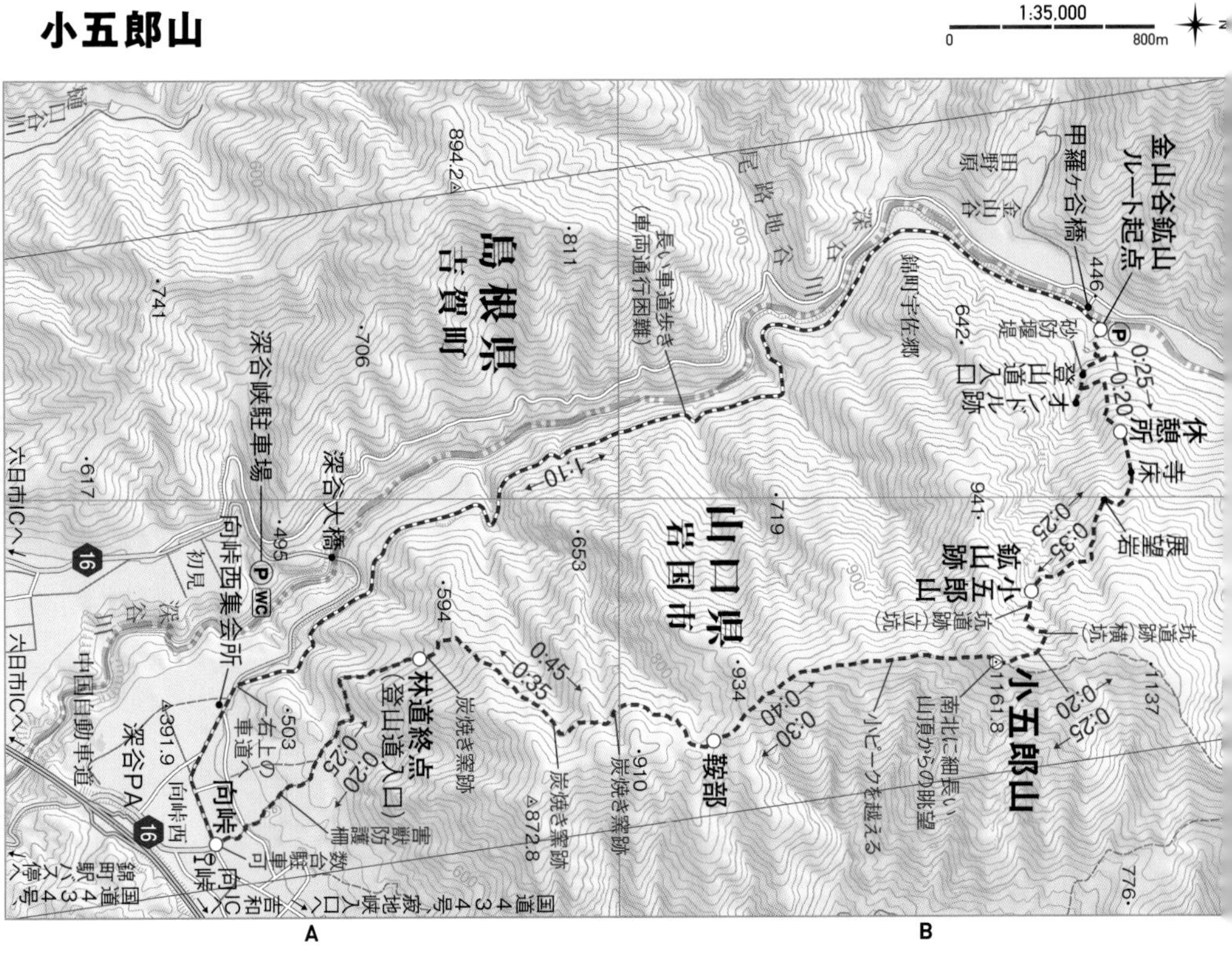
1:35,000
0
800m
N
A
B
3
4
島根県
吉賀町
山口県
岩国市
小五郎山
1161.8
南北に細長い山頂からの眺望
鞍部
小ピークを越える
金山谷鉱山ルート起点
甲羅ヶ谷橋
砂防堰堤
登山道入口
オンドル跡
休憩所
寺床
展望岩
小五郎山鉱山跡
坑道跡（横坑）
坑道跡（立坑）
林道終点（登山道入口）
炭焼き窯跡
深谷大橋
深谷峡駐車場
向峠西集会所
向峠
深谷PA
中国自動車道
長い車道歩き（車両通行困難）
錦町宇佐郷
金山谷
深谷川
尾路地谷
右上の車道へ
害獣防護柵
数台駐車可
国道434号、寂地峡入口へ
国道434号、錦町駅バス停へ
吉和IC、向峠へ
六日市ICへ
16
0:20
0:25
0:35
0:30
0:40
0:45
1:10

臥龍山

1:45,000

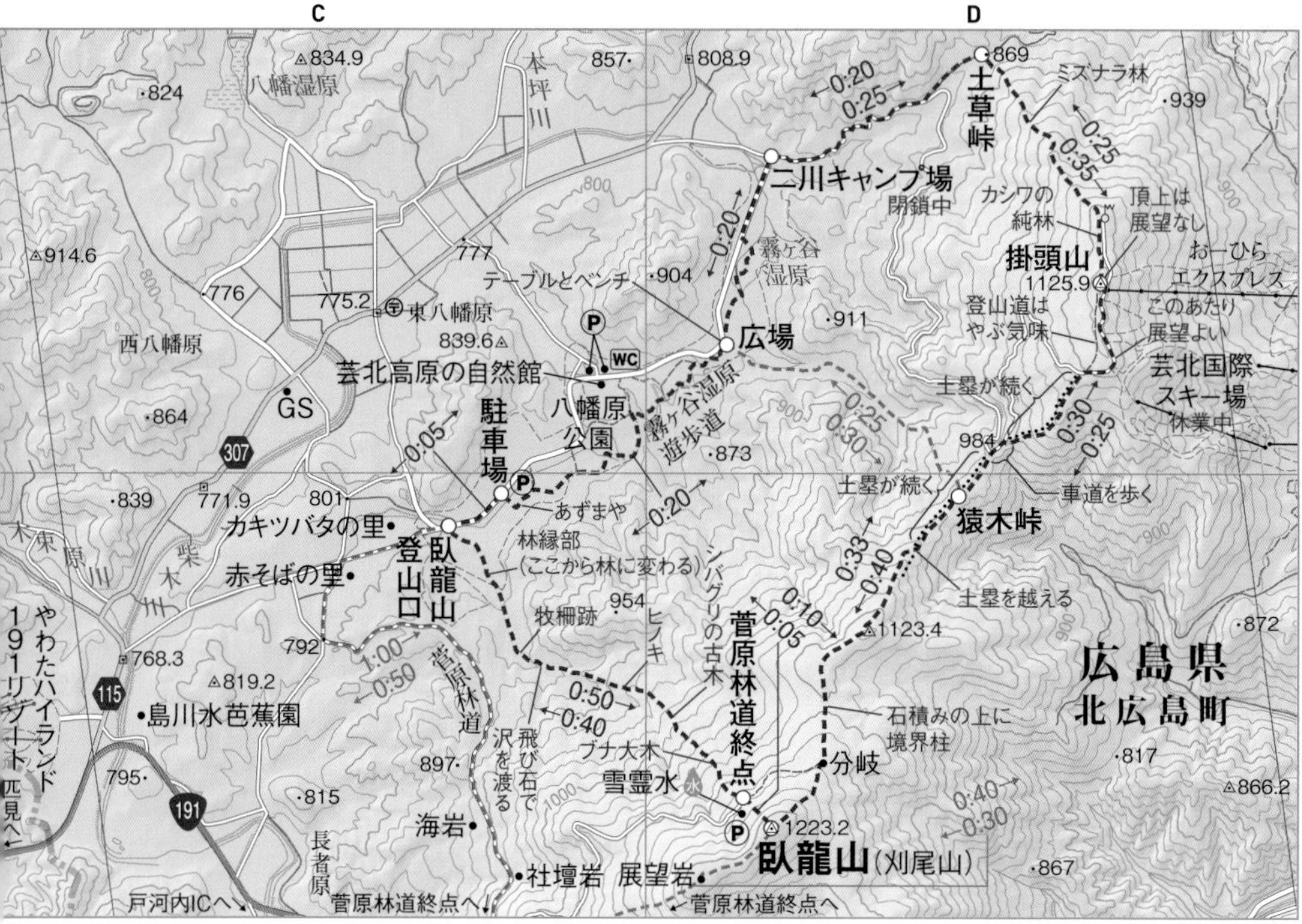

恐羅漢山

1:40,000

7 大万木山

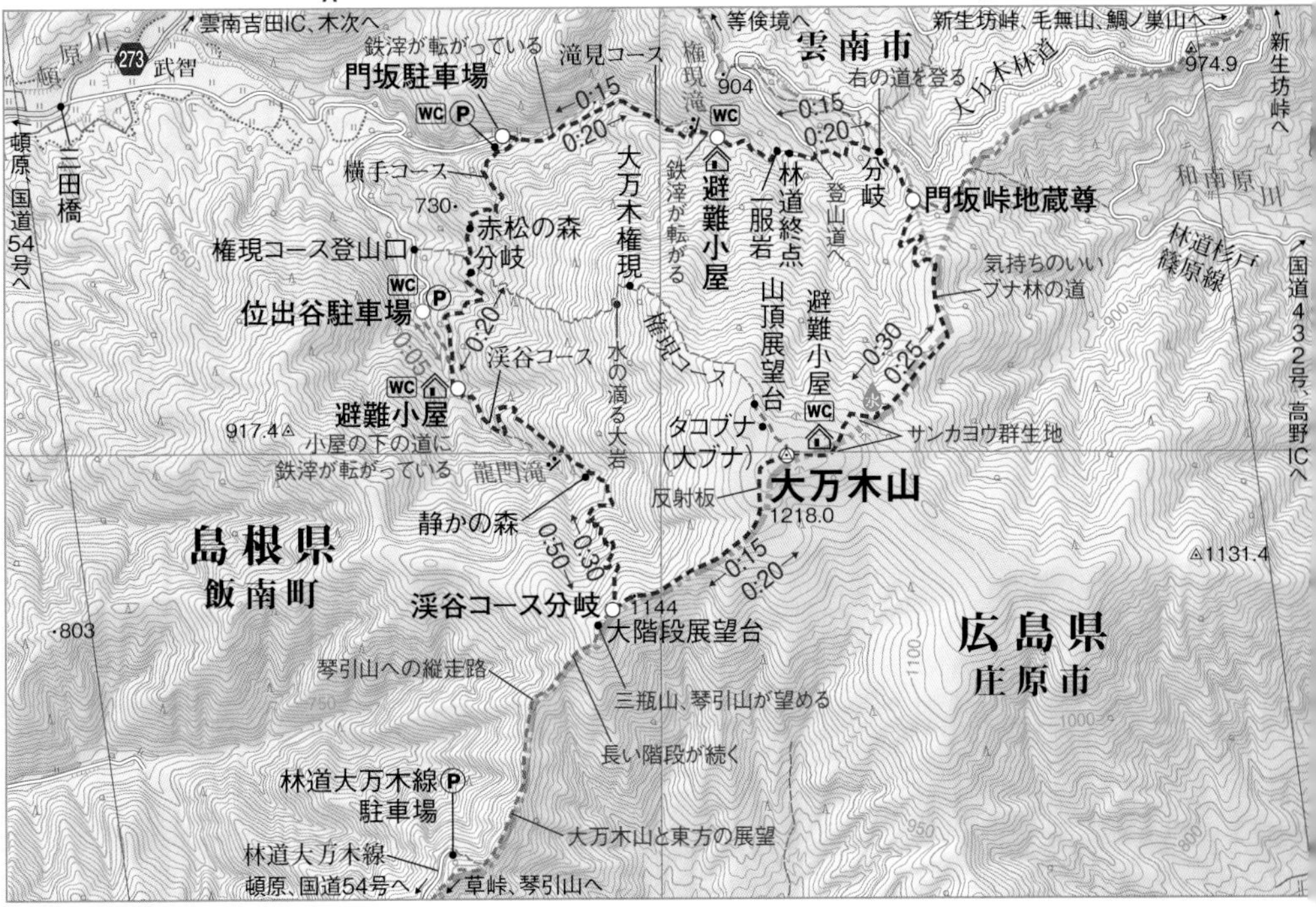
1:30,000
0 500m
N
A
B
1
2
雲南吉田IC、木次へ
273
武智
頓原川
三田橋
頓原、国道54号へ
鉄滓が転がっている
門坂駐車場
滝見コース
0:15
0:20
横手コース
730
権現コース登山口
位出谷駐車場
赤松の森分岐
0:20
0:05
渓谷コース
避難小屋
917.4
小屋の下の道に鉄滓が転がっている
龍門滝
静かの森
0:50
0:30
大万木権現
水の滴る大岩
権現滝
鉄滓が転がる
避難小屋
904
等倹境へ
雲南市
権現コース
一服岩
林道終点
登山道へ
山頂展望台
タコブナ（大ブナ）
避難小屋
0:15
0:20
右の道を登る
分岐
門坂峠地蔵尊
大万木林道
新生坊峠、毛無山、鯛ノ巣山へ
974.9
新生坊峠へ
和南原川
林道杉戸篠原線
気持ちのいいブナ林の道
0:30
0:25
サンカヨウ群生地
国道432号、高野ICへ
反射板
大万木山
1218.0
0:15
0:20
1131.4
島根県
飯南町
渓谷コース分岐
1144
大階段展望台
803
琴引山への縦走路
三瓶山、琴引山が望める
長い階段が続く
広島県
庄原市
林道大万木線駐車場
林道大万木線
頓原、国道54号へ
大万木山と東方の展望
草峠、琴引山へ

深入山

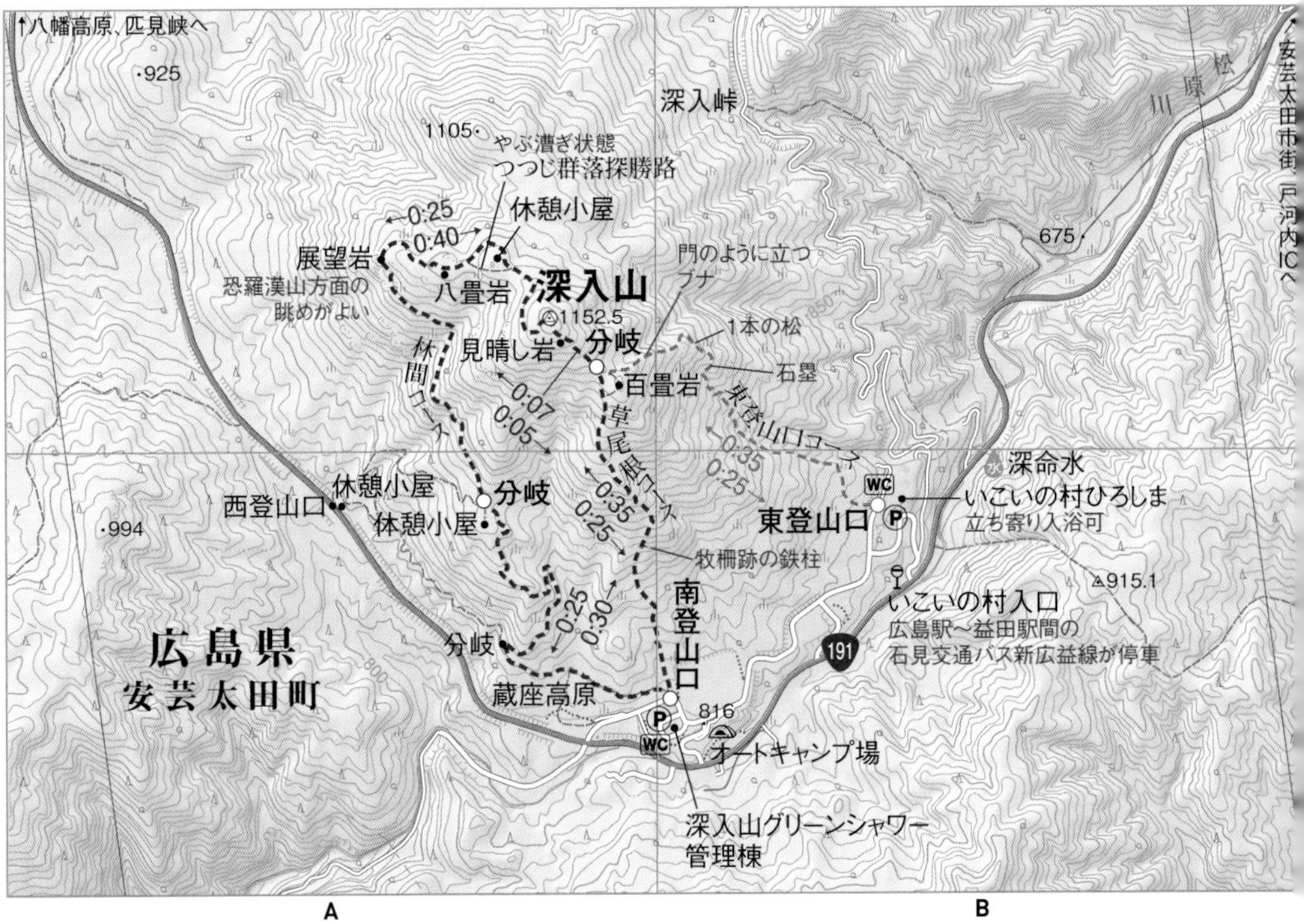
1:25,000
0 500m
N
3
4
A
B
八幡高原、匹見峡へ
925
深入峠
1105
やぶ漕ぎ状態
つつじ群落探勝路
休憩小屋
0:25
0:40
展望岩
恐羅漢山方面の眺めがよい
八畳岩
深入山
1152.5
門のように立つブナ
1本の松
見晴し岩
分岐
百畳岩
石塁
林間コース
0:07
0:05
草尾根コース
東登山口コース
0:35
0:25
休憩小屋
西登山口
分岐
休憩小屋
0:35
0:25
994
牧柵跡の鉄柱
0:25
0:30
分岐
南登山口
蔵座高原
816
オートキャンプ場
深入山グリーンシャワー管理棟
広島県
安芸太田町
安芸太田市街、戸河内ICへ
松原川
675
深命水
東登山口
いこいの村ひろしま
立ち寄り入浴可
915.1
いこいの村入口
広島駅～益田駅間の石見交通バス新広益線が停車
191

道後山

1:25,000
0
500m
N
C
D
1
2
10台程度の駐車スペース
持丸登山口
国道314号、東城ICへ
砂利道
古い土の堰堤
小さな湿地
△1209.6
多里大山
1224
水路跡
1096
1096
1046
鳥取県
日南町
県境に石垣が続く
水路跡の上に石垣が横断している
水路跡
0:35
0:30
休憩所
県境に石垣が続く
一等三角点。展望よい
道後山の最高点
1268.4
分岐
道後山
1271
大池
0:25
展望よい
岩樋山
1271
0:07
0:06
両国牧場跡
0:15
0:17
分岐
石仏
1103.8
0:10
0:15
休憩所
分岐
0:15
0:20
月見が丘駐車場
1088
休憩所
道後山キャンプ場
道後山高原スキー場
0:10
水路跡
両国牧場跡分岐
1074
1137
ゆりが丘
道後山山の家
250
広島県
庄原市
↓国道183号、JR備後落合駅へ
1050
1050
950
1000

船通山

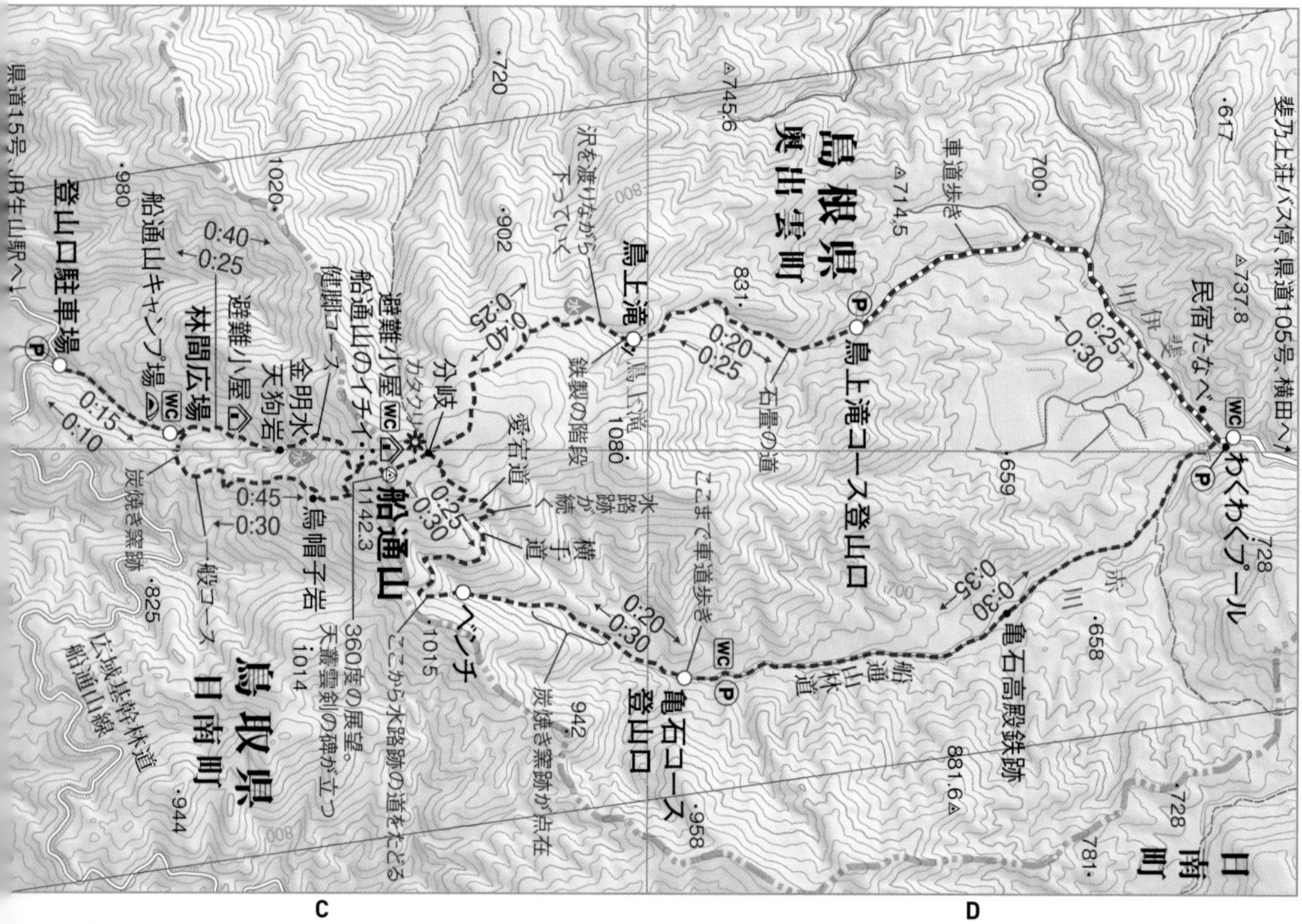

1:35,000
0
800m
N
C
D
3
4
県道15号、JR生山駅へ
980
1020
登山口駐車場
船通山キャンプ場
0:40
0:25
林間広場
避難小屋
0:15
0:10
金明水
天狗岩
健脚コース
船通山のイチイ
避難小屋
カタクリ
分岐
0:40
0:25
720
902
△745.6
沢を渡りながら下っていく
鳥上滝
鉄製の階段
鳥上滝
1080
0:20
0:25
石畳の道
831
△714.5
島根県
奥出雲町
車道歩き
700
鳥上滝コース登山口
617
△737.8
民宿たなべ
0:25
0:30
斐伊川
わくわくプール
斐乃上荘バス停、県道105号、横田へ
659
728
0:45
0:30
炭焼き窯跡
烏帽子岩
一般コース
船通山
1142.3
360度の展望。天叢雲剣の碑が立つ
1014
愛宕道
0:25
0:30
水路跡が続く
横手道
ここまで車道歩き
1015
ベンチ
ここから水路跡の道をたどる
0:20
0:30
亀石コース登山口
0:35
0:30
亀石高殿鉄跡
赤川
658
船通山林道
825
広域基幹林道船通山線
鳥取県
日南町
942
炭焼き窯跡が点在
958
881.6
944
728
781
日南町

6 比婆山連峰

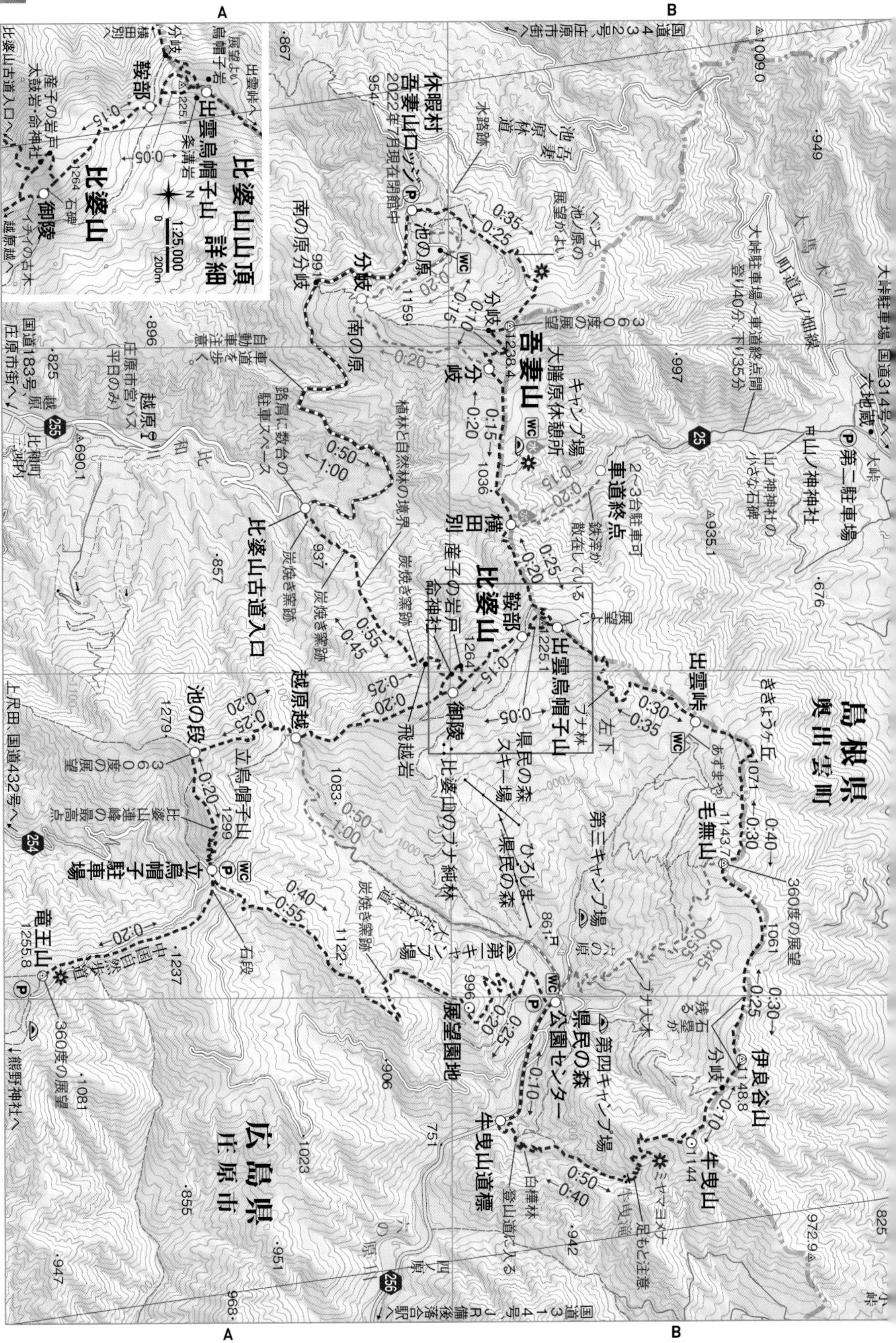

1:40,000
0
800m
比婆山山頂詳細
1:25,000
出雲烏帽子山
比婆山
御陵
鞍部
島根県
奥出雲町
広島県
庄原市
吾妻山
休暇村吾妻山ロッジ
2022年7月現在閉館中
池の原
南の原
南の原分岐
大膳原休憩所
キャンプ場
車道終点
横田別
産子の岩戸
命神社
比婆山古道入口
越原越
池の段
立烏帽子山
立烏帽子駐車場
竜王山
1255.8
360度の展望
出雲峠
毛無山
1143.7
伊良谷山
1148.8
牛曳山
1144
牛曳山道標
県民の森公園センター
展望園地
第一キャンプ場
第二キャンプ場
第三キャンプ場
第四キャンプ場
比婆山のブナ純林
県民の森スキー場
ひろしま県民の森
飛越岩
炭焼き窯跡
植林と自然林の境界
ブナ大木
大峠駐車場
国道314号へ
第二駐車場
六の原
大地蔵
山ノ神神社
庄原市営バス
（平日のみ）
越原
国道183号
庄原市街へ
国道432号へ
上尺田
熊野神社へ
JR備後落合駅へ
国道314号へ
国道432号
庄原市街へ

泉山

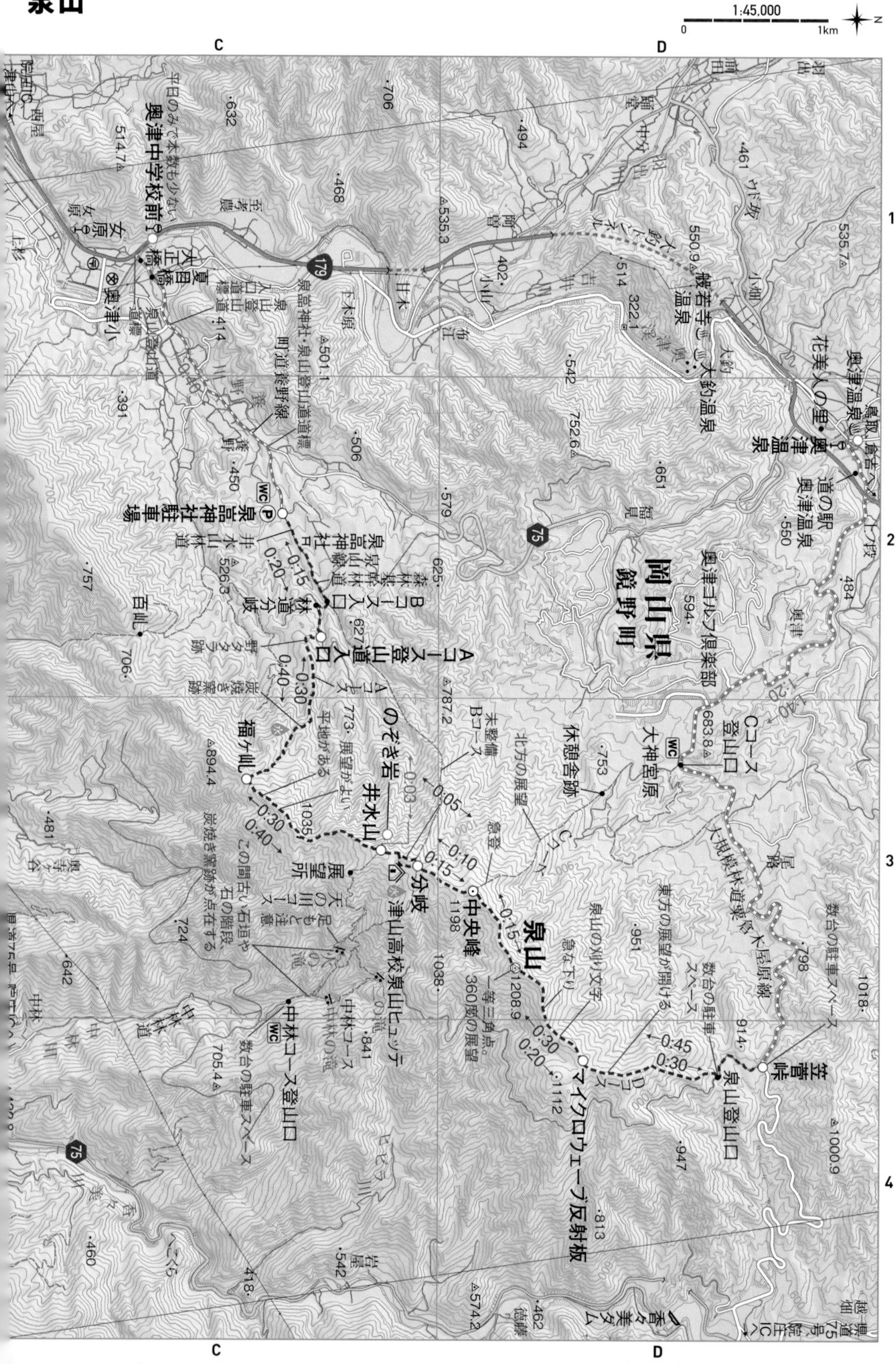
1:45,000
0
1km
N
泉山
中央峰
1198
1208.9
一等三角点。360度の展望
急な下り
マイクロウェーブ反射板
泉山登山口
笠菅峠
数台の駐車スペース
東方の展望が開ける
大神宮原
Cコース登山口
休憩舎跡
北方の展望
岡山県
鏡野町
奥津ゴルフ倶楽部
道の駅奥津温泉
奥津温泉
花美人の里
大釣温泉
般若寺温泉
奥津中学校前
平日のみで本数も少ない
大正橋
夏目
泉嵓神社駐車場
泉嵓神社
林道分岐
Aコース登山道入口
Bコース入口
未整備Bコース
のぞき岩
井水山
分岐
津山高校泉山ヒュッテ
展望がよい
平地がある
福ヶ乢
炭焼き窯跡
展望所
この間古い石垣や石の階段、炭焼き窯跡が点在する
中林コース登山口
中林の滝
香々美ダム
大規模林道栗倉木屋原線
0:30
0:40
0:15
0:20
0:45
0:10
0:05
0:03
C
D
1
2
3
4

5 那岐山

1:45,000
0 1km

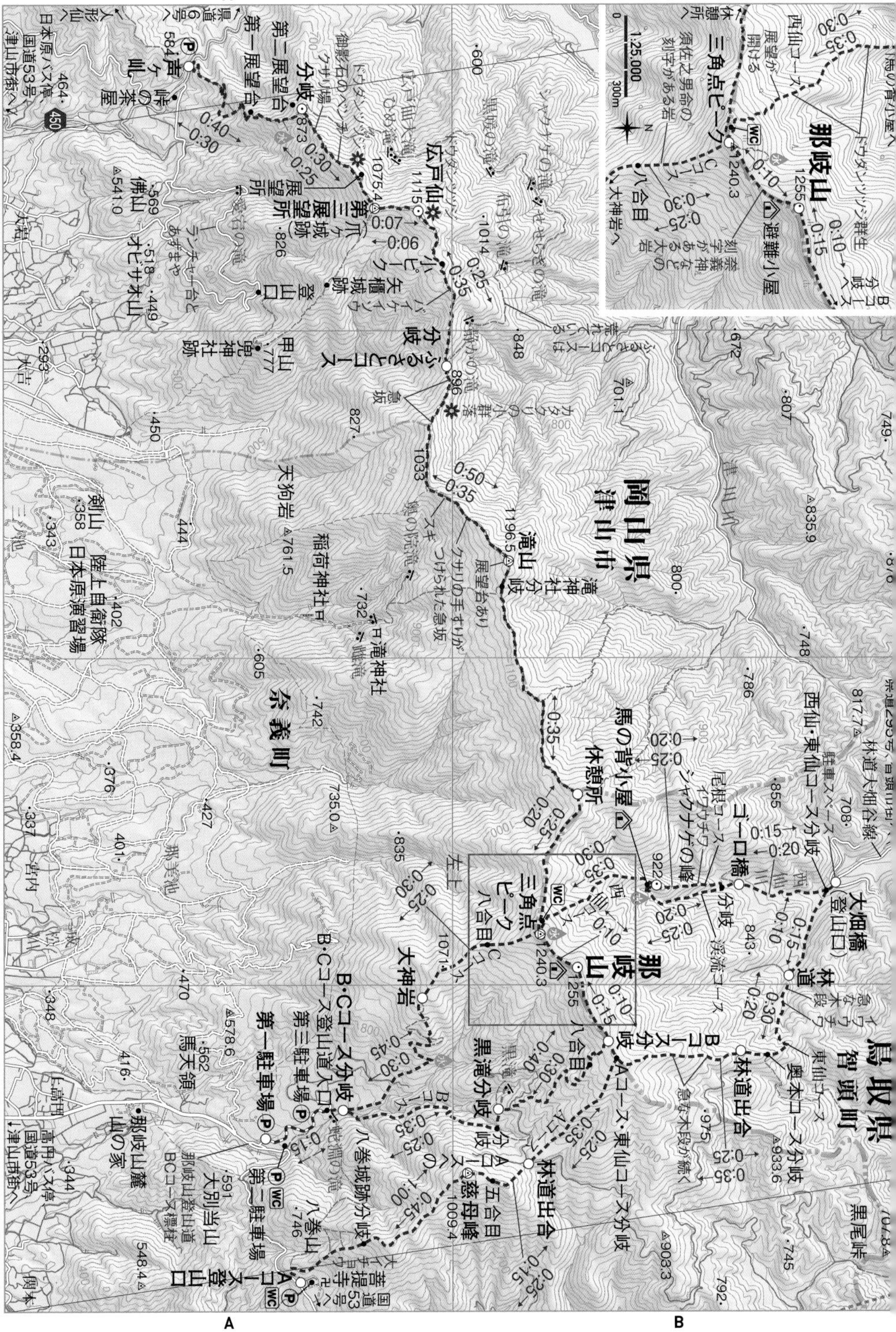

後山

1:40,000
0 800m
N

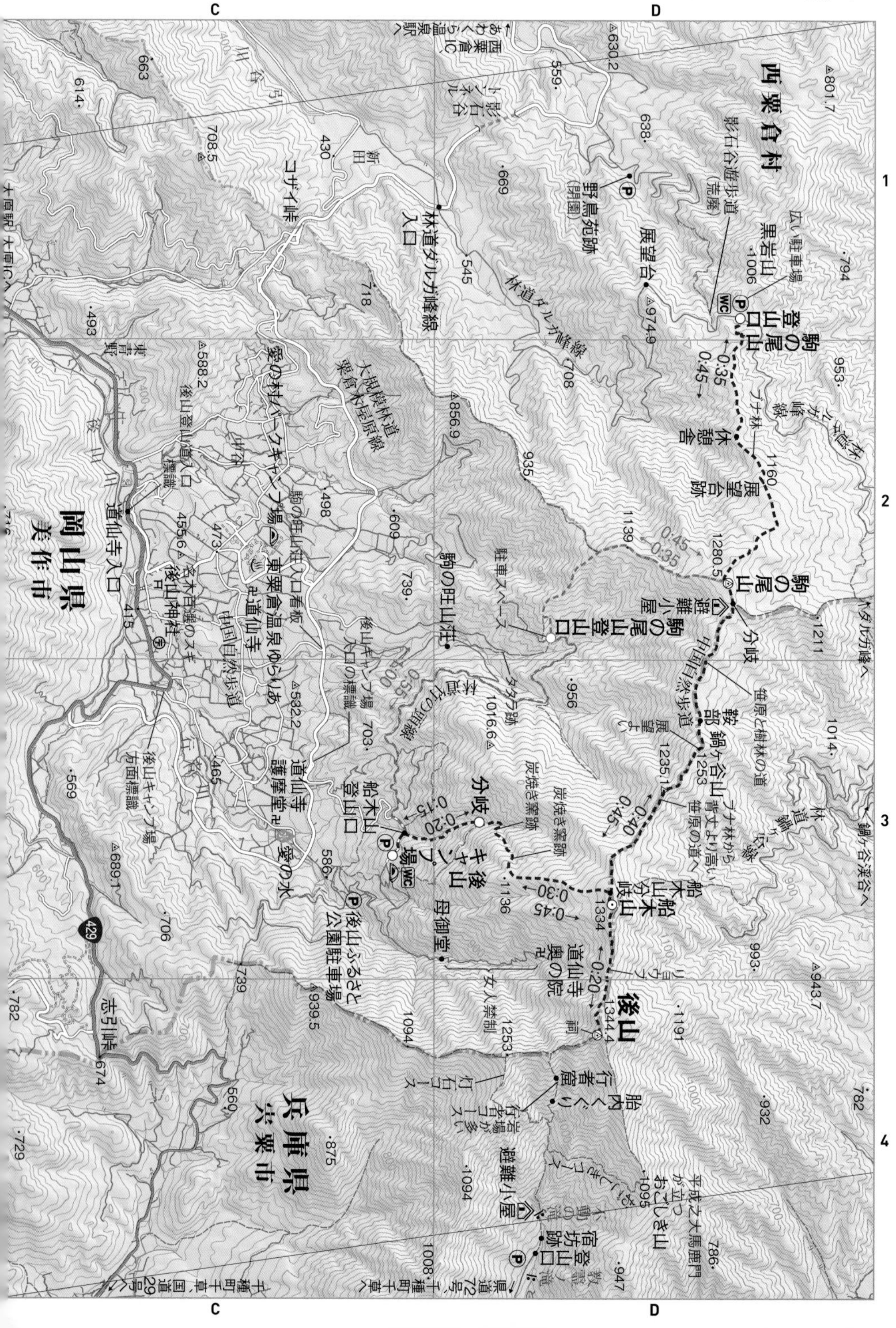

4 扇ノ山

1:30,000
0
500m
N
A
B
1
2
3
4
雨滝、県道31号へ
林道河合谷線
水とのふれあい広場
河合谷登山口
1069
上山高原へ
1089
小ズッコ小屋
小ズッコ小屋登山口
905
鳥取県
鳥取市
824
950
800
0:25
0:20
池
上山高原分岐
1100
水路が横切る
袋川源流
河合谷コース
兵庫県
新温泉町
930
左馬殿コース
大石コース
小ズッコ
1159
942.7
大石コース登山口
噴火口
大石コース分岐
1016
この間ブナの森に続く
心地よい道
0:20
0:15
1152
1046
894
970
大ズッコ
1273
上地コース分岐
885
900
上地コース
1198
鞍部
0:15
林道河合谷線
上地川
650
せせらぎ広場
上地コース登山口
畑ヶ平コース分岐
展望台
1150
二等三角点
766.6
884
扇ノ山
1310.0
1073
畑ヶ平コース
中国自然歩道
峠の見晴らし
広場
1000
0:20
0:15
扇ノ山避難小屋
小屋の2階眺望よし
ふるさとの森コース
0:55
0:40
1194
1116
1150
檜蔵
展望のよい岩塔
950
扇ノ山登山口
標識
0:30
0:25
沢沿いに登る
姫路公園コース
姫路公園コース登山口
数台の
駐車スペース
尾根に出る
急登
若桜町
私都川
県道37号、八頭町富枝へ
1079
ふるさとの森登山口
1086
1012
林道河合谷線
風の広場展望台
細見川
東因幡林道
畑ヶ平線
950
1079.3
八頭町
扇ノ山林道
0:50
0:40
キャンプ場
933
八東ふるさとの森駐車場
県道37号、
八頭町富枝へ
886
850

氷ノ山

1:35,000
0
800m
N
C
D
1
2
3
4
鳥取県
若桜町
兵庫県
養父市
香美町
宍粟市
氷ノ山
(須賀ノ山)
1509.8
氷ノ越(氷ノ山越)
三ノ丸
1464
三ノ丸展望台
三ノ丸避難小屋
氷ノ山越避難小屋
山頂避難小屋
大屋町避難小屋
神大ヒュッテ
一ノ谷休憩所
氷ノ山東尾根休憩小屋
氷ノ越登山口
仙谷登山口
仙谷口
自然探勝路入口
自然探勝路
三ノ丸登山口
スキーリフト最上部
ふれあいの里
高原の宿氷太くん
響の森
氷ノ山キャンプ場
氷ノ山国際スキー場
東尾根登山口
殿下コース登山口
大段ヶ平登山口
大段ヶ平
氷ノ山鉢伏口
地蔵堂
不動滝展望所
福定親水公園
赤倉山
1332
千年キャラボク
古千本
1394
ブナ林
天然杉の林
東尾根コース
仙谷コース
氷ノ山越コース
殿下コース
大段ヶ平コース
ツツジ群生地
但馬アルペンロード
0:45
0:30
0:35
0:50
0:40
0:20
0:15
0:25
0:10
482
87
春米側登山口詳細
1:25,000
200m

1:50,000
0 1km

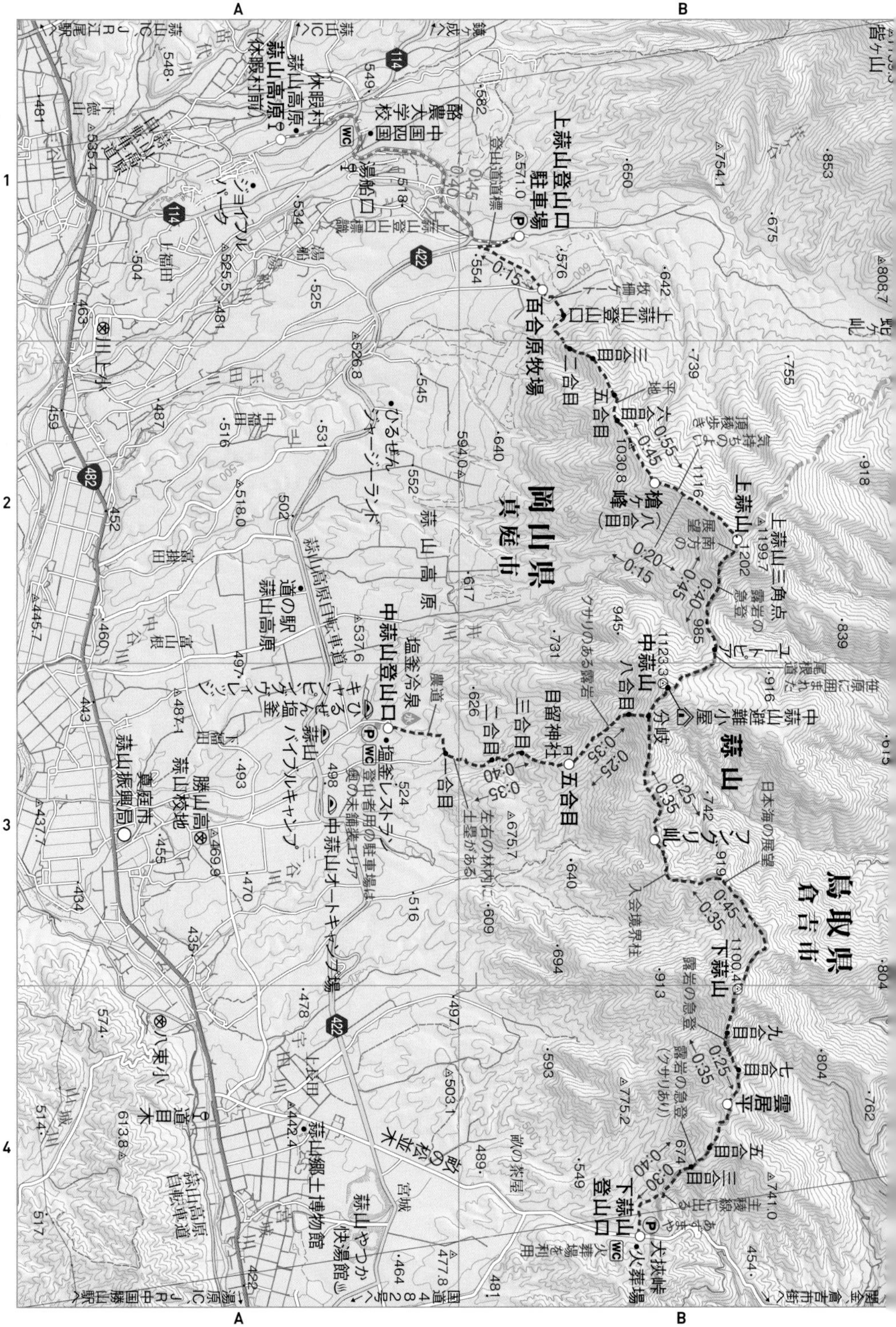
上蒜山
1202
上蒜山三角点
中蒜山
1123.3
下蒜山
1100.4
岡山県
真庭市
鳥取県
倉吉市
上蒜山登山口駐車場
上蒜山登山口
百合原牧場
槍ヶ峰（八合目）
中蒜山登山口
中蒜山避難小屋
分岐
フングリ乢
雲居平
下蒜山登山口
大扶峠
火葬場
塩釜冷泉
道の駅蒜山高原
蒜山振興局
蒜山郷土博物館
蒜山やつか快湯館
ジョイフルパーク
蒜山高原（休暇村前）
休暇村蒜山高原
中国四国酪農大学校
湯船口
日留神社
二合目
三合目
五合目
六合目
七合目
九合目
一合目
ユートピア
日本海の展望
露岩の急登
クサリのある露岩
主稜線に出る
八束小
川上小
真庭市蒜山振興局
A
B
1
2
3
4

1:25,000
0
500m
N
C
D
1
2
3
4
川床へ
勝田ヶ山へ
・839
0:45
0:40
・938
香取分れ
中国自然歩道
0:45
岩稜帯(通行注意)
0:40
甲ヶ山
1338
360度の展望
岩場(通行注意)
古い石畳
庄司ヶ滝
1:00
1:10
△1061.8
・1014
急峻でやせたピーク
前後は通行注意
小矢筈
・1176
展望よい
△1358.4
矢筈ヶ山
大山道
大休峠避難小屋
0:30
0:40
古い石畳
0:35
0:25
野田ヶ山
1344
WC
1300
三本杉分れ
飯盛滝
親指ピークの前後は
クロソヨゴ群落
大休峠
0:45
0:35
水量乏しい
中国自然歩道
・931
風化した
石地蔵
飯盛山
・952
親指ピーク
0:55
0:45
・1133
大休谷
大休口
石碑
0:30
0:25
1452
振子山
崩落地。東谷側に
少し下って登り返す
大休滝
0:20
0:15
不動滝
大山滝展望所へ
野田滝
地獄谷
1:40
1:00
・1310
池ノ平
野田滝出合
ゴルジュ
大休滝出合
琴浦町
振子沢
振袖山
・1296
977・
わずかな急坂
振子沢入口
地獄谷の河原
・1035
迷いやすい
駒鳥避難小屋
携帯トイレブース
急坂
烏谷出合
0:30
0:35
大鳩滝
倉吉市
倉吉、琴浦へ
鳥越峠
急坂
烏谷
817
0:25
0:20
烏ヶ山と大山東壁の展望よい
道標
尾根
△1230.4
ロープのある
露岩の急登
岩稜上の分岐
0:35
0:30
45
0:35
0:30
江府町
烏谷側
足もと注意
・1016
木谷
烏ヶ山
1448
0:10
この付近危険
南峰
鏡ヶ成キャンプ場へ
新小屋峠へ
新小屋峠へ
C
D

2 大山詳細図

A
B
1
2
3
4
653
158
24
大山ナショナルパークセンター
大山 WC P
(博労座駐車場)
米子市街へ
佐陀川
大山寺
大山自然歴史館
豪円湯院
霊宝閣
夏山登山口の手前にも登山口がある
夏山登山口
大山寺橋
大山寺
下山キャンプ場 P WC
P WC 南光河原駐車場
阿弥陀堂
一合目
0:10
0:20
0:45
0:55
824
川床へ
だいせんホワイトリゾート
950
▵1121.5
石畳の参道
WC 大神山神社奥宮
「行者登山口」標柱
分岐
1:00
0:50
宝珠山 1183
阿弥陀滝
0:30
0:25
下宝珠越
1110
800
158
988
常行谷
二合目
夏山登山道
大山環状道路
横手分かれ(北口)
976
三合目
四合目
五合目
行者谷分かれ
行者コース
0:40
0:30
ブナ林の急登
治山道路
ブナ
元谷入口
0:55
0:45
剣谷
北壁の眺望
1242
宝珠尾根
中宝珠越
三鈷峰が望めるわずかな広場
360度の展望
ユートピア避難小屋
三鈷峰
1516
分岐
0:12
0:10
0:15
鳥取県
大山町
0:06
0:10
WC 元谷避難小屋
行者谷
元谷
六合目
避難小屋
携帯トイレブース
1411
七合目
ガレの急登
大屏風岩
上宝珠越
勝間ケルン
1550
象ケ鼻
桝水高原、溝口ICへ
別山沢
弥山沢
1243
小屏風岩
エボシ岩
0:50
1:00
草鳴社碑柱
急登
八合目
別山
九合目
ダイセンキャラボク純林
1588
梵字ヶ池
石室
弥山
▵1709.4
滝沢
中ノ沢
北壁
元谷沢
大狗沢
1636
天狗ヶ峰
1729
剣ヶ峰
872
桝水高原スキー場
大ノ沢
WC 頂上避難小屋
現在の大山山頂
三角点へは立入禁止
大山
1692
槍ヶ峰
1500
南壁
1478
キリン峠
横手道
1100
桝水高原、溝口ICへ
1325
1277
750
横手分かれ(南口)
伯耆町
▵887.8
45
一ノ沢
二ノ沢
三ノ沢
1087
分岐
文珠越
0:20
0:25
文鳥水
文珠谷
大山環状道路
964
854
▵805.6
文殊谷登山口へ
文殊谷登山口へ
健康の森遊歩道入口へ

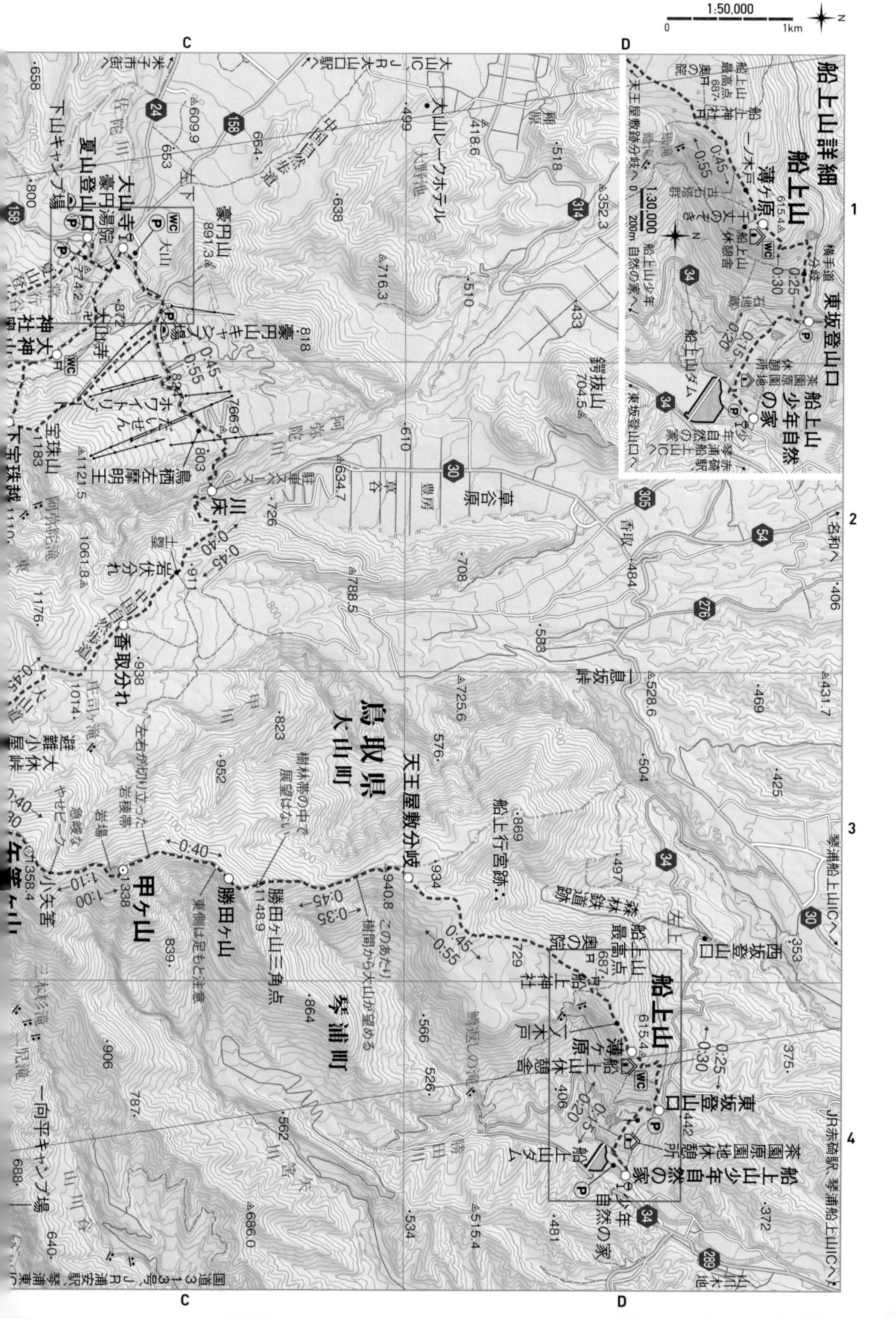
1:50,000
0
1km
N
船上山詳細
船上山
東坂登山口
船上山少年自然の家
薄ヶ原
船上山休憩舎
船上神社
一ノ木戸
船上山ダム
茶園原園地休憩所
横手道分岐
1:30,000
鳥取県
大山町
琴浦町
天王屋敷分岐
勝田ヶ山
甲ヶ山
香取分れ
川床
鳥栖左摩明王
大山寺
豪円湯院
夏山登山口
下山キャンプ場
大神山神社
下宝珠越
宝珠山
豪円山
豪円山キャンプ場
大山レークホテル
中国自然歩道
鍔抜山
草谷原
一息坂峠
船上行宮跡
西坂登山口
森林鉄道跡
勝田ヶ山三角点
樹林帯の中で展望はない
左右が切り立った岩稜帯
急峻なやせピーク
東側は足もとに注意
小矢筈
一向平キャンプ場
名和へ
琴浦船上山ICへ
JR赤碕駅、琴浦船上山ICへ
JR浦安駅、琴浦東ICへ
国道313号へ
米子市街へ
JR大山口駅へ
大山IC

1 大山・烏ヶ山・船上山

大山寺バス停詳細
大山(博労座) 850台
豪円山キャンプ場 45台
大山寺
大山寺橋
大山自然歴史館
豪円湯院
大山参道市場
下山キャンプ場 70台
南光河原 60台
阿弥陀堂
行者谷分かれへ
大山口駅へ
米子市街へ
溝口ICへ
大神山神社奥宮へ
桝水高原スキー場
大山環状道路
伯耆町
六合目避難小屋
頂上避難小屋
弥山
1709.4
大山
剣ヶ峰
槍ヶ峰
上宝珠越
象ヶ鼻
ユートピア避難小屋
振子山
親指ピーク
キリン峠
弥山と三鈷峰のコースタイムは地図2「大山詳細図」を参照のこと
文珠谷登山口
文珠堂
笛吹山
大山南壁の展望地
鍵掛峠
江府町
文珠越
分岐
烏越峠
駒鳥避難小屋
地獄谷の河原
健康の森遊歩道入口
奥大山スキー場
烏ヶ山
1448
岩稜上の分岐
尾根
1230.4
鏡ヶ成キャンプ場
休暇村
鏡ヶ成キャンプ場
駐車場
休暇村奥大山
鏡ヶ成スキー場
新小屋峠
象山
1085.3
見返峠
城山
953.7
擬宝珠山
大休口
大山滝展望台
木地屋敷跡
一の沢
倉吉市
岡山県
真庭市
笹ヶ平
東大山大橋
鬼女台
瓜菜沢牧場
蒜山IC

主な地図記号

※そのほかの地図記号は、国土地理院発行
2万5000分ノ１地形図に準拠しています

一般登山コース
参考コース（エスケープルート等）
←1:30
コースタイム（時間：分）
コースタイムを区切る地点
4車線以上
2車線道路
1車線道路
軽車道
徒歩道
庭園路
高速・有料道路
299
国道・番号
192
都道府県道・番号
鉄道・駅
JR線・駅
索道（リフト等）
送電線
都道府県界
市町村界
特定地区界
植生界
2899.4
三角点
1159.4
電子基準点
720.9
水準点
・1651
標高点
等高線（主曲線）標高10mごと
等高線（計曲線）主曲線5本目ごと
等高線（補助曲線）
1500
等高線標高
市役所
町村役場
警察署
消防署
交　番
病　院
神　社
寺　院
記念碑
営業山小屋
避難小屋・無人山小屋
キャンプ指定地
水
水場（主に湧水）
主な高山植物群落
バス停
P
駐車場
温泉
噴火口・噴気孔
採鉱地
発電所
電波塔
史跡・名勝・天然記念物
岩がけ
岩
土がけ
雨　裂
砂れき地
おう地（窪地）
湖・池等
河川・せき（堰）
河川・滝
広葉樹林
針葉樹林
ハイマツ地
笹　地
荒　地
竹　林
畑・牧草地
果樹園
田
標高
高
低

コースマップ

国土地理院発行の2万5000分ノ1地形図に相当する数値地図（国土基本情報）をもとに調製したコースマップです。

赤破線で示したコースのうち、地形図に記載のない部分、あるいは変動が生じている部分については、GPSで測位した情報を利用しています。ただし10〜20m程度の誤差が生じている場合があります。

また、登山コースは自然災害などにより、今後も変動する可能性があります。登山にあたっては本書のコースマップと最新の地形図（電子国土Web・地理院地図、電子地形図25000など）の併用を推奨します。

コースマップには、コンパス（方位磁石）を活用する際に手助けとなる磁北線を記入しています。本書のコースマップは、上を北（真北）にして製作していますが、コンパスの指す北（磁北）は、真北に対して西へ7〜8度前後（中国・四国周辺）ズレが生じています。真北と磁北のズレのことを磁針偏差（西偏）といい、登山でコンパスを活用する際は、磁針偏差に留意する必要があります。

磁針偏差は、国土地理院・地磁気測量の2015.0年値（2015年1月1日0時[UT]における磁場の値）を参照しています。

中国・四国の山の登山にあたっては、コースマップとともにコンパスを携行し、方角や進路の確認に役立ててください。

Contents

コースマップ目次

コースさくいん

中国山地の山

四国の山

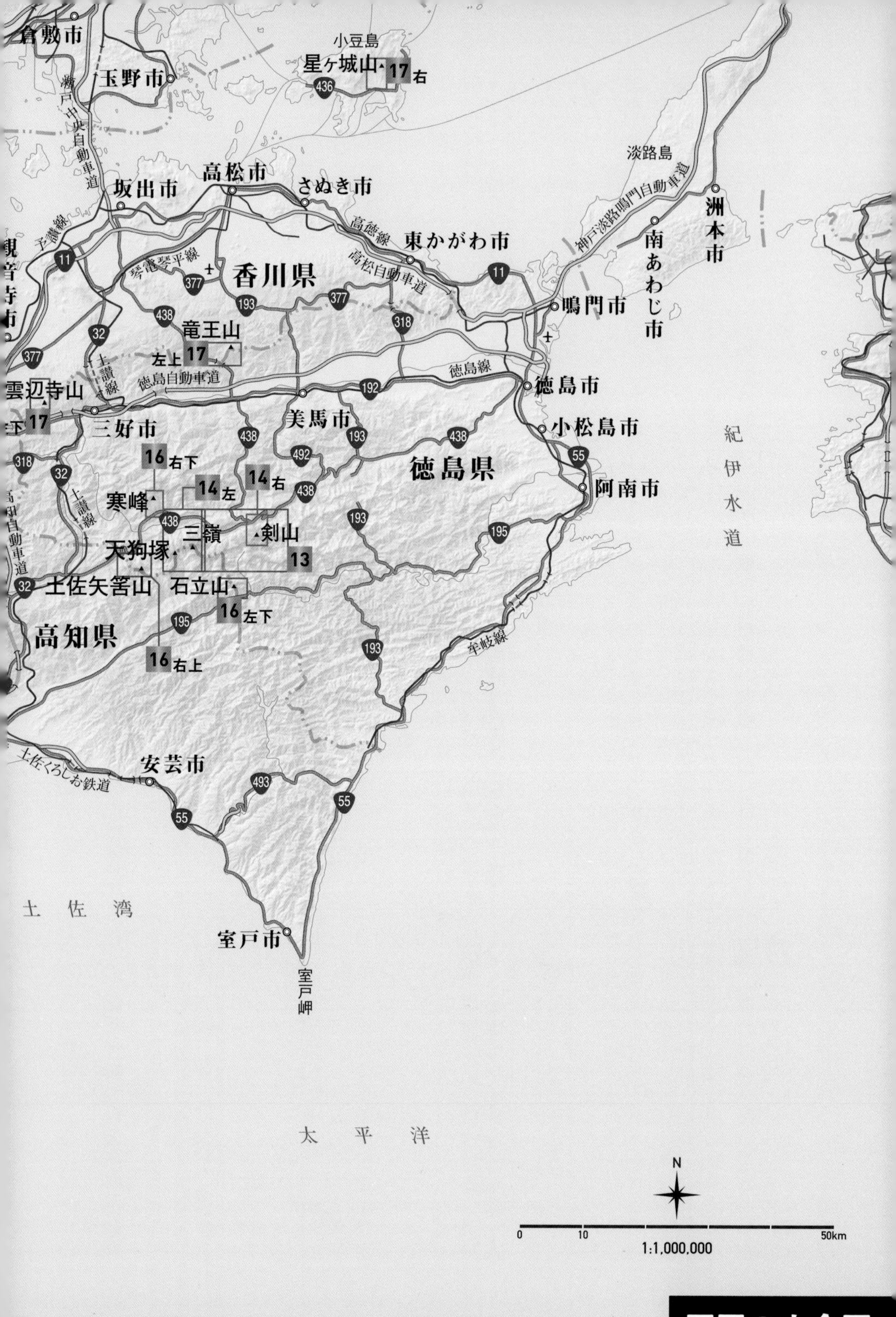
倉敷市
玉野市
小豆島
星ヶ城山
17右
瀬戸中央自動車道
高松市
坂出市
さぬき市
予讃線
高徳線
東かがわ市
高松自動車道
琴電琴平線
香川県
淡路島
神戸淡路鳴門自動車道
洲本市
南あわじ市
観音寺市
鳴門市
竜王山
17
左上
土讃線
徳島自動車道
徳島線
雲辺寺山
徳島市
17
三好市
美馬市
小松島市
16右下
14左
14右
徳島県
阿南市
寒峰
三嶺
剣山
天狗塚
13
紀伊水道
土佐矢筈山
石立山
16左下
高知県
16右上
牟岐線
土佐くろしお鉄道
安芸市
土佐湾
室戸市
室戸岬
太平洋
N
0
10
50km
1:1,000,000

四国の山全図

十方山
安芸冠山
広島県
府中市
山陽自動車道
山陽本線
福山市
東広島市
広島市
廿日市市
竹原市
山陽新幹線
三原市
尾道市
呉市
大竹市
江田島市
岩国市
瀬戸内
しまなみ海道
瀬
戸
内
海
山口県
今治市
新居浜市
西条市
四国中央
松山自動車道
15
西赤石山
東赤石
11
笹ヶ峰
10
瓶ヶ森
16左
平家平
松山市
二ノ森
石鎚山
伊予富士
稲叢山
18右下
伊予市
東温市
右12
12左
伊予灘
予讃線
愛媛県
松山自動車道
予讃線
大洲市
天狗ノ森
18右上
土讃線
八幡浜市
須崎市
西予市
宇和海
宇和島市
三本杭
18左
予土線
土佐くろしお鉄道
四万十市
宿毛市
土佐清水市
足摺岬

鳥取市
豊岡市
山陰本線
山陰自動車道
鳥取県
倉吉市
船上山
大山
蒜山
三平山
若杉山
毛無山
泉山
那岐山
扇ノ山
氷ノ山
後山
養父市
北近畿豊岡自動車道
若桜鉄道
鳥取自動車道
因美線
米子自動車道
智頭急行
兵庫県
播但線
播但連絡道路
真庭市
津山市
美作市
宍粟市
中国自動車道
姫新線
新見市
岡山県
伯備線
津山線
播磨自動車道
岡山自動車道
高梁市
たつの市
相生市
姫路市
山陽自動車道
山陽新幹線
備前市
総社市
岡山市
井原市
井原鉄道
倉敷市
山陽本線
笠岡市
玉野市
小豆島
星ヶ城山
播磨灘
瀬戸中央自動車道
淡路島
神戸淡路鳴門自動車道
洲本市
高松市
さぬき市
坂出市
高徳線
高松自動車道
東かがわ市
南あわじ市
海
内
香川県
鳴門市
観音寺市
竜王山
徳島自動車道
雲辺寺山
徳島市
美馬市
三好市
小松島市
国中央市
徳島県
松山自動車道
寒峰
雲早山
阿南市

中国山地の山全図

N
0
10
50km
1:1,000,000
日本海
馬着
境港市
松江市
宍道湖
中海
一畑電鉄
山陰自動車道
出雲市
安来市
山陰本線
雲南市
島根県
大田市
三瓶山 9 右
大万木山 左上 7
比婆山
吾妻山 6 左
6 右下 船通
道後山 6
木次線
松江自動車道
芸備線
江津市
浜田市
浜田自動車道
庄原市
三次市
臥龍山 7 右上
深入山 7 左下
恐羅漢山 7 右下
十方山 8 左上
安蔵寺山 9 左
安芸冠山
寂地山 8 右
小五郎山 8 左下
益田市
山口線
中国自動車道
安芸高田市
広島自動車道
尾道自動車道
福塩線
府中市
広島県
山陽自動車道
山陽本線
可部線
東広島市
広島市
廿日市市
山陽新幹線
竹原市
三原市
尾道市
呉市
呉線
大竹市
江田島市
岩国市
瀬戸内しまなみ海道
岩徳線
山口県
瀬戸
今治市
周南市
山陽本線
光市
高縄山
西条市
新居浜
9
186
191
486
433
261
54
375
184
314
432
183
2
187
434
315
376
188
185

取り外せる！ 持ち歩ける！

アルペンガイド
登山地図帳

中国・四国の山

Alpine Guide